Arbeitsbuch Judith Kuckart

LITERARISCHES LEBEN HEUTE

Herausgegeben von Kai Bremer, Christian Dawidowski und Olav Krämer

BAND 9

Johanna Canaris / Stefan Elit (Hrsg.)

Arbeitsbuch Judith Kuckart

Erzählen – Theater – Tanz

PETER LANG

Bibliografische Information der Deutschen Nationalbibliothek
Die Deutsche Nationalbibliothek verzeichnet diese Publikation in der Deutschen Nationalbibliografie; detaillierte bibliografische Daten sind im Internet über http://dnb.d-nb.de abrufbar.

Umschlagabbildung:
Judith Kuckart, 2019
© Burkhard Peter

Herausgeber und Verlag danken der Kunststiftung NRW sowie dem LWL – Landschaftsverband Westfalen-Lippe (www.lwl.org) für die Unterstützung der Publikation.

Kunststiftung
NRW

Für die Menschen.
Für Westfalen-Lippe.

ISSN 1868-954X
ISBN 978-3-631-84307-9 (Print)
E-ISBN 978-3-631-86348-0 (E-PDF)
E-ISBN 978-3-631-86349-7 (EPUB)
DOI 10.3726/b18789

© Peter Lang GmbH
Internationaler Verlag der Wissenschaften
Berlin 2022
Alle Rechte vorbehalten.

Peter Lang – Berlin · Bern · Bruxelles · New York ·
Oxford · Warszawa · Wien

Das Werk einschließlich aller seiner Teile ist urheberrechtlich geschützt. Jede Verwertung außerhalb der engen Grenzen des Urheberrechtsgesetzes ist ohne Zustimmung des Verlages unzulässig und strafbar. Das gilt insbesondere für Vervielfältigungen, Übersetzungen, Mikroverfilmungen und die Einspeicherung und Verarbeitung in elektronischen Systemen.

Diese Publikation wurde begutachtet.

www.peterlang.com

Inhalt

Prologe

Judith Kuckart
Sieben Sätze mit Datum 11

Johanna Canaris/Stefan Elit
Poesie in Bewegung – Wege ins Werk 17

Michael Hagner
Übernächstes Jahr in Dortmund. Ein Brief 27

Friederike Roth
Texte, Stimmen, Räume. Bemerkungen zu Judith Kuckarts
Stimmenräumen 35

Judith Kuckart und Norbert Lammert in Berlin und wo ist die
Heimat, in Westfalen? Gespräch am 29. September 2020 39

Erster Weg – Prosa

Eva Stubenrauch
Poetik des Begehrens. Annäherung an Judith Kuckarts
Figuren des Zurückbleibens 53

Hannes Krauss
(Er)Zählen, was im Leben nicht war. Ein Lektüreversuch 79

Stefan Elit
Verflechtendes Erzählen von Glücksuche und Unglück: *Dass man
durch Belgien muss auf dem Weg zum Glück* 85

Rita Morrien
„Ich gehe durch andere Räume. Ich gehe durch eure Träume." –
(Nicht-)Orte der Liebe in Judith Kuckarts *Kein Sturm, nur Wetter* 103

Klaus Schenk
Lebensgeschichte und Neuro-Diskurs in *Kein Sturm, nur Wetter*
von Judith Kuckart 117

Im Gespräch: *Kein Sturm, nur Wetter* und Beziehungen
zur Literatur 143

Marcel Beyer
Der Flur 155

Max Christian Graeff
Das Suchen die Klinge, jedes Werk ein Schnitt im Polsterschonbezug 159

Elke Schmitter
Judith Kuckart lesen: Im Standschwebeflug 165

Peter Stamm 167

Zweiter Weg – ‚Übersetzungen' in Theater, Hörspiel, Film

Johanna Canaris
Der er-zählte Raum. Zu Judith Kuckarts Theatertexten 171

Rita Morrien
‚Abgrund Mensch': Judith Kuckarts Um- und Weiterschriften der
‚westfälischen Heimatdichterin' Annette von Droste-Hülshoff 189

Vera Mütherig
Wo die Sprache endet, beginnt der Klang? Judith Kuckarts Kunst
des Features 219

Norbert Otto Eke
Schweigen, Erzählen (und Lieben). Judith Kuckarts Roman *Lenas
Liebe* (2002) und seine Verfilmung *Bittere Kirschen* (2011) 241

Judith Kuckart im Gespräch mit Schauspieler*innen der *bremer
shakespeare company* - am 14.11.2020 per Videokonferenz - 267

Norbert Hackbarth
Dreimal ‚Heimat' erzählt 281

Jan Hein
Da fällt der Tag in den Satz, oder: Geruch von Regen. Notizen zu
Judith Kuckart 285

Merula Steinhardt-Unseld
Judith Kuckart. Eine Theater-Freundschaft 293

Bibiana Beglau
Durch die Lappen gegangen 299

Didi Danquart
Das Erinnerte, das Biographische und die inszenierte Wirklichkeit.
Reflexionen zu dem Roman *Lenas Liebe* und zu dem
Kinospielfilm *Bittere Kirschen* 303

Dritter Weg – Tanz

Johannes Odenthal
Politische Körper. Judith Kuckart und das *TanzTheater Skoronel* 317

Libby Farr 323

Jochen Heckmann
Umkehrung 327

Katja Lange-Müller
TanzTheater Skoronel – Der Pas de Frosch und Vincent 331

Bettina Wagner-Bergelt
Spuren 339

Die Autorinnen und Autoren 345

Referenzbibliographie Judith Kuckart 347

Prologe

Prologue

Judith Kuckart
Sieben Sätze mit Datum

Am 17. Juni, damals Tag der Deutschen Einheit, wurde ich geboren und wuchs in einem rosa Haus neben einer Waschmaschinenfabrik auf. Meine Mutter legte mich im Hof unter einen Apfelbaum. Ich blieb das einzige Kind.

Am 2. Juni 1967 saß ich im rosa Trikot des örtlichen Kinderballetts vor der Tagesschau. Benno Ohnesorg war erschossen worden. Ich schlug meinem Vater gleich nach der Meldung auf's Knie: Papi, wenn ich groß bin, erschieß ich dich auch.

1977, als Baader, Ensslin und Raspe in Stammheim gerade noch lebten, schenkte mir meine Großmutter, Fließbandarbeiterin in einer Fabrik für Babybadewannen aus Plastik, zum Abitur 1.000 DM: Mach was draus, sagte sie und stellte ein Glas mit Kunsthonig auf das Sparbuch.

1989 stand ich mit meinem *TanzTheater Skoronel* in der Oper Duisburg zum letzten Mal als Tänzerin auf der Bühne. Die Musik zu einem ‚Ballett' über Frauen, die aus politischen Gründen morden, kam von den *Einstürzenden Neubauten*. Choreografie und Texte waren von mir. So ist dann alles gekommen. Eine wichtige und schüchterne Verlegerin saß im Publikum und meinte: Sie könnten auch mal einen Roman schreiben, Judith.

Seit 1990 sind meine Schuhe flacher geworden, Hausflure riechen nicht mehr nach Bohnerwachs, und ich will auch aus politischen Gründen niemanden mehr erschießen. Ich glaube jetzt an Begabung und Zeitgenossenschaft und habe seit dem Treffen mit der schüchternen Verlegerin zehn Romane geschrieben, weil ich Geld verdienen muss und weil ich sterben muss.

Anfang 2020 hat mitten im Corona-Alltag das *TanzTheater Skoronel* in ähnlicher Besetzung wie damals in Duisburg für ein Reload zusammengefunden: Um von Lebensläufen zu erzählen mit den Mitteln des Tanzes, von inneren und äußeren Haltungen, die Halt geben. *Reload* ist eigentlich Ihr elfter Roman, Judith, würde die schüchterne Verlegerin vielleicht sagen.

Am 17. Juni 2021 weiß ich noch keinen Titel für diesen tatsächlich elften Roman, der im nächsten Frühjahr erscheinen wird. Aber ich weiß, ab jetzt habe ich noch zwanzig grandiose Sommer vor mir – oder?

TanzTheater Skoronel 1985–1998

Abb. 1: Vincent fressen ihn die Raben (1989) – © Burkhard Peter

Abb. 2: Vincent fressen ihn die Raben (1989) – © Burkhard Peter

Abb. 3: Das Lächeln der Ophelia (1991) – © Burkhard Peter

Abb. 4: Last Minute, Fräulein Dagny (1995) – © Burkhard Peter

Tanztheater Skoronel „Reloaded" 2021

Abb. 5: Probenfoto (2021) – © Alice Bleistein

Abb. 6: Probenfoto (2021) – © Alice Bleistein

Abb. 7: Probenfoto (2021) – © Alice Bleistein

Abb. 8: Probenfoto (2021) – © Alice Bleistein

Johanna Canaris/Stefan Elit

Poesie in Bewegung – Wege ins Werk

Judith Kuckarts Werk ist in mehrfacher Weise ‚Poesie in Bewegung', denn *zum einen* bewegt sich die Künstlerin biographisch in und mit ihrer Arbeit durch Deutschland und Europa. Dabei gerät die Herkunft aus Schwelm nie ganz aus dem Blick, und auf diesem Weg wird immer wieder auch generell ‚Heimat' gesucht und erforscht. Eine aktuelle ‚Wegmarke' in diesem Zusammenhang war der Aufenthalt als erste *Stadtbeschreiberin* in und für Dortmund im Jahr 2020, der einen wichtigen Anlass zu diesem Arbeitsbuch geboten hat. Den Aufenthalt vor Ort hat Judith Kuckart genutzt, um in ihr eigenen künstlerischen Formen, die nicht nebeneinander, sondern gemeinsam entstehen und ein synergetisches Gewebe bilden, weiterzuarbeiten.

Daraus ergibt sich, *zum anderen*, eine weitere Ebene der ‚Bewegung' in Judith Kuckarts Werk, denn ihre Poesie bewegt sich durch die unterschiedlichen Ausdrucksformen: Gedanken und Ideen werden ausprobiert, angereichert und transportiert, dieser Prozess setzt sich dauernd fort, entwickelt sich weiter und enthält überdies ein immenses Angebot an die Rezipient*innen. So hat sie an einem Roman, der in Dortmund angesiedelt sein soll, geschrieben, einen Hörfilm mit Laien und professionellen Schauspielern erarbeitet sowie die Wiederzusammenführung ihres Ensembles *Tanz-Theater Skoronel* vorbereitet – und dies alles an einem Ort in Westfalen, ihrer Herkunftsregion, in die sie als ‚Wandermensch' (ein Ausdruck der Autorin) immer wieder zurückkehrt und von wo aus sie sich auch verortet.

Zur Anlage dieses Arbeitsbuchs

Judith Kuckarts unterschiedliche Wege in den Gattungen Prosa, Theater, Film, Hör-Feature sowie im Bereich Tanz, sollen in diesem Arbeitsbuch skizziert werden, es soll ihre ‚Poesie in Bewegung' sichtbar werden. In allen diesen Gattungen bzw. Bereichen hat Judith Kuckart ein umfassendes Œuvre aufzuweisen (z.B. bald zehn Gegenwartsromane, ein gutes Dutzend Theaterarbeiten, über fünfzehn Tanzproduktionen und gut zwanzig Hörspiele bzw. Hör-Features), und im vorliegenden Arbeitsbuch sollen sie zum ersten Mal allesamt thematisiert und nach Möglichkeit in ihren Zusammenhängen betrachtet werden. Dafür bietet sich das Format eines Bandes in der Reihe *Literarisches Leben heute* besonders an, da in dieser Reihe neben wissenschaftlichen Beiträgen auch künstlerische und persönliche Beiträge sowie ausführliche Gespräche ihren Platz haben. Da sich an dem Band viele Künstler*innen beteiligt haben, die von Spiel, Vortrag und Theater kommen, enthalten übrigens einige ihrer Texte gewissermaßen auch Spuren von Performanz, was für uns einen besonderen Reiz ausmacht und der Autorin hoffentlich noch einmal anders gerecht wird. Ein weiterhin hoch aktives künstlerisches Leben und Werk wie das von Judith Kuckart ließ sich so insgesamt in vielfältigen Aspekten erfassen und der wissenschaftlichen und kulturellen Öffentlichkeit besser bekannt machen.

Der vorliegende Band will dabei drei wesentliche Wege des Werks bzw. ins Werk von Judith Kuckart verfolgen: Der *erste Weg* ist der ihres unmittelbar erzählerischen Schaffens, das den heute vermutlich bekanntesten Teil ihres Werks ausgebildet hat, und zwar durch die erwähnte große Zahl an Romanen, aber auch eine Reihe prägnanter Erzählungen, die an verschiedensten Stellen veröffentlicht sind.

Als *zweiter Weg*, in sich verzweigt oder vielsträngig, erscheinen die von Judith Kuckart und anderen vorgenommenen ‚Übersetzungen' ihres Erzählens in die Medien Theater, Hörspiel und Film. Mit dieser Perspektive soll allen drei Medien bzw. genuinen Gattungen natürlich auf keinen Fall die Eigenständigkeit abgesprochen werden, es erscheint jedoch bezeichnend für Judith Kuckarts Schaffen, dass ihren Arbeiten mit diesen Medien bzw. in diesen Bereichen immer wieder erzählerische Werke vorangegangen sind, die für die Bühne, den Rundfunk oder den Film adaptiert worden sind.

In dieser Weise könnte auch der *dritte Weg*, der Tanz, mit einigem Recht als einer der Adaption oder ‚Übersetzung' von Erzähltem perspektiviert und schlichtweg in die Kunstgattungsfolge des zweiten Wegs eingereiht werden, aufgrund der besonderen Qualität und Quantität von Tanztheaterproduktionen in Judith Kuckarts Schaffen und aufgrund der starken Eigen-Art von Tanz überhaupt erscheint uns die Absonderung in einen eigenen Bandabschnitt jedoch geboten.

Eine Werk- und Forschungs-Bibliographie mit Stand Juli 2021 beschließt den Band, unser *Arbeitsbuch*, von dem wir hoffen, dass es nicht nur Einblicke gewährt, sondern auch zu eigenen Wegen der Begegnung mit dem Werk Judith Kuckarts anregen mag.

Ein neuer Weg: *Hörde Mon Amour* (2020)

Der eingangs erwähnte Hörfilm *Hörde Mon Amour*[1] ist einerseits eine für Judith Kuckart neue Ausdrucksform, in der sich andererseits aber viele bisherige Werklinien bzw. die genannten Wege ihres Werks kreuzen. Diesen Hörfilm als ganz aktuelle Arbeit der Künstlerin möchten wir deshalb an dieser Stelle exemplarisch kurz vorstellen. Rein äußerlich ist er aus der Corona-bedingten Unmöglichkeit, ein Erzähltheaterprojekt umzusetzen, entstanden und damit ein Zeugnis der Herausforderungen, denen wir alle uns stellen mussten. Judith Kuckart hat diese Begrenzung (die sich in unserem Arbeitsbuch darin widerspiegelt, dass Gespräche und Interviews per Videokonferenz geführt wurden) jedoch genutzt, um einen neuen Weg zu gehen und eine weitere künstlerische Ausdrucksform für sich zu finden. Bezeichnend ist, dass Judith Kuckart auch für den Film einen eigenen Weg findet, der das Erzählen, welches auf vielfältige Weise die Basis ihrer künstlerischen Arbeit ausmacht, in den Vordergrund stellt. Das Thema ‚Heimaten', das sich ebenfalls durch Judith Kuckarts Arbeiten zieht, ist ein zentrales Moment des Films – der quantitativ längste Teil des Filmes wird mit diesem (gesprochenen) Zwischentitel eingeleitet (29:47).[2]

Es finden sich außerdem viele Verknüpfungen mit anderen Werken Kuckarts, die auch in diesem Arbeitsbuch eine Rolle spielen. Da Dortmund, und darin ‚eingemeindet' Hörde, als Verortung für uns eine vorläufige, durch die Entstehungszeit dieses Arbeitsbuches gewählte ‚Wegmarke', ein

---

1 Vgl. Hörde Mon Amour. Hörfilm. Drehbuch und Regie: Judith Kuckart. Deutschland 2020, in: https://www.literaturhaus-dortmund.de/hoerde-mon-amour/ [23.03.2021]; im Folgenden hieraus einfache Zeitangaben in Klammern im Haupttext.
2 Dies zeigt sich auch daran, dass diese Passagen große Parallelen zum Text des Erzähltheater-Projektes *Heimaten* (2017) aufweisen. Dieses war am anderen für die Kindheit der Autorin relevanten Ort Willebadessen verortet. Vgl. dazu auch den Beitrag *Der er-zählte Raum* in diesem Band.

kurzes Moment des Innehaltens, darstellt, von der aus in diesem Arbeitsbuch die unterschiedlichen Wege in Prosa, Drama und Tanz (zurück)verfolgt werden, soll an dieser Stelle der Film, der ein Ergebnis eben dieser ‚Wegmarke' darstellt sowie möglicherweise auch den Beginn einer neuen künstlerischen Ausdrucksform, etwas genauer betrachtet werden.

Das Erzählen in *Hörde Mon Amour* ist ein ge- und verdoppeltes auf den unterschiedlichsten Ebenen. Der Film besteht zum einen aus Sequenzen, in denen Menschen aus Dortmund-Hörde, im Abspann als „Heimat-Experten" bezeichnet, sich, ihre Heimat und ihre Beziehung zu eben dieser beschreiben. Diese finden sich zu Beginn (0:16–2:22), in der Mitte (14.51–20:20) sowie am Ende des Filmes (1:00:59–1:04:47). Die anderen Teile des Films bestehen aus Filmbildern, von einer Drohne aufgenommen, die zu sehen sind, während eine Schauspielerin (Marlena Keil), ein Schauspieler (Ekkehard Freye) und Judith Kuckart selbst Texte sprechen. Dabei sind die Filmbilder niemals Illustrationen der Texte, sondern es entsteht ein doppeltes Erzählen auf unterschiedliche Arten. So bereits in der ersten Einstellung (0:16–2:22): Es ist eine der Heimat-Expert*innen zu sehen und zu beobachten, während sie selbst und die Zuschauer*innen ihre zuvor eingesprochene Hörde-Geschichte in ihren eigenen Worten und mit ihrer eigenen Stimme hören. Die Geschichte ist so sowohl *auditiv* präsent als auch in der Reaktion der Erzählerin im Bild auf eine gedoppelte Art *visuell*. Wir sehen nicht beim Erzählen zu, sondern dabei, wie jemand die eigene Erzählung hört. So wird deutlich, dass Geschichten persönlich sind, mit Menschen verbunden sind, sich jedoch in dem Moment, in dem sie erzählt werden, zugleich verselbstständigen und in eine größere gemeinsame Erzählung eingehen, die die Erzählerin in der medialen Brechung der Tonaufnahme ebenfalls erfährt. Dieser Technik bedient sich der Film auch zum Ende, an dem noch einmal Laien zu Wort kommen. Auf diese Weise entsteht trotz der räumlichen Trennung und medialen Vermittlung ein gemeinsamer Text dieser unterschiedlichen Menschen aus Dortmund-Hörde.

Dieser gemeinsame Text aus vielen einzelnen Stimmen wird im Weiteren durch die Erzählungen ergänzt, die von Schauspielerin und Schauspieler sowie von Judith Kuckart gesprochen werden. Auch hier wird mit einer Technik der Verdopplung gearbeitet. Die Stimme der Erzähler*innen ist zu hören, doch wird in diesem Fall kein Gesicht dazu gezeigt. Auch ist die Erzählung auf mehrere Stimmen verteilt, die sich zum Teil ergänzen, unterschiedliche Aspekte übernehmen und vor allem im dritten Abschnitt miteinander ins Gespräch kommen, so dass es sich letztlich um eine gemeinsame Erzählung handelt. Den Hauptteil des Films (2:22–1:00:58), der aus Drohnenbildern und Erzählung besteht, kann man grob in drei Abschnitte einteilen. Allen gemeinsam ist, dass die Dopplungen nicht nur visuell-auditiv, sondern auch in einer Zeitverschiebung stattfinden. Zunächst wird die Geschichte der Familie aus dem „Winterberg" (von allen Sprecher*innen durchgehend mit dem weichen „g" des rhein-ruhrischen Idioms ausgesprochen, auch darin liegt ein Stück Heimat) in Dortmund erzählt, wie sie sich in den 1960er Jahren ereignet hat, zu Beginn genau auf den Aufenthalt des Kindes Judith Kuckart im Sommer 1968 festgelegt. Diese persönliche Lebensgeschichte wird ergänzt durch Passagen, die sich im zweiten Abschnitt zunächst mit der Geschichte Hördes verbinden (20:20–29:45), und im dritten (29:47–59:23) dann durch Reflexionen über Heimat. Gleichsam geerdet wird alles durch Ansichten von Hörde.

Diese setzen ein mit Bildern der Siedlung am Winterberg (2:22), in ihrem heutigen Zustand – im Übrigen gibt es in direkter Nachbarschaft auch noch einen „Sommerberg" –; von einer Drohne aus der Vogelperspektive aufgenommen, später im Inneren eines Hauses. Bevor der erzählte Text einsetzt, hört man eine gesummte Melodie (2:30–2:40), diese wird leitmotivisch immer wieder auftauchen, später auch von einem Klavier gespielt. Auch hier wird eine Spur gelegt, es tauchen Textzeilen auf, doch erst ganz am Ende des Films wird aufgelöst, worum es sich handelt, nämlich um eine Vertonung des Annette-von-Droste-Hülshoff-Gedichts *Die todte Lerche*. Damit wird zum einen ein wiederkehrendes Motiv im Film eingeführt und zum anderen sehr subtil an eine literarische Tradition angeknüpft[3] – beides Techniken, die sich durch Judith Kuckarts gesamtes Werk ziehen.

In diesem Hauptteil des Filmes tritt an die Stelle von Illustration, die man von einem Film konventionell als Beziehung zwischen aus dem Off gesprochenem Text und dazu gezeigten Bildern erwarten könnte, eine weitere poetische Verdopplung, die Zeit und Ort, Sehen und Hören in neue Zusammenhänge setzt und den Zuschauenden Freiräume schafft, um eine

---

3 Zur Beziehung der literarischen Werke Judith Kuckarts und Annette von Droste-Hülshoff vgl. den entsprechenden (zweiten) Beitrag von Rita Morrien im vorliegenden Band.

eigene Erzählung zu erleben. Das Haus, in das sich die Kamera bewegt, ist leer, die Bewohner*innen sind nicht zu sehen. Doch es ist nicht unbewohnt, die Kamera fängt Dinge und Momente ein. Hier deutet sich ein weiteres Prinzip des Films an, auch in sich selbst ist er asynchron, denn erst viel später, im dritten Teil, wird gesagt werden: „Haben Dinge eine Stimme, wenn man genau hinhört? Welche Geschichten erzählen sie, wenn niemand im Raum ist?" (42:52–43:02) Die Bilder dieser Dinge, die eine Geschichte erzählen, sieht man bereits hier. Die Verschiebung ist somit eine doppelte: zeitlich sowie zwischen Erzählung und Bild. Hauptfiguren in der erzählten Erinnerung sind die Frauen der Familie, die „Omma" (wie es im Ruhrgebiet heißt), die Tanten sowie die Stiefkusine „Brillenbarbie". Der überraschende Tod einer dieser Tanten, die ihren Neffen im Säuglingsalter im Arm haltend tot von einer Bank fällt, wird hier zu einem Ur-Erlebnis der eigenen poetischen Erinnerung. Über den Tod dieser Tante heißt es: „Das Gesicht wurde Landschaft […], in der Landschaft verschwand sie." (11:45–11:52) Dies sicher eine Formulierung der erwachsenen Schriftstellerin und nicht des Kindes. Die Verwandtschaft zwischen Erzählen und Erinnern, die auch im gesprochenen Text formuliert wird, und im Übrigen auch ein wesentliches Element des jüngsten Kuckart-Romans *Kein Sturm, nur Wetter* (2019) darstellt, wird hier erkennbar. Zum Ende dieser Passage wird ein Familienbild auf eine der Gartenwiesen projiziert. Dieses Familienbild wird in der folgenden Zwischenpassage wieder aufgenommen (14:51–18:10), in der wiederum ‚Heimat-Expert*innen', nun aber nicht von ihrer eigenen Stimme getrennt, zu Wort kommen. Das Kind von damals, Norbert Hackbarth, das aus den Armen der toten Tante befreit werden musste, kommt gemeinsam mit seiner Frau zu Wort,[4] er erzählt die Geschichte seiner Familie anhand von alten Bildern. Einige Elemente dieser Erzählung werden auch im zweiten Teil wieder auftauchen, diesmal von Judith Kuckart erzählt. So kann man als Zuschauer*in dieses Erzählfilmes miterleben, wie sich Geschichten, die von unterschiedlichen Stimmen (hier wörtlich zu verstehen) erzählt werden, zu einem eigenen Bild zusammenfügen.

Dies zeigt der nach einem weiteren ‚Heimat-Experten' einsetzende zweite Abschnitt des Hauptteils (ab 20:20). Hier wird die Geschichte

---

4 Vgl. auch seinen persönlichen Beitrag im vorliegenden Band.

Hördes zunächst in Fakten erzählt, während die Kamera das inzwischen bereits wieder zu Ruine und Brache gewordene Gelände des Phoenix-Stahlwerkes von *Hoesch* betrachtet. Die Jahreszahlen, die referiert werden, werden verknüpft mit der Lebensgeschichte der Familie, so heißt es z.B.: „1448: Auf den Hörder Wiesen versammeln sich die Gegner der Stadt Dortmund. Sie wollen Unabhängigkeit. – Brillenbarbie wird in 521 Jahren geboren werden." (21:17–21:32). Dies wird immer von den beiden Stimmen der Schauspielerin und des Schauspielers gesprochen, die Ebenen sind also einerseits getrennt, andererseits bilden sie auch hier wieder eine gemeinsame Erzählung. Mit dem Jahr 1930, in dem Tante Irmel geboren wurde, kommen die beiden Ebenen zusammen und die Geschichte wird, wie bereits erwähnt, von Judith Kuckart weitererzählt. Sie erzählt hier die Geschichte der Familie, die den Zuschauer*innen bereits bekannt ist, mit eigenen Nuancen und Verknüpfungen. Keine der beiden Erzählungen von Hackbarth oder Kuckart ist dabei ‚besser' oder ‚wahrer' als die andere, sie ergänzen sich zu einem gemeinsamen, wenn auch asynchronen Text.

Der Übergang in den dritten Teil ist nicht eindeutig abgesetzt, die Kamera bewegt sich von der Ruine des Phoenix-Werks zunächst über einen Sportplatz, dann ein ehemaliges Freibad, das später in der Erzählung als Schallacker-Freibad identifiziert wird, und dann durch Wohngebiete – alte und solche, die im Neubaugebiet am Phoenix-See entstanden sind. Eingeleitet wird dieser Abschnitt mit der gesprochenen Zwischenüberschrift „Heimaten"[5] (29:47). Heimat wird hier auf ganz unterschiedliche Art und Weise besprochen. Formal nähert sich die Erzählung hier stellenweise einem Gespräch an, zuweilen wirkt der gesprochene Text wie ein Fragebogen (der sich möglichweise auch an die Rezipient*innen richtet), auch wird der Text fiktional, was u.a. markiert wird, indem er an einer Stelle durch eine Rückfrage durchbrochen wird (46:37–46:42). Hier werden Gedanken und Themen, die in Judith Kuckarts gesamtem künstlerischen Werk relevant und virulent sind, wie eben die Frage nach Heimat, für ‚Wandermenschen' akzentuiert und reflektiert, während in den Bildern das Vergehen einer Heimat gezeigt wird, so heißt es auch: „Dieser alte Raum aus meiner

---

5 *Heimaten* ist auch der Titel eines Erzähltheaterprojektes von Judith Kuckart, das sie an einem weiteren für ihre Familiengeschichte wesentlichen Ort, Willebadessen, 2017 realisiert hat.

Kindheit ist verschwunden" (30:08–30:12). Der Sportplatz wirkt verlassen, das Freibad, das in einer Erzählpassage als Herzstück eines untergegangenen „Inselstammes Hörde" (30:28) poetisiert wird, dient inzwischen dem „Urban Gardening" – wird also auf eine ganz andere Art verwendet–, zum Schluss werden Bilder des alten und des neuen Hörde kontrastiert. Die Neubauten der Siedlungen am Phoenix-See wirken dabei gesichts- und geschichtslos. Hier wird wiederum eine Verdopplung zwischen den alten Teilen Hördes, die als überholt gelten, aber als Träger persönlicher Geschichten fungieren, und einer Moderne, die beliebig und oberflächlich erscheint, erzeugt. Heimat wird in der Erzählung aufgehoben, in diese transportiert und transponiert, freilich nicht ohne – wie die Erzählerinnenstimme auch zugibt – dabei Dinge hinzuzuerfinden und zu verändern.

Alle diese Elemente gemeinsam ergeben einen Text, ein Gewebe von unterschiedlichen Erzählebenen und Instanzen, die durch die Momente der Verdopplung in einer ungewöhnlichen Schwebe bleiben. Man kommt scheinbar der Lebensgeschichte der Erzählerin nah – und ist versucht eine biographische Lesart der Texte Kuckarts auf Basis dieser Kindheitserinnerungen zu versuchen. Doch ist dies aus der Erzählung heraus aus zwei Gründen nicht möglich, denn die Lebensgeschichte ist nur ein Element der Erzählung Dortmund-Hörde und ohne die anderen Elemente nicht vollständig, zugleich bleibt die Erzählung immer in der für Judith Kuckart zentralen Schwebe des Erzählens zwischen Erinnern und Erfinden. Die Technik des Filmes macht die Vielschichtigkeit in Judith Kuckarts Werk durch die unterschiedlichen Ebenen der Wahrnehmung, Einflüsse und Querverbindungen zum einen sichtbarer als es in einem anderen Medium möglich wäre, und zum anderen werden weitere Ebenen für diese Technik erschlossen.

Der Film kehrt am Ende zunächst visuell zur Phoenix-Ruine zurück, wobei nun das von Annalisa Derossi vertonte Gedicht *Die todte Lerche* zum ersten Mal erkennbar gesungen wird (59:23–1:00:58), und schließt mit zwei weiteren ‚Heimat-Expert*innen'-Passagen. Es bildet sich ein Kreis, der keineswegs geschlossen ist, sondern Angebote an die Zuschauer*innen macht.

Es wird deutlich, dass Judith Kuckart in diesem Hörfilm ihr bisheriges künstlerisches Schaffen noch einmal weiterentwickelt und akzentuiert hat. Der Weg der Autorin ist seit Beginn der Arbeit an diesem Buch und dem

Aufenthalt in Dortmund inzwischen weitergegangen, so hat z.B. der in Dortmund mit dem Projekt *Skoronel Reloaded* begonnene Weg im Sommer 2021 an einen neuen Ort (Wiesbaden) geführt.

Danksagungen

Der vorliegende Band hätte ohne die Unterstützung von verschiedener Seite nicht entstehen können, weshalb im Folgenden einiger Dank auszusprechen ist.

Ein herzlicher Dank geht als Erstes an Kai Bremer, Christian Dawidowski und Olav Krämer als Herausgeber der Reihe *Literarisches Leben heute*, zu der dieser Band hoffentlich einen guten Beitrag leistet.

Ein Dank richtet sich auch an die Mitarbeiter*innen der *Peter Lang Verlagsgruppe*, die die Herausgabe dieses Bands von der ersten Kontaktaufnahme bis zur Drucklegung aufs Freundlichste begleitet und unterstützt haben; namentlich (exemplarisch) gedankt sei an dieser Stelle Michael Rücker und Katja Schubert.

Unseren Beiträger*innen, die mit großem Bemühen und in freundlichstem Austausch mit uns zum Gelingen des Bandes beigetragen haben, haben wir an dieser Stelle ebenfalls sehr zu danken.

Ein herzlicher Dank geht aber auch an Sabrina Wilmer als unserer studentischen Hilfskraft für ihre überaus gewissenhafte redaktionelle Mitarbeit.

Ermöglicht worden ist der Band ganz wesentlich durch die *Kulturstiftung NRW*, dank deren Mitteln Honorare an die mitwirkenden freischaffenden Künstler*innen und Journalist*innen gezahlt werden konnten.

Eine weitere große Unterstützung haben wir durch einen freundlichen Druckkostenzuschuss der Kulturabteilung des *Landschaftsverbands Westfalen-Lippe* erfahren, wofür wir dem LWL außerordentlich dankbar sind.

Endlich aber haben wir Judith Kuckart selbst zu danken, ohne deren Mitwirkung und große Unterstützung in unterschiedlichster Form dieser Band nicht die vorliegende Gestalt hätte annehmen können.

Münster, im Sommer 2021

Michael Hagner

Übernächstes Jahr in Dortmund. Ein Brief

Liebe Judith,
so kommt man also nach Dortmund. Als Stadtschreiberin, für sechs Monate eingeladen in eine Stadt, die sich nach ihrem Selbstverständnis in einer Transformation „vom Produktionsort der Montanindustrie zum Standort von Wissenschaft, Technik und Dienstleistungen" befindet. So steht es zumindest auf der Webseite der Stadt. Willkommen in Dortmund! Merkwürdig ist nur, dass die Stadt sich eben diese Transformation bereits auf die Fahnen geschrieben hatte, als ich sie 1980 verließ. Für Dortmund scheint die Transformation zum Dauerzustand geworden zu sein. Ich weiß nicht, ob das ein gutes oder ein schlechtes Zeichen ist, aber jedenfalls hätte ich das gern zusammen mit Dir überprüft.

Wir hatten Pläne. Dass wir uns gegenseitig Dortmund zeigen, vielleicht sogar eine gemeinsame Veranstaltung organisieren an meiner alten Schule am südwestlichen Rand der Innenstadt, wo ich neun Jahre lang morgen für morgen erst einmal hinkommen musste. Und jetzt, wie sollte ich denn nach Dortmund zurückkommen, wenn die schiere Biologie diese Möglichkeit von vornherein ausschloss?

Zurückkommen ist ein komisches Wort, denn eigentlich geht es nicht darum. Niemals habe ich daran gedacht, nach Dortmund zurückzukommen. Ich habe kein *unfinished business* dort, wie etwa Dürrenmatts alte Dame, als sie in ihre Heimatstadt zurückkommt. Was heißt es also, nach Dortmund zurückzukommen? Es kann nicht sein, dass das noch die Stadt ist, in der ich aufgewachsen bin, in die ich, nachdem ich zum Studieren weggegangen war, für einige Jahre noch regelmäßig zurückkam, dann immer weniger und irgendwann gar nicht mehr. Wenn ich zusammenzähle, wie oft ich in den letzten 20 Jahren dort war – dreimal, vielleicht viermal? Und jedes Mal fand ich wohl die Orte, an denen ich gewohnt, gespielt, gelernt, gestaunt habe, aber was hatte das noch mit mir zu tun? Eigentlich war es eher umgekehrt: Ein Stück imaginäres Dortmund steckt in mir drin, egal, wo ich lebe. Aber um das in mir zu bewahren, musste ich nicht dort hinreisen. Die imaginären Orte sind ja am sichersten, wenn sie nicht mit Realität belastet werden. Deswegen war ich so froh, als Du mir von Deiner Einladung erzähltest, denn ich stellte mir vor, über *Dein* Dortmund genau diese Trennung von Imagination und Realität überwinden zu können. Durch Dortmund zu traumwandeln, das wäre was.

Doch in jenem trüben Herbst 2020 musste ich eine geplante Reise nach der anderen absagen und brauchte die Reise nach Dortmund gar nicht erst zu planen. So blieben nur die Bilder und die Geschichten. Als ich mich durch Deinen Blog [*https://litauf.ruhr/judith-kuckart/kuckarts-blog/*] klickte, von den letzten Einträgen im Januar 2021 zu den ersten im August 2020 zurückgehend, als ich anhielt und schaute und las, war es auf einmal klar: Dieser Blog ist der Cicerone, der dich nach Dortmund zurückführt und durch die Stadt begleitet. Dein ganz persönlicher Stadtführer, der dich an Orte bringt, von denen du nicht einmal geahnt hättest, dass es sie noch gibt.

Habe ich Dortmund eigentlich so in Erinnerung?, heißt es gleich im ersten Eintrag, als Bildunterschrift zu einer Fotografie, von der ich gar nicht genug bekommen kann: Ein mobiler Eissalon, davor drei kleine Mädchen und ein Junge in gezügelter Erwartung, daneben wahrscheinlich ihre Mutter mit einer Handtasche und einer Aktentasche in der Linken, und mit dem Rücken zum Betrachter die Eisverkäuferin, die mit ihrem Eislöffel gerade die Kugeln aus der Eisbox kratzt und ins Hörnchen drückt (vgl. Abb. 1). Mein Blick schweift von der Schleife, welche die Schürze der Eisfrau am Rücken zusammenhält, zur Werbeschrift am oberen Rand des Eiswagens. *Engel's Eis-Cream* steht da, mit fast anrührender Anfangs-Amerikanisierung, und nach amerikanischem Verfahren hergestellt ist das Eis auch. *Vanille und Schokolade* lese ich noch. Waren das die Lieblingssorten der Kinder oder einfach das, was die Engel im Angebot hatten?

Habe *ich* Dortmund so in Erinnerung? Nein. Das muss vor meiner Zeit gewesen sein, und ich habe nicht die geringste Ahnung, in welcher Straße das Bild aufgenommen wurde. Aber Eiscreme, da meldet sich die Erinnerung, nur war es nicht nach amerikanischem, sondern nach italienischem Verfahren hergestellt. *Eis Milano* hieß meine Eisdiele, und wenn mich mein Gedächtnis nicht trügt, durfte sie mit Recht für sich beanspruchen, die erste italienische Eisdiele in Dortmund zu sein. Die so freundliche ältere Dame des Ladens mochte mich, weil ich sie – wie sie meiner Mutter erzählte – an ihren Sohn erinnerte, der inzwischen nicht mehr klein war und hinter der Theke mitarbeitete. Besonders fasziniert war ich, wenn er mit einem riesigen Holzspatel, der fast die Größe einer Schaufel hatte, Massen von Eiscreme von der Eismaschine in den Kühlbehälter hievte. Jedenfalls bekam ich in den ersten Jahren zu meinen Lieblingskugeln – Vanille und Schokolade natürlich – häufig eine Extrakugel obendrauf; und jedenfalls bin ich bis zu meinem Weggang aus Dortmund in keine Eisdiele lieber gegangen als zu Eis Milano in der Hohen Straße, wo ich praktischerweise schräg gegenüber wohnte. Ich kann kaum glauben, dass die Eisdiele immer noch am gleichen Ort existiert und eine Telefonnummer mit sechs Ziffern hat, die mit 14 anfängt – ganz so, wie zu der Zeit, als ich Dortmund verließ.

Ich folge Dir weiter auf den Gängen durch die Stadt. *Das Hochhaus an der Kielstraße 26 heißt hier nur „Horrorhaus"* (vgl. Abb. 3), zitierst du Deinen Stadtführer D. Dieses Haus kenne ich, ich habe sogar mehrfach dort übernachtet. Es muss um 1970 herum errichtet worden sein, und meine Kindertante – Jahrgang 1900 – hatte dort eine bescheidene 1-Zimmer-Sozialbauwohnung mit Balkon ergattert, der allerdings sehr schnell mit ihrem Krempel vollgestellt war. Befand sich die Wohnung im 7. oder 8. Stock? Ich weiß es nicht mehr. Jedenfalls war der Blick nach Süden über die Stadt – Reinoldikirche, Fernsehturm, das Hochhaus der Krankenanstalten, Liebfrauenkirche, das U auf dem Hauptgebäude der Union-Brauerei – ziemlich gut, aber das war auch das einzig Gute, was man darüber sagen konnte. Denn ein *Horrorhaus* war es im Grunde von Anfang an. Ich fühlte mich dort nicht sehr wohl, fand das Treppenhaus verwahrlost und unheimlich, obwohl das Haus gerade erst fertiggestellt worden war.

In der imaginären Stadt-Topographie meiner Mutter bildete der Hauptbahnhof eine Grenze. Was nördlich davon lag, war Schmuddelgebiet, in das man sich besser nicht verirrte. Daher war es ihr gar nicht recht, dass ich zur Kindertante in die Kielstraße gehe, auch wenn es ab und zu unvermeidlich war, wenn sie Nachtdienste hatte oder zu Hause eine Party feierte und ich ausquartiert werden musste. Und natürlich ging ich dort allein hin. Mit dem Auto hingebracht und abgeholt zu werden, war gar kein Konzept – was etwas lästig war, aber die Freiheitsgrade sehr erhöhte.

Meine Kindertante, die auf die Güte des Sozialamts angewiesen war und ihrer Not durch regelmäßige Besuche bei ihrer Sachbearbeiterin

Nachdruck verlieh, schien sich im *Horrorhaus* ebenfalls nicht wohlzufühlen und versuchte so schnell wie möglich, wieder wegzukommen. Mit Erfolg. Ihre nächste Wohnung war ganz im Süden der Stadt, in Hörde, in einer kleinen Seitengasse, die für mich allerdings mit Bahn oder Bus etwas umständlich zu erreichen war. Die Wohnung war auch klein und befand sich im Souterrain. Ungefähr so dunkel habe ich sie in Erinnerung. Auch da ist meine Kindertante alsbald wieder ausgezogen, aber das ist eine andere Geschichte.

Ich weiß, ich muss nun das Stichwort Hörde aufgreifen, denn dort hast Du Deinen Hörfilm mit dem so schönen Titel *Hörde Mon Amour* gedreht, eine Liebeserklärung an den Ort, der ein Teil Deiner Kindheit ist. Nur ist Hörde kein Teil meiner Kindheit. Phönixwerk – nie gewesen. Phönixsee – lange nach meiner Zeit. Eigentlich war Hörde für mich nur ein Name, bis meine Kindertante in die kleine Seitengasse zog, aber ich war nur selten dort, und im Grunde war ich auch kein Kind mehr. Einige Jahre später kam ich dann doch nach Hörde, und das hatte mit gutem Essen und alten Büchern zu tun, zwei Dingen also, die für mein weiteres Leben nicht ganz unerheblich werden sollten. Dortmunds Esskultur war zu meinen Zeiten nicht für Geschmacksexplosionen bekannt, aber Ende der Siebziger gab es in Hörde ein ziemlich feines, mit Mutters großzügiger Unterstützung gerade so bezahlbares Restaurant. Dort habe ich herrlich gegessen, am liebsten mit einem Mädchen, das ich, verliebt wie ich war, damit zu beeindrucken versuchte. Vergeblich, auch wenn es ihr so gut schmeckte wie mir.

Und dann entdeckte ich in Hörde irgendwann ein Buch-Antiquariat mit dem magischen Namen *Shakespeare & Co*. Ich wusste schon, dass das etwas mit James Joyce zu tun hatte, war dann aber doch sprachlos, als mich der Antiquar, der bald zu einem meiner engsten Freunde werden sollte, mit seinem Wissen und seiner Leidenschaft für Bücher überschüttete. Einen solchen Menschen hatte ich gebraucht, und der Laden wurde zu meinem ersten großen Bücherparadies, in dem ich die schönsten Entdeckungen machte. Aber als mein Freund, der Antiquar, seine Bücher einpackte und in die Innenstadt umzog, war es mit meinen Besuchen in Hörde auch vorbei.

Wo ist das Bild hier aufgenommen? Wer es weiß, bekommt einen Kasten Bier, wenn er sich als erstes meldet – schreibst Du am 19. Oktober. Hat sich jemand gemeldet? Du hattest mir das Foto von der kleinen Boutique schon vorher zugeschickt, und ich hatte vermutet, dass es sich um die

Hohe Straße handeln könnte (vgl. Abb. 2). Nicht falsch. Genau zwischen Sonnenstraße und Duden- bzw. Gutenbergstraße, wo ich die ersten sechs Jahre verbracht habe. Im Fensterglas der Boutique spiegelt sich ein nicht mehr ganz neuer Neubau auf der gegenüberliegenden Straßenseite. Dort war früher eine Tankstelle und daneben eine Autowerkstatt, vielleicht mit dem Hauptzweck, schrottreife Autos auszuweiden, um damit noch ein paar Mark zu machen. Jedenfalls habe ich dort und in den Böschungen neben den Bahngleisen etwas weiter südlich ganz gerne gespielt, bis ich von irgendeiner älteren Aus-dem-Fenster-Guckerin, die meine Mutter flüchtig kannte, verpfiffen wurde. Das gab mächtig Ärger, und danach habe ich den Ort tunlichst gemieden. Aber wie oft habe ich den Weg die Hohe Straße rauf Richtung Süden gemacht – zu Fuß, mit dem Fahrrad, mit der Straßenbahn, später mit dem Auto. Regelmäßig führte der Weg jeden zweiten Samstagnachmittag ins Stadion Rote Erde. Das Westfalenstadion blieb mir merkwürdig fremd, und es kam hinzu, dass der BVB in diesen Jahren in der Zweiten Liga schmorte. Aber natürlich hat das der Liebe zu Schwarzgelb nichts anhaben können.

Was hat Sie zu einem BVB Fan gemacht – wurdest Du gefragt. Also wirklich! Fan wird man nicht, Fan ist man. Wenn ich mich über etwas richtig ärgern kann, dann ist es eine Niederlage der Borussia. Bier, Stahl, Kohle, BVB. Das habe ich schon als Grundschüler herbeten können, wenn es um die wichtigsten Ingredienzen Dortmunds ging. Wenn ich recht sehe, ist davon nur der BVB übriggeblieben. Eis Milano ist auch noch da, das Horrorhaus ist inzwischen weg, das Restaurant in Hörde gewiss auch, das Antiquariat und mein Freund leider auch – in Dortmund, wo die Transformation zum Dauerzustand geworden ist. Wie ist das mit dem Kasten Bier? Wahrscheinlich schon weg, aber irgendwann werden wir in Dortmund doch noch zusammen ein Bier trinken.

Dein Michael

Aus: *Kuckarts Blog* auf *litauf.ruhr*

Abb. 1: Erich Grisar: Eiswagen vor der Dortmunder Hauptpost - Quelle: Stadtarchiv Dortmund (502-37_01-0045)

Abb. 2: Dortmund, Hohe Straße 27 © Judith Kuckart

Abb. 3: Dortmund, Kielstraße 26 © Judith Kuckart

Friederike Roth

Texte, Stimmen, Räume.
Bemerkungen zu Judith Kuckarts Stimmenräumen

Der Radiobearbeitung ihres Textes *Sätze mit Datum* stellt Judith Kuckart u.a. die Bemerkung voran: „Das Hörspiel ist ein Monolog, der eigentlich ein Dialog ist."

Dieser monologische Dialog ist gerichtet an eine Person, die abwesend ist. Diese Person (es ist die verstorbene Mutter der Autorin, aber ist es wirklich die verstorbene Mutter der Autorin? Oder deren imaginierte Stellvertreterin im Text?) antwortet, so Kuckart, „indem sie allein läßt".

Diese Bemerkung ist aufschlussreich, weil sie auf fast alle Arbeiten Kuckarts zutrifft. Ihre Sätze schaffen Räume, die ganz zweifellos so vorhanden sind, wie sie beschrieben werden; die aber dennoch auch ganz anders aussehen könnten, würden sie mit anderen Sätzen ausstaffiert. Natürlich verhält es sich mit Kuckarts Personen genauso: Sie scheinen genau so zu sein, wie sie geschildert werden, und doch bleiben Zweifel, ob genau diese Figuren nicht auch ganz andere sein könnten, würde man nur ein wenig an den Sätzen, und damit wiederum am Raum, ändern.

Judith Kuckarts Sätze schaffen also Wirklichkeitsräume, die allesamt ganz anders eingerichtet sein könnten. Eine Art dunklen Zweifel wecken ihre Menschen und Dinge, ob sie denn tatsächlich die sind, als die sie beschrieben werden – oder ob sie nicht vielmehr sich einnisten in Stimmenräumen, die nichts anderes sind als Übersetzungsleistungen von Gedanken in Klänge und Räume. Ein Wunsch könnte immer auch eine enttäuschte Hoffnung, ein ‚So' immer auch ein ‚Nicht-So' sein.

So werden aus Klanglandschaften Bildlandschaften und aus Bildlandschaften sowohl Erinnerungen als auch Ahnungen. Ein Schwebezustand aus scheinbar Festgefügtem und unbestimmt Offenem schiebt durch Sätze gesetzte Realitäten in andere Gegebenheiten, die zu ganz anderen Welten zu gehören scheinen.

Es ist eine Eigenheit der Kuckart-Sätze, dass sie daherkommen, als könne man ihnen trauen – wie man ganz sicher sein zu können glaubt, dass ein Tänzer, der zu einem Himmelssprung ansetzt, wieder auf der Erde landet:

„Im Zimmer eine kleine schwarze Motte"
oder
„Im Park zwei Schmetterlinge".

Zwei Sätze beschreiben auf den ersten Blick zwei Ereignisse, die sich so zutragen könnten – die sich aber auch nur als Vorstellungen, Erinnerungen, als bloß zufällige Konstellationen ergeben haben könnten.

Es ist dieses Schweben der Texte, das ihnen immer noch andere Möglichkeiten von Realität unterschiebt, die den Eindruck einer jederzeitigen Ummöblierung machen – wären die Sätze denn andere. So wenig, wie den Dingen und ihren Eigenschaften, den Gefühlen, Sehnsüchten, Erinnerungen, den Gedanken und Schlussfolgerungen zu trauen ist, so wenig erschreibt die Autorin Sprachwelten, die unumstößlich feststehen und nicht genauso gut ihr Gegenteil sein könnten. Was benannt wird, ist vorhanden – und zwar zunächst so, wie es benannt wird. Es ist sogar gleich mehrfach vorhanden:

Im Kopf des Beschreibenden, als Beschriebenes, als Erinnertes, als Gehörtes, als längst Vergessenes, das durch eine mehr oder weniger zufällige Erinnerung wieder in die Gegenwart gehoben wird:

„Habe noch nie so viele Männer beim Rauchen arbeiten sehen"
oder
„Habe noch nie so viele Menschen auf der Straße essen sehen"
oder
„Habe noch nie so viele schöne Frauen im Mittagslicht brüchig werden sehen"
oder
„Habe noch so viele Mädchen in dunkelblauen Mänteln gesehen"
oder – und hier kommt der Perspektivenwechsel:
„Habe mich noch nie so gesehen".

Damit wird die vorgeblich neutrale Objektbeschreibung umgestellt in eine, allerdings genauso vorgeblich neutrale Subjektbeschreibung.

Und dieses Subjekt kann sich nun wieder seine je eigene Objektivität erschreiben – mit vorhandenen oder erfundenen Sätzen.

Judith Kuckart und Norbert Lammert
in Berlin und wo ist die Heimat, in Westfalen?
Gespräch am 29. September 2020

Judith Kuckart beginnt das Gespräch mit Beobachtungen zu ihrer Stadtschreiberinnenstelle in Dortmund, mit einer Wohnung in der Nordstadt, Nähe Borsigplatz, Geburtsstätte des BVB.
Moderation: Johanna Canaris.

Kuckart: Also ich bin in der Gegend, ich finde das aber ganz schön, denn es ist ziemlich spannend, in einer Gegend zu sein, über die man sagt: Da geh' aber nicht hin, Nordmarkt und so, da gehe ich dann am nächsten Tag mal hin und dann erlebe ich dort was. *[An Norbert Lammert gewendet:]* Bochum ist viel ungefährlicher, oder?

Lammert: Ja, also unauffälliger wenigstens, aber wenn irgendwo etwas passiert, ist immer der Einzelfall das Spektakuläre.

Kuckart: Aber Bochum ist zu Hause?

Lammert: Ja. Wobei das gar kein missionarisches oder messianisches Verständnis von Herkunft ist, sondern sozusagen ein mitgebrachtes, nie als Problem empfundenes ... und wenn man sich selber gelegentlich beobachtet, was ich schon aus professionellen Gründen manchmal tun muss, dann merke ich an mir selbst, dass da, wo man herkommt, sich eine andere Art von spontaner Beziehung herstellt als zu irgendeinem anderen Platz auf der Welt.

Kuckart: Selbst wenn man es nicht will?

Lammert: Ja, so ist es. Das kann im Einzelfall übrigens auch mal dezidiert negativ sein, und zwischen den Fragen „Was finde ich ganz toll?" und „Wo bin ich zu Hause?" gibt es eben diesen beinahe prinzipiellen Unterschied.

Kuckart: Für mich wird zu Hause immer mehr ein Mensch als ein Ort, also Schwelm *[J.K.s Geburtsort, J.C.]* Die kurze Zeit

	danach, als ich weggegangen bin, hatte ich manchmal noch, wenn ich zu meinen Eltern gefahren bin, so ein Gefühl von „der Ort hat Patina". Auch das Gefühl ist mittlerweile weg, Ich glaube, die erste Antwort wäre immer, Zuhause ist mein Mann, und der ist in Berlin. Und wenn der jetzt nach Angola geht, dann ist es halt der Ort, der um diesen Mann herum ist. Kitsch?
Lammert:	Nein, das ist kein Kitsch, aber auch wieder anders. Ich denke da an einen Vortrag, den ich vor ein paar Jahren im nordrhein-westfälischen Landtag zum Thema ‚Heimat' gehalten habe. Darin zitierte ich Herbert Grönemeyer mit seinem berühmt-berüchtigten Satz „Heimat ist kein Ort, Heimat ist ein Gefühl", was ja zweifellos eine gute Beobachtung ist, aber eine auch wiederum beinahe willkürliche Definition von Heimat. Denn es ist natürlich ein anderer Heimatbegriff als der Herkunfts-Heimatbegriff, und zu sagen, ja aber das eine ist irrelevant und das andere ist relevant, begradigt wieder ganz unterschiedliche subjektive Wahrnehmungen, die im Einzelfall alle ihre eigene Legitimation haben.
Kuckart:	Ja, wenn ich den Begriff Heimat reduziere, indem ich sage, das ist da, wo ich herkomme, wäre das für mich bedrückender Konservatismus. Es gibt in Dortmund ein Café *103 – Das Chancen-Café*, das ist schräg von meiner Wohnung gegenüber. Das betreibt eine Frau aus Jamaika, die kocht jeden Abend Essen aus den Resten, die sie von der ‚Tafel' kriegt, für die Leute aus der Straße. Das Publikum ist ganz gemischt, also da ist jede Nationalität eine andere, und die Leute kommen manchmal schon nachmittags, weil sie sie sehen wollen, denn diese Frau hat etwas von einer Art Göttin – und ist auch eine Art Heimat für die Leute, wenn sie „Schatz" sagt.
Canaris:	Sie, Herr Lammert, haben Herbert Grönemeyer zitiert mit ‚Heimat ist ein Gefühl', und Du, Judith, hast vom Menschen als Heimat gesprochen. Ist *Literatur auch Heimat*?
Lammert:	Literatur ist für mich ein vertrauteres Terrain als manches andere, auch als manche anderen Kunstgattungen. In der Literatur gibt es viele Autoren, mit denen ich mich vertraut

fühle, aber ich würde das nicht in die gleiche Schublade packen wie das, was für mich in so eine Heimat-Schublade gehört.

Kuckart: Literatur war das mal, als ich noch in Schwelm leben musste, da war die Stadtbücherei Heimat. Das hat sich aber auch geändert, funktioniert nicht mehr, auch wenn ich manche Sachen sehr gern lese, und ich würde nicht sagen, Literatur ist Heimat, sondern Erzählen ist Heimat. Für mich ist der Prozess des Schreibens, in dem sich mir auch Zeit verlängert, wenn ich still an einem Ort sitze, Heimat geworden. Wenn ich schreibe, habe ich 48 Stunden am Tag und nicht 24, denn irgendwas passiert mit dem Raum und dem Zeitgefühl, und ich erschreibe mir eine Geborgenheit.

Canaris: Und was macht *Westfalen als Heimat* aus? Ich selbst bin ja Rheinländerin.

Lammert: Daraus würde ich Ihnen jedenfalls keinen Vorwurf machen. – Was ein bisschen in die Nähe eines Antwortversuchs geht: Wenn ich mein Heimatverständnis politisch definieren müsste, oder wann immer ich es politisch definiert habe, war es weder Rheinland noch Westfalen, sondern das Ruhrgebiet. Für mich ist das Ruhrgebiet viel eher Heimat als Westfalen, auch wenn ich natürlich die kunstvolle Unterscheidung zwischen diesen beiden Landmannschaften kenne – aber übrigens auch dazu behaupten würde, wir haben längst eine dritte Landsmannschaft: Also die Bochumer sind genauso wenig Westfalen, wie die Essener Rheinländer sind, und den allermeisten würde man vermutlich auch erst erklären müssen, dass sie eigentlich Westfalen oder Rheinländer seien. Auf die Idee kämen die gar nicht, bevor man es ihnen erklärt. Wie im Übrigen ja auch – das muss ich Ihnen ohnehin nicht erklären –, wenn man Leute, die aus dem Ruhrgebiet kommen, an einem der Hauptbahnhöfe im Ruhrgebiet fragen würde: „Wo kommen Sie her?", dann sagt keiner von denen: aus Essen, aus Duisburg oder aus Dortmund, sondern die würden sagen: aus Katernberg oder aus Langendreer. Dann ist der Heimatbegriff noch viel enger. Und wenn man die gleichen Leute nicht am Hauptbahnhof in Duisburg, sondern am Strand auf Mallorca fragen würde: „Wo kommen Sie her?", würden sie sagen: „aus'm Ruhrgebiet". Sie würden wieder nicht Essen, Dortmund oder Bochum sagen. – So, aber nochmal: Bei mir ist Westfalen nicht Heimat. Das ist so eine Art von Einsortierung, die ich gewissermaßen mit Blick auf die geographische Herkunft nachvollziehen kann, und wo ich auch natürlich schon Mentalitätsunterschiede nachvollziehe, die da nicht nur behauptet werden, sondern zweifellos bestehen, zwischen Rheinländern und Westfalen.

Kuckart: Und es bestehen Mentalitätsunterschiede zwischen Ostwestfalen und Westwestfalen. Ich bin Westwestfälin, und komisch, ich würde auch immer Ruhrgebiet sagen, und das ist auch für Leute so, die zum Beispiel aus der Schweiz kommend mich in Düsseldorf besucht haben und das Ruhrgebiet sehen wollten, weil diese Gegend mehr und mehr und je länger die Industrie weg ist, zu einer mythischen Landschaft wird. Wenn man in Zürich sitzt, denkt man ja Gott weiß, was einen da erwartet, im Schatten dieser Industriedenkmäler. Westfalen also ist für mich eine Ackerfurche, und Ruhrgebiet ist für mich eine stillgelegte Kokerei Hansa, in der auch ich mittlerweile das Gefühl habe, ich bin in einem Tarkovskij-Film. Aber warum nicht, auch Kino kann Heimat sein.

Canaris: [Lachen] Ob nun ‚Heimat' oder ‚Heimat Westfalen' – diese Diskrepanz zwischen einer äußerlichen Zuschreibung und einer eigenen ist ja auch interessant. Was macht das denn dann mit jemandem, wenn die Heimat, also nun: das Ruhrgebiet, sich so verändert, also gewissermaßen nicht mehr die lebendige Ruhrindustrie ist, sondern Ruinen?

Kuckart: Also für mich als Mensch, der schreibt, ist die Ruine in Zeiten der Umstrukturierung reizvoller, weil das ein Raum ist, in den jemand, der schreibt wie ich, etwas anderes reinprojizieren kann als in eine funktionierende Arbeitswelt. Eine Ruine ist immer wie die leerstehenden Häuser in meiner Kindheit, in die ich eingestiegen bin, in der Hoffnung, dass ich da irgendwelche ungewöhnlichen Begegnungen haben werde, vielleicht auch nur mit mir selbst.

Lammert: Ja, ich verstehe, dass für jeden künstlerisch Tätigen diese Ruinen interessanter sind als die Neubauten. Das sind ja sozusagen auch glatte Biographien, während die kaputten Biographien für Literatur den besseren Stoff hergeben. Interessanter finde ich, dass für die Identitätsstiftung der Leute im Ruhrgebiet die hinterlassenen Industrielandschaften eine beinahe prägendere Rolle spielen, als die funktionierenden. Das ist jedenfalls meine Wahrnehmung – ich selbst habe den Bergbau nach seinem Höhepunkt in den 50er Jahren eher in der Rückläufigkeit wahrgenommen. Dass er damals besonders identitätsstiftend gewesen sei, finde ich nicht, das war dann schon die Rivalität auch zwischen Alt- und Neuindustrien, die Wahrnehmung: „ist dreckig und eigentlich alles nicht mehr so richtig zeitgemäß". Seitdem klar ist, dass das vorbei ist, hängen die Leute – völlig gleichgültig, ob es in der eigenen Familientradition noch irgendeine Art Verbindung mit dem Bergbau gibt – mit einer erstaunlichen Hartnäckigkeit an diesen Resten einer zu Ende gegangenen Epoche. Es ist fast nicht möglich, stillgelegte Industrieanlagen komplett niederzureißen. Wir haben ja nicht nur eine „Route der Industriekultur", die so heißt, sondern wir haben inzwischen Dutzende von nicht mehr benutzten Industriebauten, die man aber nicht abreißen darf, auch wenn nicht klar ist, ob und welchen weiteren Nutzen es dafür geben kann. Man kann leider halt nicht aus jeder früheren Werkshalle einen Konzertsaal oder sonst irgendetwas machen. Aber was ist das? Hat man da dann auch Erinnerungen, die man eigentlich nicht haben kann, wenn man diese Ruinen jetzt sieht, wenn die da so wie Dinosaurier herumstehen? Jetzt nehme ich mal das praktische Beispiel Jahrhunderthalle Bochum, die ich als Werkshalle nicht gekannt habe. Man wusste, dass da mal dies und mal jenes stillgelegt worden ist. Wenn ich also diesen Raum stark finde, dann ja nicht, weil sich damit bei mir eine nostalgische, verklärte Erinnerung an einen eigenen

Teil der Biographie verbindet, sondern gewissermaßen die Übertragung auf eine für die eigene Stadt prägende Phase der Geschichte, die auf diese Weise, auch wenn der operative Teil erledigt ist, nicht nur im Gedächtnis behalten, sondern verfügbar, als lebendiger Platz sozusagen neuer Auseinandersetzung, erhalten wird. Und ich glaube, so funktioniert das auch bei vielen anderen, bei denen es auch eine unmittelbare biographische Verbindung nicht gibt, denen das aber wichtig ist.

Canaris: Judith, hast du schon mal in so einer Industrieruine gelesen?

Kuckart: Ja, ziemlich oft schon, ich habe zum Beispiel in der Zeche Carl *[heute ein Essener Kulturzentrum, J.C.]* ein Tanzfestival veranstaltet, und wir werden jetzt *[mit dem Ensemble* Tanz-Theater Skoronel, *J.C.]* im Maschinenhaus der Zeche Carl auch unsere neue Produktion machen. Ich habe auch einmal in Essen gelesen, das war in einer ganz kleinen Zeche, und ich weiß noch, ich bin da mit anderen hingefahren, und dann endete so eine Bimmelbahn im Gras. Wir sind ausgestiegen, sahen ganz hinten den Ort, wo wir lesen sollten, und haben unsere Koffer also durch die Wiese dahin gezogen. Da überleg ich mir auch mehr als an anderen Orten, was ich dann da lese.

Canaris: Das wäre meine nächste Frage, *ob Kultur*, die diese Erinnerungsorte neu füllt, *auch ein neuer Weg ist, Heimat zu schaffen* oder Impulse zu setzen für einen neuen Heimatbegriff, der sich dann auf anderes beziehen kann?

Kuckart: Vielleicht schafft man an solchen anderen Orten so eine Art von gemeinsamer Erinnerung, nicht nur an ein Theater oder an eine Lesung, sondern auch an das, was die gemeinsame Situation (neulich erst) war.

Lammert: Ja, gut, da bin ich jetzt ein bisschen überfragt. Vielleicht bildet man sich auch manche Effekte ein, was den Zusammenhang zwischen Platz oder Ort und dem Ereignis angeht. Ich habe ja selbst, gerade in den letzten Jahren, mehrfach Lesungen gemacht, in ganz unterschiedlichen Kontexten, und habe mich gerade – als Sie erzählten – vor allem an eine Lesung erinnert: Vor zwei Jahren in der Jahrhunderthalle im Rahmen der Ruhrtriennale habe ich von Enzensberger aus seinem grandiosen Essay *Die große Wanderung* gelesen, in dem er sich mit Migrationsgeschichten in der Menschheitsgeschichte auseinandersetzt. Das war eine enorm dichte Wirkung, ob die aber auch deshalb oder nur unter besonderer Begünstigung des Raumes zustande gekommen ist, weiß ich nicht – obwohl ich keinen Augenblick zögern würde zu sagen, so ein Text passt natürlich in einen kaputten Raum besser, als in eine durchgestylte neue Aula. Trotzdem glaube ich schon, dass Kunstwerke, sowohl literarische wie musikalische als auch bildende Kunstwerke ihre suggestive Wirkung beinahe unabhängig von dem Ort entwickeln, an dem sie präsentiert werden.

Kuckart: Nein, ganz bestimmt nicht, Widerspruch! Es ist doch ein Unterschied, ob eine Inszenierung in einem leeren Raum oder ob sie mit einem Bühnenbild stattfindet. Zum Beispiel die Erfahrung der Jahrhunderthalle ist so besonders, ich erinnere mich etwa an eine Opernaufführung dort. Da waren die Zuschauer auf Tribünen und während der Inszenierung fuhren die Tribünen aufeinander zu.

Lammert: Ich erinnere mich, an dem Ort auch *Die Soldaten* von Bernd Alois Zimmermann gesehen zu haben, da fuhren die Darsteller gewissermaßen bei einem feststehenden Auditorium auf einem riesigen Laufsteg, 150 Meter lang, und bei *Moses und Aron [von Arnold Schönberg, J.C.]* fuhren die Tribünen aufeinander zu.

Kuckart: Ja, diese Opernaufführung meinte ich, und damit werde ich immer diese Halle verbinden.

Lammert: Also, dass bestimmte Ereignisse nur in bestimmten Räumen möglich sind, das ist schon wahr, aber man kann sich ähnlich eindrucksvolle Inszenierungen von *Moses und Aron* auch an anderer Stelle vorstellen. Mein Punkt ist nicht, dass man bestimmte Ereignisse im Kontext auch der Räume in Erinnerung behält, in denen sie stattgefunden haben. Ich zweifle nur an, ob die Räume konstitutiv für die Wirkung sind. Ich würde jetzt mal hilfsweise behaupten, ein und derselbe Roman kann am Strand gelesen eine ähnlich suggestive Wirkung bei einem Leser erzeugen wie irgendwo in einer klapprigen, alten Hütte bei nicht ausreichender Beheizung. Das sind alles Faktoren, die die Wahrnehmung beeinflussen, aber keine zwingende Wirkung auf den Effekt haben müssen. Aber gut ...

Kuckart: Ja, da sind wir halt unterschiedlicher Meinung.

Canaris: Auch wieder an beide die Frage: *Kommst Du/kommen Sie gerne zurück ins Ruhrgebiet*, ist das ein Nach-Hause-Kommen?

Lammert: Bei mir eigentlich nicht, weil ich vom Ende der Ausbildungszeit an immer unterwegs war und weder jemals den eigenen Herkunftsort verlassen habe noch zurückkommen musste, sondern es war immer der Heimathafen. Ich glaube, das macht auch nochmal einen emotional erheblichen Unterschied, ob man irgendwann – aus welchem Grund auch immer: privat, beruflich, politisch – entschieden hat: „ich gehe hier weg" und dann irgendwann entschieden hat: „ich gehe jetzt zurück" oder ob sich diese Frage nie gestellt hat. Bei mir hat sie sich nie gestellt.

Canaris: Ja, Sie waren sozusagen immer verwurzelt in der Heimat, und haben Sie die Heimat dann mitgebracht in, nach Berlin in die politische Arbeit?

Lammert: Natürlich auch, denn ich war über 20 Jahre Parteivorsitzender im Ruhrgebiet, also prägt das einen Teil des eigenen Berufs, übrigens auch in der eigenen Wahrnehmung durch Dritte, jedenfalls über einen bestimmten Zeitraum. Aber ich habe mich nicht als den informellen Botschafter des Ruhrgebiets in Berlin oder früher in Bonn verstanden.

Canaris: Wie war das bei dir, Judith?

Kuckart: Ich bin richtig weggegangen und habe wirklich versucht, so viel wie möglich zwischen mich und meine Herkunft zu schieben. Da war natürlich die Berliner Mauer ideal bzw. die zwei Mauern mit der Transitstrecke. Kaum einer traute sich damals nachzuschauen, was ich in diesem Westberlin eigentlich mache. Nach so einer Entscheidung, weit weg zu gehen, wird es natürlich eine eigene Auseinandersetzung, wenn man an Orte von früher zurückkommt, um dort mit Schauspielern und mit ‚Heimatexperten' von dort öffentlich über Heimat nachzudenken. Ein solches Erzähltheater habe ich im Dorf meiner Großmutter vor drei Jahren gemacht. Das Stück hieß *Heimaten*: Zwei Jahre später habe ich mich in meine eigene Heimatstadt Schwelm getraut. Da hieß das Stück *Da wo ich herkomme sind die Menschen freundlich* (was auch ironisch war) und im November *[2020, J.C.]* werde ich in Dortmund-Hörde zum dritten Mal dieses Format ausprobieren. Dort heißt das Stück *Hörde Mon Amour*. Das darf ich so behaupten, denn ich habe in Hörde aus traurigen familiären Gründen mindestens fünf lange Kindheitssommer verbracht. Nun stellt sich aufgrund dieser Häufung natürlich die Frage, warum diese Orte jetzt zu Erzählorten werden, in all ihrer Ambivalenz. Damit ist für mich Heimat, erzählte Heimat, übrigens auch Arbeit.

Canaris: Ist das etwas, was Sie auch so sehen würden?

Lammert: Gute Frage. Ich habe fast nie einen festen Arbeitsort in Bochum gehabt. In der Zeit nach Abschluss des Studiums war ich zunächst ein paar Jahre freiberuflich tätig, war viel in der Pädagogik unterwegs als ‚Vortragskünstler'. Als ich dann relativ jung in den Bundestag gewählt wurde, bin ich zwischen Bonn und Bochum hin- und hergefahren. In Berlin hat sich das fortgesetzt mit dem Unterschied, dass ich zwischen Bochum und Berlin nicht täglich pendeln konnte und in Berlin zum ersten Mal eine feste zweite Adresse brauchte.

Kuckart: Und sind die Rechnungen nach Berlin gekommen oder nach Bochum?

Lammert: Nach Bochum.

Kuckart: Na, dann wissen wir ja wo ... *[Lachen]*

Lammert: Na klar, es war immer Familiensitz – und Wahlkreis war es ohnehin auch.

Canaris: Finden Sie *etwas von Ihrer Heimat in der Literatur von Judith Kuckart* wieder?

Lammert: Ja, das denke ich schon. Ich habe fast alle Ihre Romane gelesen, aber unabhängig davon, wo die gerade örtlich angesiedelt sind, gibt es sozusagen für die Erleichterung meines Zugangs offensichtlich vertraute Konstellationen. Aber das macht man sich eigentlich nicht klar, man sucht ja nicht eine Erklärung, wenn man nicht gefragt wird, so wie jetzt. Also ich würde es nicht unter typische Ruhrgebietsliteratur subsummieren, aber umgekehrt, würde mich jemand fragen nach Autoren, die ich mit dem Ruhrgebiet verbinde, dann würden Sie mir natürlich sofort wieder einfallen. Spielt eigentlich keiner der Romane direkt in Schwelm?

Kuckart: Ja, Schwelm kommt ziemlich oft vor, heißt aber dann anders: Im ersten Roman habe ich es Wallerfang genannt und später nenne ich es dann S. Ich glaube außerdem, es ist etwas anderes, was Ihnen diese Art zu Schreiben vertraut macht. Ich glaube, dass in meinen Romanen ein Humor drin ist, über den die Leute im Ruhrgebiet ganz gut lachen können. Mein Schwiegervater in Stuttgart kann da gar nicht so richtig drüber lachen, Das ist eine Mentalitätsfrage.

Lammert: Das wollte ich gerade sagen – deswegen meine ich ja: Mir würden spontan nicht Schauplätze einfallen, die ich bei Ihnen wiederentdecke und sage: „ah, kenne ich ja alles", sondern es ist eine Art des Umgangs mit Stoffen, mit Sachverhalten, die einem vertraut ist und deswegen den Zugang erleichtert.

Canaris: Also Mentalität oder Humor, die man teilt?

Kuckart: Ja genau, und dass es lakonisch ist. Also mein Schwiegervater oder vor allem meine Schwiegermutter sagen immer: „Hach, das ist alles so traurig, was du schreibst". Aber es ist nicht traurig, es ist wirklich: „Ist das Glas halb voll oder halb leer?", und für mich ist es immer halb voll, und wie der Rest verschüttet oder zu rasch getrunken worden ist, das beschreibe ich eben gern.

Canaris: Dann würd' ich vielleicht zum Abschluss fragen, ob es vielleicht *ein Wort für die Heimat Ruhrgebiet* gibt, das jedem spontan einfällt?

Lammert: Nein, also mir fallen eher tausend Sachen ein, aber das sind lauter ‚Poetereien', die könnte ich jetzt sagen, aber das stimmt dann nicht, sorry. Es gibt im Übrigen ja diese berühmte

	Beschreibung des Ruhrgebiets von Heinrich Böll, die keine schlechte Beobachtung war *[„Kein Wunder, dass zwischen Dortmund und Duisburg, wo Weiß nur ein Traum ist, die Brieftaube ihre besten Freunde hat.", aus dem Jahr 1958, J.C.]*, aber die ‚Ruhris' empört hat, und daran sieht man genau wieder diese Perspektivenverschiebung: Es kann eine richtige Beobachtung von Sachverhalten mit der Wahrnehmung derjenigen, die gemeint sind, völlig über Kreuz gehen.
Kuckart:	So ist das: „Nicht schön sein macht schön, gefallen macht schön."

Erster Weg – Prosa

Eva Stubenrauch

Poetik des Begehrens.
Annäherung an Judith Kuckarts
Figuren des Zurückbleibens

Ein dominantes Kennzeichen moderner und vor allem postmoderner Literatur sowie ihrer literaturwissenschaftlichen Analyse ist die Konzentration auf Figuren des Verschwindens. Das Verschwinden beschreibt keinen Zustand, sondern eine Bewegung, die wiederum als Zustand ein Spannungsfeld der Absenz hinterlässt. Das Verschwundene ist nicht einfach weg; es liegt zwischen Anwesenheit und Abwesenheit und ist in seiner Absenz als Markierung des Einmaldagewesenen präsent.[1] Dieses Paradox der Absenz, die Anwesenheit des Abwesenden, liegt schon in ihrer Etymologie: Der Begriff bildet sich aus dem lateinischen Präfix ‚ab' = ‚weg' und dem Verb ‚esse' = ‚sein'. Drew Leder bringt es in seiner einschlägigen Studie zum *Absent Body* auf den Punkt: „An absence is the being-away of something"[2] – und damit nicht Nichts, sondern ein jetziges Nichts, das Spuren des vergangenen Seins konserviert.

In der Forschung werden Figuren des Verschwindens häufig zum Signum der modernen bzw. postmodernen Welt der Schnelllebigkeit und des permanenten Wandels stilisiert.[3] Darüber hinaus wird ihnen oftmals eine politische Dimension zugesprochen. Verschwundene Figuren repräsentieren die Gräueltaten des 20. Jahrhunderts, aber auch die Unsichtbarkeit der Arbeit ‚hinter' materiellen Gütern. Die Erzählliteratur agiert innerhalb dieses Modernisierungsdiskurses mit dem ihr grundlegenden Mittel der Figurenkonzeption, um die Bewegungen und zwischenmenschlichen

---

1 Vgl. Wolfgang Ernst: Absenz, in: Karlheinz Barck (Hg.): Ästhetische Grundbegriffe, Bd. 1. Stuttgart usw. 2010, S. 1–15, hier: S. 1.
2 Drew Leder: The Absent Body. Chicago usw. 1990, S. 22.
3 Vgl. zum Verschwinden als Chiffre der Moderne: Peter Weibel: Ära der Absenz, in: Ders., Ulrike Lehmann (Hg.): Ästhetik der Absenz: Bilder zwischen Anwesenheit und Abwesenheit. München 1994, S. 10–26, bes. S. 15–19.

Herausforderungen der (spät-)modernen Entfremdung darzustellen.⁴ Das Verschwinden in der Erzählliteratur etabliert eine Handlungsmatrix, in der neben dem Ort, der Zeit und dem dazwischen situierten Prozess des Verschwindens zwei Figurentypen konstitutiv sind: zum einen die verschwindende, zum anderen eine das Verschwinden wahrnehmende und bezeugende Figur.⁵ Sowohl der Prozess des Verschwindens als auch die in der Absenz seltsam gespeicherte Präsenz des ehemals Gegenwärtigen benötigen eine Instanz, die das Verschwinden bzw. Verschwundene registriert, sich wundert, über Gründe und Ziele reflektiert und auf die Atmosphäre der Absenz reagiert. Es mag daher überraschen, dass nur der erste Typus, die Figur des Verschwindens, in den letzten Jahrzehnten vermehrt Gegenstand literaturwissenschaftlicher Analysen geworden ist.⁶

Judith Kuckart setzt sich in ihren frühen Romanen stattdessen intensiv mit letzterem Typus auseinander und exponiert vielgestaltige Figuren des Zurückbleibens. Als Protagonist*innen treten hier solche Figuren ins Zentrum, die sich am Radius verschwindender oder verschwundener Figuren ausrichten und sich in ihm bewegen. Weniger das Verschwinden und die mit ihm verbundenen literarischen Topoi des Identitätsverlusts, der Unsichtbarkeit oder der Gefahr werden thematisiert als vielmehr die zwischenmenschlichen Konsequenzen der Absenz des einen für den anderen, der geblieben ist. Das prozesshafte Verschwinden geliebter Figuren installiert Handlungsdynamiken, denen sich die zurückbleibenden Figuren ausliefern und in deren Rahmen sie (zu) agieren (versuchen). Figuren des Zurückbleibens werden gewissermaßen stellvertretend charakterisiert, insofern sie Handlungsräume des bezogenen Verweilens ausbilden; ihre Handlungen, Gedanken und Wünsche sind damit immer schon sozial *gerichtet*. Der Bezug zur Figur, die sich entzieht, ist die Determinante ihres Bleibens. Durch erzählerische Strategien wie die Fokalisierung wird ihr Wahrnehmungsmuster den Lesenden dann auch vor allem in Konzentration auf

---

4 Vgl. Sascha Seiler: Zwischen Anwesenheit und Abwesenheit. Die Figur des Verschwundenen in der Literatur der Moderne und Postmoderne. Stuttgart 2016, S. 13–14.
5 Vgl. ebd., S. 15.
6 Siehe Anke Grutschus, Peter Krilles: Einleitung, in: Dies. (Hg.): Figuren der Absenz/Figures de l'absence. Berlin 2010, S. 9–18, hier: S. 11–12.

die abwesende Bezugsfigur nahegebracht, erhalten Figuren des Zurückbleibens also die primäre Funktion der investigativen Präsentation der Verschwundenen. Kuckarts Romane machen so im Spannungsverhältnis zwischen Entzug auf der einen und Verlust, Suche oder Verfolgung auf der anderen Seite verschiedene Subjekt- und Handlungsformen sichtbar, die ein breites Spektrum aus Aktivität und Passivität ausdehnen, es aber auch vielfach verkehren oder unterlaufen.

So gelesen, vereint Judith Kuckarts Romane *Wahl der Waffen* (1990), *Der Bibliothekar* (1998) und *Die Verdächtige* (2008) eine Poetik des Begehrens, die verschiedene Textstrategien zur indirekten Charakterisierung ihrer Hauptfiguren ausbildet. Alle drei Texte treten als ‚Poetiken' auf, indem sie ihren Figuren symbolische Praktiken zuschreiben, um ihr Zurückbleiben zu gestalten und ihren Verlust zu kompensieren: Das journalistische Schreiben Katias im Debütroman, das Berufslesen des Bibliothekars und die Kombination aus Zuhören und Imagination, mit der Robert auf die Erzählungen der mysteriösen Verdächtigen Marga in der Kriminalhandlung reagiert – all diese Formen ästhetischer Produktion und Rezeption dienen einer Vergegenwärtigung der abwesenden Figuren, die das Verschwinden zwischen Absenz und Präsenz nicht zuletzt in seinen semiotischen und mediologischen Bedingungen thematisiert. Die zeichenhafte und mediale Bezugnahme auf das Abwesende ist nicht nur eine Grunddisposition (post-)moderner Sinnproduktion, sondern übernimmt bei Kuckart die Funktion, das Begehren der Verweilenden in Handlungen zu übersetzen. Mein Beitrag möchte solche textuellen Repräsentationen des Begehrens ausloten und davon ausgehend nach narrativen Operationen der indirekten Charakterisierung fragen. Ziel ist ein Vergleich der von Kuckart prominent eingesetzten Figuren des Zurückbleibens und ihrer symbolischen Praktiken, mit denen sie versuchen, das Verschwundene zur Anwesenheit zu bringen, sowie eine aus dem Vergleich erarbeitete Merkmals- bzw. Funktionsbestimmung dieses Figurentypus.

(In die) Geschichte schreiben: *Wahl der Waffen* (1990)

Die Figurenforschung unterscheidet häufig zwischen Forschungsansätzen, in denen die Figur eine menschenähnliche Instanz bildet, die sich den Lesenden bei der Lektüre nach und nach in Form eines Figurenmodells erschließt, und solchen Ansätzen, die die Figur primär als Element innerhalb einer Textwelt begreifen und sie vor allem in ihren Funktionen für die Handlung analysieren.[7] Es gibt jedoch auch prominente Konzepte, in denen sich beide Blickweisen vermischen, so etwa E.M. Forsters Unterscheidung von flachen und runden Charakteren: Forster geht es um die Art der Figurenprofilierung. Er differenziert zwischen flachen Figuren, die meist statisch sind, als Träger weniger Merkmale auftreten und vor allem dazu dienen, zentralere Figuren zu charakterisieren, und runden Figuren, deren komplexer Charakter sich dynamisch und in Interaktion mit ihrem Umfeld ausbildet und den Handlungsverlauf strukturiert.[8] Hier wird deutlich, wie Forsters Konzept anthropologische und funktionale Ansätze vereint, denn die Beschreibungen ‚flach' und ‚rund' zielen in ihrer Metaphorizität zum einen auf die Vorstellung, die sich Lesende von der Kontur der geschilderten Figur machen, und zum anderen auf ihre Funktion innerhalb der Textwelt, etwa den Unterschied, ob eine Figur für die Handlung primäre Geltung beansprucht, oder ob sie sekundäre Relevanz hat und eine ‚rundere' Figur charakterisiert.

Neben Forsters Konzept hat auch die Kritik daran seit langem Tradition. Sie zielt z.B. darauf, dass ‚flache' Charaktere je nach Darstellungsweise imaginativ anregender wirken können als ‚runde' und die Differenz letztlich nichts über die Komplexität des Figurenmodells beim Leser aussagt. Eine textuell auf eine Sichel reduzierte Figur kann sich demnach viel mehr dazu eignen, sie während des Lesens in Form einer Scheibe zu denken als eine textuell intendierte Rundung von Figuren durch angebotene Informationsfülle.[9] Nimmt man die Funktion ‚flacher' und ‚runder' Charaktere mit in diese Überlegungen hinein, dann ist auch hier zu relativieren: Zwar kann die Informationsdichte zu zwei Figuren gravierend voneinander abweichen, doch ist es dennoch möglich, dass die Figur mit der größeren Vagheit die zentrale Textfunktion übernimmt. Dieses Spannungsfeld

---

7 Vgl. Fotis Jannidis: Zu anthropologischen Aspekten der Figur, in: Rüdiger Zymner, Manfred Engel (Hg.): Anthropologie der Literatur. Paderborn 2004, S. 155–172.
8 Vgl. Edward Morgen Forster: Ansichten des Romans. Frankfurt/Main 1962, S. 74–84.
9 Vgl. etwa James Wood: Die Kunst des Erzählens. Reinbek bei Hamburg 2011, S. 107.

erweist sich als besonders produktiv für die Analyse der Figurendarstellung in Kuckarts Debütroman, *Wahl der Waffen*, von 1990.

Der Debütroman problematisiert die Geschichte und Geschichtsschreibung des Linksterrorismus in der jungen BRD am Beispiel zweier ganz unterschiedlich involvierter Frauenfiguren. Strukturiert wird die Handlung von einer Suchbewegung, mit der die Journalistin Katia ihrem Kindermädchen Jette schreibend nachspürt, das sie in den frühen 1960er Jahren betreute und in den späten verließ. Angestoßen von einer Zeitungsmeldung über Jettes Tod im Libanon im Jahr 1982 dient Katias Suche einer Auseinandersetzung mit ihrer Situation des Zurückbleibens, die sowohl ihr kindliches Verlassenwerden als auch ihre eingeschränkte Handlungsfähigkeit innerhalb einer dem politischen Widerstand *nachgeborenen* Generation beschreibt. Schreibend versucht Katia, den Gründen für Jettes Verschwinden, ihren terroristischen Aktivitäten und Männerbekanntschaften nahezukommen und den Verbleibstatus der früheren Gefährtin in Vergangenheit, Gegenwart und Zwischenzeit nachzuvollziehen. Die Suche nach Jettes Geschichte ist zugleich ein Versuch, die historische Situation des westdeutschen Linksterrorismus in den generationenspezifischen Bedingungen der Partizipation zu verstehen.

„Mit der Rastlosigkeit die Ratlosigkeit einholen",[10] einer der vielen Sätze, die Katia fragmentarisch als Tagebucheinträge, Recherchenotizen oder Briefe formuliert, könnte zum Motto ihrer Suche erklärt werden. Doch statt einer Selbstermächtigung führt die Erzählung vor, wie Katia sukzessive in Jette aufgeht bzw. wie sich ihre Lebenswelt nicht nur am Radius der schon lange Verschwundenen ausrichtet, sondern zusehends gänzlich mit deren Lebenswelt verschwimmt. Der selektierte Satz liest sich dann einerseits wie eine Formel, mit der die Motivation zu sämtlichen Handlungen Katias erklärt werden könnte – und damit als spezifizierendes Merkmal eines ‚flachen Charakters'.[11] Andererseits jedoch nutzt Katia die Rastlosigkeit auch, um über ihre formelhafte Existenz hinauszuwachsen und einen unabhängigen Charakter auszubilden. In Forsters Terminologie,

---

10 Judith Kuckart: Wahl der Waffen. Roman. München 2008, S. 51. Im Folgenden nachgewiesen mit der Sigle WW und Seitenzahl in runden Klammern am Zitatende.
11 Vgl. Forster (Anm. 8), S. 74–76.

deren Grenzen hier sichtbar werden, ist ihr auch das Streben nach Rundung inhärent.[12] Auf einer vom Text selbst beleuchteten Metaebene also wird das Bezogensein auf eine andere und sich entziehende Figur problematisiert. Die Figuren sind nicht einfach ‚flach' oder ‚rund', sondern Flachheit und Rundung werden als Figurenschicksale sichtbar und zum Thema des Romans. Es geht um den durch das Verschwinden aufgelösten unaufhörlichen Bezug des einen auf den anderen Typus und um die Konsequenzen dieser Asymmetrie für das Erzählen.

Im Vergleich wird deutlich, dass der Roman in seiner Figurenzeichnung sehr verschieden operiert. So wird Jette vor allem durch Verfahren des *telling* profiliert, erfahren die Lesenden also Explizites und schon Gedeutetes über ihre attraktive Erscheinung, ihren lustvollen Umgang mit den überwiegend als Sexualpartner eingeführten männlichen Figuren sowie ihr Leben von der Schulbank über die Schwangerschaft mit Konrad bis hin zur Attentäterin. Vor allem Katias Beschreibungen konturieren Jette als begehrenswerte Figur mit unverwechselbarer Gestalt: „Unveränderliche Merkmale" (WW 9) wie ein brauner Fleck auf den Lippen zieren die medial präsente Gesuchte, „ein mehrspaltiges Photo, Jette im weißen Hosenanzug, die Haare hinter die Ohren geklemmt, ein Bein lässig vorgestellt, auf dem Weg, die meistgesuchte Frau Deutschlands zu werden" (WW 15 f.). Das Jettes Figurenbeschreibung dominierende Erzählverfahren des *telling* hat eine zentrale Funktion für die Textgenese, besteht der Roman doch fast zur Gänze aus den Berichten Katias über ihre gemeinsame Zeit, der öffentlichen Fahndung nach der Terroristin und den Erzählungen der von Katia aus Recherchezwecken aufgesuchten Personen aus Jettes Jugend und der Männer in Jettes Leben.

Katia hingegen wird abgesehen von ihrer beruflichen Klassifikation zu Beginn des Textes kaum direkt charakterisiert: „Katia ist begabt und wird trotzdem Journalistin. […] Katia hat die Story gesucht. Sie ist eine gründliche und träge Person" (WW 10 f.), lauten die wenigen Erzählerkommentare zur Hauptfigur. In der Rede anderer Figuren taucht sie nicht auf, die Erzählstimme belässt es bei ihrer Schreibmotivation und stellt sie ansonsten durch das Verfahren des nicht weiter kommentierten *showing*

---

12 Vgl. ebd., S. 78.

aus. Sogar in den Passagen, die Katias Grundkonstitution betreffen, wird szenisch erzählt, dominieren Abfolgen und nicht Zuschreibungen und ist Katias Wahrnehmung in erster Linie der Rahmen für Jettes Auftritt:

> Die Augenlider hochziehen, um nachzuschauen, wo Jettes Blick bleibt, wenn er sich nicht auf sie richtet. Solange sie Jette überall vermutete, gar zu sehen glaubte, wie sie um die Ecke wehte, wie sie mit einer Hand durch das Gesicht wischte, da einer den Blick zu lange auf sie heftete, solange bleibt sie dabei. (WW 48)

Im imaginativen Dabeibleiben von Ferne wird Katia als Zeugin des Verschwindens profiliert, als das wahrnehmende und nicht das wahrgenommene Subjekt, das dann auch in einer Pars-pro-toto-Logik in Sinnesorganen und deren Operationen – Augenlider, nachschauen, sehen – repräsentiert wird. Katia zeigt sich den Lesenden also vor allem in ihrer Oberflächenstruktur, die erst in der Lektüre in Charaktereigenschaften übersetzt werden muss. Als Figur des Zurückbleibens wird sie in ständigem Bezug gezeigt und indirekt, d.h. über ihre Funktion, die Figur des Verschwindens zu exponieren, charakterisiert.

Die Handlungsdynamik impliziert, dass die Figur Jette in Bewegung und Entwicklung vorgeführt wird – geht es doch schließlich um eine biographische Rekonstruktion, um ein Verstehen ihrer Motive und Lebensphasen –, Katia als Figur hingegen trotz ihrer Suchbewegung weitgehend statisch bleibt. Die Narration folgt damit einer Aufmerksamkeitsökonomie, in der das Verschwundene im Vergleich zum Präsenten den höheren Reiz erhält: In ihrer Funktion als (post)moderne Chiffre ist es die Figur des Verschwindens, die alles Interesse auf sich zieht. Obwohl absent, wird Anstrengung investiert, der paradoxen absenten Präsenz nachzugehen und das Verschwundene wieder zur Anwesenheit zu bringen. Gerade weil die Spur der ehemals Dagewesenen weniger Antworten als vielmehr Fragen generiert und offensichtlich Informationen vorenthält, formuliert diese Spur einen stillen Auftrag, ihr nachzugehen, und rückt ins Zentrum der Aufmerksamkeit. Das Verschwundene ist dann auch eine Herausforderung für die *aisthetis*, die im Roman in ihrer Bedeutung der sinnlichen Wahrnehmung ernst genommen wird. Als aisthetisches Phänomen gerade nicht mehr zugänglich, produziert die verschwundene Figur ein Loch, das

„in einem Gefüge ex negativo anschaulich wird"[13] und einen handlungsgenerierenden Bann erzeugt.

Die Figur des Zurückbleibens erscheint dann in der Textlogik notwendigerweise nachgelagert. Auf ihre Wahrnehmung konzentriert, führt der Roman sie als Vertreterin der Faszination des Lesers ein, die im *showing* der Figur gespiegelt wird. So lässt sich vielleicht erklären, dass auch die literaturwissenschaftliche Forschung dieser Asymmetrie der Aufmerksamkeitsverteilung anheimgefallen ist. Mit Blick auf diese textuellen Lenkungsstrategien fällt auf, dass auch die Textorganisation, also die Anordnung der Sinnabschnitte und Handlungssprünge, die nachgelagerte Position der Figur des Zurückbleibens unterstützt, insofern die verschwundene häufig zu Beginn eines neuen Abschnitts auftritt, die verweilende und suchende hingegen auf diesen Auftritt reagiert:

> Jettes Augen gefährlich und arglos. Leicht erregbar, kannte sie alle Schattierungen von Leidenschaft bis Leere. Da war auch Zorn, Zorn und stolze Sicherheit, auf Skrupel verzichtend wie auf einen höflichen überflüssigen Satz. Grüße Gott und die anderen.
> Als beim dritten Leuchten am Himmel der spärliche Schnee sich in großzügigen Regenschauer verwandelte, schwang Jette die Beine vom Bett. Katia rührte sich nicht. (WW 162)

Auf die Sequenz des *telling* in der Art eines erzählerischen Zooms auf Jettes Augen, die Deutungen über ihren Gemütszustand liefern und der weiteren Ausdeutung anbieten, folgt eine Sequenz des *showing*, die die beiden weiblichen Figuren Jette und Katia nacheinander in ihren ‚Handlungen' präsentiert. Die Differenz aus Bewegung und Stagnation wird durch die Tatsache, dass sich die beiden nicht wirklich begegnen, sondern Katia Jettes Jugendzimmer aufsucht, um sie dort in Aktion zu imaginieren, nur verstärkt. In der bloß vorgestellten Konfrontation der beiden Protagonistinnen bleibt Katia klar in Bezug, wohingegen Jette autonom auftritt.

Solche in der Diegese eingelagerten imaginären Treffen der beiden nehmen zum Ende des Romans zu. Das Spiel mit Identitäten, das der Text

---

13 Vgl. zu diesen Überlegungen einer Kunst des Löschens und Gelöschten Jens Schröter: Notizen zu einer Geschichte des Löschens. Am Beispiel von Video und Robert Rauschenbergs *Erased de Kooning Drawing,* in: Doris Schuhmacher-Chilla (Hg.): Im Banne der Ungewissheit. Bilder zwischen Medien, Kunst und Menschen. Oberhausen 2004, S. 171–194, hier: S. 185.

schon damit beginnt, dass ‚Jette' lediglich Katias Bezeichnung für ihr Kindermädchen ist und die junge Frau, die vielleicht gar nicht Jette heißt, sich in ihrer Rolle im Untergrund ‚Hedwig' nennt, steigert sich zum Ende des Romans in verunklarende Übergänge der einen in die andere Figur. In Fokalisierung von Katia werden Katia und Jette nicht nur jenseits aller zeitlichen Ferne parallel gezeigt, sondern auch in die jeweils eigene Zeit der anderen eingeführt, was zu einer Vermischung von Zeiten und Räumen führt: Imaginativ gemeinsam mit Jette in den Kampf um „das gelobte Land" versetzt, kommt Katia ins Schwitzen, während Jette in ihrer damaligen Lebensphase konserviert neben ihr herläuft, „eine neunzehnjährige Jette und eine neunundzwanzig Jahre alte Katia, eine Katia, die längst zu alt ist für dies oder ein anderes Wunder, für eine Hoffnung auf etwas. Zu spät. Vorbei." (WW 164) Verschwinden und Zurückbleiben werden hier zeitlich codiert und mit dem Alterungsprozess enggeführt. Die Generationenthematik, die *Wahl der Waffen* an realhistorischen Ereignissen wie dem Linksterrorismus durchspielt, ist tief in der Figurenmatrix verankert und verweist darauf, dass Verschwinden auch als Wachsen, Älterwerden und Verwandeln vorliegen kann.[14] Katia, im Text generell zu jung und ‚nachgeboren', verschwindet im Zurückbleiben, insofern die Grundkonstante ihrer Nähe zu Jette, das Kindsein, mit den Jahren automatisch ausgelöscht wird. Die erwachsene, aber immer noch gerichtete Figur des Zurückbleibens muss andere Strategien finden, um Nähe auszubilden.

Der Roman vollzieht diese Annäherung und Durchmischung der Figuren in Katias Suche durch eine poetologische Reflexion des biographischen und historiographischen Schreibens: „Katia trieb sich weiter in ihre Sprachwüste, setzte Komma und Zeichen, grub nach Bildern, Bomben, die noch nicht entschärft." (WW 158) Schreiben wird zum Instrument der archäologischen Suche nach Partikeln der verschwundenen Figur, die stellvertretend für die historischen Möglichkeiten politischer Gewalt steht. „Hoch poetisch und lakonisch zugleich"[15] exerziert die Erzählung den von vornherein zum Scheitern verurteilten Versuch, einer wahrscheinlich

---

14 Vgl. Seiler (Anm. 4), S. 36.
15 Stefan Elit: „Aber das Immergleiche kann auch das Schönste sein"? Laudatio auf Judith Kuckart anlässlich der Verleihung des Annette-von-Droste-Hülshoff-Preises 2012, in: Literatur in Westfalen 13 (2014), S. 509–515, hier: S. 511.

Verstorbenen und ihrer Zeit zu begegnen, und sucht Auswege über die investigative Recherche ihrer Lebensstationen, die sie nurmehr zu weiteren Fremdkommentaren über Jette, aber nicht zu Jette selbst bringen. Nach und nach überlässt das Erzählen Katias Notizen und Briefen die Diktion und führt vor, wie die zu spät Geborene durch das biographische Schreiben versucht, sich der verschwundenen Figur und damit gleichzeitig auch den vergangenen Optionen historischen Handelns zu nähern: „Zwischen Erinnern und Erfinden die Kreise um eine mögliche Jette enger schlagend, wird sie neidisch." (WW 29) *Wahl der Waffen* liest sich wie eine einzige Reflexion über die Handlungsmacht des Schreibens, die zumindest intradiegetisch die Wirklichkeit konstruiert, in die die Leserin eintaucht, damit aber nicht das Vergangene und Verschwundene präsent machen kann. So korrigiert Katia Jette in einer ihrer vorgestellten Unterhaltungen auch, wenn diese ihr zuschreibt: „– Du redest über Dinge, bis sie existieren", mit den Worten: „Nein, nein [...]. Wenn ich über sie rede, sind sie längst geschehen. Ohne mich." (WW 161) Verschwinden und Zurückbleiben bilden eine verwandte Differenz zwischen den Modi ,Geschehen' und ,Erfassen', die niemals zusammenkommen können. Die Figur des Zurückbleibens ist im Debütroman auch eine Vertreterin für die Figur des Historiographen, deren eminente Aufgabe es ist, „Fülle dort zu imaginieren, wo Leere herrscht".[16]

Zum Zurückbleiben gehört also auch eine symbolische Praktik, die die Leere füllt und das Verschwundene in Zeichen wieder hervorzubringen versucht. Durch Schreiben strebt die Figur des Zurückbleibens danach, nachträglich Teil der Geschichte zu werden und damit selbst in der Fülle aufzugehen. „Jette, du die Männer, ich die Sätze. Du den Kampf und ich?" (WW 172) Wie diese Aussparung hinter dem ,ich' demonstriert, ist Katias Schreiben nicht nur eines der Suche nach der Verschwundenen und nach sich selbst, sondern auch ein notwendig lückenhaftes Schreiben, das die Kluft zwischen den Geschehnissen und ihrer nachträglichen Rekonstruktion nicht schließen kann. ,Geschichteschreiben' funktioniert in Kuckarts Roman im Kampf, nicht mit der Schreibfeder; die gänzlich verschiedenen Modi des Ausdrucks, die ohne Durchmischung auf je eine der beiden

---

16 Ernst (Anm. 1), S. 2.

Frauenfiguren verteilt sind, lassen ihre Übereinkunft nicht zu.[17] So schreibt sich Katia heran, um aktiv an Jettes Schicksal zu partizipieren, gelangt aber nie an ihr Ziel.

Dieses unüberwindbare Verharren unterwegs zum Ziel signalisieren auch die vielen unvollständigen Sätze Katias, die ebenfalls nie ganz ankommen und dem Roman eine „Ästhetik des Andeutens und der Auslassung" einschreiben:[18] „Der halbe Satz, der übrig? Etwas auslösen, das größer als man selbst." (WW 173) Indem der Text wie hier, so an vielen Stellen Konstruktionen baut, die ohne Hilfsverben auskommen müssen, wirkt die Diktion unvollständig und schleppend. Bis in die Syntax hinein zieht sich die poetologische Reflexion über die Unmöglichkeit historiographischer Vergegenwärtigung des Verschwundenen, die statt einer Repräsentation des Absenten Rückschlüsse über eine zentrale Funktion der Figuren des Zurückbleibens erlaubt: Indem Katia die Lesenden schreibend an ihren Erinnerungen, Gedanken und Fragen an Jette teilhaben lässt, werden ihre Deutungsmuster partiell sichtbar, ist etwa erkennbar, dass sie die politische Tat verehrt – ‚etwas auslösen, das größer als man selbst'. Es lässt sich also an dieser Stelle die Hypothese wagen, dass Figuren des Zurückbleibens weniger als Charaktere und vielmehr als Deutungsinstanzen auftreten. Wir erfahren nicht viel über sie selbst, doch übernehmen sie innerhalb der Textwelt die wichtige Rolle, das Verschwinden einzuordnen, seine Unverständlichkeit verständlicher zu machen oder zumindest zu bearbeiten. Wenn das Verschwundene semiotisch, mediologisch und politisch die „epistemische Figur des 20. Jahrhunderts" ist,[19] dann ist die Figur des Zurückbleibens die Repräsentation ihrer epistemologischen Einordnung. Solchermaßen liefert

---

17 Vgl. Svea Bräunert: Ghostly Sisters: Feminist Legacies in Second-Generation Perspectives on West German Terrorism. Judith Kuckart's Wahl der Waffen (1990) and Kaiserstraße (2006), in: Laurel Cohen-Pfister, Susanne Vees-Gulani (Hg.): Generational Shifts in Contemporary German Culture. Rochester, New York 2010, S. 161–183, hier: S. 177.
18 Norbert Otto Eke: „Aber die Liebe? Aber der Tod? Judith Kuckart zur Verleihung des Margarete-Schrader-Preises für Literatur der Universität Paderborn 2006, in: Margarete-Schrader-Preis für Literatur der Universität Paderborn 2006. Judith Kuckart. Paderborn 2006, S. 8.
19 Schröter (Anm. 13), S. 176.

die Figur des Zurückbleibens einen Zugang zur textuellen Tiefenstruktur,[20] indem sie nicht nur – wie oben kurz vorgeführt – die Organisationsverfahren des Textes aufzeigt, sondern in der Suche nach Erklärungen auch Deutungshypothesen anstellt, die Aufschluss über Wertsetzungen und Maßstäbe geben können.

Körper (er-)lesen: *Der Bibliothekar* (1998)

Verfällt die Protagonistin des Debütromans dem Schreiben, so ist es in Kuckarts drittem Roman das literarische Lesen, das die Wirklichkeit des Bibliothekars grundlegend verändert. Der Roman beginnt mit einer Leseszene, genauer: mit dem Ende einer Leseszene, dem Zuklappen des Buchs, das den Auftakt gibt für eine neue Lebensphase. Der Bibliothekar Hans-Ullrich wird – ebenso wie Katia – mit seiner Berufspraktik eingeführt, die ihn zu Beginn des Romans jedoch nicht zum Verwalten und Vermitteln von Büchern bringt, sondern in die Vorstellungswelt des erotisch verruchten Paris, in die Nachtclubszene mit ihren Nackttänzerinnen. „Das hatte Hans-Ullrich Kolbe gelesen. Manche Seite hatte er dreimal gelesen."[21] Im Wirken und Nachwirken des Gelesenen verschwimmen gleich zu Beginn Phantasie und Realität: Hans-Ullrich fasst den spontanen Plan, nachts nach Paris zu fliegen und sich ins Pariser Nachtleben zu stürzen, bleibt dann aber doch in Berlin und versucht dort sein Glück. „Aus den Buchseiten von ‚Das Crazy Horse' trat er hervor, betört von dem einen Gedanken. Im Namen der Literatur, schwor er. Und war zu jeder Schweinerei bereit." (B 9) Die Figur des Bibliothekars erscheint hier direkt zu Beginn phantastisch präfiguriert. Seine Wahrnehmungsmuster, so macht der Text deutlich, werden sich gezielt auf Möglichkeiten des erotischen Zusammenseins, auf Körper in entkleideter Form und auf Chancen des lustvollen

---

20 Vgl. zur Funktion der Figur für die textuelle Oberflächen- und Tiefenstruktur das erweiterte Figurenmodell nach Hansen in: Silke Lahn, Jan Christoph Meister: Einführung in die Erzähltextanalyse. Stuttgart ³2016, S. 239.
21 Judith Kuckart: Der Bibliothekar. Roman. München 2009 [zuerst: Frankfurt/Main 1998; die Ausgabe von 2009 folgt der durchgesehenen und geringfügig korrigierten Neuausgabe Köln 2004, jedoch mit abweichendem Umbruch; die Herausgeber], S. 7. Im Folgenden nachgewiesen mit der Sigle B und Seitenzahl in runden Klammern am Zitatende.

Selbstverlusts konzentrieren, die seine Realität der nur halb verlassenen Diegese des zugeklappten Buchs nahebringen sollen.

Die Leere steht am Beginn der Figurenentwicklung. Sie wird sogleich gefüllt mit einer Bezugsfigur, die Hans-Ullrich für den Rest der Handlung in ihren Bann ziehen und schrittweise in den Wahnsinn treiben wird: der Nackttänzerin Jelena, einer Figur des Verschwindens, auf die der Bibliothekar literarisch vorgeprägt schon bezogen ist, bevor er ihr begegnet. So fährt er vor seinem Aufbruch in ein erotisches Abenteuer mit den Fingern über das Buch, das in Analogie zum Frauenkörper in seiner Materialität betont wird: „Mehrmals war er mit seiner Hand über den glänzenden Einband gefahren, wie eine Frau über Seidendessous streicht, und dabei die Adern und feinen Runzeln auf ihrer Hand sieht." (B 8 f.) Buchrücken und Handrücken sind parallelisiert; das Streichen über den Textkörper wirkt handlungsstrukturell wie eine Beschwörung des Frauenkörpers, dessen zunächst unter einem Lederhandschuh verstecktes Markenzeichen ein auf den Handrücken eingeprägtes Skorpion-Tattoo sein wird. Medientheoretisch gesprochen, verweist der haptische Zugang zum Buchrücken vorausschauend auf eine störende Absenz, durch die das Buch überhaupt erst in seiner Körperlichkeit sichtbar wird und die die folgende Körperschau motiviert. Der zukünftig verschwindende Bezugskörper der Frau führt die ahnende Figur des Zurückbleibens als Leerstelle zu einer „Spurlektüre",[22] deren Ergebnis Jelena sein wird und schon war.

Die Romanhandlung vollzieht von vornherein ein poetologisches Doppelspiel zwischen Buchkörpern und nackten Körpern, zwischen dem literarischen Lesen und dem semiotischen ‚Lesen', mit dem sich der Bibliothekar in der Tänzerin Jelena verliert. Jelena wird beschrieben als „eine Frau, die ihm geschah" (B 12), womit der Roman eine Formulierung nahezu wortgleich aufgreift, die auch schon die Relevanz Jettes für Katia greifbar machte: „Wünschte, du würdest mir geschehen." (WW 168) Im Geschehen und Geschehenlassen liegen Unverfügbarkeit und Überwältigung nah beieinander. *Der Bibliothekar* präsentiert über die gesamte Romanhandlung hinweg eine sich stetig entziehende und permanent begehrte Frauenfigur

---

22 Meike Adam: Erscheinen im Verschwinden. Löschoperationen als Formen medialer Bezugnahme, in: Dies., Ludwig Jäger, Gisela Fährmann (Hg.): Medienbewegungen. Praktiken der Bezugnahme. Paderborn 2012, S. 117–136, hier: S. 131.

und einen zurückgelassenen und ihr eifrig nachfolgenden männlichen Protagonisten: „Sie entzog sich, so war er auf Entzug." (B 88) Die Dynamik aus Verschwinden, Zurückbleiben und Suche führt wie in *Wahl der Waffen* zu einer zunehmenden Auflösung der einen in der anderen Figur, was sich besonders darin äußert, dass Hans-Ullrich sich einigen ‚Kunden' Jelenas gleich auch einen Skorpion auf den Handrücken tätowieren lässt.

Synästhetisch über Klang, Geruch und visuellen Eindruck ist eine Vielzahl der Auftritte Jelenas in Hans-Ullrichs Imagination verortet, der „sich die Freiheit [nahm], sie zu denken, bis sie Fleisch und Blut wurde in seinem Kopf" (B 60). Anders jedoch als in *Wahl der Waffen* tut die Imagination der noch lebenden Jelena Gewalt an, indem sie sich in Befehlen (vgl. B 68), im Herbeizwingen (vgl. B 109), im Haarereißen oder Anspucken (vgl. ebd.) äußert. Und anders als im Debütroman verschiebt sich die Asymmetrie zwischen Verschwinden und Zurückbleiben im Laufe der Handlung zu einer wechselseitigen Abhängigkeit, die zunächst in einer brutal-verstörenden Photoserie der sexuellen Vereinnahmung und letztlich im mysteriösen Tod Jelenas im Beisein des Bibliothekars nach einer Intim- und Halsrasur kulminiert.

Viel könnte gesagt werden über die Poetik der intertextuellen und intermedialen Bezugnahme im Text,[23] die die Figureninteraktion zwischen Musik, Photographie, Literatur und tänzerischer Performanz hervorbringt und einmal mehr verdeutlicht, dass die Figur des Zurückbleibens bei Kuckart konstitutiv mit symbolischen Praktiken verbunden ist. Der Status des Zurückbleibens drückt sich in diesem dritten Roman der Autorin in sexuellem Begehren und dem Versuch aus, die Abwesenheit des Frauenkörpers durch Phantasien über den häufig gewaltsamen Geschlechtsakt zu bewältigen. In der Figur des Bibliothekars sind Literatur und sexuelle Lust untrennbar miteinander verbunden. Es wird beschrieben, wie Hans-Ullrich in seinen Jugendjahren literarische und sexuelle Sozialisation koevolutionär durchlebte:

---

23 Vgl. zur Aufschlüsselung einiger literarischer Verweise: John P. Wieczorek: Lebensentwurf und Gegenentwurf: Monika Maron und Judith Kuckart, in: Elke Gilson (Hg.): Monika Maron in Perspective. ‚Dialogische' Einblicke in zeitgeschichtliche, intertextuelle und rezeptionsbezogene Aspekte ihres Werkes. Amsterdam usw. 2002, S. 205–224, bes. S. 211 f.

> Hatte er seine Opfer fest in der Hand, griff Hans-Ullrichs erregter Geist nach Hans-Ullrichs Körper. Den Fundus der abrufbaren Phantasien baute er jeden Abend weiter aus. [...]
> Was tust du da, hatte seine Mutter jeden Abend gefragt, Lesen?
> Ja, hatte er mürrisch gesagt.
> So war er an seinen Beruf geraten. (B 61)

Die imaginäre Beschwörung von und reale Begegnung mit der Tänzerin Jelena liest sich vor dieser Folie wie eine Kontraevolution der lebensweltlichen Relevanz von Sex und Literatur. Mit der auftauchenden und dann verschwindenden Frauenfigur entsteht die Möglichkeit, den Buchrücken zu entfliehen und sich in der körperlichen Begierde zu verlieren:

> Menschen schliefen mit Büchern, wenn sie niemanden fanden, mit dem sie ins Bett gehen konnten. Sie machten mit dem Buch ein Büchlein. Er kannte das, und deswegen wurde ihm der Stift schwer, bevor er ihn in Bewegung versetzen konnte. „Probleme, Probleme", schrieb er über die nächste leere Seite. Dann blätterte er um und schrieb „der Bibliothekar liest nicht mehr", mit einem Ausrufezeichen. Und darunter den Zusatz: „nach all den Jahren". (B 118)

Auf das Verschwinden reagierend und hier sogar die Figur des Verschwindens semiotisch hervorrufend erfüllt die Figur des Zurückbleibens somit die Funktion einer Instanz, an und mit der die Erzählliteratur über ihre eigenen und über künstlerisch verwandte Strategien der Vergegenwärtigung nachdenken kann.

Zu dieser meta-‚aisthetischen' Funktion der Figur kommt eine ambiguierende hinzu. Wie auch schon im Debütroman verschwimmt die Phantasie des Bibliothekars mit der diegetischen Realität bis hin zur Unauflöslichkeit. Denn war die Differenz der literarischen Diegese der Bücher, die Hans-Ullrich liest, und seiner diegetischen Realität zu Anfang noch recht klar zu ziehen, werden die Grenzen zwischen Phantasie und Realität auch im *Bibliothekar* zunehmend nivelliert. In anhaltender Fokalisierung der männlichen Figur destabilisiert sich die Erzählstimme in ihrer Zuverlässigkeit, denn an vielen Stellen ist nicht mehr eindeutig zu bestimmen, ob der Bibliothekar sinniert oder ob er tatsächliche Geschehnisse schildert. Anders als zu Beginn des Romans fällt die Markierung sowohl der Lesehandlung als auch des materiellen Gegenstandes Buch weg, öffnet oder schließt sich kein Buchrücken mehr, sondern fließen die Sätze, die eine diegetisch reale Situation erzählen, mit den Sätzen zusammen, die Hans-Ullrichs Imagination entnommen sind: „Komm her! befahl er in die Luft.

Da krallte Jelena ihre roten Fußnägel in den Bettvorleger, der Lack biß sich mit dem Rosa. Hans kniete nieder und nahm ihren kleinen Zeh in den Mund." (B 68; Hervorhebung E.S.) Neben der fehlenden Phantasiemarkierung gehört zur poetologischen Reflexion über die Wirkungskraft von Geschichten, dass Markierungen eingefügt werden, die eine Aufmerksamkeitsverschiebung suggerieren. Deiktische Partikel wie das ‚da' werden normalerweise gebraucht, um tatsächliche situative Veränderungen anzuzeigen und etwa zu verdeutlichen,[24] dass jemand den Raum betritt, dass plötzlich etwas herunterfällt oder ein Fensterladen zuschlägt, kurz: dass sich die Atmosphäre der Situation verändert und das verändernde Element alle Wahrnehmung auf sich zieht. Kuckarts Roman erprobt mithilfe der Wahrnehmungsmuster des Protagonisten stattdessen eine verunklarende Strategie, die syntaktische Elemente wie das ‚da' und damit gleichzeitig unser Wissen um ihren gewohnten Gebrauch einsetzt, um zu zeigen, dass Hans-Ullrichs Wirklichkeit – die gleichzeitig die Wirklichkeit bildet, auf die wir Lesenden angewiesen sind – nicht zwischen Gegenwart und Vergegenwärtigtem unterscheidet.

Der Bibliothekar rückt mit Hans-Ullrich somit eine weitere zentrale Funktion der Figur des Zurückbleibens bei Judith Kuckart in den Fokus: An ihr wird das Surreale des Verschwindens und seiner Vergegenwärtigung durch symbolische Praktiken durchgespielt. Intensiver noch als im Debütroman bewegt sich der Bibliothekar innerhalb eines Handlungsspektrums, das durch quasi-magische Beschwörungen, die Bannkraft der Beschworenen und die Transformation zur körperlichen Ähnlichkeit mit der Verschwindenden determiniert wird. Im Vergleich zu Katia wird Hans-Ullrich in vielen Passagen in seiner Körperlichkeit ausgestellt. Die ‚Außenseite' der Figur gerät so in den Blick, das Zurückbleiben wird zur Frage der räumlichen Situierung.[25] Der Roman zeigt den zunehmend durch die Bezugsfigur eingeschränkten Handlungsradius zunächst mithilfe einer Raumveränderung, denn Hans-Ullrich mietet ein Pensionszimmer für ihre Treffen, aus

---

24 Vgl. Konrad Ehlich: Literarische Landschaft und deiktische Prozedur: Eichendorff, in: Harro Schweizer (Hg.): Sprache und Raum. Stuttgart 1985, S. 246–261, hier: S. 255.
25 Vgl. zu den Kategorien der Außenseite und der Situierung Jannidis (Anm. 7), S. 171.

dem Jelena ihn wiederholt zu früh verlässt (vgl. B 82), und dann mit einer Raumverdichtung: Hans-Ullrich streift nach ihrem Verschwinden in der Hoffnung, auf Jelena zu treffen, irgendwann nur noch durch das Viertel, in dem der Stripclub liegt, geht nicht mehr in die Bibliothek und unternimmt auch keine Anstalten mehr, seine Lieblingstochter Sophie auf der Ostseite Berlins zu treffen. Während sich zunehmend mehr Situationen ausschließlich in Hans-Ullrichs Kopf abspielen, verengt sich sein physischer Raum, womit eine Reduktion seiner öffentlichen Rolle auf seine private vollzogen wird. Die Figur hört auf, Bibliothekar zu sein, und stagniert im Zustand der Suche nach Jelena:

> Hans überquerte den Zebrastreifen, und Schritt auf Schritt ließ er es Nacht werden, stille Nacht. […] Hans hob die Hand und klopfte leise an den hölzernen Fensterladen der Grenzschenke in der Mitte dieser Nacht. Die Tür, er ahnte es, würde sich öffnen, und breit würde ein gelbes Licht sich auf die schwarze Erde zu seinen Füßen werfen. Er hörte das Klappern von Würfeln, von Gläsern, von hölzernen Frauenschuhen. Er sah sie an die Wand gelehnt, rauchend und allein. Jelena, irgendwie Helena, nur östlicher. Er ging auf sie zu. (B 128)

Auch hier wieder deutet die Erzählung an, dass weder die Tageszeit noch das eintrittsbereite Etablissement und geschweige denn die gesuchte Jelena darin der diegetischen Wirklichkeit entsprechen. Seine Bewegung im Nachtclubviertel geschieht nicht in der Nacht, sondern *lässt* es Nacht *werden*. Eine Seite weiter erfahren die Leser*innen von Jelena, die nicht im Club steht, sondern draußen in einem Café sitzt, dass es tatsächlich 16:15 Uhr ist, als sie Hans-Ullrich bei seinem Streifzug durch ihre Arbeitsumgebung beobachtet:

> Da sah sie ihn.
> Einer dieser erschöpften Interzonen-Züge mußte ihn gerade ausgespuckt haben. Sie sah ihn laufen, stolpern, ohne Jacke, mit aufgekrempelten Hemdsärmeln. Warum er eigentlich nie sportliche Hemden mit kurzen Ärmeln trug? Er ließ seinen Koffer mitten auf dem Überweg stehen und hastete mit leeren Händen und angespanntem Gesicht weiter. (B 130)

Durch die textuelle Organisation der Szene wird die Differenz in der Figurensituierung augenscheinlich: Erfahren die Lesenden zunächst nur Bruchstücke aus Hans-Ullrichs Vorstellung und damit ausschließlich Prozesse seines Innenlebens, so perspektiviert die Erzählung aus Jelenas Sicht einzig und allein seine unaufgeräumte Außenseite. Die Figur wird in ihrer

Glaubwürdigkeit destabilisiert; aus Erfahrung misst die Leser in Jelenas Einschätzung eine höhere Geltung zu und erkennt Hans-Ullrichs als weiteres Phantasma.[26] Mit dem Merkmal der Unzuverlässigkeit ausgestattet, verkörpert der Bibliothekar den reinen Bezug zur Verschwundenen, der so weit reicht, dass er nicht nur die Kontrolle über seine Kleidung, sondern auch die über seine Wirklichkeitswahrnehmung verliert. Die Phantasie kommt hier nicht mehr gerufen, entspinnt sich also nicht mehr intentional, sondern überwältigt ihn und stört den Ablauf so basaler Handlungsfolgen wie das Tragen eines Koffers über die Straße. In der räumlichen Situierung der Figur wird der Wirklichkeitsschwund sehr plastisch: Während Raumhandlungstheorien und die Literaturwissenschaft nach dem *spatial turn* in der Bewegung durch die Stadt vor allem ein Moment der Aneignung und Selbstermächtigung sehen,[27] liest sich die Bewegung des Bibliothekars eher so, als würde er sich zunehmend selbst verlieren und die Phantasie sukzessive Macht über seine Handlungsmöglichkeiten übernehmen.

Nimmt man den Roman als multiperspektivische Erzählung ernst, dann kommt eine weitere Merkmalsbesonderheit von Kuckarts Figuren des Zurückbleibens zum Vorschein, nämlich die Variation von Verschwinden und Zurückbleiben in ein und derselben Figur. Der Bibliothekar verteilt das Erzählrecht nicht nur zwischen der Fokalisierung von Hans-Ullrich und Jelena, sondern führt mit Hans-Ullrichs Tochter Sophie eine zeitlich nachgelagerte Rahmeninstanz ein, die die Geschehnisse von damals anhand eines Tatort-Photos rekonstruieren und verstehen will. Der Bibliothekar wird damit gleichermaßen von Jelena verlassen wie von Sophie gesucht, sucht selbst, verlässt selbst und verdichtet somit das hier untersuchte Spannungsverhältnis in seiner Figurenidentität und -funktion, die verschiedene Beziehungen eingeht. Diese Verdichtung ist auch ein zentrales

---

26 Vgl. zur Hierarchisierung von Glaubwürdigkeit in multiperspektivischen Erzählungen: Matías Martínez, Michael Scheffel: Einführung in die Erzähltheorie. München [10]2016, S. 100–112.
27 Vgl. einschlägig: Michel de Certeau: Kunst des Handelns. Berlin 1988 sowie Doris Bachmann-Medick: Fort-Schritte, Gedanken-Gänge, Ab-Stürze. Bewegungshorizonte und Subjektverortung in literarischen Beispielen, in: Wolfgang Hallet, Birgit Neumann (Hg.): Raum und Bewegung in der Literatur. Die Literaturwissenschaften und der Spatial Turn. Bielefeld 2009, S. 257–280.

Element des Figurentypus in Kuckarts Roman *Die Verdächtige* und soll hier abschließend kurz beleuchtet werden.

Erzählungen verfallen: *Die Verdächtige* (2008)

Mit dem Kommissar Robert Mandt erschafft Judith Kuckart eine Figur, deren Status des Zurückbleibens im Unterschied zu Katia und Hans-Ullrich nicht nur aus einer spezifischen sozialen Konstellation hervorgeht, sondern zur Grunddisposition des Charakters gehört. Von seiner Frau Isa verlassen, trägt Robert eine Art Sollbruchstelle mit sich herum, die ihn auch in anderen heteronomen Beziehungskonstellationen als Prototyp des Zurückgelassenen markiert. Mit dem ständigen Geruch von Isa in der Nase, ihren blonden Haaren vor Augen, die ihn vor allem blonde Frauen registrieren lassen, und sogar körperlich als Verlassener geformt, verfällt er der Zeugin Marga, die ihn zunächst verfolgen und dann verschwinden wird: „Er hatte seit Monaten seinen Arm frei, unter dessen Achsel eine Frau von ihrer Größe passte, und sie schien seit einer Ewigkeit so einen Arm zu brauchen."[28] Sogar die Außenseite der Figur wird *bezogen* charakterisiert; Roberts Arm erscheint als *freier* Arm, als Ermöglichungsbedingung für romantische Nähe. Alle Frauenfiguren im Roman erscheinen Robert in Relation zu Isa, so etwa die neue junge Nachbarin, die „tatsächlich die gleiche Stimme wie Isa" hat (V 149) und deren Brille er wiederum in seinen erotischen Träumen Isa aufsetzt: „Eine Frau konnte eine andere verdecken." (V 155) Sogar Isa selbst, die der Kommissar als Geliebte auf den Photos des vermissten Mathias Böhm entdeckt, wird in Relation zu Isa erkannt, hat „Isas Bluse" an und „Isas Gesicht" (V 162). In Dauer und Wiederholung ist das Zurückbleiben also die Grundkonstituente der Figurensichel Roberts, die wahlweise mit Zeug*innen und Verdächtigten aufgefüllt werden kann.

Dass sich das Verschwinden auf das äußere Erscheinungsbild der Zurückbleibenden niederschlägt bzw. auf ihre Ausstrahlung einwirkt, ist als Figurenmerkmal auch schon am Bibliothekar festzustellen, den eine

---

28 Judith Kuckart: Die Verdächtige. Roman. München 2010 [nach der Erstausgabe Köln 2008], S. 107. Im Folgenden nachgewiesen mit der Sigle V und Seitenzahl in runden Klammern am Zitatende.

nächste Frau „bereits für die Bruchstelle [liebte], die ihre Vorgängerin verursacht hatte" (B 112). Das Zurückbleiben äußert sich in einer auratischen Unvollständigkeit. *Die Verdächtige* treibt dieses Prinzip auf die Spitze, indem das Zurückbleiben hier eine genrepragmatische Funktion erhält: Robert ist Kriminalkommissar und als solcher permanent mit verschwundenen Figuren konfrontiert. Seine Berufswahl wird im Roman als fatalistische Fügung beschrieben; obwohl er kein Polizist werden wollte, führten ihn alternative Ausbildungswege letztlich immer wieder zur Polizeischule zurück. Wie Katia und Hans-Ullrich vor allem über seinen Beruf definiert, steht der Kommissar zwangsläufig in Verbindung mit der Suche bzw. der Erfahrung, ein Leben zu verlieren. Ähnlich der biographischen oder historiographischen Rekonstruktion, die *Wahl der Waffen* dominiert, ist die detektivische Suche grundlegend von der Spannung zwischen Verschwinden und Zurückbleiben geprägt. Das Kriminalgenre ist also prädestiniert für Erzählungen über das Verschwinden und seine sozialen und rechtlichen Konsequenzen.[29] Dass Robert sich immer eine neue Frau sucht, um die Leere zu füllen, die Täter und Opfer hinterlassen, wird im Roman ebenfalls durch die Kriminalhandlung motiviert:

> Robert nahm jeden seiner Toten mit nach Hause, mit in die schlechten Träume hinein und hielt sich in manchen Nächten nur mühsam diesseits des Sinns auf. Vielleicht hatte er deswegen angefangen, nur morgens Cornflakes zu essen. Vielleicht hatte er deshalb so rasch geheiratet. (V 16)

Wieder fällt die Figur des Zurückbleibens bei Kuckart mit einem Beruf zusammen, der die Handlungsdynamik einer anhaltenden Suche sowie einer sinnhaften Rekonstruktion des Vergangenen legitimiert und antreibt. Im Vergleich der Romane wird deutlich, dass Kuckart genrebestimmende Elemente wie die detektivische Suche oder die historiographische Rekonstruktion bevorzugt in ihren verlustgeprägten Hauptfiguren behandelt. Andere Elemente – etwa die kriminalistische Spannung oder das Miträtseln der Lesenden – werden zugunsten der Verhältnisbestimmung von Verschwinden und Zurückbleiben vernachlässigt. So bescheinigt die mysteriöse Zeugin Marga dem Kommissar ein „Gespür für diese Stille", die „sich über die Dinge legt, wenn einer nicht mehr wiederkommt". (V 137) Eine

---

29 Vgl. Seiler (Anm. 4), S. 14.

Berufskrankheit ist es dann auch, wiederholt den Versuch zu unternehmen, die ihm begegnenden Personen in fallfunktionale Rollen einzuteilen. Damit bei Marga gescheitert, muss Robert im Laufe der Handlung einsehen, dass die Frau, mit der er geschlafen hatte, weniger seine Zeugin als vielmehr seine Hauptverdächtige ist. In Marga liegt wie schon im Bibliothekar eine semantische und funktionale Mischung zwischen Verschwinden und Zurückbleiben vor: In einer Situation eingeführt, eine Vermisstenanzeige aufzugeben für den Mann, den sie liebt, entpuppt sich Marga nach und nach als Verdächtige, die „ihm passiert" (V 229), wie Jette Katia und Jelena Hals-Ullrich *geschahen*. Erscheint Marga also zunächst selbst als Figur, die zurückbleibt und unter dem Verschwinden einer geliebten Bezugsperson leidet, verschwindet sie dann selbst spurlos, um ihrer Strafe zu entgehen. Das intentionale Verwischen von Spuren, die auch in der Absenz noch nachwirken, verknüpft die Thematik des Verschwindens mit der Täuschung. Die Figur des Zurückbleibens ist dann nicht nur mit dem Verlassenwerden, sondern auch mit einem früheren Bleiben konfrontiert, das bloß vorgespielt war: „Er war auf Marga, ihre kleinen Geschichten und ihre spröde Zuneigung hereingefallen, weil sie ihn in einem Moment angetroffen hatte, als sein Herz offen stand und bewohnt werden wollte." (V 229)

Der Roman endet mit einem doppelten Wiederauftauchen: Robert findet die verschwundene Marga im Ansagehäuschen der Geisterbahn, also an einem intuitiven und bekannten Ort; Marga verrät den Verbleib des von ihr vermisst gemeldeten Mathias Böhm, der nur noch als Leiche geborgen werden kann. In seiner Handlungsdynamik aus Verfolgen, Verschwinden, Vortäuschen und Wiederkehren verhandelt der Roman in Vertretung seiner Figuren ganz zentral auch Fragen der physischen und sozialen Sichtbarkeit. Nicht nur wird Robert auch physiologisch als Zurückbleibender sichtbar, auch Marga versteckt sich so, dass sie schlussendlich gefunden und gesehen wird. „Wer verschwindet, will entdeckt werden" (V 182) wird dann auch explizit ausgerechnet der prototypisch verschwundenen Exfrau Isa in den Mund gelegt und damit zur Textaussage. Verschwinden und Erkennen übernehmen für die Figuren in diesem Roman mit dem Ringen um (Un-)Sichtbarkeit und Anerkennung eine übertragene Bedeutung.[30]

---

30 Vgl. dazu einschlägig: Axel Honneth: Unsichtbarkeit. Stationen einer Theorie der Intersubjektivität. Frankfurt/Main 2003, S. 10–16.

Zurückbleiben, Verschwindenkönnen und Gefundenwerden erhalten so einen metaphorischen Aussagewert darüber, wie die jeweilige Figur sozial eingebunden ist.

Diese Übertragbarkeit der Figureninteraktion auf soziale Konstellationen wird immer wieder hervorgerufen und bestätigt: Denn inmitten eines Settings aus Geisterbahn, Filmschausteller*innen und falschen Zeugenaussagen wirken Verschwinden und Zurückbleiben in *Die Verdächtige* wie einnehmbare Rollen, die der Verunklarung zuarbeiten. Wie in einem Spiegelkabinett verliert die Wirklichkeit ihre prädestinierte Stellung gegenüber Phantasie und Fiktion: „Wirklichkeit gibt es nicht wirklich, hatte Marga einmal gesagt, und auch er, Robert, bekam langsam Zweifel, wer da eigentlich die Drähte zog." (V 243) Anders als in den beiden zuvor besprochenen Romanen fällt die symbolische Praktik der Vergegenwärtigung von Verschwundenem dann auch nicht automatisch der zurückgelassenen Figur, sondern Marga, dem funktionalen Mischwesen aus Verschwinden und Zurückbleiben, zu. Die Bannkraft der Verschwindenden wird maßgeblich von den Geschichten erzeugt, die sie erzählt, oder vielmehr von der Art und Weise ihres Erzählens von bekanntem und neuem Plot. „Sie macht, dass ich unablässig meine eigene Geschichte wieder erlebe, egal, welche Geschichte sie gerade erzählt." (V 111) Anstatt die Zeichen in ihren Geschichten zu lesen, wie es ein guter Detektiv tun würde, verfällt der Kommissar ihnen vollkommen. Immer mehr büßt Robert seine beruflichen Kompetenzen ein und verliert die Routine in analytischen Praktiken, die ein Kriminalkommissar im Schlaf beherrscht. Das für Kriminalerzählungen konstitutive Zeichen- und Spurenlesen verkehrt sich so in eine poetische Verschleierung der Realität, die vor lauter Geschichten, Verwechslungsspielen und Rollentausch nicht mehr dechiffrierbar ist. „Das war nicht mehr seine Wirklichkeit, das war Margas Welt" (V 263) und damit eine Welt voller „dramatischer Abenteuer, hitziger Liebesgeschichten und tödlicher Gefahren" (V 261), die das Verschwinden, das Zurückbleiben und das Verfolgen zu Bestandteilen eines illusionären Repertoires macht, das nicht mehr an feste Figurentypen gebunden ist.

In das Genre der Kriminalerzählung eingebettet finden sich dann immer wieder Passagen, in denen der Roman poetologisch über das Verschwinden, seinen strategischen Einsatz und sein Potenzial, Neues zu stiften, reflektiert. Die Figuren spielen explizit Möglichkeiten durch, „eines Tages selber zu verschwinden und woanders neu anzufangen" (V 182), erzählen sich dann aber vor allem von Fällen, in denen das neue Leben genauso aussah wie das alte, „sogar Haus und Frau sahen Frau und Haus von früher ähnlich" (V 184). Weil die Figur des Kommissars in seinem Bezug zu sich entziehenden (Frauen-)Figuren statisch bleibt, erscheint das Zurückbleiben als fester Aussichtspunkt auf eine Umgebungsbedingung, man könnte sagen: auf einen Kulturcode,[31] mit dem die soziale Wirklichkeit als Bühne für Auf- und Abgänge lesbar wird. Anhand der Figur des Zurückbleibens in Gestalt des getäuschten Kommissars demonstriert Kuckarts Roman *Die Verdächtige* die dauernde Inkonsistenz der Wirklichkeit, die immer neu sinnhaft erzählt und durch hinzukommende oder verschwindende Figuren anders strukturiert werden kann, im Kern aber dieselben Strukturen aus Verlassen und Verlassenwerden aufweist. Der Figurentypus erhält hier also die zusätzliche Funktion, das Unerklärliche des Verschwindens sowie den Drang nach Erklärung in ihrer sozialen Dimension zu repräsentieren – und darin zu scheitern, dem Verschwundenen den Stellenwert des Faszinosums zu nehmen.

***

Linksterrorismus, Nackttanz, Mord: Trotz dieser literarischen Themenwahl mit Potenzial zum Spektakel rücken bei Kuckart immer wieder vor allem die zurückbleibenden Figuren ins Zentrum. Auf einer basalen Beschreibungsebene ist resümierend festzuhalten, dass die anfänglich aufgerufene Forschungsdivergenz von Merkmals- und Funktionsbestimmung der Figur im Falle dieser Figuren eine besondere Ausprägung annimmt: An Katia, Hans-Ullrich und Robert wurde gezeigt, dass die Merkmalsarmut der Figur des Zurückbleibens ihre zentrale Funktion bildet. Vielmehr als Sichel denn als Scheibe konturiert, ist sie prädestinierte Reflexionsinstanz für das (spät)moderne Phänomen allgegenwärtigen Verschwindens, seiner Ursachen und Folgen. Anhand des Figurentypus verhandelt Kuckart historische Deutungs-, Handlungs- und Erklärungsmuster und macht diese Zugänge zur sozialen Wirklichkeit mit poetologischen Überlegungen zur Rolle ästhetischer und fiktionaler Rahmung der Absenz greifbar.

---

31 Vgl. zum Verhältnis von Figur und Kulturcode: Jurij M. Lotman: Die Struktur literarischer Texte. München ⁴1993, S. 368.

Im Vergleich der Figurentypen lassen sich dann auch leichte Verschiebungen zwischen den Romanen erkennen: Zwar behandeln gerade die früheren beiden Texte gesamtgesellschaftliche Rahmenbedingungen des Verschwindens und Zurückbleibens – politische Radikalität, die Trennung von Ost- und Westberlin –, doch rückt die poetologische Tendenz erst mit dem Roman *Die Verdächtige* vermehrt soziale Fragestellungen ins Zentrum. Hier wird das Spannungsverhältnis zwischen Verschwinden und Zurückbleiben in seiner intersubjektiven Dimension sichtbar gemacht, insofern die Kriminalhandlung ein Rollenensemble ausbildet, das von verschiedenen Figuren gespielt werden kann, während eine statische Figur des Zurückbleibens als Zuschauer fungiert. Obwohl hier aller Wahrscheinlichkeit nach kein Mord geschieht und ganz sicher auch kein terroristischer Anschlag verübt wird, zieht *Der Bibliothekar* die stärkste Verbindung zwischen Zurückbleiben und Gewalt. Auf das private Verhältnis zwischen Tänzerin und werbendem Kunden zurückgeworfen, führt die Figurenkonstellation in diesem Roman aufgrund seines Körperzentrismus die physischen Auswirkungen von Begehren und Entzug am drastischsten vor. Dieses Ausmaß reicht bis zu der Deutungshypothese, dass die Figuren jenseits der imaginativen Gewalt, die die diegetische Welt regelmäßig überschreitet, überhaupt existieren würden. *Wahl der Waffen* rückt die Dynamik des Zurückbleibens in semiotische Fragezusammenhänge und liest sich wie eine Metaerzählung zur figurativen Asymmetrie, die das Verschwinden bedingt. Kuckarts Debütroman setzt im Vergleich zu den späteren Texten verstärkt auf die Machart der Narration. Am wenigsten narrativ gehalten und am meisten an realhistorische Fakten rückgebunden, zeigt die Erzählung hier bis in die kleinsten Elemente der Textstruktur hineingehend, dass das Zurückbleiben eine historische Disposition ist, die nicht aufgelöst, aber bearbeitet werden kann.

Indem die drei Romane gerade diese Figuren als Protagonist*innen profilieren, verorten sie sich inmitten einer kulturellen Codierung, die mit Begehren auf Verschwundenes reagiert. Das Zurückbleiben ist somit Ausgangslage für vielgestaltige Versuche, die Spur des Verschwundenen in der Absenz mittels symbolischer Praktiken zu reaktualisieren. Mehr noch: Als literarisches Repertoire zeigt die Figur des Zurückbleibens, wie Begehrensstrukturen das Verschwinden allererst hervorbringen, um es dann lustvoll und schmerzhaft zu gestalten. Abschließend möchte ich behaupten, dass

Kuckart in diesen drei Romanen statt des einzelnen Charakters das Zwischen der Charaktere betont. Am Verschwinden, der epistemischen Figur des 20. Jahrhunderts, wird der Be-, nicht der Entzug betont. Die Figur des Zurückbleibens ist dann auch weniger ein Sinnbild für die vielfach beklagte Singularität des (spät)modernen Individuums. Vielmehr ist sie Repräsentant für den Umgang mit Verlust, der neben aller Singularität den sozialen Bezug fokussiert und ihn als menschliche Grundbedingung erscheinen lässt, die symbolisch ausgedrückt werden muss.

Hannes Krauss

(Er)Zählen, was im Leben nicht war.
Ein Lektüreversuch

Auf den ersten Blick ist Judith Kuckarts Prosa unspektakulär. Sie handelt vom Frauen- (und Männer-)Alltag, von großen Träumen und banalen Realitäten, von der (meist vergeblichen) Suche nach dem Glück. Unter der Oberfläche indes schwingt oft Rätselhaftes mit, hinter Alltäglichem klingt Ungesagtes, mitunter Verstörendes an. An Beispielen aus dem Buch *Die Autorenwitwe* soll diese Behauptung illustriert und die Funktionsweise dieser Prosa beleuchtet werden.[1]

Der Band versammelt sechs Texte unterschiedlicher Länge (zwischen sechs und 65 Seiten). Sie spielen im brandenburgischen Rheinsberg, in Berlin, in Frankfurt, in Südfrankreich und im Tessin sowie im elsässischen Sesenheim. Protagonist*innen sind Frauen mittleren Alters, gelegentlich auch Männer. Vorherrschendes Thema sind Beziehungen aller Art – zwischen Männern und Frauen, zwischen Frauen, zwischen Kindern und Eltern. Es geht es um die Liebe in unterschiedlichen Spielarten (in einer glücklichen eher selten) und um unerfüllte Sehnsüchte. Es geht um ersehnte Nähe und erlebte Einsamkeit. In die Handlungen eingeschoben sind Erinnerungen und Kommentare der Figuren – oft in ungewöhnliche Bilder gefasst.

In der Titelgeschichte erwarten die Honoratioren von Rheinsberg das Eintreffen des neuen Stadtschreibers, aber es kommt nur dessen Frau mit ihrem Hund. Geschildert wird das von einer Ich-Erzählerin, die „vor '89 Filmvorführerin in Berlin war" (S. 11) und nun eine Imbissbude am Schloss betreibt. Ihre Beobachtungen summieren sich zu einem brandenburgischen Provinz-Panorama; „Berlin ist zwei Stunden, aber für die meisten aus Rheinsberg ein ganzes Leben von hier entfernt." (S. 8) Regionale Kulinarik klingt so: „Wir [...] gehen dreimal die Woche im Partyservice essen und bestellen meistens Spaghetti mit Gulasch. Die Spaghetti sind

---

1 Judith Kuckart: Die Autorenwitwe. Köln 2003; im Folgenden nur mit geklammerter einfacher Seitenangabe im Haupttext.

kleingeschnitten und nicht ganz richtig." (S. 17) Und die Zukunft so: „Der Junge [...] rauchte, war vielleicht elf, aber sicher von hier. In drei Jahren würde er Pickel, einen noch breiteren Kopf, das erste Mädchen und keine Arbeit haben, aber eine Entscheidung fürs Leben mit sehr viel Bier treffen." (S. 18)

Die Autorengattin, die das bevorstehende Eintreffen des Autors immer wieder ankündigt, wird allmählich Bestandteil der Dorfkulisse – eine von ihrem Mann betrogene alternde Frau, die zu viel trinkt und deren Abende etwa so verlaufen:

> Sie zieht den blauen Bademantel an, am Ärmelaufschlag wirbt er für Bücher aus Oskars Verlag, sie knotet ein Tuch um den Hals, legt eine CD auf. Musik ist Dämmerung. Das braucht sie jetzt gegen die Nacht. Sie braucht eine ganze Nacht Anlauf, um gegen morgen schlafen zu können. (S. 35)

Es vergehen Monate, in denen sie gelegentlich Texte ihres Mannes vorträgt, routiniert dessen Autogramme fälscht und den Verdacht nährt, auch seine Manuskripte nicht nur abgetippt sondern (mit)verfasst zu haben. Bei der Abschlussveranstaltung taucht ein Fremder auf. Ob es der erwartete Autor ist, bleibt offen. Der Hund stirbt während der Lesung, die Frau fährt mit dem Fremden und dem toten Hund zurück nach Berlin. Erklärungen für diesen rätselhaften Schluss gibt es nicht. Die Leser*innen müssen sich begnügen mit dem Psychogramm einer betrogenen Autoren-Ehefrau und mit einer komprimierten Sozialstudie aus der ostdeutschen Provinz.

Protagonist (und Erzähler) von *Nadine aus Rostock* ist ein Berliner Lehrer, der nach verschiedenen Fehlversuchen die zehn Jahre jüngere Schulsekretärin heiratet, „um zu heiraten." (S. 51) „Sie [...] hatte etwas, aber das drang nicht bis zu mir durch. Ich sah, was sie hatte, in den Augen der anderen Männer, wenn ich neben ihr ging." (Ebd.) Nach einigen Jahren lassen sie sich scheiden. „Die Scheidung, der Sommer, Sylvester allein. Niemand rief an, als ich das Feuerwerk über dem schrägen Dachfenster betrachtete. Wie man einen Regentag betrachtet oder sein langweiliges Leben. Niemand rief an, aber ich merkte, ich wartete." (S. 54 f.) Nach den Weihnachtsferien sitzt eine neue Schülerin in der Klasse, von der eine seltsame Faszination ausgeht. „Die Aufsätze der Neuen aus Rostock zeigte ich den Kollegen, weil sie mir unheimlich waren. Vor allem, wenn ich an Namen und Alter der Person dachte. Nadine Kowalke, dreizehn." (S. 55) Nach der Karnevalsfeier findet der Erzähler einen anonymen Umschlag mit einem

Klassenfoto im Briefkasten; auf dem Bild hat sich die Neue angekreuzt und auf die Rückseite geschrieben: „Ich bin's" (S. 56). Der Text endet mit den Zeilen: „So fing es an. So sind wir überwältigt worden. Noch nie hatten wir jemandem so gefallen, wie wir einander gefielen." (Ebd.)

In kargen Worten wird von einer durchschnittlichen, scheiternden Beziehung berichtet. Die wahre Liebesgeschichte passiert im Off – oder in der Phantasie der Leser*innen, die von der Autorin mit dieser Entscheidung allein gelassen werden. Sie offeriert ihnen lediglich ein paar hingetupfte, gleichwohl präzise Bilder aus dem Leben eines einsamen Mannes und verschwindet mit einer Ellipse aus dem Text.

Einsamkeit bestimmt auch das Leben der *Blumengießerin*, einer jungen Frau in Berlin, die im Sommer die Blumen von Menschen, die Urlaub machen, gießt. Sie selbst ist in der Stadt geblieben. „Denn in der Stadt fällt Alleinsein nicht so auf, nicht bei der Hitze." (S. 59) Sie denkt sich das Leben in diesen Wohnungen aus:

> Ich las aus den Stapeln aussortierter Kindersocken unter dem Schreibtisch, aus Nasentropfen, Katzenfotos, Stilkämmen und Enthaarungscremes, [...] ich las aus den Augen der Kuscheltiere, daß ihre Zeit vorbei war, und aus den Gesichtern ausgetretener Schuhe, wie schwer das Leben war. (S. 58)

Ein Disco-Besuch ändert nichts am Alleinsein („Ich schaue immer weg, wenn ich merke, ich werde sowieso nicht gesehen" – S. 61), aber frühmorgens bemerkt die Erzählerin, dass sie anstelle des eigenen versehentlich den Schlüssel einer der von ihr betreuten Wohnungen eingesteckt hat. Sie will dort den Rest der Nacht verbringen und muss feststellen, dass der Mann der Besitzerin vorzeitig zurückgekehrt ist. Obwohl es „zwischen ihm und mir [...] nichts Persönliches [gab], außer der Temperatur, die nicht sinken wollte" (S. 68), entwickelt sich eine bizarre Affäre zwischen zwei Einsamen.

> Hatte ich bisher gedacht, ich sei ein einsamer Mensch, so wußte ich nun, ich hatte noch nie einen einsamen Menschen gekannt, bis ich ihn traf. Er war mißtrauisch, er war schüchtern, manchmal ängstlich, unauffällig, vielleicht auch kläglich. Er war zwei Jahre jünger als mein Vater und ein zerbrechlicher Mann. Unter seiner Zerbrechlichkeit litten, glaube ich, die anderen mehr als er selbst. Er war überraschend zärtlich und redete kaum. (S. 69)

Er sammelt Fotos von leichtbekleideten jungen Frauen, und irgendwann überredet er die Erzählerin, für ein Fotoshooting in Unterwäsche zu posieren. Kurze Zeit später verschwindet er. „Ich bin ihm nach und gleichzeitig vor ihm weggelaufen [...]". (S. 84)

Die Schilderung der Beziehung zwischen einem alten Voyeur und einer jungen Frau wirkt eher mitleiderregend als peinlich. Misslungenes Leben ist nicht an ein bestimmtes Alter gebunden, und Kompensationsversuche in der Phantasie helfen nicht gegen die Einsamkeit.

In *Mauer 3* erzählt eine Provinzschauspielerin von ihrer Wiederbegegnung mit einem ehemaligen Mitschüler. „Wir haben uns seit achtzehn Jahren nicht gesehen, und ich mag ihn noch immer." (S. 86) Er ist mittlerweile Verlagsvertreter, sie stellt sich seine flüchtigen Affären mit Buchhändlerinnen in den Hinterzimmern von Kleinstadtbuchläden vor – und geht dann mit ihm ins Bett einer billigen Pension beim Frankfurter Bahnhof. Hinterher ein nichtssagender Wortwechsel und die desillusionierende Einsicht: „[...] achtzehn Jahre zu spät, und ich bin aus Holz. [...] Ich sehne mich danach, mit einem Leseexemplar aus seinem Vertreterkoffer Richtung Toilette verschwinden zu können." (S. 90) Knapper und schmerzhafter kann versäumtes Leben nicht beschrieben werden – und prägnanter und bedrückender auch nicht die Funktion von Literatur (eine zumindest).

Auch eine mehr oder weniger geglückte Beziehung gibt es in diesem Buch. Von ihr handelt *Maria mit Selbstauslöser*, die Geschichte einer Urlaubsreise in den Süden – rekonstruiert und erzählt vom fotografierenden Partner anhand seiner akribisch beschrifteten Fotos. Sie endet allerdings mit einem Unfall des Ich-Erzählers. Und einmal mehr müssen die Leser*innen entscheiden, wie es ausgeht.

Der längste Text des Bandes ist *Dorfschönheit*, ein Remake von Goethes Liebschaft mit der Pfarrerstochter Friederike Brion. Kuckarts Friederike, genannt Fede, ist neununddreißig, Lehrerin im elsässischen Sesenheim und mit dem fünfzehn Jahre jüngeren Versicherungsvertreter Clemens zusammen. Eigentlich liebt sie den Schriftsteller Wenzel, der vor Jahren eine Beziehung zu ihr pflegte, mittlerweile aber anderweitig liiert (und berühmt) ist. Die Transformation von Goethes Affäre in die Gegenwart ist gewagt, aber sie schadet dieser Erzählung nicht. Es passiert einiges (Wiedersehen mit dem ehemaligen Geliebten, Unfall oder Suizid der Erzählerin), im Gedächtnis haften aber bleiben vor allem die (Selbst)Beobachtungen und Reflexionen der Protagonistin – einer verzweifelt Liebenden, die nicht zurückgeliebt wird. Kindheitserinnerungen klingen bei ihr so:

> Schaut Fede im Haus der Kindheit nach dem Rechten [...] zieht sie den blauen Kittel der Mutter an und hängt ihn nach zwei Stunden wieder hinter die kleine Tür zum Garten, an den türkisfarbenen Haken, der früher einmal zu hoch für sie war. Wenn sie dort ist, hört sie manchmal, mit dem Rücken an jene kleine Tür gelehnt, das Herz in sich schlagen und zählt mit, was in ihrem Leben nicht war. (S. 112)

Die Namensgleichheit mit Goethes Geliebter wirkt nicht wie billige Historisierung. Sie unterstreicht nur die Langlebigkeit gesellschaftlich fixierter Geschlechterrollen; versäumtes Leben gibt es heute wie vor zweihundertfünfzig Jahren.

Judith Kuckart ist Expertin für die literarische Gestaltung beschädigter Gefühle. Ihre Texte evozieren soziale Realitäten; sie offerieren Diagnosen, verweigern aber Erklärungen und irritieren gelegentlich mit rätselhaften Sequenzen und einem elliptischen Schluss. Es sind eher literarische Versuchsanordnungen als herkömmliche Erzählungen. Ihre Sprache ist präzise, aber zwischen den Wörtern verbergen sich Stolperstellen. Scheinbar beiläufige, in Wahrheit klug bedachte Sätze verweisen auf neue, noch nicht erzählte Geschichten. Diese Literatur erfordert Lesearbeit und – wo sie mit literarischen Mustern spielt – die Bereitschaft zum Mitspielen. Die Texte haben etwas Künstliches, aber ihre Künstlichkeit bereitet Vergnügen – ästhetischer Genuss, der im Kopf entsteht (und ein bisschen der Arbeit des Schreibens ähnelt).

Judith Kuckart betonte wiederholt, dass die Begegnung mit Pina Bausch zu den extremen ästhetischen Erfahrungen in ihrem Leben gehörte. Das merkt man nicht nur ihrer Theaterarbeit an, sondern auch der Prosa. Realität wird hier nicht imitiert, sondern inszeniert. Die Figuren sind konstruiert, die Requisiten mit Sorgfalt gewählt. So entstehen Bilder und Szenen, die Ihre Konstruiertheit nicht verbergen und gerade deshalb auf eindringliche Weise lebendig werden. Bilder, die in der Alltags-Realität unter Gewöhnung verborgen sind.

Kuckarts Texte liefen keine schlüssigen Interpretationen, aber sie stellen Material zur Verfügung, das die Leser*innen zu eigenen Geschichten zusammenfügen müssen (zumal die Autorin eine Meisterin im Weglassen ist). Das ist ganz schön anstrengend (im doppelten Sinne), aber es verschafft unerhörte Einblicke in manches, was man längst hinter sich gebracht zu haben glaubte. Kuckarts Sprache ist außerordentlich diszipliniert, mitunter fast lakonisch. Und trotzdem nimmt sie einem beim Lesen gelegentlich die Luft.

Judith Kuckart pflegt einen Erzählduktus, der rar ist in zeitgenössischer Prosa: weder ausschweifend-überbordend noch nachlässig-salopp, sondern auf erhellende Weise klar. Ihre Texte ersparen den Leser*innen Erklärungen, aber sie eröffnen ihnen Räume fürs eigene Denken. In der kargen Präzision dieser Erzählungen findet man eine Art von Lese-Glück – etwas, das Erkenntnislöcher in die Banalitäten des Alltags reißt und das so ausgelöste Erschrecken durch eine ganz eigene Mischung aus Fremdheit und Wiedererkennen mildert.

Stefan Elit

Verflechtendes Erzählen von Glücksuche und Unglück: *Dass man durch Belgien muss auf dem Weg zum Glück*

2013 hatte Judith Kuckart das von Stillstand, aber auch Sehnsüchten geprägte Leben in einer deutschen Kleinstadt und einen Versuch, daraus auszubrechen, in einem Roman mit dem programmatischen Titel *Wünsche* geschildert und für diesen einen in sich geschlossenen Personen- und Handlungskreis konstelliert. Wie in vorangegangenen Romanen (etwa *Lenas Liebe*) hatte sie dabei erzählerisch mehrere Zeitebenen miteinander verschränkt.

Der 2015 erschienene Roman *Dass man durch Belgien muss auf dem Weg zum Glück*[1] variiert das Thema ‚Wünsche', indem er das Suchen nach Lebensglück fokussiert, aber erzählerisch erscheint der Folgeroman komplementär bis gegensätzlich gestaltet. Denn nun sind Personen- und Handlungskreise zumindest auf den ersten Blick eher lose miteinander verbunden, die Kapitel des Romans stehen jedoch bis auf das letzte in einer Chronologie (mit ‚Überlappungen') und sind mit ihren einzelnen Fokussierungen deutlich getrennt voneinander formuliert. Es handelt sich also um eine dezidiert andere Erzählanordnung, die jedoch erneut der für Judith Kuckarts Werke basalen Frage nachgeht, nämlich auf was für Lebenswegen, intentional oder zufällig, Menschen zu Glück oder Unglück gelangen bzw. welche Sehnsüchte nach einem erfüllten Leben sie mehr oder weniger erfolgreich verfolgen.

Im Spektrum der Personen, die in diesem Roman oder eher ‚Erzählwerk' kapitelweise fokussiert werden, tritt eine etwa vierzigjährige Frau besonders hervor: Katharina. Ihre Glückssuche respektive Sehnsucht spielt schon im ersten Kapitel eine Rolle, steht im vierten Kapitel weitgehend im

---

1 Judith Kuckart: Dass man durch Belgien muss auf dem Weg zum Glück. Köln 2015; im Folgenden nur mit geklammerter einfacher Seitenangabe im Haupttext.

Mittelpunkt und könnte sich im letzten großen Kapitel zehn erfüllen. Im Coda-artigen elften Kapitel wird sie sogar noch zur einzigen Ich-Erzählerin des ganzen Textes und rückt ansatzweise zu einer übergeordneten narrativen Instanz für das Ganze auf. Diese Figur und ihr Erzähl(twerd)en seien daher zuerst betrachtet, um das verflechtende Erzählen von ersehntem Glück und zugestoßenem Unglück zu erschließen, und anschließend wird verfolgt, inwiefern der ‚Stoßseufzer' des Werktitels genau in einem solchen Erzählgeflecht Widerhall findet und was für ein Erzählen hier insgesamt – und womöglich für Judith Kuckarts Prosa exemplarisch – inszeniert wird.

Katharinas Verflechtungen

Wenn die erzählte Zeit im ersten Kapitel namens „Leonhard" (vgl. S. 7–39) einsetzt, d.h. in einer Silvesternacht in den 2000er Jahren, steht der ‚brave' junge Student Leonhard im Mittelpunkt einer personalen Er-Erzählung; er verbringt den Jahreswechsel lieber ereignislos und für sich im Elternhaus in Stuttgart-Frauenkopf als ihn mit den Eltern und den jüngeren Schwestern im Weihnachtsurlaub zu erleben. Als Leonhard bereits am frühen Neujahrsmorgen wieder aufgestanden ist, überrascht ihn im Hausflur der Anblick einer auf dem Boden schlafenden mittelalten Frau, die für Leonhard rätselhaft über Nacht in das Haus gelangt ist und am Schlafplatz sorgsam ihre Wanderschuhe abgestellt hat – in einer Mischung aus spießbürgerlicher Angst und Faszination assoziiert Leonhard mit Letzteren das Dasein einer „Streunerin" (S. 11).

Katharina hat sich damit nicht nur buchstäblich in das Haus eingeschlichen, sondern auch thematisch in das erste Kapitel des Erzählwerks, in dem sie erst in späteren Kapiteln zur Hauptfigur wird. Sie ist damit zugleich die erste, die wie zufällig in das erzählte Leben ihr zuvor unverbundener Menschen eingeflochten wird, und zwar an diesem Neujahrsmorgen nur punktuell, denn sie wird Leonhards Elternhaus noch am nächsten Tag wieder verlassen, ohne dorthin in der erzählten Zeit zurückzukehren oder eine Verbindung zu Leonhard zu halten. Dennoch ist sie mit ihm und mit der Stuttgarter Vorortsiedlung wie verflochten: Mit der Siedlung ist sie es über ihre Schwester,[2] die sie nach eigener Aussage eigentlich unangekündigt in

---

2 Wie wir späterhin erfahren, handelt es sich um ihre Halbschwester Bea, die zu Silvester jedoch ihrerseits spontan mit ihrem Mann Sven verreist ist, vgl. S. 76.

deren neuem Haus ebendort hatte besuchen wollen (vgl. S. 25). Leonhard sodann wird sich an Katharina wohl nicht nur aufgrund der großen Überraschung des Besuchs und ihrer selbstbewussten Persönlichkeit erinnern, sondern insbesondere, weil die etwas ‚übergriffig' charmante Ältere den jungen Mann, der noch ‚Jungfrau' ist (vgl. S. 19), am Neujahrsabend auf ihm angenehme Weise zum ersten Sex verführt und so gleichsam ein Stück eigenständiger, erwachsener macht (vgl. S. 26). Außerdem lässt Katharina unabsichtlich ein Dingsymbol ihrer Lebensweise bei ihm zurück: Im Kofferraum von Leonhards VW Polo liegt nämlich lange noch ein Reisekoffer (vgl. S. 64), den Leonhard ihr aus einem Bahnhofsschließfach hat herbeifahren müssen und aus dem sie sich bedient hat, um für Leonhard auch auf überraschende Weise wieder abzureisen, und zwar mit einer Polizeiuniform; diese zieht sie, wie wir später erfahren (vgl. S. 89), immer dann an, wenn Sie als scheinbare Amtsperson umsonst mit öffentlichen Verkehrsmitteln unterwegs sein möchte. In dieser Uniform springt sie gegen Ende des ersten Kapitels allerdings etwas übereilt – und daher ohne ihren Koffer – in einen Linienbus, denn an der Bushaltestelle sind (echte) Polizisten aufgetaucht, vor denen sie ‚auffliegen' würde – und verschwindet sie, nach diesem prägnanten und rätselhaften ersten Auftritt, auch für uns Leser*innen zunächst.

Leonhards Perspektive auf und seine zaghafte Suche nach einem eigenen Leben, in Abnabelung von der Familie, steht in diesem Kapitel wie gesagt erzählerisch im Zentrum. Gerade weil er bzw. wir Leser*innen so wenig über die Reisende Katharina erfahren, stellt sich die Frage nach den Antrieben für ihre rätselhafte Lebensweise bzw. nach dem, was sie in ihrem Leben sucht, jedoch umso mehr: Der Kontakt zur Schwester ist so sporadisch, dass sie diese akut verfehlt; Leonhard begegnet sie zwar neugierig, aber nach der Verführung des vermutlich anziehend unerfahrenen Jünglings interessiert er sie nicht weiter, und sie zieht von dannen. Sie ist dabei offensichtlich für eine längere Reise ausgestattet, denn in ihrem Koffer befindet sich außer der Polizeiuniform nicht nur unterschiedlichste Bekleidung, sondern u.a. „ein Kopfkissen, weiß bezogen, eine Teekanne, […] ein Korkenzieher, […] eine Wärmflasche" (S. 22). Annehmen darf man über diese und weitere Indizien vielleicht bereits, dass sie tatsächlich eine Art prekäres Reiseleben im Sinne des Etiketts ‚Streunerin' führt bzw. dass es sich bei ihr um einen der ‚Wandermenschen' handelt, die bei Judith Kuckart als ein Lebensführungstypus immer wieder begegnen.³

Dem jungen Leonhard begegnen wir nur noch einmal ganz kurz im dritten Kapitel, als er im Mai von der neuen Hauptfigur, einem Nachbarn, mit seinem VW Polo im Vorort gesehen wird (vgl. S. 62). Leonhard ist da freilich bereits von zu Hause ausgezogen – nicht zuletzt von Katharina dazu ‚emanzipiert', die er noch im nächsten Winter so sehr im Kopf haben wird, dass er sie in einem Kinofilm in Tilda Swinton wiedererkennen möchte (vgl. S. 30 f.).⁴ Bei Leonhards Nachbarn handelt es sich sodann just um Sven, Ehemann von Katharinas Schwester Bea und im Gegensatz zu seiner Schwägerin tatsächlich bei der Polizei. – Auch wenn wir Katharina selbst in diesem Kapitel nicht begegnen, wird hier die erzählerische Verflechtung einer kleinen Weltsphäre fortgeführt, mit der sie latent verbunden ist. Wenn es im dritten Kapitel Hochsommer geworden ist, erfährt Sven übrigens noch, dass Leonhard es durchaus geschafft hat, das Elternhaus zu verlassen: Sven begleitet nämlich seine Geliebte Marylin zum Kauf des von Leonhard nicht mehr benötigten Autos (vgl. S. 73 f.), und bei der Inspektion des Kofferraum entdecken sie Katharinas durch die ‚Flucht' vergessenen Koffer (vgl. S. 19 u. S. 74; im Übrigen ein typisches Kuckart-Rätsel: Hatte Leonhard den Koffer seitdem im Gedenken an Katharina mit sich herumgefahren, zugleich versteckt vor der Familie, ihn dann aber mit Elternhaus und erstem eigenem Wagen sozusagen hinter sich gelassen?).

Was Katharina für Leonhard neben dem ‚lässigen' Habitus und der erotischen Ausstrahlung einer ‚erfahrenen' Frau mindestens ebenso zum Faszinosum gemacht haben dürfte, sind Selbstäußerungen, die sie für ihn – und für das weitere Erzählwerk – in besonderer Weise als ‚eine Frau mit Geschichte' erscheinen lassen. Beim rasch erreichten dritten Glas Wein am Neujahrsabend erzählt Katharina Leonhard etwa, dass sie bereits eine zehnjährige Tochter Ronja habe (vgl. S. 25), bei welchem Namen man

---

3 Vgl. für eine basale Setzung des Begriffs etwa Judith Kuckart: Heimat ist da, wo man sagen kann: Die Frau da drüben, die trug als Kind mal eine Zahnspange, in: Margarete-Schrader-Preis für Literatur der Universität Paderborn 2006. Judith Kuckart. Paderborn 2006, S. 17–35, hier: S. 28 f.

4 In Katharinas Anwesenheit und zu ihrem Verdruss stellt in Kap. 4 auch der von ihr verehrte Karl diesen Vergleich an, vgl. S. 98 f.

vermutlich an Lindgrens *Ronja Räubertochter* denken darf und bei dem also ‚Fabelhaftes' mitschwingt. Ronja sei derzeit bei ihrem Vater mit dem ebenfalls ominösen Spitznamen Tarzan (vgl. ebd.). Noch ‚fabulöser' erscheint sodann, dass Katharina nach eigener Aussage mit Ronja an sich ein lukratives Gauklerinnenleben führt, denn das begabte Mädchen trete in skurriler Verkleidung als Straßenmusikerin auf und verdiene damit einiges Geld, während Katharina als „dumme Auguste" (ebd.) maskiert auf es aufpasse. Zum ‚Beweis' der Wahrheit dieser Erzählung vollführt Katharina im Anschluss akrobatische Übungen, die Leonhard beeindrucken, aber vermutlich zudem erotisch verführen sollen. Kurz vor ihrem fluchtartigen Abgang fügt Katharina ihrer kleinen ‚Familiengeschichte' ein verdächtiges Stereotyp hinzu, denn sie lässt Leonhard angeblich darum ein Handyfoto von sich in Uniform machen, weil das dem Kindsvater Tarzan so bedrohlich erscheinen müsse, dass er die anscheinend Katharina sogar vorenthaltene Ronja wieder „rausrückt" (S. 29). Während man im ersten Kapitel diese schon für Leonhard nur sehr bedingt glaubwürdige Selbsterzählung noch für den Teil eines situativen Spiels mit dem jungenhaften Gegenüber halten könnte, verfestigt sich in den weiteren Kapiteln mit Katharina als Hauptfigur der Eindruck von einem entsprechenden Habitus, und es scheint eine latente Bedeutung solcher ‚Erfindungen' für das Erzählwerk als Ganzes auf.

* * *

Im vierten Kapitel, „Nylonkittel" (vgl. S. 85–112), begegnen wir Katharina im hochsommerlichen Berlin-Charlottenburg wieder, wo sie gerade in der Wohnung ihrer verreisten Freundin Nico untergekommen ist (vgl. S. 85 u. 88), anscheinend für zwei Monate, denn zu Beginn des Kapitels möchte sie für genau diese Zeit den freien Job einer Aushilfe in der Bäckerei im selben Haus annehmen (vgl. S. 85). Sie bekommt die Stelle, obschon die Filialleiterin, die alte Wanda, eigentlich jemand für länger sucht, aber Katharina gefällt ihr – und am Ende des Kapitels, nur wenige Wochen später, wird Katharina sogar noch früher gekündigt werden, weil Wanda schwer erkrankt und der Bäckereibesitzer nicht nur Wanda, sondern auch Katharina durch zwei Arbeitskräfte ‚im Doppelpack' ersetzt (vgl. S. 110 f.). Katharina wird daraufhin einmal wieder ihre Polizeiuniform anziehen und weiterreisen, anscheinend nach dem Zufallsprinzip, denn sie besteigt am

Bahnhof den nächstbesten Fernzug, der sie nach Köln bringt, wo sie mit ungenanntem Ziel umsteigt (vgl. S. 112).

Gegenüber dem ersten Kapitel lösen sich uns nun einerseits einige Rätsel der Figur, auf deren personale Sie-Perspektive die Erzählung umschwenkt, und andererseits geben Reflexionen Katharinas Anlass, in diesem Erzählwerk vorgestellte Perspektiven auf Lebensglück und -unglück sowie die Bedeutung narrativer Erfindung grundsätzlich zu ventilieren. Zunächst eher faktisch zu einigen Rätseln ihrer Existenz aus dem ersten Kapitel: Aufgelöst wird ganz eindeutig, dass Katharina die Tochter Ronja und den ‚Ex' Tarzan, von denen sie weiter fabuliert, nur erfindet (vgl. S. 86). Das aktuelle Reiseleben in freiwilliger Arbeitslosigkeit hat kurz vor Weihnachten des Vorjahres begonnen, als sie als Theaterschauspielerin in Basel ‚hingeschmissen' hat, nachdem ihr von Zuschauerseite vorgehalten worden war, dass sie mit über vierzig nicht mehr als Emilia Galotti durchgehe (vgl. S. 88 f.), und für ältere Rollen fühlt sich Katharina fatalerweise noch zu jung (vgl. S. 92).

Diese Vorhaltung hatte sie anscheinend zum Anlass genommen, sich vom Theaterberuf überhaupt zu verabschieden, indem sie nicht die erhoffte „Nähe des wirklichen Lebens" (ebd.) gefunden hatte. Im wirklichen Leben jedoch bewegt sich Katharina habituell und – nun umso mehr? – schauspielerisch bzw. fabulierend, erfindet und verflicht sich mit dem Leben anderer. Welche Antriebe hinter diesem Habitus stecken, ist teils nur zu vermuten, teils erhalten wir expliziten Aufschluss (wenn man der personalen SIE-Erzählung vertraut):

Gleich eingangs des Kapitels imaginiert Katharina als mögliches „Glück", den Bäckereiaushilfsjob in der Zeit einer ‚entgrenzenden' Julihitze wie einen „weich gezeichneten Film", Titel: „Sommer in der Stadt" zu erleben, d.h. in einer liebeserotischen Dauerfantasie. Dingsymbolischer Anlass ist eine klischierte Vorstellung, die auch den Kapiteltitel erklärt: „Ein blauer Nylonkittel mit nichts darunter" (S. 85) soll die Arbeitskleidung sein, in der sie einen Mann kennen lernt, der dann an einem romantischen Feierabend mit ihr ins Kino geht und sie erotisch berührt. Diese Fantasie folgt also deutlich Katharinas sexuellem Begehren, aber auch dem Wunsch nach einer sommerlich temporären Liebesbekanntschaft, der sie übrigens den Namen Karl gibt, „weil sie noch nie einen Karl gekannt hatte" (S. 86), d.h. ihre Imagination sucht wohl bewusst das ganz Neue, Andere, in

Freiheit Bestimmte. Karl nennt sie gegenüber der neugierigen Pflegetochter von Wanda, Berna, späterhin sogar ihren Ehemann, während sie für sich zugleich denkt: „Karl, das Projekt der nächsten Jahre." (S. 95) Über das temporäre Begehren hinaus zeigt sich also der Wunsch, sich auf Dauer mit jemandem in Liebe zu verbinden, und als sich ein realer und attraktiver Karl als Stammkunde der Bäckerei herausstellt, scheint sich Katharinas Wunschfantasie glücklich mit Realität zu verflechten, denn schon beim ersten Zusammentreffen zeigen beide Interesse aneinander (vgl. S. 98 f.). Allerdings hat dieser Karl bereits Frau und Tochter, und nach kurzer Zeit entschwindet er Katharina und ihrer Imagination schon wieder dadurch, dass er mit seiner Familie vier Wochen in den Urlaub fährt (vgl. S. 107; diesen Urlaub erzählt dann das sechste Kapitel mit Karl im Zentrum). Für Katharinas ‚Projekt der nächsten Jahre' bedeutet dies, dass sie es mit anderer Realität zu verflechten versuchen muss, und das Ende des Bäckereijobs wird sie denn auch zum Anlass nehmen, gleich wieder zu anderen Lebensorten aufzubrechen.

Neben dieser Fantasie-Ebene, teils aber auch damit verbunden, fabuliert Katharina wie umrissen ihre Tochter-und-böser-Ex-Geschichte weiter, und zwar zu Anfang des Kapitels offensichtlich, um Wanda stark und bemitleidenswert zugleich zu erscheinen, so dass diese ihr den Aushilfsjob gibt (vgl. S. 86 f.). Dann muss sie in diese Geschichte sogar Karl hineinverflechten, weil Wanda gegenüber Berna Ronja erwähnt, aber Bernas Fragen sozusagen einen aktuellen Ehemann als ‚Besitz' verlangen (vgl. S. 94 f.). Späterhin reflektiert Katharina überdies für ihre eigene Psycho-Logik, dass sie diese Geschichte „immer mühelos erfand, sobald sie sich vor Gott, der Welt und sich selbst wegen ihrer Kinderlosigkeit schämte", und sie vermutet darin ein „Bild von einem Leben [...], das in nichts über sich hinauswies" (S. 107) – und das wohl sie selbst und andere als ‚erfüllt' annehmen konnten?

Aufschlussreicher erscheint in dieser Richtung Katharinas weitere Reflexion im direkten Anschluss, in der sie solche Geschichten als „geliehene Pracht und [...] geborgte[n] Kummer" bezeichnet, mit denen sie „zur Scheherazade im Kittel" (ebd.) werde, also zu einer narrativen Erfinderin, die durch Erzählen ihr Leben rettet bzw. es als ‚wie echt' fingiertes Spektrum eigenen Erlebens überhaupt erst kreiert. Beschwingt von einer kleinen Geselligkeit mit Sekt, einer spontanen Feier von Wandas Familie, erreicht

Katharina eine „Fabulierstimmung" für solche Erlebensfiktionen für sich und ihre Zuhörerschaft, „mit einem Satz Erinnerungen an Lebenssituationen, in denen sie nie gewesen waren." (Ebd.) Es stünde ihnen daraus „eine Wohnung aus Geschichten offen", in die sich „in der Not" (ebd.) gehen ließe – Katharinas Erzählimpetus scheint zu sein, dass man sich in wie auch immer gearteten ‚Nöten' an diese Scheinrealität halten kann, die eine unglückliche oder zumindest nicht beglückende Wirklichkeit eine Zeitlang vergessen lässt oder generell um Ersehntes bereichert.

Eine von Alkohol beschwingte Katharina vermag Entsprechendes zu fingieren und Mangel an realem Lebensglück zu kompensieren. Wenn sie sich jedoch in ‚nüchterner' Stimmung fragt, was (nicht nur ihr) Leben ausmacht, sieht sie „[n]icht die ungewöhnlichen Ereignisse [...], sondern die Zeit, in der nichts geschieht" (S. 100), oder nur ‚kleine', alltägliche Dinge in ihrer vergänglichen Einfachheit. Diese scheinen ihr allerdings zugleich Teil einer Art Rest, den sie im „melancholische[n] Einverständnis mit dem Scheitern" (ebd.) im Großen und Ganzen noch habe. Was dieses ‚Scheitern' sein mag, benennt sie nur indirekt, es sei „mit dem kleinen Scheitern im Beruf oder in der Liebe" (ebd.) jedenfalls nicht zu identifizieren. Allerdings hatte sie sich davor bereits gefragt, ob es (für sie, allgemein?) „ein richtiges Leben" (ebd.) überhaupt noch gebe. Damit erscheint erneut der Punkt erreicht, dass Katharina wohl doch eine Erfülltheit real sich fortentwickelnden Lebens vermisst, die sie aber im Berliner Hochsommer nicht einmal mehr zu ersehen wagt, zumindest ohne ‚Fabulierstimmung'.

* * *

Erst im letzten großen (zehnten) Kapitel, mit dem verheißungsvollen Titel „Auf dem Weg zu Glück" (vgl. S. 193–216), begegnen wir Katharina wieder, und das mehr als ein Jahr später in Pirna bei Dresden. Wenn man ihrer Aussage glauben darf, ist sie an ihren früheren Studienort Dresden zurückgekehrt, um dort Heilpraktikerin zu werden (vgl. S. 204). Wohl um sich finanziell über Wasser zu halten, ist sie zu Beginn des Kapitels noch einmal im aufgegebenen Beruf der Schauspielerin tätig, und zwar im Rahmen eines experimentellen Dokumentarstücks (vgl. S. 193–195), das eine Kunsthochschule in einem angemieteten alten Kinosaal in Pirna als Film aufnimmt. Der ‚Stoff' des Experiments, ein sich offenbarendes Kindsmörderpaar, empört Katharina, die die Rolle der mitmordenden Mutter einnehmen muss, ebenso wie den Verkörperer des mordenden Vaters – Katharina erlebt hier also einmal eine scheiternde Verflechtung von Realität und Fiktion, und ihre (im Ansatz vielleicht für sie schon ‚heilsame') Empörung teilt ihr Stückpartner Joseph, was die beiden im Anschluss zugleich einander näherbringt.

Joseph ist in diesem Kapitel ebenso Hauptfigur wie Katharina (eine Innensicht bekommen wir von beiden), und das Kino gehört Josephs Jugendfreund Devid, der schon immer in Pirna, wohin Joseph erst 1989 aus Westberlin gekommen ist, gelebt hat. Joseph war uns schon seit dem ersten Kapitel als Rand- oder Nebenfigur begegnet, die mit unterschiedlichen Hauptfiguren verflochten erschien oder deren Wege die anderer kreuzten, und im siebten Kapitel war er neben dessen Titelfigur „Jenny" in den Mittelpunkt gerückt. Wie wir im Schlusskapitel noch erfahren werden, war er indirekt sogar bereits länger mit Katharina verbunden. Erst in der jüngsten erzählten Zeit verbindet sich sein Lebensweg bzw. verknüpft er diesen unmittelbar mit Katharina, und zwar durch eine zaghafte Liebesbeziehung und alsbald ein ‚mutiges' Zusammenziehen zu dritt in Devids großer Wohnung über dem Kino.

Von Joseph verlangt diese Verbindung aus Gründen (die zunächst ausgeblendet seien) einen mindestens ebenso großen Schritt wie von Katharina. Sie reflektiert ihn mit der vorsichtigen Hoffnung, „dass etwas zwischen ihnen stimmte", „[w]enigstens für eine Weile" (S. 213), und dass sie beide vielleicht gerade „auch dorthin gehören, wo sie einander [angetroffen haben]." (S. 213 f.) Katharina muss sich dafür anscheinend davon lösen, „dass [sie] sesshaft [geworden war] in einer Sehnsucht" (S. 214), also von dem Zustand, in dem sie sich in der vorangegangenen Zeit gehalten hatte, an immer anderen Orten und mit mehr Daseinsfiktion denn ‚richtigem Leben'. Beispielhaft für ihre ständige innere Suche nach dem Anderen (statt der Realität) erzählt sie Joseph, dass sie hoffe, sie sei gar nicht mit Mutter und Schwester verwandt, sondern stamme von ihr völlig fremden Eltern ab (vgl. S. 196). Gerade weil Joseph das sehr gut nachvollziehen kann und sie diese „innere Wirklichkeit teilten" (S. 198), können sie sich nicht nur lieben, sondern sich trauen, einen gemeinsamen Lebensweg an einem für sie wirklich ‚gehörigen' Platz zu beginnen. Denn da es sich dabei um ein Kinohaus handelt, findet das gemeinsame ‚richtige' Dasein an einem Ort statt, der der geliebten Filmfiktion gewidmet ist – in der ‚Not' (der Begriff fällt für Joseph auf S. 210 ebenfalls) könnten die beiden dort auf einfache Weise eine ‚Wohnung aus Geschichten' aufsuchen, wenn das neue Leben in der realen Wohnung einmal nicht erfüllend genug erscheint. Am Ende der erzählten Zeit mögen sie, mag Katharina jedoch erst einmal hoffen, hier eine echte neue „Heimat" gefunden zu haben, zumal sie mit dieser sogar nicht vor allem einen Ort verbindet, „sondern ein Gefühl" (S. 216), das sich mit Joseph einzustellen beginnt, auch wenn sich Katharina im Moment dieser Reflexion bezeichnenderweise eher noch wie in einem Film ‚mit versteckter Kamera' fühlt (vgl. ebd.).

Hoffnung gebend wirkt zudem, dass Devid ihr in der Wohnung „das Zimmer mit dem Balkon" (S. 215) gibt, das an das sprichwörtliche *Zimmer mit Aussicht*, nach dem Forster-Roman von 1908 oder dem gleichnamigen Ivory-Film von 1985, erinnert. Diese Anspielung scheint Katharina selbst umzusetzen, wenn sie zum Beschluss des Kapitels sagt: „Okay, [...] dann beginnen wir eben jetzt die Reise zu einem Zimmer mit Balkon" (S. 216), d.h. zu einem Ort, an dem zwei Liebende wie im Roman oder Film ihre Liebe nach Hindernissen endlich leben dürfen. Katharina verflicht damit auf neue, mehr Gelingen versprechende Weise Wirklichkeit und Fiktion, indem sie das reale Zusammenziehen und -leben mit einer glückverheißenden ‚Geschichte' metaphorisiert und es so vielleicht mit einer Illusion stabilisiert, statt sich nur an Letztere zu halten.

* * *

Das Coda-artige Kurzkapitel „Ich" (S. 217–219) springt von der erzählten Zeit her rückblendenmäßig weit zurück vor das erste Kapitel, denn es beginnt mit der Angabe „Berlin, Sommer 1989" (S. 217), und inhaltlich wird unter Katharinas Ich-Erzählerinnen-Perspektive ein Moment bzw. eine Facette des ‚Abgrunds' fokussiert, der hinter den bisher erzählten Geschichten bereits immer wieder anthematisiert worden war: Josephs Vater, ebenfalls Klavierlehrer, hatte in den 1980er Jahren mindestens zwei Klavierschülerinnen im religiösen Wahn ermordet (vgl. dazu am genauesten bereits Kap. 10, S. 206) und war erst spät ins Gefängnis gekommen (wo er sich Weihnachten 1989 erhängt, vgl. ebd.), weil eine andere Schülerin ihm nach dem mutmaßlichen ersten Mord ein falsches Alibi gegeben hatte (vgl. S. 209). Von seiner Verhaftung berichtet nun Katharina die geschockte Nico, die Schauspielerin, die im vierten Kapitel ihrer Freundin die Wohnung verleiht, denn auch Nico war seine Schülerin gewesen (und vielleicht sogar diejenige, die ihn zuvor entlastet hatte?). Nach dem Telefonat hängt Katharina dieser Nachricht noch nach, den Namen des Mörders hat sie nämlich nicht erfahren – hätte sie sich auf Joseph, der dieses dunkle Familiengeheimnis im zehnten Kapitel nicht offenbart, späterhin ansonsten eingelassen? Hier könnte eine latente Verflechtung sozusagen zum Glück für Katharina und Joseph nicht offenbar geworden sein, eine Verflechtung von vielen, die dieses Erzählwerk für die Leben seiner Figuren, vielleicht für Menschenleben überhaupt sieht bzw. uns Leser*innen feststellen lässt.

Damit, dass Katharina im Coda-Kapitel zu der einzigen Ich-Erzählerin des ganzen Textes wird, mag sie schließlich sogar zu einer übergeordneten Erzählinstanz für das Ganze aufrücken, eine Instanz, die uns Leser*innen mit diesem Erzählwerk vielleicht in jedem Kapitel andere „geliehene Pracht und […] geborgte[n] Kummer" (S. 107) sowie eine ‚Wohnung aus Geschichten' präsentiert hat, mit denen wir uns verbinden können. Dabei ist freilich über weite Strecken viel mehr ‚Kummer' als ‚Pracht' vorzufinden, mehr Unglück oder bloße Sehnsucht nach Glück, und das mit vielerlei Verflechtungen, die zeigen, wie Menschen zumindest dichter nebeneinander existieren als gedacht oder mit sich kreuzenden Wegen, auf die wir hoffen oder über die wir zumindest staunen können.[5]

Belgien als Glückspassage?

Eine der größten Verflechtungen, zugleich das große Rätsel des Romantitels, stellt die sukzessive Thematisierung des Landes Belgien dar. Nach der exemplarisch gemeinten Analyse der Sehnsüchte und Lebensglückssuche Katharinas soll daher die Belgien-Frage einen zweiten Schwerpunkt dieses Beitrags bilden, zumal deren Beantwortung auch zur weiteren Klärung von Katharinas Lebenshaltung beiträgt.

Zum ersten Mal begegnet die Quasi-Frage des Titels im fünften Kapitel mit dem seinerseits bezeichnenden Titel „Dass man durch Belgien muss

---

[5] Wie öfters in fiktionalen Texten von Judith Kuckart handelt es sich dabei auch um Verflechtungen von Kapiteln bzw. Personen auf kleineren und kleinsten Ebenen, indem nicht nur Lebenswege sich kreuzen oder Verbindungen bekommen, sondern sich sogar punktuelle Weltbeobachtungen von Figuren oder Satz- und Gedanken-Versatzstücke (mit Variation) wiederholen.

...“ (vgl. S. 113–120). Er-Erzähler ist hier der 51-jährige Verlagskaufmann Viktor, der sich in der jüngsten Vergangenheit für eine Schulung in der Nähe der belgischen Grenze, d.h. in Bad Münstereifel, befindet, wo er sich an seine Kindheit in der Region und eine große Glückserwartung ebendort mit 13 Jahren erinnert (vgl. S. 113). Diese Erinnerung kommt freilich vor dem Hintergrund auf, dass er gerade erfahren hat, dass sich „seine kleine Tante", die nur ein Jahr älter ist als er, vor wenigen Tagen auf Zuggleise von der Eifel nach Belgien gelegt und von einem Zug hat überfahren lassen. Dieser für Viktor überraschende Selbstmord der ihm einst sehr nahestehenden Verwandten, „[e]igentlich [...] immer eine fröhliche Person" (ebd.), lässt ihn alsdann reflektieren, was es mit seiner Glückserwartung einerseits und dem offenbar gewordenen Unglück der Tante andererseits auf sich hatte. Was dabei herauskommt, ist, dass just aus der jugendlichen Glückshoffnung, die er mit der Tante geteilt hat, späterhin zumindest bei Letzterer ein immer größeres Unglücksgefühl erwachsen ist.

Die eher ‚einfache' Frau scheint nämlich innig in den klügeren Viktor verliebt gewesen zu sein, der junge Viktor hat diese Liebe jedoch nur bedingt erwidert, dann die Region, in der die Tante immer blieb, verlassen und späterhin die Tante zunehmend auf Distanz gehalten, obschon sie bis in die jüngste Vergangenheit seine Nähe gesucht hatte – zuletzt mit einem Telefonanruf, bei dem sie ihn anscheinend ein letztes Mal an ihre enge Verbindung erinnern wollte, und dass mit den Worten: „Und weißt du noch, Viktor, dass man durch Belgien muss auf dem Weg zum Glück?" Viktor, dem die Erinnerung anscheinend unlieb war, erwiderte hingegen abweisend: „Na, so schön hatten wir es nun auch wieder nicht" (S. 118). – Worauf die Tante dabei anspielte, erinnerte Viktor durchaus, verdrängte es aber lieber: In stiller Zweisamkeit waren die 13- bzw. 14-Jährigen an einem Sommertag durch das heimatliche Eifler Waldgebiet an Bahngleisen über die belgische Grenze spazieren gegangen, und Viktor hatte ein ‚erhebendes' Gefühl im Beisammensein an genau diesem Ort ergriffen, das sich in seinem Kopf mit Belgien verflocht (vgl. S. 117). Weil er anstelle einer Liebesverbindung mit der ‚kleinen Tante' und eines Daseins vor Ort alsbald schon in ein neues, ‚größeres' Leben strebte, hat er lange Zeit dieses alles lieber verdrängt – bis ihn der Selbstmord der Tante darauf stößt, dass sie vermutlich diesem Glückstraum weiterhin angehangen und sich nicht zuletzt aufgrund von dessen Nichterfüllung unerträglich unglücklich gefühlt hat. Belgien als Transitraum zu ‚Glück', zuletzt von der Tante aufgerufen in dem Telefonat, muss Viktor in der Gegenwart wohl als geradezu fatale Fehlhoffnung erscheinen. – Kurz vor der Mitte des Erzählwerks als Ganzem steht diese kleine Geschichte bis auf sehr kleine Verflechtungen eher isoliert, stellt die Titel-Frage damit aber vielleicht umso prägnanter. Übrig bleibt hier am Ende gewissermaßen der Kapiteltitel als deutlicherer, offenerer ‚Stoßseufzer': „Dass man durch Belgien muss ...".

* * *

Ein zweites Mal begegnet der Titel in einem erzählerischen Kontext im zehnten Kapitel (vgl. S. 193–216), und dort wird aus dem ‚Ausruf' eine zunächst positive, letztlich aber unhaltbare Annahme, von der sich die Hauptfiguren nun aber anders lösen können. Das Kapitel trägt den Titel „Auf dem Weg zum Glück", der sich syntaktisch sicherlich nicht zufällig an denjenigen des fünften Kapitels anschließen lässt und eine bessere Themenfortsetzung geradezu signalisiert. In ihm erläutert Joseph seiner in dem Moment noch ganz neuen Bekannten Katharina, inwiefern er Belgien kennen gelernt hat. Dort war er

> als Junge zum ersten Mal Kettenkarussell gefahren. Mit meinem Vater. [...] Ich flog auf dem Sitz innen, er außen. Er hat mich die ganze Zeit mit seiner Linken dicht bei sich festgehalten. Er hält mich, wenn ich fliege, er hält mich, wenn ich falle, dachte ich damals und war glücklich. Und wissen Sie, was ich noch dachte? [...] Ich dachte damals, dass man durch Belgien muss auf dem Weg zum Glück. (S. 197f.)

Das Kind Joseph schaltete also wie Viktor eine intensive Glückserfahrung,[6] ein großes Geborgenheitsgefühl, mit deren Geschehensraum kurz, und Belgien wurde ihm so anscheinend nachhaltig zu einem Ort, der eine innige Verbindung mit dem Vater ermöglichte, dem vermutlich hier gemeinten eigentlichen Glück. Der Erwachsene Joseph gibt diese Erklärung freilich vor einem komplexen und überhaupt nicht ‚glückskonformen' Hintergrund (den nur Katharina in dem Moment noch nicht

---

6 Das ‚erhebende' Gefühl einer Kettenkarussellfahrt teilt Joseph übrigens in einer der filigranen Verflechtungen des Erzählwerks mit Viktor, der zu seinem Belgien-Glücksmoment denkt: „Es war wie Kettenkarussellfahren ohne Kettenkarussell." (S. 117)

voll kennt): Zum einen ist die Verbindung zum Vater einige Jahre später katastrophal in die Brüche gegangen, als dessen Morde und Wahn offenbar wurden (s.o.), Joseph mit seiner Mutter kurz darauf von Berlin nach Pirna gezogen war (vgl. S. 201) und sich der Vater schließlich im Gefängnis erhängte. Zum anderen hat Joseph Katharina nach einer eigenen Belgien-Erfahrung gefragt, weil sich die beiden ja gerade bei einem sie empörenden Dokudrama-Experiment kennen gelernt haben, in dem sie ein Kindsmörderpaar just im belgischen Aalst zu spielen hatten. Es geht also vielmehr um die Frage nach der Kenntnis eines Ortes, der mit einem schrecklichen Verbrechen verbunden ist und der also geradezu *un*glückbringend erscheint. Der Erwachsene Joseph reflektiert insofern eigentlich eine *ex post* gesehene doppelte Ent-Täuschung hinsichtlich Belgiens als Transitraum zu Lebensglück.

Damit sind zudem noch nicht alle Belgien-Referenzen im Erzählwerk als Ganzem angesprochen, die für die implizite Frage des Titels aufschlussreich sind: Bereits im ersten Kapitel wird eine Belgien-Verbindung hergestellt, denn Leonhards Eltern und Schwestern befinden sich ja dort im Weihnachtsurlaub, nachdem die Familie zuvor sogar geraume Zeit im belgischen Gent gelebt hatte, sich also vermutlich mit positiver affektiver Bindung an das Land einmal wieder dort aufhält. Wenn wir im zehnten Kapitel dann von dem Aalster Mörderpaar lesen, bekommt der Familienaufenthalt einen mindestens schalen, wenn nicht sogar unheimlichen Beigeschmack. Es bleibt allerdings zwischen dem ersten und dem zehnten Kapitel bei dieser bloßen Interferenz, sprich: Leonhards Familie dürfte wohlbehalten aus Belgien zurückgekehrt sein.

***

Ergebnis oder zumindest Ausblick des zehnten Kapitels hinsichtlich der Belgien-Frage könnte aber immerhin sein, dass Joseph zum einen seine letztlich enttäuschte ‚positive' kindliche Annahme hinter sich lassen kann. Es brauchte aber zum anderen gewissermaßen noch einmal eine Belgien-Erfahrung, wenn auch die ‚negative' des Aalst-Dokustücks, damit Joseph und Katharina sich kennen lernen und einen hoffnungsvolleren Weg in ein gemeinsames Lebensglück finden konnten. So oder so kann also ‚hinter' Belgien Glück liegen, aber: Belgien selbst ist ein eher nur eingebildeter oder sogar eher ‚finsterer' Transitraum (im fünften Kapitel gibt es seitens Viktors sogar Anspielungen auf eine zumindest für Kinder märchenartige Dunkelheit von Eifler Wald und Belgien, vgl. S. 116). Wenn man weitere ‚Schicksale' in diesem Erzählwerk in die Interpretation einbezieht, ergeben sich als Eindruck sogar fast mehr Wege in Unglück denn in Glück, sobald Menschen sozusagen durch bzw. hinter ihr persönliches Belgien reisen. Man denke an den Weg eines alten Liebespaares in dementer Verwirrung, der im zweiten Kapitel, „Das späte Glück" (vgl. S. 33–55), erzählt wird; man denke an das kurze Glück und den traurigen Tod der Titelfigur von „Marylin" (Kapitel drei, vgl. S. 57–84) sowie daneben das Eheunglück von Marylins Affäre Sven und der zeitgleich in ihren Klavierlehrer – Joseph – verliebten Bea (für Beas Weg aus der Eheverbindung im neunten Kapitel, „Lottchen", vgl. S. 179–192); man denke an den Unfalltod von Josephs nachfolgender Geliebter Jenny im nach ihr benannten siebten Kapitel (vgl. S. 141–169), auch eine Art negatives Belgien für Joseph auf dem Weg zu Katharina; oder man denke an Karls doppeltes Scheitern als Liebender im sechsten Kapitel, „Die Chinesin" (vgl. S. 121–139), und natürlich an den bereits erwähnten Schrecken im finalen Kapitel „Ich".

Was uns dieses Erzählwerk damit im Ganzen zeigen könnte: Leben stellt sich als feines Gewerk von erstaunlichsten (zufälligen oder von Menschen gesuchten) Verflechtungen dar. Dabei werden von Menschen wie Katharina Selbst-Erfindungen zu Hilfe genommen, um mit *Glück* solche Fiktionen mit Realität zu ‚richtigem Leben' zu verflechten. Es ist aber auch viel *un*glückliches Scheitern zu gewärtigen, und nur wenige scheinen eine Aussicht auf einen gelingenden Lebensweg zu haben. Davon berichtet und das reflektiert dieses Werk bzw. vielleicht sogar ‚Gewerk' eines ganzen Hauses von Geschichten (und nicht nur einer ‚Wohnung'!), das zugleich ernüchternd, ent-täuschend, aber vielleicht auch Hoffnung gebend (oder wo nicht: uns geradezu trauerspielmäßig tröstend) erscheinen kann.

***

Und noch eine Beobachtung zum Schluss, im Ausblick auf mögliche weitere Untersuchungen: Nicht nur *innerhalb* eines solchen Erzählwerks finden sich diverse Formen der narrativen Verflechtung, charakteristisch für Judith Kuckarts Schaffen ist vielmehr, dass verschiedenste Elemente, von einfachen Redewendungen über kleine Motive bis hin zu Figuren oder ganzen Erzähllinien, in unterschiedlichen Werken wiederzufinden sind und dabei ‚Neueinbettungen', Variationen oder Transformationen erfahren, die faszinierend hybride intertextuelle Verflechtungen und so einen ganz besonderen fiktionalen Textkosmos erzeugen. Für das hier interessierende Erzählwerk ist etwa festzustellen, dass – in der nachfolgend eingenommenen Perspektive – ‚Bausteine' der Katharina-Passagen v.a. im vierten Kapitel in einer Art Vorstufe bereits in *Hauptsache Nylonkittel* von 2010[7] zu finden sind. Dieses Prosastück besteht aus zwei Unterabschnitten, „Katharina (39)" bzw. „Katharina (40)", die in Ich-Erzählung von deren Weggang als Schauspielerin vom Theater Basel (mit 39) und von der Aufnahme einer Tätigkeit im Theatermuseum Düsseldorf (mit 40) berichten. Die frustrierte Aufgabe der Schauspieltätigkeit wird dabei deutlich ausführlicher beschrieben und die Figur mit mehr (und teils divergentem) biographischem Hintergrund angereichert, und statt der Berliner Nico-Wohnung handelt es sich in Düsseldorf um ein Appartement, das diese Katharina über eine Mitwohnzentrale zunächst für ein halbes Jahr komplett anmietet.[8] Einzelne späterhin in Berlin angesiedelte Szenen, wie ein Gespräch mit Wandas Ziehkind Berna, finden hier noch im Zug von Basel nach Düsseldorf statt, und für die Nylonkittel-Fantasie heißt es interessanterweise, dass deren Ort „ja nicht unbedingt eine Bäckerei sein [müsse]. So ein Museum tut es auch."[9]

Der Weggang von einem Theater und vor allem die Ansiedlung in Düsseldorf sind aufgrund eines für die reale Autorin im Hintergrund stehenden Schreibauftrags zu erklären,[10] es gibt also einen ganz eigenen Kontext, der hier nicht weiter verfolgt werden muss. Die Adaption der genannten und anderer Textelemente in das Erzählwerk von 2015 löst diese völlig vom realhistorischen 2010er Hintergrund, erzeugt aber einen zugleich ähnlichen *und* neuen Kontext, der wie eine musikalische Themenvariation

---

7 Judith Kuckart: Hauptsache Nylonkittel. Düsseldorf 2010, erschienen als Band 10 der Reihe *Museumsschreiber: Theatermuseum*.
8 Vgl. ebd., S. 24.
9 Ebd., S. 31.
10 Projektauftrag aus der o.g. Buchreihe heraus war es, ein Düsseldorfer Museum vor Ort kennen zu lernen und dann über es zu schreiben (vgl. dazu Michael Serrer im *Nachwort*, ebd., S. 43).

im Rahmen einer größeren Komposition erscheint[11] – eine erzählerische Leistung, die neben vielen anderen Judith Kuckarts Schaffen auszeichnet.[12]

---

11 In vergleichbarer Weise sind im Kapitel „Das späte Glück" des Belgien-Erzählwerks Textelemente einer vorangegangenen autonomen Erzählung aufgegriffen, und zwar von: Judith Kuckart: Was habe ich eigentlich?, in: Klara Obermüller (Hg.): Es schneit in meinem Kopf. Erzählungen über Alzheimer und Demenz. Zürich 2006, S. 97–124.

12 Die Überlegung „Dass man [...] durch Belgien muss auf dem Weg zum Glück" begegnet sodann als Randmotiv im 2020 produzierten Hörfilm *Hörde Mon Amour* wieder, wo die Erzählerinnenstimme von Judith Kuckart sie aus dem Off heraus anlässlich eines alten Hotels mit dem Namen *Flandern* anstellt, dass auf der Autofahrt nach Dortmund zu sehen war (vgl. in dem Hörfilm Min. 45).

Rita Morrien

„Ich gehe durch andere Räume. Ich gehe durch eure Träume."[1] – (Nicht-)Orte der Liebe in Judith Kuckarts *Kein Sturm, nur Wetter*

Die Architektur der Liebe, das leere Zentrum oder Wenn das Glück unter die Räder kommt

Vom Leben und Lieben einer nicht mehr jungen und noch nicht alten Neurobiologin erzählt Judith Kuckart in ihrem 2019 erschienenen Roman *Kein Sturm, nur Wetter*. Es ist die Geschichte einer Frau, die viele Räume durchschreitet: Wirklichkeitsräume, Möglichkeitsräume und geträumte Räume – die Grenzen sind fließend, die Anlage des Romans ist entsprechend labyrinthisch, wenngleich die nach Wochentagen (von „Der Sonntag" bis „Der Samstag") überschriebenen Kapitel zunächst anderes erwarten lassen. Die namenlos bleibende Hauptfigur ist eine auf der Gegenwartsebene vierundfünfzig Jahre alte Frau, die weder im Beruflichen als promovierte Neurobiologin angekommen ist noch sich in einem dauerhaften Beziehungs- und Familienleben eingerichtet hat. Den vergangenen Lebensabschnitten sind unterschiedliche physische und mentale Räume zugeordnet, die nicht klar voneinander getrennt, sondern ineinander geschichtet werden. Der Roman folgt also keiner festen Struktur, was schon damit beginnt, dass es zwei Anfänge gibt: Der eigentlichen, am Flughafen Tegel/Abflughalle einsetzenden Handlung vorgelagert ist ein traumartiges Intermezzo, in dem eine nächtliche Begegnung mit einer anderen Frau im dünnen, grauen Mantel – möglicherweise ein anderes Ich, das noch jünger ist und Erinnerungen an eine andere Zeit wach werden lässt – geschildert wird. Dieses Intermezzo ist das erste einer ganzen Reihe von durch Kursivschrift abgesetzten Einschüben, die auf die labyrinthische Struktur des Textes, des Gedächtnisses und der Identität verweisen: „Wir

---

1 Judith Kuckart: Kein Sturm, nur Wetter. Köln 2019, S. 130. Seitenangaben im Text beziehen sich auf diese Ausgabe.

sind, was wir vergessen haben" (S. 23), so die Feststellung einer Nebenfigur, die allerdings auf der extradiegetischen Ebene nicht unwidersprochen bleibt. Wir sind auch die Summe dessen, was wir erlebt und als Erinnerungen abgespeichert haben. Erinnerungen sind an Räume und (Raum-) Bilder gebunden, so zeigt Kuckart in *Kein Sturm, nur Wetter* und lässt den ‚stream of memory' nicht zufällig an einem Flughafen und damit an einem Ort stattfinden, der nicht nur in Filmen gern eingesetzt wird, um flüchtige und doch signifikante Begegnungen, Abschiede und Wiederbegegnungen, Aufbrüche und Heimkehrszenarien zu inszenieren. Bei Kuckart handelt es sich, was schon aufgrund des Hauptwohnsitzes der Autorin naheliegend ist, um einen ganz speziellen Flughafen, um den Flughafen Tegel nämlich, der als internationaler Verkehrsknotenpunkt einerseits ein anonymer, rein funktionaler und transitorischer Nicht-Ort und aufgrund seiner besonderen – inzwischen weitgehend abgeschlossenen – Geschichte andererseits ein anthropologischer Ort ist, also ein Ort, der von symbolischen Einschreibungen geprägt ist, der die Vergangenheit archivieren kann und damit auch eine identitätsbildende Dimension hat.[2] Von dieser Spannung, also dem von der Protagonistin gesuchten Nebeneinander von flüchtigen, anonymen und bedeutungslosen Begegnungen einerseits und andererseits der Sehnsucht nach dem Besonderen, der schicksalhaften Begegnung, der eine geheime magische Formel zugrunde liegt, wie die Ich-Erzählerin der Intermezzi ‚weiß', lebt der Roman:

> Der Plan: Als sie achtzehn ist, verliebt sie sich in einen Mann, der sechsunddreißig ist. Als sie sechsunddreißig ist, verliebt sie sich in einen, der wie sie

---

2   Nach Marc Augé (Non-Lieux. Introduction á une anthropologie de la supermodernité. Paris 1992) sind Nicht-Orte Begleiterscheinungen der Übermoderne, die wiederum durch den Ansturm der Bilder, die Erfahrung der ewigen Gegenwart bzw. das Fehlen der historischen Dimension und die permanente Begegnung mit sich selbst, die mit der Notwendigkeit einhergeht, sich an den transitorischen Nicht-Orten immer wieder auszuweisen (Identitätsnachweise statt Identität), gekennzeichnet ist. Wenngleich ich mich hier auf Marc Augés Begrifflichkeit beziehe, lässt sich am Beispiel von Kuckarts *Kein Sturm, nur Wetter* zeigen, dass Augés kulturpessimistische Differenzierung zwischen identitätsstiftenden anthropologischen Orten und identitätslosen Nicht-Orten zu starr ist und es von der jeweiligen Subjekt-Raum-Konstellation abhängt, welche Qualitäten ein Ort entfalten kann.

sechsunddreißig ist. Wenn sie vierundfünfzig ist, wird sie sich wieder in einen verlieben, der sechsunddreißig ist. Ich weiß das, ich bin hier die Erzählerin. (S. 15)

‚Der Plan' ist die Synopsis einer episodisch gebauten Lebensgeschichte. Drei zum Zeitpunkt der ersten Begegnung jeweils sechsunddreißigjährige Männer prägen die zentralen Lebensabschnitte der Protagonistin. Jeder dieser Männer wird mit bestimmten Räumen assoziiert, die wiederum für Glück oder Unglück in der Liebe stehen. Jede der Beziehungen, wenngleich sie von unterschiedlicher Dauer und Intensität sind, ist von vornherein als eine transitorische Liebe markiert: Die Beziehung zu dem viel älteren Architekturdozenten Viktor beginnt mit einer Verwechslung am Bahnhof Zoo und endet, wenn auch nicht zeitlich gesehen, mit einem Blaubart-Szenario in einer Kammer. Topographisches Sinnbild der Liebe zu dem gleichaltrigen Dramaturgen Johannes ist die Motorhaube eines alten Mercedes, während die mit ihm geteilte Wohnung sich nicht ‚richtig' anfühlt. Und die kurze Begegnung mit dem achtzehn Jahre jüngeren Ingenieur Robert Sturm bleibt auf den Flughafen Berlin-Tegel beschränkt, ist aber für das Projekt ‚Lebensgeschichte' insofern unverzichtbar, als sie den strukturellen Rahmen für das Erzählen liefert und auf der metapoetischen Ebene eine Reflexion über die Geburt des Textes aus der Abwesenheit des Geliebten darstellt.

Sowohl Viktor als auch Johannes sind, ungeachtet des von vornherein angedeuteten prekären Beziehungsstatus, langjährige ‚Lebensabschnittspartner' der Protagonistin. Die Gefährdungen, die auf beiden Beziehungen lasten, wurzeln jedoch in ganz unterschiedlichen Gründen. Für die Beziehung zu dem Intellektuellen Viktor gilt in einer fast schon zynisch zu nennenden Steigerung Roland Barthes' Diagnose von der Unerfüllbarkeit des Begehrens und der extremen Einsamkeit als Signum des modernen Liebesdiskurses.[3] Viktor, der als Architekturdozent von aperspektivischen

---

3 Vgl. Roland Barthes: Fragmente einer Sprache der Liebe. Frankfurt/Main 1988, vor allem das Vorwort und S. 27–32. Nach Barthes liegt diese Einsamkeit, von der Goethes *Werther* in paradigmatischer Weise zeugt, darin begründet, dass das eigentliche Objekt des Begehrens für das moderne, selbstreflexive und in sich gespaltene Subjekt immer schon irreversibel verloren ist. Die Abwesenheit ist aber auch die Voraussetzung dafür, dass das Subjekt spricht, sein Begehren artikuliert: „[D]as immer gegenwärtige *ich* konstituiert sich nur angesichts eines unaufhörlich abwesenden *du*. [...] Die Abwesenheit dauert an, ich muß sie

Raummodellen fasziniert ist, von Systemen, die die traditionellen, vom Zentrum her konzipierten Räume zugunsten von Netzstrukturen ersetzen (vgl. S. 55), ist auch als Liebender einer, der nach einem System von Substitution und permanenter Rotation verfährt. Die erste Kontaktaufnahme mit der damals Achtzehnjährigen am Bahnhof Zoo steht bereits im Zeichen der Verwechslung – eine vage Ähnlichkeit mit einer früheren, in Ostende getroffenen Geliebten, die in der Sammlung nicht zuletzt aufgrund ihres frühen Todes einen besonderen Stellenwert hat, ist das brüchige und doch lange tragende Fundament der Beziehung zwischen der Protagonistin und Viktor. Für die Einsamkeit in der Paarkonstellation und ihren Verdacht, nie wirklich gemeint zu sein, prägt die Protagonistin entsprechend den Ausdruck „das Gefühl *Ostende*" (S. 63). Vertrautheit und Nähe stellen sich nicht ein, auch im Moment der sexuellen Vereinigung fühlt sie sich allein, vom Geliebten im Stich gelassen oder ihm ausgeliefert, weil er sich nach ihrem Empfinden niemals vollständig Preis gibt und immer die Kontrolle zu wahren versucht: „Komm, sagte er, aber immer ließ er sie allein kommen. Immer passte er kurz vor dem Höhepunkt auf, sagte, schrei doch! Schrei doch! Und ließ sie leer und allein zurück." (S. 62) Zwar gelingt es ihr bereits ganz am Anfang der Beziehung, eines von Viktors Geheimnissen zu lüften. Sie verschafft sich gewaltsam Zugang zu einer geheimen Kammer, konkret zu einem verschlossenen Rollschrank (die physische Manifestation des genannten Rotationsprinzips), den sie mit einem verbogenen Kleiderbügel aufbricht, und entdeckt eine fast bis in die Gegenwart reichende, sorgsam mit Vornamen sowie Jahres- und Ortsangaben versehene Sammlung pornografischer Fotos, die „technisch von keiner besonderen Qualität" sind: „Auch wenn die Frauen schön waren, hatten die Bilder etwas Schäbiges, so als zeigten sie die Fotografierten in einem Moment, der ihnen abgerungen und später nur peinlich war." (S. 127) Der Rollschrank als geheime Kammer in der Kammer enthält nicht, wie im Blaubart-Märchen, die getöteten oder gefangen gehaltenen Vorgängerinnen. Und doch dokumentiert die Sammlung eine auf der symbolischen Ebene mortifizierende Praxis, nämlich die Fixierung eines ‚abgerungenen

---

ertragen. Also *manipuliere* ich sie: ich verwandle die Verzerrung der Zeit in ein Hin und Her, bringe Rhythmus hervor, eröffne die Sprachszene […]." Ebd., S. 27 und S. 30.

Momentes' der Intimität im fotografischen Bild bzw. die Mumifizierung von Objekten eines kalten Begehrens – der Rollschrank als Sarkophag. Diese postmoderne Adaption des Blaubart-Stoffes endet nicht, wie bei Charles Perrault und den Brüdern Grimm, mit der Befreiung der jungen Frau aus der parasitären Konstellation, sondern mit der Scham sowohl der Protagonistin als auch Viktors, der, wie im Märchen, vorzeitig zurückkehrt, sie beim Einbruch ertappt und, anders als im Märchen, schweigt. Ein ironischer Twist des Blaubart-Zitats entsteht dadurch, dass die Protagonistin das Aufbrechen des Rollschranks in der Retrospektive mit dem Entschluss verbindet, nie zu heiraten (vgl. S. 126) – was sie allerdings nicht daran hindert, noch fünfzehn Jahre mit Viktor zusammenzubleiben, ohne das „Ostende-Gefühl" in dieser Beziehung jemals überwinden zu können.

Während die Beziehung zu Viktor von einer prekären Begehrensstruktur gezeichnet ist – prekär, weil das Gefühl, nie wirklich gemeint zu sein, eine permanente Verunsicherung zur Folge hat –, spielt Kuckart an der nachfolgenden Beziehung zu dem gleichaltrigen Dramaturgen Johann durch, wie eine große Liebe durch prekäre Lebensverhältnisse zersetzt wird. Was wird aus der Liebe, wenn die gemeinsamen Visionen von einem anderen Leben jenseits von Spießertum und Sicherheitsdenken peu à peu dem Kampf gegen den sozialen Abstieg weichen müssen? Mit dieser Frage ist die Protagonistin, die sich als freie Lektorin für medizinische Sachbücher durchschlägt, konfrontiert, als Johannes' Büros im Theater immer kleiner und die Laufzeiten der Verträge kürzer werden (vgl. S. 34). Der Tiefpunkt ist erreicht, als die beiden bei einem Putzjob auf eine ehemalige Freundin (Nina) als Auftraggeberin stoßen. Auch diese Beziehung gewinnt ihre Anschaulichkeit und sinnliche Qualität über Raumbilder. Das stärkste, mehrfach aufgegriffene Bild für ein vollkommenes Glück gehört bezeichnenderweise zu einem kurzen Roadmovie, nämlich das Erinnerungsbild an einen Moment, in dem Dynamik und Innehalten, Stadt und Land, Gegenwärtiges und Vergangenes, Weite und Nähe zusammenfließen:

> Sie waren an dem Tag Ende März aus der Stadt hinausgefahren und hielten an einem Ausflugslokal, gingen aber nicht hinein. Sie waren beide sechsunddreißig. Sie saßen auf der Kühlerhaube eines alten, weißen Mercedes, rauchten und schauten immer tiefer in die Landschaft hinein. Er redete nicht. Egal, seine Gegenwart genügte ihr. Der Himmel über ihnen war von einem tiefen Blau. Wie sonst das Meer, dachte sie. Zum ersten Mal in ihrem Leben hatte sie den Wunsch, diesen

> Nachmittag zu beschreiben, nichts als den Nachmittag. Schon klar, sie war keine Erzählerin, Nina vielleicht, sie nicht.
> Trotzdem – man konnte doch auch schreiben, ohne zu schreiben? (S. 31f.)

In dem hier entworfenen Szenario funktioniert der Raum ganz im Sinne von Gaston Bachelards Topophilie als ‚Speicher verdichteter Zeit'.[4] Das gilt umso mehr, als auch eine viel frühere Erinnerung an die geliebte Großmutter in das Bild hineinprojiziert wird: „Die Großmutter gehörte mit in dieses Gefühl des Augenblicks hinein, saß auf der Kühlerhaube des weißen Mercedes dabei, unpassend zwar, aber doch willkommen." (S. 32) Das Bild ist die Quintessenz eines geglückten Tages, einer großen Liebe in ihren besten Momenten und darüber hinaus eine Metapher für Judith Kuckarts Verständnis von Heimat – denn Heimat kann auch ein Gefühl sein oder ein Mensch, der das Gefühl vermittelt, „die Welt sei ein freundlicher, ein warmer Ort." (Ebd.) Es ist auch das Gegenbild zur (Blaubart-)Kammer in der Kammer, die wiederum die topographische Entsprechung zu der von Distanz und Einsamkeit bestimmten Beziehung mit Viktor ist. Zudem kommt hier, wie auch in der rahmenden Tegel-Handlung und in den Intermezzi, eine metapoetische Dimension ins Spiel, weil Kuckart ihre Protagonistin, wenn auch in der Verneinung, über den Impuls zum poetischen Schreiben und über die Möglichkeiten der Dichtung reflektieren lässt: Den, in diesem Fall, geglückten Moment festhalten, gestalten, erfinden – das ist eine Möglichkeit des (schreibenden) Subjekts, sich gegenüber den profanen und manchmal auch prekären Verhältnissen zu behaupten. Schon kurze Zeit später, beim Umzug in eine gemeinsame Wohnung, wird das schöne Bild zerschlagen. Der Mercedes hat einen irreparablen Motorschaden und muss verschrottet werden und die Wohnung, in der sie die nächsten Jahre leben werden, fühlt sich als Paarkulisse nicht richtig an (vgl. S. 35). Doch auch für die vom langsamen sozialen Abstieg gezeichneten Jahre findet Kuckart noch traumschöne Bilder, Raumbilder von großer Melancholie, dem dunklen Glanz des Prekären und mit einer Prise Kitsch gezuckert: „Neben Johann konnte eine Frau in fetten wie mageren Jahren am Fenster stehend den Himmel über dem Haus gegenüber entlangziehen lassen in der langsamen Geschwindigkeit der Erde." (S. 89) Der Blick in den Himmel ist das,

---

4 Vgl. Gaston Bachelard: Poetik des Raums. Frankfurt/Main 1987, S. 25 und S. 34 f.

was als Erinnerungsbild eines vollkommenen Moments bleibt. Und dieser Blick nach oben, der immer zugleich nach innen geht und ein ästhetisch gestaltender ist, prägt auch die am Flughafen Tegel spielende Rahmenhandlung maßgeblich.

„Ich seh' dir in die Augen" – Tegel ist nicht Casablanca

Am 8. November 2020 stellte der Flughafen Tegel seinen Flugbetrieb ein. Damit endete ein Kapitel der deutschen Flughafengeschichte, das bis in die Besatzungszeit und die Anfänge des Kalten Krieges zurückreicht. Dieses immer wieder aufgeschobene Ende war lange absehbar, ja hätte schon viel früher erfolgen sollen – nur der Pannenkette beim Bau des Flughafens Berlin-Brandenburg ist es zu verdanken, dass Tegel rund zehn Jahre länger als geplant in Betrieb blieb. Als Judith Kuckart ihren Roman schreibt, haftet dem Flughafen bereits etwas Nostalgisches an. Zwar herrscht zu diesem Zeitpunkt noch reges Treiben, ist Tegel noch das Tor zur internationalen Welt, aber die Zeichen stehen bereits auf Veränderung. Das Klackern der Anzeigetafeln für Ankunft und Abflug ist, natürlich nicht nur an diesem Flughafen, schon Vergangenheit, seit der Vorgang digitalisiert und damit zu einem ‚stummen Vorgang' wurde. An diesen zur Handlungszeit des Romans noch turbulenten, aber zugleich schon ‚verstummten' (S. 9) und phantomhaften Ort schickt Kuckart ihre Protagonistin in schöner Regelmäßigkeit, um zu warten. Nicht auf den eigenen Abflug oder die Ankunft eines bestimmten Menschen, sondern um sich der „Ereignislosigkeit" (ebd.) hinzugeben und um die Möglichkeit von Begegnungen zu simulieren. Wie schon in ihren früheren Romanen der 2010er Jahre, *Dass man durch Belgien muss auf dem Weg zum Glück* (2015) und *Wünsche* (2013), spielt die Autorin mit dem Spannungsverhältnis von Verharren und Aufbruch, Statik und Dynamik, Heimatsuche und Sehnsucht in die Ferne, nach dem Fremden bzw. der unerwarteten Begegnung, die dem Leben eine ganz neue Richtung gibt. Und wie schon in den früheren Prosatexten erweist Kuckart sich als eine Meisterin des filmisch-visuellen Erzählens. „Klick ist Liebe da und wisch ist sie weg" (S. 208), lautet ein Befund über die Liebe in den Zeiten der Übermoderne, der aber mit einem Fragezeichen versehen wird. ‚Klick und Wisch' ließe sich auch auf das poetologische Prinzip der Autorin übertragen, die Bilder und Episoden eines Lebens wie Kurzfilme aneinandergereiht und dabei zwischen Räumen, Zeiten, Lebensabschnittspartnern scheinbar willkürlich hin- und herspringt. Fixpunkte dieser labyrinthischen Struktur sind der Flughafen, an dem die Frau sich bevorzugt am Wochenende einfindet, um an ‚ihrem' Tisch im Café der Abflughalle zu warten, und eine Zahlenmagie, die besagt, dass alle achtzehn Jahre ein Mann von Bedeutung in ihr Leben tritt: „Die Männer bleiben sechsunddreißig. Was bleibt sie?" (S. 15). So reflektiert die Ich-Instanz der Intermezzi über sich als die andere Frau – der kalkulierte Irrationalismus einer Naturwissenschaftlerin auf Abwegen, die anstatt Gehirne in Scheiben zu schneiden und über das Zusammenspiel von Erinnerungen und Emotionen *(Emotionale Ansteckung bei Gesunden und psychisch Kranken* lautet das Thema ihrer Doktorarbeit) zu forschen, den Algorithmus der Liebe zahlenmagisch zu entschlüsseln versucht. Orte und Zahlen markieren die Liebeswege: als unerfahrene Achtzehnjährige eine folgenreiche Begegnung am Bahnhof Zoo, als Sechsunddreißigjährige das vollkommene Glück auf der Motorhaube eines alten Mercedes und als Vierundfünfzigjährige die flüchtige Begegnung mit einem jungen Mann am Flughafen Tegel. Drei Begegnungen, drei Wege – zwei davon, auf denen die Protagonistin jeweils viele Jahre unterwegs war, gehören bereits der Vergangenheit an, der dritte ist nicht mehr als ein einseitiges Gedankenspiel, das nicht nur wegen des Altersunterschieds perspektivlos bleibt.

Drei Männer, drei Wege, ein Sehnsuchtsort, der nie wirklich erreicht wird und so ein ‚leeres Zentrum' bleibt, das ist auch die Geschichte, die Ingeborg Bachmann knapp ein halbes Jahrhundert früher in *Drei Wege zum See*[5] (1972) erzählt hat. Bachmanns Geschichte handelt von einer etwa fünfzigjährigen Frau, die als international tätige Fotojournalistin und Kriegsberichterstatterin einerseits eine globale, ruhelose Nomadin der Spätmoderne ist und andererseits dem patriarchalischen Mythos der Habsburger Monarchie – dem jenseits der historischen Realität idealisierten ‚Haus Österreich', das für das multilinguale, friedliche Zusammenleben verschiedener Völker steht – verhaftet bleibt. Das „Eintauchen in

---

5 Ingeborg Bachmann: Drei Wege zum See, in: dies: Simultan. München 1981, S. 94–165.

den Mythos [...] als Abwehrreaktion auf einen Globalisierungsschock"[6], fasst Brigitte Prutti die ambivalente Anlage von Bachmanns Figur zusammen. Bachmanns Protagonistin Elisabeth Matrei erlebt am Ende, bevor sie sich auf eine lebensgefährliche Mission begibt, einen Moment sprachloser Hingabe mit einem ihr nahezu unbekannten Mann slowenischer Herkunft, dem der Spagat zwischen traditioneller Lebensweise und der neuen politischen und sozialen Realität in Osteuropa offenbar gelungen ist:[7] „Sie sahen einander nur in die Augen, und in ihrer beider Augen schwamm ein ganz helles Blau, und wenn sie nicht mehr lächelten, wurde es dunkler."[8] Die Begegnung findet in der Abflughalle des Flughafen Wien statt, also wie bei Kuckart an einem anonymen Nicht-Ort, der mit dem Nicht-Beziehungsstatus der Liebenden korrespondiert. Bei Bachmann wird eine, auf wenige Stunden beschränkte, schon in den frühen 1970er Jahren anachronistisch anmutende romantische Verschmelzung der Liebenden inszeniert. Auch in *Kein Sturm, nur Wetter* wird der Blick in die blauen Augen des Gegenübers als potenziell tragischer, weil von Trennung und Unmöglichkeit bedrohter ‚Liebeszauber' zitiert – „Sie sieht in die blauen Augen des Mannes, der gleich nach Sibirien fliegen wird" (S. 10) –, aber mit dem nächsten Wimpernschlag schon durch eine allzu profane Beobachtung und ernüchternde Mutmaßungen der Entzauberung preisgegeben:

> Sie sind blau wie die Karos seines Flanellhemdes. Mit seinen großen Händen kann er sicher Kabel verlegen und Apfelbäume längs der sonnenbeschienenen Gartenmauer überreden, im Spalier zu wachsen. Wahrscheinlich fährt er einen alten Kombi, mit dem er seine Frau, zwei oder drei Kinder und einen großen Hund transportiert und die Bierkästen vom Getränkemarkt auch. Falls er nicht gerade

---

6 Brigitte Prutti: Poesie und Trauma der Grenze. Literarische Grenzfiktionen bei Ingeborg Bachmann und Terézia Mora, in: Weimarer Beiträge 52 (2006), H. 1, S. 82–104, hier S. 89.
7 Es handelt sich um Branco, einen entfernten Verwandten Franz Joseph Trottas, der wiederum Elisabeths erste große Liebe war. Während Franz Joseph Trotta sich als Abkömmling einer österreichischen Adelsfamilie mit der mehrfachen Neuordnung Europas und der damit verbundenen Erosion der Werte nicht arrangieren konnte und diese Exterritorialisiertheit auf Elisabeth übertragen hat, steht Branco, zumindest in den Augen seines lebensmüden Vetters, für physische und psychische Intaktheit. Vgl. Bachmann (Anm. 5), S. 116 und S. 156 f.
8 Bachmann (Anm. 5), S. 158.

auf Reisen ist. Wahrscheinlich ist er auch ein guter Liebhaber, still und herzlich und immun gegen die ganz großen Gefühle. (Ebd.)

In der Vorstellung von Kuckarts liebessehnsüchtiger Protagonistin verbindet Robert Sturm Bodenständigkeit, Solidität und eine gewisse emotionale Schlichtheit mit den Anforderungen der spätmodernen, global ausgerichteten Arbeitswelt. Das rückt ihn, neben dem bei Kuckart ironisch gebrochenen Verweis auf die Farbe der Romantik, in die Nähe von Bachmanns Figur Branco. Aber während sich die Perspektivlosigkeit der Begegnung in *Drei Wege zum See* mit einer existenziellen Entwurzelung und einer abgründigen Verzweiflung, vielleicht auch mit Lebensmüdigkeit der Hauptfigur paart, wendet Kuckart ihre Protagonistin ins Untragische. Ihre Sehnsucht nach Glück und Erfüllung ist frei von Pathos und utopischen Visionen. Sie bleibt – physisch, aber nicht mental – am Boden und nimmt die klassisch weibliche Position der Wartenden ein, während der Mann davonfliegt, um im fernen Sibirien etwas aufzubauen. Eine Woche lang harrt sie seiner Rückkehr, ohne sich dabei ernsthaft der Illusion hinzugeben, dass Robert Sturm nach seiner Rückkehr in ihre Arme – statt in die seiner schwangeren Ehefrau – fliegt. „Weit, näher, vorbei" (S. 217), so heißt es am Ende lapidar, oder in der Bildlichkeit der digitalen Operationen: „Klick ist Liebe da und wisch ist sie weg." (S. 208) Und doch werden auch bei Kuckart Grenzen überschritten, nicht nur in den surrealen Intermezzi und durch kleine Übergriffe in das Leben des Robert Sturm (sie entwendet ihm in einem unbeobachteten Moment seine Visitenkarte und ‚stalkt' sein persönliches Umfeld), sondern weil es auch in *Kein Sturm, nur Wetter* um die ganz großen Fragen geht, wie schon die Wahl der beruflichen Orientierung der Protagonistin erahnen lässt: Wer sind wir jenseits des Erlebten und Erinnerten? Was ist das Geheimnis unserer Gefühlswelt? Warum kommt und geht die Liebe? Und: Welche Rolle spielt das Zählen und Erzählen bei all dem?

Während Bachmanns 60er-Jahre-Protagonistin als programmatisch moderne, unabhängige und flexible Frau innerlich verwaist ist und der Sehnsucht nach einem imaginären Ursprungsort nachhängt – eine Disposition, die auch ihre Liebesbeziehungen in destruktiver Weise kennzeichnet –, ist Kuckarts Hauptfigur eine Frau, die sich im Labyrinth der Möglichkeiten zu verlieren und an der bereits im Titel *Kein Sturm, nur Wetter* indizierten Kluft zwischen ‚überwältigendem Liebesanspruch' und ‚profaner Zeitgenossenschaft'⁹ zu zerschellen droht. Davon zeugt im ersten Kapitel die Begegnung mit Robert Sturm, einem Mann, der sie anschaut, „als käme er aus einem Traum, der einfach abgerissen ist" (S. 11), und der, wie sein Namensvetter aus Wilhelm Buschs Kinderbuch *Struwwelpeter*, abhebt, in die Ferne fliegt und dort keine Luftschlösser baut, sondern – hier kommt die Ernüchterung – „als deutsche Fachkraft Kompressoren installier[t], die angeblich die besten der Welt sind" (S. 11). Robert Sturm ist in der (gebrochenen) Projektion der Protagonistin ihr Traummann, der Mann, der aufgrund seiner blauen Augen, seiner kräftigen Hände, seines Namens und nicht zuletzt der Zahlenmagie für sie bestimmt ist. Und gleichzeitig ist er ein solider und bodenständiger Familienvater, wie die Protagonistin dank der entwendeten Visitenkarte später herausfindet, ein Ingenieur und Garant deutscher Qualitätsarbeit, der nach einem genauen Zeitplan aufbricht und wieder zu seiner Familie heimkehrt. Die Grenze zwischen dem Traum- und dem Wirklichkeitsmann ist fließend, wie auch insgesamt die Grenze zwischen den einer Traumlogik¹⁰ folgenden Intermezzi und der Wirklichkeitsebene durchlässig ist. Die Zeiten und Räume sind miteinander verschränkt, so taucht beispielsweise die Frau in dem dünnen, grauen Mantel, die wir aus dem ersten Intermezzo kennen, auch am Flughafen wieder auf und wird von Robert Sturm mit Blicken verfolgt, „bis sie beim Ausgang des Terminals C verschwindet." (Ebd.) Und über die kräftigen Hände wird die

---

9   Dieses Begriffspaar entnehme ich Hubert Winkels am 19.9.2019 in der *Süddeutschen Zeitung* erschienener Rezension: Ansteckende Gefühle. Wo sind die Erinnerungen, wenn man sie nicht hat? Judith Kuckarts Neuro-Roman *Kein Sturm, nur Wetter* ist eine beeindruckende Meditation über die Liebe, das Altern und den Tod. https://www.sueddeutsche.de/kultur/deutsche-literatur-ansteckendegefuehle-1.4607327 [10.4.2021].
10 Stefanie Kreuzer weist auf die besondere Relevanz von Träumen in der Literatur und im Film hin. Träume verfeinern und ergänzen das rational-logische Denken, ihnen liegt eine sinnliche Struktur zugrunde und sie überwinden die Grenzen von Kausalität, Raum, Zeit und Schwerkraft. Vgl. Stefanie Kreuzer: Erzähltes Traumwissen in Literatur und Film, in: Patricia Oster, Janett Reinstädler (Hg.): Traumwelten. Interferenzen zwischen Text, Bild, Musik, Film und Wissenschaft. Paderborn 2017, S. 47–77. Aufgrund dieser Eigenschaften vermögen sie ein spezifisches ‚Traumwissen' zu liefern, das häufig, so auch bei Kuckart, als Schlüssel zum ästhetischen Konzept zu lesen ist.

aktuelle Flughafenbekanntschaft in der Projektion der Protagonistin mit Johannes, dem langjährigen Lebensgefährten der mittleren Lebensphase, verbunden. Anders als Johannes kann Robert Sturm auf diesen Händen jedoch nicht laufen, stattdessen bringt er damit Maschinen zum Laufen – eine weitere Ernüchterung, die aber die Projektionsmaschine nicht zum Stillstand bringt. Insofern ist die Protagonistin auch keine passiv Wartende, sondern eine Frau, die ihr bisheriges Leben Revue passieren lässt und den flüchtigen Möglichkeitsmann der Gegenwart mit den langjährigen Beziehungen der Vergangenheit in ein dynamisches Verhältnis setzt. Als Wartende durchschreitet sie die Räume der Vergangenheit und lotet ihre Möglichkeiten aus – auch die, die sie bereits verpasst hat. Dabei geht es um die Frage, wie man das eigene Leben nicht nur ertragen, sondern weiterhin gerne leben kann, nachdem sich die ‚große Liebe' wiederholt verflüchtigt hat, berufliche Pläne ad acta gelegt werden mussten, Möglichkeitsräume sich irreversibel geschlossen haben, weil die Lebenszeit nun einmal begrenzt und ‚in der zweiten Lebenshälfte so vieles schwerer ist als in der ersten' (vgl. S. 81). Wie geht man um mit einem auch jenseits der Fünfzig immer noch überwältigenden Liebeswunsch, der angesichts einer allzu oft profanen und manchmal auch prekären Lebenswirklichkeit nicht zu realisieren ist? Was lässt sich tun, damit aus „minus mal minus ein Plus" (S. 123) nicht nur in der mathematischen Gleichung wird? Als junge Frau hofft die Protagonistin eine Antwort in der Neurobiologie zu finden. Emotionen und Erinnerungen naturwissenschaftlich zu vermessen und zu kategorisieren, in den Zellen des Gehirns dem auf den Grund gehen, was sich nicht in Worte fassen lässt, was unbegreiflich bleibt und sich einem geordneten Erinnerungsprozess entzieht, das war der Plan – „Neurobiologie ist ihre Strategie, sich selbst zusammenzufassen" (ebd.) –, der allerdings nicht aufgegangen ist. Als nicht mehr junge Frau beschreibt die Protagonistin einen anderen Weg, der aber durchaus an die Erkenntnisse der neurobiologischen Forschung anknüpft. Sie entdeckt, und hier fließen die fiktionale Ebene und die Tagebucheinträge/Intermezzi ineinander, das Erzählen als Möglichkeit der Katastrophenbewältigung, Neuordnung und Sinnstiftung:

Johanns [Hände] kannte sie gut.
Dass sie Sturms nicht kennt, hat Vorteile.
Hat sie sich in ihn verliebt?

Und wenn ja, was geht ihn das an?
Keiner kann ihr verbieten, in der Vorstellung seine Abwesenheit in Bilder von Anwesenheit zu verkehren. Solchen Erzählinstinkt hat jeder. Jedes Gehirn denkt in Geschichten. Niemand kann verhindern, dass sie in der einen oder anderen Abteilung ihres eigenen Gehirns mit diesem Sturm redet, ihm von ihrem Leben erzählt, es so für ihn noch einmal neu erfindet [...]. Ein Mensch wird Erzähler, vor allem, wenn sich das kleine Nichts auftut, das noch keine Langeweile ist. Das weiß sie. Dem Erzählen vertraut er das Material seines Lebens an. Auch die schlimmsten Katastrophen bekommen so einen Sinn.
Auch das weiß sie.
Und fangen nicht so auch alle Liebesgeschichten an?
Vielleicht. (S. 120)

Über die Verschränkung mit dem metafiktionalen Ich der Intermezzi wird die Protagonistin zu einer postmodernen Scheherazade, die gegen den Tod des Begehrens und die Leere im Zentrum des Gebäudes, das aus den Räumen ihres vergangenen und gegenwärtigen Lebens zusammengesetzt ist, anschreibt.[11] Die Einsamkeit der vergeblich Wartenden (Barthes) wird so zu einem Plus, zu einem Motor für das Erfinden und Erzählen von Geschichten. Die Liebe existiert auch in Zeiten größter Einsamkeit als ein fragiles Traumgebilde, das mit einem ‚Klick und Wisch' entsteht und in sich zusammenfällt – postmoderne Melancholie,[12] wie wir sie bereits aus Peter Stamms *Agnes* (1998) und anderen Texten der Jahrtausendwende kennen. Und doch ist das Gedankenexperiment, zu dem Kuckart einlädt, ein lohnendes, weil sich die postmoderne Melancholie, anders als in den Prosatexten von Peter Stamm und Judith Hermann, mit viel Witz und Selbstironie paart, weil die Räume, die in *Kein Sturm, nur Wetter*

---

11 Als eine mit der Idee der postmodernen Scheherezade korrespondierende poetologische Reflexion kann auch folgender Tagebucheintrag aus den Intermezzi gelesen werden: „Ein Architekt, lese ich, der lange im Ausland gelebt und von dort nicht nur Sprachen, sondern auch seine Sicht auf die Welt mitgebracht hat, also einer, der als Berater für große Bauprojekte von Stadt zu Stadt geschickt wurde, der hat überall, wo er neu baute, die immergleichen 7,2 Quadratmeter sowohl im Plan als auch im ausgeführten Objekt verschwinden lassen. Die Leerstelle ist es, die das Gebäude sichert, habe ich gelesen." (S. 115)
12 Vgl. Hartmut Vollmer: Die sprachlose Nähe und das ferne Glück. Sehnsuchtsbilder und erzählerische Leerstellen in der Prosa von Judith Hermann und Peter Stamm, in: Literatur für Leser (2006), H. 1, S. 59–79.

gebaut werden, von einer ungeheuren Sinnlichkeit und poetischen Kraft sind und weil die Autorin sich traut, altbekannte Fragen nach Erinnerung und Identität, Liebe und Begehren, Sinn und Nicht-Sinn des Lebens nach der Postmoderne und im Wissen um die ‚profane Zeitgenossenschaft' neu zu verhandeln.

Klaus Schenk

Lebensgeschichte und Neuro-Diskurs in *Kein Sturm, nur Wetter* von Judith Kuckart

Während die Literaturwissenschaft Erkenntnisse der ‚neurowissenschaftlichen Wende' erst allmählich zu nutzen beginnt,[1] haben Schreibweisen der Gegenwartsliteratur diese Perspektive längst erprobt.[2] In ihrem Roman *Kein Sturm, nur Wetter* (2019)[3] entfaltet besonders Judith Kuckart eine neurowissenschaftliche Problematik von Erinnern, Erleben und Wahrnehmen am Beispiel einer Gehirnforscherin als Protagonistin. Der neurobiologische Diskurs im Roman verwebt sich mit der Erzählung über eine Lebensgeschichte, die sich aus diesem Zusammenspiel heraus reflektiert. Erinnerungen basieren dabei aber nicht nur auf einer Rekonstruktion, sondern auch auf einer Produktion von Lebenszusammenhängen. Die Frage nach der Wirklichkeit des Erlebens entwickelt eine Unentscheidbarkeit, in der sich der Gegensatz zwischen tatsächlicher und vermeintlicher Erinnerung aufhebt. Verbunden wird der neurowissenschaftliche Diskurs mit Konzepten von Simulation, wie es sich vor allem in der Auseinandersetzung mit Rainer Werner Fassbinders Film *Welt am Draht* (1973) zeigt. In seiner Thematik, aber auch in der literarischen Struktur seiner Erzählweise inszeniert der Roman von Kuckart eine fremde als eine mögliche

---

1 Vgl. z.B. Mita Banerjee: Biologische Geisteswissenschaften: Von den Medical Humanities zur Narrativen Medizin. Eine Einführung. Heidelberg 2020, S. 131–154, oder etwa in der Autobiographieforschung, vgl. Hans J. Markowitsch, Angelica Staniloiu: Brain Research and Neuroscience, in: Martina Wagner-Egelhaaf (Hg.): Handbook of Autobiography / Autofiction, Bd. I: Theory and Concepts. Berlin, Boston 2019, S. 18–30.
2 Vor allem im Bereich der aktuellen Traumaliteratur finden sich deutliche Anknüpfungen an neurologische Erkenntnisse über Erinnerung und Erleben. Vgl. Hannes Fricke: Das hört nicht auf. Trauma, Literatur und Empathie. Göttingen 2004. Martina Kopf: Trauma und Literatur. Das Nicht-Erzählbare erzählen – Assia Djebar und Yvonne Vera. Frankfurt/Main 2005.
3 Zitiert wird im Beitrag mit Seitenzahlen in Klammern nach der Ausgabe: Judith Kuckart: Kein Sturm nur Wetter. Köln 2021.

Lebensgeschichte in der Ambivalenz von Narration, Neuro-Diskurs und Simulation.

1. Szenen des Ich

Im Werk von Kuckart sind die unterschiedlichen literarischen Kunstformen sehr eng miteinander verknüpft. Prosatexte, Theaterarbeit und sogar Hörspielproduktionen umfassen ein Spektrum, das auch in der Erzählweise der Romane Synergien freisetzt und die Künste miteinander vernetzt. Auch der Roman *Kein Sturm, nur Wetter* entwickelt im Erzählverlauf immer wieder Szenen, die film- bzw. bühnenreif dargestellt werden könnten – kleine narrative Einheiten, die teilweise durch eine Leerzeile abgesetzt sind, sich andererseits aber auch miteinander verbinden lassen. Eine zentrale Perspektive, um die die Szenen im Roman kreisen, bildet die Frage nach dem ‚Ich' als Fokus von Erinnern, Erleben und Wahrnehmen.

Im Eingangskapitel „Der Sonntag" postiert sich die Protagonistin in einem „Café der Abflughalle" (S. 9) auf dem Berliner Flughafen Tegel, wo sie in einer „Art Ereignislosigkeit, die der Meditation ähnelt" (S. 9) das Geschehen an sich vorübergleiten lässt, bis sie schließlich einen Reisenden in ein Gespräch verwickelt, wobei sich zeigt, dass er beruflich über Moskau nach Chabrowsk weiterreisen wird. Am Schauplatz globaler Mobilität bildet eine scheinbar teilnahmslose Beobachtersituation den Ausgangspunkt einer Szene aus dem Repertoire moderner Flaneur-Motivik, wie sie z.B. Edgar Allan Poes Erzählung *The Man in the Crowd*[4] (1840) genretypisch eingeführt hat. Zwar weniger unmittelbar, aber durchaus vergleichbar wird auch die Großstadtnomadin[5] des Romans von Kuckart die Spuren eines Passanten aufnehmen, nachdem sie seine Visitenkarte aus dem Portemonnaie entwenden konnte (vgl. S. 13). Mit diesem Handlungsstrang ist

---

[4] Vgl. Edgar Allan Poe: The Man of the Crowd, in: Ders.: Collected Works of Edgar Allan Poe. Bd. 2: Tales and Sketches. 1831–1842. Hg. v. Thomas Ollive Mabbott. Cambridge (Mass.), London 1978, S. 506–515.

[5] Ein Topos, der übrigens öfter mit Else Lasker-Schüler in Zusammenhang gebracht wurde, vgl. z.B. Günther Rühle: LiteraturOrt Berlin. Berlin 1994, S. 38. Vgl. auch die frühe Arbeit von Judith Kuckart zu Else Lasker-Schüler: Judith Kuckart: Im Spiegel der Bäche finde ich mein Bild nicht mehr. Gratwanderung einer anderen Ästhetik der Dichterin Else Lasker-Schüler. Frankfurt/Main 1985.

zugleich auch die Struktur des Romans vorgegeben, der sich in sieben, nach den Wochentagen benannte Kapitel gliedert, bis die Rückkehr des Reisenden am Samstag wieder zu erwarten ist. Charakteristisch für die Erzählweise Kuckarts sind dabei kurze, pointierte Wortwechsel, wie es sich auch in dem Gespräch zwischen der Flughafen-Flaneurin und dem Russland-Reisenden zeigt:

> Können Sie eigentlich auf den Händen laufen?, fragt sie, als er mit dem kleinen Pils für sie und dem großen für sich zurückkommt.
> Nein, dafür bin ich zu alt.
> Wie alt sind Sie denn?
> Sechsunddreißig, und Sie?
> Ich habe morgen Geburtstag, sagt sie, aber das ist eine glatte Lüge.
> Er lächelt und schaut einer Frau in einem dünnen, grauen Mantel hinterher, bis sie beim Ausgang des Terminals C verschwindet.
> Und wie heißen Sie?, fragt er und schaut sie an, als käme er aus einem Traum, der einfach abgerissen ist.
> Ich?
> Sie heißen ich?
> Ich laufe zwar nicht auf meinen Händen, sagt er, aber ich kann damit als deutsche Fachkraft Kompressoren installieren, die angeblich die besten der Welt sind. Ich reise von Ölraffinerie zu Ölraffinerie. In Chabarowsk bin ich in letzter Zeit häufiger, immer im gleichen Hotel mit Blick auf den Amur. (S. 11)

Die Verwechselung des Pronomens ‚Ich' mit der Funktion eines Eigennamens dient nicht nur dazu, die Anonymität der Beobachterin zu wahren, sondern gibt auch einen Hinweis auf die Möglichkeiten und Implikationen des Ich-Sagens. Sowohl die unmarkierte Rede der beobachteten Figur als auch die Gedanken und Eindrücke der beobachtenden Protagonistin werden gleichermaßen als Perspektiven wiedergegeben, die aus der deiktischen Funktion des Pronomens resultieren. So erzählt die Figur z.B. den Ablauf seiner Aufenthalte wie folgt (S. 12):

> Ich selber bin immer erleichtert, wenn wieder Freitag ist. Samstags fliege ich zurück, aber am Freitag nimmt Sergej mich zum Wochenendtreffen seiner Freunde mit. Wir sitzen in einer Garage, trinken Bier und Wodka, jemand spielt Gitarre. Die anderen lachen und singen dazu. Ich auch.

Bevor die Figur einen Namen erhält, zeigt sie bereits in einer forcierten Verwendung des Pronomens auf sich. Die Protagonistin dagegen reflektiert über den Reisenden, nachdem sie ihre Visitenkarte erobern konnte: „Sturm, steht da, Robert Sturm. Kenn ich, denkt sie, Sturm kenn ich doch. Aber wer hat nicht schon einmal in seinem Leben einen Sturm kennengelernt? Sie schaut zu ihm herüber." (S. 13)

Gedanken- und Redezitat überlappen sich in der Funktion des Ich-Sagens, wobei freilich die Deixis jedesmal auf den je anderen verweist. So entsteht eine Polyphonie der Ich-Bezüge, die über einzelne Identifikationen hinausreicht. Gegenüber dieser Präsenz des ‚Ich' muss der für die Figur gewählte Name hier nebensächlich erscheinen. So dient der Name Robert Sturm nicht nur als Allerweltsname, sondern bildet ebenso ein Simulakrum, indem der Titel des Romans den Namen im Kontext von „Wetter" semantisiert, sein intertexueller Bezug zur *Geschichte vom fliegenden Robert* ihn aber als Zitat ausweist (S. 14): „… Sturm, Robert Sturm! Wo der Wind ihn hingetragen, ja, das weiß kein Mensch zu sagen …"

So endet die Erzählung über die Flughafen-Szene mit dem entsprechenden direkten Zitat aus Heinrich Hoffmanns *Struwwelpeter* (1845), dessen Verszeilen folgendermaßen lauten:

> Schirm und Robert fliegen dort
> durch die Wolken immerfort.
> Und der Hut fliegt weit voran,
> stößt zuletzt am Himmel an.
> Wo der Wind sie hingetragen,
> ja, daß weiß kein Mensch zu sagen.[6]

Nicht nur der Vorname, sondern auch der Nachname des Reisenden lassen sich aus der Bildergeschichte Hofmanns intertextuell ableiten, ebenso wie der Titel des Romans, denn im *Struwwelpeter* heißt es: „Wenn der Regen niederbraust, wenn der Sturm das Feld durchsaust".[7] Während die Namensgebung der Figur zur Nebensache wird, tritt die Frage nach dem ‚Ich' umso deutlicher hervor. Übrigens sind auch andere Figurennamen im Roman wie z.B. Theres Grau usw. ambivalent semantisierbar und ebenso scheinbar nebensächlich gewählt.

In den in Maschinenschrift wiedergegebenen und datierten, tagebuchähnlichen Einträgen zwischen den Kapiteln des Romans erscheint ein weiteres ‚Ich' auf der Bühne des Schreibens (S. 15):

---

6 Zitiert nach der Ausgabe: Heinrich Hoffmann: Der Struwwelpeter oder lustige Geschichten und drollige Bilder. Frankfurt/Main 1929, S. 24.
7 Ebd.

30.12.
```
Der Plan: Als sie achtzehn ist, verliebt sie
sich in einen Mann, der sechsunddreißig ist.
Als sie sechsunddreißig ist, verliebt sie
sich in einen, der wie sie sechsunddreißig
ist. Wenn sie vierundfünfzig ist, wird
sie sich wieder in einen verlieben, der
sechsunddreißig ist. Ich weiß das, ich bin
hier die Erzählerin.

Die Männer bleiben sechsunddreißig.

Was bleibt sie?
```

Gegenüber den vorhergehenden Ich-Sageweisen behauptet das ‚Ich' auf den als Typoskript inszenierten Seiten mit gewissem Nachdruck („hier") die *auctoritas* über den Roman: „Ich weiß das, ich bin hier die Erzählerin" (S. 15). In den Tagebucheinträgen reflektiert sich ein Schreibprozess, der sich in der Diegesis in Geschichten entfaltet. Die datierten Notate treten so als Konzeptebene in Erscheinung, aus der die Erzählung allererst entwickelt zu werden scheint, wie z.B. in folgender Reflexion deutlich wird (S. 16):

```
Und: Wie soll die Frau vom Flughafen jetzt
eigentlich heißen? Irmgard? Geht gar nicht.
Nina? Auch nicht. Konstanze? Nein. Laura?
Vielleicht ... möglich.

Wie ich?

Ich?
```

Bei der Namensgebung der Protagonistin des Romans umkreist sich ein Ich, das lakonisch seinen eigenen Status in Frage stellt und unbestimmt lässt. Letztlich wird aber auch die Namensgebung im Roman unklar bleiben bzw. sich nur in Möglichkeiten realisieren wie *Konstanze*, was wir beiläufig durch eine Bemerkung (vgl. S. 125) und eine Notiz (vgl. S. 150) ihrer Chefin erfahren, *Olga*, als Wunschname in einem Italienurlaub (S. 124), *Laura* als „Aktmodell bei einer Kunstakademie" (S. 125) bzw. *Isabelle* auf Vorschlag des ersten Partners Viktors (S. 126). Der Name der Protagonistin gerät auf seltsame Weise in die Schwebe und bleibt virtuell.

Zwischen den extradiegetischen Einträgen der Ich-Erzählerin entspinnt sich der diegetische Erzählstrang, der nicht nur nach Wochentagen gegliedert ist, sondern sich auch als Erinnerungen einer 54-jährigen (S. 31) an der Zahl 36 orientiert, die periodisch in ihrem Leben wiederkehrt, woran sie sich im Erzählverlauf von der Flughafen-Szene angefangen in der dritten Person erinnert. Die einzelnen Erzählpassagen lassen sich auch nach den Erinnerungen an die Liebesbeziehungen verbinden, die gewissermaßen die Zeitgeschichte und die Geschichte der Bundesrepublik seit den späten 1960er-Jahren rekapitulieren:[8] 1968er Bewegung, West-Berlin als Enklave in der ehemaligen DDR, Mauerfall, Post-Wende-Ära, der Terroranschlag auf das World Trade Center, bis hin zur Trump-Wahl (S. 92). Scheint solchermaßen der Erzählverlauf in Erzählhierarchien und Konzeptions- bzw. Textebene geordnet,[9] muss es wiederum verwirren, wenn eine Frau, die in der Traumerzählung der einleitenden extradiegetischen Schreibmaschinenseite „einen dünnen grauen Mantel" (S. 5) trägt, in der Diegese der Erzählung tatsächlich auf dem Flughafen als Passantin erscheint, die im Verschwinden die Blicke auf sich zieht:

> Er lächelt und schaut einer Frau in einem dünnen, grauen Mantel hinterher, bis sie beim Ausgang des Terminals C verschwindet. (S. 11)
> [...]
> Sie schaut zum Ausgang des Terminals C, wo die Frau in dem dünnen, grauen Mantel verschwunden ist. (S. 11)

Sogar als Gedankenfragment wandert dieses Motiv durch die Erlebte Rede der Protagonistin: „Trägt sie einen dünnen, grauen Mantel" (S. 12). Daher verwirren sich die Ebeneneinteilungen wieder, wenn sich Elemente der Typoskripte in die Diegese drängen.[10] Die Relation der beiden

---

8 Vgl. dazu Terry Albrecht: Judith Kuckart: „Kein Sturm, nur Wetter". Bin ich noch die Frau von damals?, in: https://www.deutschlandfunk.de/judith-kuckart-kein-sturm-nur-wetter-bin-ich-noch-die-frau.700.de.html?dram:article_id=455913 [15.05.2021].

9 Leider haben sich in die Lektüren des Romans Gleichsetzungen von Erzählerin und Protagonistin eingeschlichen, wenn z.B. Albrecht (Anm. 8) feststellt: „Die Rekapitulation einstiger Liebesgeschichten wird für die Erzählerin jedenfalls mehr und mehr zur Hinterfragung der eigenen Identität."

10 Im Roman finden sich weitere markante Beispiele von Wiederholungen wie z.B. die Formulierung: „Alles, alles kommt von früher" (S. 71, 75, 76, 170) oder

typographisch abgesetzten Textebenen wird in der Schwebe gehalten, Schreib- und Erzählprozess durchdringen sich auf unmerkliche Weise. Auch die scheinbar traumhafte Abwesenheit der Figuren lässt am Wirklichkeitsgehalt einer scheinbar realistisch erzählten Szenerie zweifeln, wenn Robert Sturm in Tagträumen verfangen zu sein scheint: „und schaut sie an, als käme er aus einem Traum." (S. 11)

In einer weiteren Notiz vom 13.3., die zwischen die Kapitelgrenzen von „Der Montag" und „Der Dienstag" platziert ist, findet sich eine Bemerkung, die auf ein autobiographisches Projekt verweist, das auf jede Selbstbezüglichkeit verzichten möchte (S. 71 f.):

13.3.

```
In diesen Raum, genau in mein Stirnhirn
hinein, wo in der immergleichen Ecke
ein rotes Licht angeht und mich wärmt,
egal, ob ich mich an glücklichere Tage
erinnere oder mir Momente eines geglückteren
Lebens vorstelle, ja, genau in diesen
immergleichen Raum hinein werde ich eines
Tages eine Autobiografie schreiben, in der
ich das Wichtigste weglasse.

Mich.

Und den Volvo.
```

Das Zusammenspiel der fingierten Konzept- und der Erzählebene kann als Versuch verstanden werden, Möglichkeiten der (auto)biographischen Erinnerung zu erkunden und zu inszenieren. Gemeinsam ist den Ebenen, dass sie die Problematik der Erinnerung zum Teil mit denselben oder ähnlichen Sätzen umspielen: „Wir sind, was wir vergessen haben" (S. 23) und „Was wir vergessen haben, ist zu dem geworden, was wir sind." (S. 180) Dass die Problematik des Ich-Sagens für die intradiegetische Erzählebene zentral ist, wird immer wieder deutlich. So blenden sich auch ihre Lebenspartner auf der Ebene der unmarkierten Direkten Rede ein, wie z.B. Viktor „Ich brauche dich!" (S. 132) Der Gebrauch des Pronomens entwickelt

---

die asyndetische Reihung: „Weit. Näher. Vorbei." (S. 202) und mit veränderter Zeichensetzung: „Weit, näher, vorbei" (S. 217).

dabei eine Virtualität, so dass unterschiedliche *personae* in diese Rolle eintreten können. Viel von dieser Möglichkeit hängt mit der, wie schon Elmar Holenstein formulierte, „[e]igenartige[n] Grammatik des Wortes ‚Ich'"[11] zusammen. Holenstein hebt dabei drei Aspekte hervor, die für den Gebrauch des Pronomens ‚Ich' charakteristisch sind: erstens seine Funktion als metasprachlicher Ausdruck, zweitens seine deiktische Ausrichtung und drittens seine Zugehörigkeit zu den performativen Ausdrücken, wenn es „das Subjekt des Sprechereignisses und das Subjekt des besprochenen Ereignisses"[12] gleichermaßen bezeichnet. Die Verbindung von Deixis und pronominaler Verweisstruktur findet sich im Roman Kuckarts z.B. in Kurzsätzen wie: „Da bin ich. / Ich bin es." (S. 207) Im Gebrauch des Pronomens öffnet sich eine Bühne für unterschiedliche Sprecherrollen, die sie performativ einnehmen und wechseln können.

Das Inszenatorische und Performative dieser Erzählweise ist eng verbunden mit dem Theaterprojekt, das auf der Rahmenebene (S. 16 f.) sowie in der Erzählung (S. 53) thematisiert und schließlich im beigefügten Paratext der Danksagung als Stück genannt wird (S. 219). Im Jahr 2015 konnte Judith Kuckart mit der Theatergruppe *Circus Quantenschaum* das Stück *Und wann kommen die Elefanten?* inszenieren, von dem es in der Ankündigung heißt: „Nach Quantenphysik und Evolutionstheorie widmet sich ‚Quantenschaum' dem Organ, auf das wir uns am meisten einbilden: DAS GEHIRN."[13] Mit seinem Titel bezieht sich das Theaterstück auf eine autobiographische Erinnerung Kuckarts, wie es die Rezension im *Weser-Kurier* vom 14. November 2015 wiedergibt: „Meine Eltern sind mit mir in den Zirkus gegangen, und ich habe ganz vorne an der Manege gesessen. Und nach jeder Nummer habe ich gefragt ‚Wann kommen die Elefanten?'."[14] Im Stück sollte mit der Schirmherrschaft des Bremer Gehirnforschers Prof.

---

11 Elmar Holenstein: Die eigenartige Grammatik des Wortes ‚Ich', in: Zeitschrift für philosophische Forschung 36 (1982), S. 327–343.
12 Ebd., S. 327.
13 http://www.circus-quantenschaum.de/quantenschaum_2015.html [15.05.2021].
14 Sven Garbade: „Lachen mit Verstand. ‚Circus Quantenschaum' erforscht das Rätsel des Gehirns", in: Weser-Kurier v. 14.11.2015, in: https://www.weser-kurier.de/kultur/lachen-mit-verstand-doc7e4g8erkkj41f4d57lm6?reloc_action=artikel&reloc_label=/startseite_artikel,-Lachen-mit-Verstand-_arid,1251228.html [15.05.2021].

Dr. Gerhart Roth, dessen Thesen zur Willensfreiheit kontrovers diskutiert wurden,[15] und der Mitarbeit des Journalisten Mathias Greffrath auch eine Brücke zwischen Kunst und Wissenschaft geschlagen werden. Ebenso wie der Roman behandelt auch das Theaterstück eine Erinnerungsproblematik aus der Perspektive der Neurowissenschaften und sucht sie literarisch zu inszenieren. Motiviert werden kann die spielerische Auseinandersetzung mit der neurologischen Problematik von Erinnerung sowohl im Theaterstück wie auch im Roman über die berufliche Rolle einer Neurobiologin.

2. Neurobiologisches Erzählen

Wie Judith Kuckart selbst berichtet,[16] war das Schreibprojekt am Roman *Kein Sturm, nur Wetter* aus einem Stipendium hervorgegangen,[17] das die Zielsetzung hatte, Erkenntnisse und Verfahren der sogenannten ‚harten' Wissenschaften mit künstlerisch-literarischen Perspektiven zu verbinden. Zu den Rahmenbedingungen gehörte auch, dass sie „ein Praktikum bei der Neurobiologin, Psychiaterin und Pianistin Hanna Monyer"[18] absolvieren konnte. Als Figur ist die Gastgeberin in der Rolle der Chefin am *Institut für Neurobiologie* in den Roman eingegangen, für die die Protagonistin arbeitet. Die Neurobiologin Hannah Monyer hatte zudem, was wir im Roman nicht erfahren, im Jahr 1982 über *Das Phänomen „Eifersucht" bei Marcel Proust und in der Psychiatrie seiner Zeit* promoviert und somit

---

15 Zu Hinweisen auf die Diskussion vgl. die Ankündigung: Andreas Schnell (ASL): Hirn-Zirzensik Performance – Circus Quantenschaum ist zurück, in: die tageszeitung [taz] v. 12.11.2015, in: https://taz.de/Hirn-Zirzensik/!5247927/ [15.05.2021].
16 Vgl. das Gespräch der Autorin mit Studierenden der Universität Innsbruck zum Roman *Kein Sturm, nur Wetter* im vorliegenden Band bzw. unredigiert in: https://www.youtube.com/watch?v=yimxcsHxH9U / [15.05.2021].
17 Im Nachspann zu ihrem Roman dankt Judith Kuckart auf der letzten Seite u.a. „dem deutsch-amerikanischen Institut für die wertvollen Erfahrungen und inhaltlichen Anmerkungen sowie die finanzielle Unterstützung im Rahmen des Autorenprojekts ‚Geist und Wissenschaft' ". Vgl. auch den aus diesem Projekt hervorgegangenen Band: Jakob J. Köllhofer (Hg.): Wissenschaft – die neue Religion? Literarische Erkundungen. Heidelberg 2016. Zum Programm vgl. https://www.geist-heidelberg.de/de/programm/detail?veranstaltung=Wissenschaft_8211_die_neue_Religion_&id=14372&is_archive=true [15.05.2021].
18 Schnell (Anm. 15).

eine Affinität von psychiatrisch-medizinischem Diskurs und Literatur vorweggenommen.[19]

Dass Kuckarts Roman aber nicht nur eine Lebensgeschichte aus der Perspektive der Neurowissenschaften erzählt, sondern auch literarische Verfahren des Erinnerns durchspielt, wird schon in seiner mehrfach gebrochenen Struktur deutlich. Zunächst durch den Einschub der datierten, tagebuchähnlichen Notate, deren Zeitebene vom 30.12. bis 21.11. fast ein Jahr umspannt. Aber auch die in der Binnennarration fingierte Lebensgeschichte der Protagonistin, die sich in die 18er-Arithmetik ihrer Liebesbeziehungen mit den Abständen 18, 36 und 54 Jahre gliedert, entfaltet sich nicht linear, sondern in verschachtelten Erinnerungspassagen, die sich durch eine memoriale Motivik vernetzten. Es sind zunächst die Beziehungen der Protagonistin zum 18 Jahre älteren Ästhetiker Viktor als 18-Jährige, als 36-Jährige zum damals gleichaltrigen Dramaturgen Johann, den sie auf einer Silvesterparty kennenlernte, und schließlich die flüchtige Bekanntschaft mit Robert Sturm, der im Alter von 36 der 54-jährigen Flaneurin auf dem Flughafen Tegel begegnet. Aus einer für die Erinnerungsproblematik zentralen neurobiologischen Perspektive bildet das Thema des Romans die Lebensgeschichte der Protagonistin, die mit einer Arbeit über „*Emotionale Ansteckung*" (S. 155; Hervorhebung im Original, K.S.) promovierte, aber nie als praktizierende Ärztin arbeitete. Von der Biographie Kuckarts selbst weicht diese Karriere deutlich ab, trifft sich aber in der gemeinsamen Herkunft aus „einer kleinen Stadt" (S. 153) „am Rande des Ruhrgebiets" (S. 42).[20] Während die Neurobiologin allerdings einer Hochhauswohnung in „einer achtstöckigen Betonscheußlichkeit" (S. 110) entstammt, ähneln die Daten der Autorin vielmehr der Theateraffinität (vgl. S. 195) der Figur Nina aus gutsituiertem Elternhaus (vgl. S. 110). Zwischen der Protagonistin und der Spiegelfigur Nina kommt es aber schließlich zu einem unerwarteten Wiedererkennen, einer dramaturgischen *anagnórisis* auf der Bühne

---

19 Hannelore Monyer: Das Phänomen „Eifersucht" bei Marcel Proust und in der Psychiatrie seiner Zeit. Heidelberg Univ. Diss. 1987. Vgl. https://katalog.ub.uni-heidelberg.de/cgi-bin/titel.cgi?katkey=2540933 [15.05.2021].
20 Judith Kuckart umkreist Ihre Herkunft aus dem nordrheinwestfälischen Schwelm auch im Kolorit anderer Texte wie z.B. in ihrem Roman *Wünsche* (Köln 2013).

der pronominalen Bezüge, wobei sich nun das ‚Ich' mit einem gespiegelten ‚Du' in Beziehung setzt (S. 109; Hervorhebung im Original, K.S.):

> Du?
> Sie hob den Kopf.
> Im Türrahmen stand eine Frau.
> Sie wiederholte das Wort *du*.

Auch im neurobiologischen Diskurs bleibt die Ich-Problematik weiter dominant, wie z.B. in einer metasprachlichen Funktion bei der Korrekturarbeit der Protagonistin an einem Beitrag ihrer Chefin:

> Laut liest sie vor: Es genügt im Moment, das Gehirn so zu verstehen, wie es ist. Ob wir eines Tages in der Lage sein werden, auch rein subjektives Erleben mit der Wirkung von Molekülen und Hirnstrukturen zu erklären? Ich bin sicher, ja. Es wird ein glücklicher Zufall sein, der dies möglich machen wird. Nur werde ich das nicht mehr erleben ...
> Was lächeln Sie, fragt die Chefin, was gefällt Ihnen daran so gut?
> Das Ich. (S. 132)

Die Verwendung der ersten Person Singular in einem wissenschaftlichen Text ihrer Chefin wird von der Protagonistin besonders wahrgenommen und hervorgehoben. Wissenschaftliche Erkenntnis und subjektive Perspektive konvergieren in einem Ich-Sagen, das sich mit Vermutungen über eine Lebensgeschichte auffüllt, die die Protagonistin mit der Narration ihrer eigenen abgleicht:

> Sie schaut die Chefin an. Schon klar, sie beide konnten einmal singen und tanzen und galten vielleicht sogar als Schönheiten. Wahrscheinlich aber hat nur eine von ihnen beiden die richtige Mutter gehabt. Die andere, die mit der falschen Mutter, hebt jetzt die Hand und biegt ebenfalls an ihren Haaren herum. Weder hier noch dort lassen sich die Spitzen zur Innenwelle überreden, weder bei der da drüben, die erfolgreich ist, noch hier bei ihr, die aus lauter Angst vor Patienten nie praktizierende Ärztin geworden ist. (S. 132)

Ein weiteres Wort, das metasprachlich vorgeführt wird, hängt mit der Forschungsperspektive „der Chefin" zusammen: „Vorträge der Chefin, in denen das Wort *Neuro* im Titel vorkommt werden gut bezahlt [...]." (S. 125; Hervorhebung im Original, K.S.). Das Wort ‚Neuro' bildet in dieser Hinsicht eine Thema-Vokabel am Schnittpunkt zwischen literarischem Erzählen und wissenschaftlichem Diskurs. Das angeführte Zitat aus dem als „mein Vampirtext" (S. 132) betitelten fingierten Manuskript der

Chefin findet sich wieder in einem Interview aus dem *Zeit-Magazin von Stefan Klein mit Hannah Monyer*:

> Klein: Meinen Sie, dass man eines Tages in der Lage sein wird, auch das subjektive Erleben mit der Wirkung von Molekülen und Hirnstrukturen zu erklären?
> Monyer: Ja. Nur werde ich es nicht mehr erleben. Aber die Kunst und vor allem die schöne Literatur bieten uns einen anderen, nicht minder wertvollen Zugang, um unseren Geist zu verstehen.
> Klein: Sie haben nicht etwa in Molekularbiologie promoviert, sondern über die Eifersucht in Marcel Prousts „Suche nach der verlorenen Zeit", der wohl bedeutendsten literarischen Auseinandersetzung mit dem Phänomen Erinnerung.
> Monyer: Nun, ich interessierte mich damals dafür, wie Künstler Krankheiten sehen. Bis heute kann ich keine Gemäldegalerie besuchen, ohne den gemalten Figuren Diagnosen zu stellen.[21]

Mit dem letztzitierten, von Monyer geäußerten Satz charakterisiert sich auch die Chefin im Roman: „Ich kann auch in keine Gemäldegalerie mehr gehen, ohne den porträtierten Personen eine Diagnose zu stellen" (S. 125) ebenso wie die Figur der Neurobiologin im Theaterstück *Wann kommen die Elefanten?*[22] Tatsächlich findet sich übrigens auch in dem von Hannah Monyer und Martin Gessmann während der Entstehungszeit des Romans herausgegebenen Band *Das geniale Gedächtnis* im sechsten Kapitel ein Untertitel „Warum *Vampire* nie alt werden",[23] ähnlich wie im Handlungsgeschehen des Romans als Arbeit der „Chefin" angegeben (S. 124).

Um die Forschungs- und Arbeitswelt der Protagonistin als Neurobiologin entfacht sich eine Narration, in der sich fachwissenschaftlicher Diskurs und erzähltes Leben miteinander verbinden. Erinnerung und Erleben wird in diesem Kontext gleichgeordnet, wie es auch dem Theorieansatz von Monyer entspricht:[24]

---

21 Stefan Klein: Erinnern Sie sich? Wie unser Gedächtnis funktioniert: Die Heidelberger Neurobiologin Hannah Monyer über wandernde Hirnzellen, eine Kindheit in Siebenbürgen und die Möglichkeit, das Gehirn zu dopen, in: Zeit-Magazin Nr. 12/2009, online: https://www.zeit.de/2009/12/Klein-Monyer [15.05.2021], abgedruckt auch in: Stefan Klein: Wir alle sind Sternenstaub: Gespräche mit Wissenschaftlern. Frankfurt/Main 2014.
22 Vgl. den Trailer: Circus Quantenschaum – Und wann kommen die Elefanten?, in: https://www.youtube.com/watch?v=CxViwJNBXvM [15.05.2021], 02:20.
23 Hannah Monyer, Martin Gessmann: Das geniale Gedächtnis: Wie das Gehirn aus der Vergangenheit unsere Zukunft macht. München 2015, S. 202 f.
24 Vgl. ebd., S. 68 f.

> Erinnern und Erleben waren vom Standpunkt des Gehirns aus betrachtet beinahe das Gleiche, wusste sie. Reines Vorstellen ebenfalls. Wozu sonst hatte sie so lange Neurobiologie studiert? Erinnern und Erleben lagen in ihren grauen Schubladen eng beieinander, manchmal ohne klare Trennwand. Aber was half ihr dieses Wissen? (S. 86f.)

Erinnern, Erleben und Vorstellen vermischen sich in der neurobiologischen Sichtweise derart, dass Faktuales und Fiktionales kaum noch voneinander getrennt werden können. Vielmehr geht die Wirklichkeit allererst aus der Produktivität von Erinnerungen hervor. Aber auch über emotionale Ansteckung können „eigene Erinnerungen" (S. 129) produziert werden, wie es der Protagonistin im Zusammensein mit Viktor geschieht: „Ihrem Kopf konnte er Momente einschreiben, die sie bald für eigene Erinnerungen hielt, weil sie den Moment der Ansteckung vergessen hatte." (S. 129) Die neurobiologische Thematik verknüpft sich in der Sichtweise der Protagonistin eng mit der (auto)biographischen Perspektive auf eigene als fremd wahrgenommene Lebenszusammenhänge, wie z.B. in folgender Stelle:

> Dass Sturm nicht da ist und sie nicht dort, ergibt einen dritten Ort, so wie minus mal minus ein Plus wird. Sie hat ihn soeben neben sich gespürt. Und was man gefühlt hat, ist, was man erlebt hat. Auch das weiß sie. Aus dem Leben und aus der Wissenschaft. Deswegen ist sie Neurobiologin geworden. Neurobiologie ist ihre Strategie, sich selbst zusammenzufassen. Vor allem, wenn es ihr schlecht geht und sie für Kummer und Niedergeschlagenheiten eine wissenschaftliche Erklärung sucht. Sie kann so dem Leben und der eigenen Person wie einer Fremden gegenüberstehen und genau hinsehen. (S. 123)

Weitere (populär)wissenschaftliche Kontexte ließen sich in dem Roman identifizieren, wie etwa die Manuskripte mit Titeln wie *Dekade des Gehirns*[25] oder *Wer ist ICH*[26], die die Protagonistin „als freie Lektorin für wissenschaftliche Verlage" (S. 46) redigiert, oder die mit den Diskursen verbundenen Figuren wie etwa der Doktorvater der Protagonistin,[27] der eine

---

25 Vgl. https://www.spektrum.de/lexikon/neurowissenschaft/dekade-des-gehirns/2679 [15.05.2021].
26 Vgl. Eckhart Tolle, Deepak Chopra: Wer ist ICH? Auf der Suche nach dem wahren Selbst. Übers. v. Thomas Görden. München 2018.
27 Vgl. Thomas Fuchs: Leib, Raum, Person: Entwurf einer phänomenologischen Anthropologie. Stuttgart 2000. Der Autor hat seit dem Jahr 2010 eine Karl Jaspers-Professor für Philosophische Grundlagen der Psychiatrie und Psychotherapie an der Universität Heidelberg inne.

Arbeit mit dem Titel „*Leib, Raum, Person: Entwurf einer phänomenologischen Anthropologie*" verfasste (S. 104; Hervorhebung im Original, K.S.). Auch der Komplex der *Emotionalen Ansteckung*, so der Titel ihres eigenen Promotionsvorhabens, ließe sich weiter verfolgen;[28] ebenso wie der Hinweis auf die populären Arbeiten von Oliver Sacks (S. 93),[29] die Bezüge zu Augustinus (S. 97), vor allem aber der unterschwellige Nietzsche-Diskurs über das produktive Vermögen des Vergessens.

Ein weiterer Erzählstrang im Roman ergibt sich um die Lebensgeschichte der Figur Theres Grau, einer Arbeitskollegin der Protagonistin. Am Beispiel der Figur kann auch der neurobiologische Diskurs weitergeführt werden, wenn darüber reflektiert wird, ob nicht schon Augustinus den Stand ihrer Forschung vorweggenommen hätte:

> Aber kam Theres in ihrem Tagwerk eigentlich weiter als ein Augustinus vierhundert Jahre nach Christi Geburt? Dass im Hirn gleich hinter dem Gesicht die Sinnesfunktionen wohnen, zum Nacken hin aber das Gedächtnis, und dass ein dritter Ort zwischen den beiden alle Bewegungen kontrolliert, hat der Kirchenmann vor mehr als eintausendsechshundert Jahren bereits verkündet, ohne Forschung und zweifelhafte Messmethoden. Biologisch lässt sich Denken nicht einfach erklären. Fühlen, Sex, Schmerz auch nicht. (S. 97)

Die Figur bietet die biedere Variante einer Forscherin, die mögliche Zweifel an den durchzuführenden Mäuseversuchen mit der Notwendigkeit ihrer Forschung und der Routine ihres Laboralltags überdeckt, wie es die unterschwellige Semantik ihres Namens vorgibt: „Ist es möglich, dass Theres die Arbeit manchmal Angst macht? Und wenn ja, warum? Jede Antwort hat die Farbe von Kitt." (S. 97) Dennoch gehört sie, die als „Geisterseherin mit slawischer Großmutter" (S. 164) bezeichnet wird, aber auch zu den aufmerksamen und hellsichtigen Figuren. Denn auf sie ist auch der Traum von der „jungen Frau" (S. 165), von der die Ich-Erzählerin im Eingangsnotat auf der Rahmenebene nachts am Bett besucht wird (S. 5), übergegangen, wenn ihr im Studentenwohnheim ihre „Vorgängerin" (S. 162) erscheint, die sich, wie ihr eine Frau von der Verwaltung erklärt, „Ende

---

28 Vgl. z.B. den Eintrag *Emotionale Ansteckung*, in: https://dorsch.hogrefe.com/stichwort/emotionale-ansteckung [15.05.2021].
29 Vgl. Oliver Sacks: Der Mann, der seine Frau mit einem Hut verwechselte. Übers. Dirk van Gunsteren. Reinbek bei Hamburg 1987.

letzten Monats das Leben genommen" (S. 163) hat. Es ist daher sicherlich auch kein Zufall, wenn bei einer geselligen Einladung der Figur Theres zu einem Filmabend eine weitere Irritation über den Zusammenhang von Erinnern, Erleben und Wahrnehmen in die Narration einbrechen wird.

3. Welten am Draht

Im Anschluss an den Filmabend in „Theres' Reihenhäuschen" (S. 151) ergibt sich eine Diskussion, die für die Ambivalenz des Wirklichkeitsbegriffs im Roman von Kuckart zentral ist. Gemeinsam gesehen wurde der von Rainer Werner Fassbinder im Jahr 1973 zweiteilig vom WDR produzierte und in der ARD ausgestrahlte Film *Welt am Draht*.[30] Fassbinder hatte sich den Science-Fiction-Roman *Simulacron-3* (1964) von Daniel F. Galouye zur Vorlage genommen, der in deutscher Übersetzung unter dem gleichnamigen Titel *Welt am Draht* veröffentlicht wurde.[31] Inzwischen wurde der Roman im Jahr 1999 als *The 13th Floor – Bist du was du denkst?* von Josef Rusnak neu verfilmt.[32] Eine Reihe von Filmen, die sich virtuelle Welten der Simulation zum Thema machen, lassen Fassbinders Film im Nachhinein als Wegbereiter erscheinen.[33]

Auch im Roman von Kuckart übernimmt der Film *Welt am Draht* eine thematische und diskursive Funktion zugleich. Mit seinen Lebensdaten reiht sich Rainer Werner Fassbinder zunächst ein in die Zahlen-Arithmetik des Romans, wenn die Protagonistin resümiert:

---

30 Vgl. Rainer Werner Fassbinder: Welt am Draht. Arthaus Premium. 2 DVDs. Berlin 2010. Deutsche Erstausstrahlung: Teil I: 14.10.1973 und Teil II: 16.10.1973 (ARD). Verfügbar auch unter: Welt am Draht: Teil I: https://www.youtube.com/watch?v=QeqoD7swQpI; Welt am Draht: Teil II: https://www.youtube.com/watch?v=CxK5tgLqz3Y [15.05.2021].
31 Vgl. Daniel F. Galouye: Simulacron-3. New York 1964. Dt.: Ders.: Welt am Draht. Übers. v. Tony Westermayr. München 1965, auch als: Ders.: Simulacron Drei. München 1983.
32 Zu diesen Zusammenhängen vgl. Szilvia Gellai: Welten am Draht bei Daniel F. Galouye und Rainer Werner Fassbinder, in: Zeitschrift für Fantastikforschung 01 (2016), S. 50–72.
33 Vgl. Georg Klein: Unsere wirklichste Wirklichkeit. Rainer Werner Fassbinders Fernsehzweiteiler „Welt am Draht", in: Text + Kritik. 103/2. Auflage: Neufassung (2016): Rainer Werner Fassbinder. Hg. v. Michael Töteberg, S. 3–9.

Als Fassbinder mit siebenunddreißig vor siebenunddreißig Jahren starb, da waren die anderen hier in Theres' Wohnzimmer vor dem Beamer noch nicht geboren, aber Viktor und sie seit einem Jahr zusammen. Als Einzige sitzt sie bei den Filmabenden nie auf dem Boden. (S. 151)

Sie selbst hat den Film *Welt am Draht* vorgeschlagen und glaubt sich erinnern zu können, als Zehnjährige im Kinderzimmer beide Teile in ihrem „gelben Kugelfernseher" (S. 151) gesehen zu haben; ein Gerät übrigens, das in den 1970er-Jahren vertrieben wurde und zum Science-Fiction-Design des Films passt.

Anlässlich der *Berlinale* im Jahr 2010[34] wurde Fassbinders Film mit Unterstützung seines ehemaligen Kameramannes Michael Ballhaus restauriert und als DVD bei *Arthaus Premium* neu aufgelegt.

Abb. 1   **Abb. 2**

Auf dem Cover der DVD ist der Schauspieler Klaus Löwitsch abgebildet, der als Fred Stiller den Direktor des *Instituts für Kybernetik und Zukunftsforschung (IKZ)* darstellt (Abb.1).[35] In der im Film unmittelbar

---

34 Vgl. https://www.berlinale.de/de/archiv/jahresarchive/2010/02_programm_2010/02_filmdatenblatt_2010_20106608.html#tab=filmStills [15.05.2021].

35 Abbildung aus: https://www.arthaus.de/welt_am_draht [15.05.2021], im Film findet sich diese Szene in: Welt am Draht, Teil I: 1:01:52.

darauf folgenden Szene lässt sich Stiller von der Figur Fritz Walfang (Günter Lamprecht) in die Welt der Simulation transferieren (Abb. 2),[36] um die Kontakteinheit Einstein zu treffen. Auf einer Party war der Sicherheitsbeauftragte des Instituts, Günther Lause (Ivan Desny), spurlos verschwunden, als er Stiller in ein Geheimnis einweihen wollte,[37] und wurde aus dem Gedächtnis der anderen Figuren gelöscht. Lediglich Stiller erinnert sich an ihn und versucht, Belege für seine Existenz zu finden. Schließlich erkennt er Lause bei seinem Treffen mit Einstein, der diesem mit einem Feuerzeug eine Zigarette anzündet.[38] Auf radikale Weise thematisiert der Film den Zusammenhang zwischen Erinnerung, Erleben und Wahrnehmung seiner Figuren. In fast schon cartesianischer Manier wird die Begründungsproblematik von Selbstbewusstsein und Existenz durchgespielt und verunsichert.

Unsicher bleibt auch im Roman von Kuckart der Status der Erinnerung an den Film:

> Lange hat sie gedacht, sie hätte sich die zwei Abende vor dem gelben Kugelfernseher mit den Ölsardinenbroten auf dem Schoß nur ausgedacht. Wenn sie herumfragte, hatte *Welt am Draht* außer ihr niemand gesehen. Selbst Nina nicht. Nicht einmal gehört hatte jemand davon. (S. 152)

In der Erinnerung an die Kindheitsszene wird eine immersive Kraft beschrieben, die dem Film immer wieder zugesprochen wird.[39] Nicht zuletzt die Ähnlichkeit des Designs eines Kugelfernsehers im Kinderzimmer mit der Helmapparatur im Forschungsinstitut, die zum Abtauchen in die Simulation genutzt wird (vgl. Abb. 2), unterstreicht diesen Effekt im Roman. Zugleich ist über dieses Requisit auch eine Verbindung zur neuronalen Forschung hergestellt, wo mit vergleichbaren Apparaturen gearbeitet wird. Die kindliche Betrachterin im Roman jedenfalls wagt es am Ende des Films nicht, den Fernseher auszuschalten, was ihr auch am Morgen nur mit einem beklemmenden Gefühl gelingt: „Als sie gegen Morgen den Stecker vom Fernseher neben dem Bett aus der Dose gezogen hatte, hatte sie das Gefühl, jemand anderer könnte genau so leicht den Stecker aus ihrem Leben ziehen." (S. 153) Die Kindheitserinnerung illustriert, mit

---

36 Filmstill aus: Welt am Draht, Teil I: 1:02:06.
37 Vgl. Welt am Draht, Teil I: 16:40–16:52.
38 Vgl. Welt am Draht, Teil I: 1:05:56.
39 Vgl. https://www.filmportal.de/node/38489/video/1243505 [15.05.2021].

welcher Eindrücklichkeit der Film in den 1970er-Jahren die Fragen nach dem Status von Realität thematisierte. Aus Kindersicht erzählt lautet die Zusammenfassung des Films von Fassbinder wie folgt:

> In *Welt am Draht* versuchte der Mann Stiller in einem Institut, von dem wenig bekannt war, außer, dass es eine hohe Sicherheitsstufe hatte, den Tod eines Mitarbeiters aufzuklären. Stiller lebte in einer kleinen Stadt. Klein wie ihre. Lichterfische in den Pfützen nächtlicher Straßen waren seine einzigen Verbündeten. Nach jedem seiner Aufklärungsversuche blieb die Welt rätselhafter zurück als zuvor. Aber sich selbst kam er auf die Spur. Stiller fand heraus, dass der Mann Stiller gar nicht existierte. Stiller war die Identitätseinheit in einem Computer namens Simulacron, war eine Simulation, etwas, was er hätte ahnen können, wenn er die Welt um sich herum hätte genauer lesen und die Stimmen der Dinge darin deutlicher hätte hören wollen. Sie sagten: Nimm mich nicht als Garantie dafür, dass hier Realität herrscht, Stiller, nur weil ich ein realer Gegenstand bin. Stiller ahnte das alles. Das war quälender, als es zu wissen. (152 f.)

Lange bevor eine ganze Reihe an Filmen sich mit dem Thema der Simulation beschäftigte, kann Fassbinders *Welt am Draht* bereits einige Standards setzen.[40] Darstellbar wird im Film ein Abtauchen in eine andere Welt als Modell von ‚Identitätseinheiten', die dazu dienen Prognosen über die Zukunft zu erstellen. Mit Hilfe der Apparatur auf Abb. 2 können Figuren, wie Stiller selbst, Lause oder Walfang auch in die tiefere Ebene der Simulation eingehen und sich in anderen historischen Zeiten bewegen. Aber auch eine Aufwärtsbewegung ist möglich, wie das Auftauchen der Kontakteinheit Einstein zeigt. Ebenso bekennt die Figur Eva, die sich als Tochter von Prof. Vollmer ausgibt: „Ich bin die Projektion einer wirklichen Eva aus der realen Welt."[41] Schließlich ermöglicht Eva den Aufstieg von Stiller in die übergeordnete, vielleicht ‚reale' Welt. So kann der Film eine Durchlässigkeit vorführen, die ein Abtauchen in Simulationswelten zulässt, wie sie in der Theorie der Virtualität als Immersion beschrieben wird,[42] andererseits aber auch selbst eine spezifische Involviertheit entfalten. Besonders die

---

40 Vgl. Rainer Werner Fassbinder, Fritz Müller-Scherz: Welt am Draht. Drehbuch. Berlin 2010.
41 Ebd., S. 167. Vgl. Welt am Draht: Teil II: 1:22:04.
42 Vgl. z.B. Dawid Kasprowicz: Der Körper auf Tauchstation. Zu einer Wissensgeschichte der Immersion. Baden-Baden 2019. Stephan Günzel: Von der Illusion zur Involvierung. Geschichte und Systematik der Begriffe Präsenz und Immersion, in: Jahrbuch immersiver Medien (2015), S. 63–76.

vielfältig genutzten Spiegelmedien und nicht zuletzt die in die Zukunft verlängerten technischen Möglichkeiten stellen auch ambivalente Relationen zur Welt der Zuschauer her.

Die Besucher des Filmabends im Roman allerdings zeigen sich von der Wirkung des Films vergleichsweise wenig berührt. Der Film sei zu langatmig und längst von seinen Nachfolgern überholt, ihm habe „Matrix besser gefallen als dieser Albtraum aus den Siebzigern" (S. 154), äußert der Freund von Theres, während sie die Langsamkeit des Films verteidigt. In der Tradition moderner Subjektkritik, die an Ernst Machs Diktum „Das Ich ist unrettbar"[43] erinnert, findet sich folgende Bemerkung im Roman, die zudem den Neuro-Diskurs mit den technischen Möglichkeiten von Simulation[44] verbindet: „Dass das, was sich altmodisch gern Ich nennt, im Grunde nur ein Netz von Nervenzellen im Gehirn sein könnte, wo elektronisch rumgefeuert wird, damit es sich für uns wie Gefühl anfühlt, sagt Mike." (Ebd.)

Längst haben Filme wie *Matrix* (1999) von Lana und Lilly Wachowski oder der später im Roman (S. 198) erwähnte Film *Twelve Monkeys* von Terry Gilliam (1995) die Problematik der Simulation in andere Ästhetiken transformiert. Erinnert sei auch an die Theorie der Simulation von Jean Baudrillard, der seit den 1980er-Jahren den trügerischen Zeichenstatus des Simulakrums zu einer kritischen Kultur- und Medientheorie der Gegenwart ausbaute.[45] Mit Fassbinders Film dringt daher auch ein Diskurs über Simulation in die Narration des Romans ein, der sich nicht auf die Szene des Filmabends begrenzen lässt, sondern eine eigene Wirksamkeit entwickelt. Schon auf der thematischen Ebene finden sich zahlreiche Entsprechungen zum Film Fassbinders, wenn etwa die Figur Eva den Zusammenhang zwischen Erleben und Erinnerung relativiert, indem sie zu Fred Stiller bemerkt: „Schau, in Deiner Welt hat es eine Eva Vollmer

---

43 Ernst Mach: Die Analyse der Empfindungen und das Verhältnis des Physischen zum Psychischen. 9. Aufl. Jena 1922, S. 20.
44 Zu dieser Problematik vgl. auch Michael Hagner, Cornelius Borck: Brave neuroworlds, in: Neue Rundschau 110(3) (1999), S. 70–88.
45 Vgl. z.B. Jean Baudrillard: Die Präzession der Simulakra, in: Ders.: Agonie des Realen. Übers. v. Lothar Kutzawa, Volker Schaefer. Berlin 1978, S. 7–69, vgl.: Ders.: Simulacres et Simulation. Paris 1981.

nie gegeben, und als ich auftauchte, hast Du Dir schnell eine Erinnerung zusammengebastelt."[46] Ebenso korrespondieren Film und Roman in ihrer Ich-Emphase, wenn Stiller sich selbst in dem Namen seines Schöpfers wiederzuerkennen glaubt: „Das ... bin ich?"[47] oder wenn er nach seinem endgültigen Auftauchen am Ende des zweiten Teil seine Existenz betont: „Ich bin, ich bin."[48]

Aber nicht nur auf der thematischen Ebene, sondern auch in Verfahren der Darstellung wirkt sich Fassbinders Film auf die Erzählweise des Romans aus. So gehen z.b. mehrere Requisiten auf die Erzählebene des Romans über. Fährt Fred Stiller z.b. immer wieder mit einem weißen *Chevrolet Corvette C3* in die Szenen ein, so findet sich im Roman das mit Erinnerungen an den Partner Johann verbundene, in hoher Dichte wiederkehrende Motiv des „weißen Mercedes" (S. 31, 32, 33, 35, 46, 51, 52, 213 u.a.), was mit anderen Autos als Erinnerungs- und Zeitmarker korrespondiert, wie „Kadett" und „Volvo" (S. 17, 72, 115, 170). Zudem ist damit auch ein Bezug zu James-Bond-Filmen, ebenso aber auch zu den Limousinen in den Filmen von David Lynch hergestellt. Über die Farbe *Weiß* werden zudem Reihen von Kleidermotiven entfacht, wie besonders der ‚weißen Hose' (S. 49, 67, 199 u.a.), die mit der Figur Viktor verbunden ist (S. 50). Die Fahrten des weißen Mercedes scheinen nicht nur in der Erinnerung zu kursieren, sondern kehren auch in einem filmischen Loop wieder, was an die Filmtechnik von David Lynch erinnert:[49]

> Wieder hielt ein weißer Mercedes am Zebrastreifen. War das der gleiche wie eben? War der nicht längst weitergefahren? Hatte er eine Runde gedreht, auf der Suche nach einem Parkplatz? Oder hatte jemand an der Zeit gedreht? (S. 52)

---

46 Fassbinder, Müller-Scherz (Anm. 40), S. 169. Vgl. Welt am Draht, Teil II: 1:24:39–1:24:47.
47 Ebd., S 172. Vgl. Welt am Draht, Teil II: 1:29:32–1:29:34.
48 Diese Stelle ist so nicht im Drehbuch angelegt. Welt am Draht, Teil II: 1:37:48–1:37:52.
49 Wie z.B. im Film *Lost Highway*, vgl. Greg Hainge: Weird or Loopy? Specular Spaces, Feedback and Artifice in Lost Highway's Aestetics of Sensation, in: Erica Sheen, Annette Davison (Hg.): The Cinema of David Lynch: American Dreams, Nightmare Visions. London, New York 2004, S. 136–150.

Besonders aber eine Szene des Films wird im Roman perpetuiert. Kurz nachdem Stiller vergeblich eine Passantin um Feuer bittet, wird sie von der herabstürzenden Last eines Baukrans, die vorher über ihm selbst schwebte, erschlagen, wobei ein Feuerzeug ihrem Koffer entspringt, mit dem Stiller sich laut vernehmbar eine Zigarette anzündet und es dann in die Trümmer zurückwirft.[50] An mehreren Stellen des Films von Fassbinder tauchen ähnliche Benzinfeuerzeuge wieder auf, im Drehbuch war es in dieser Szene allerdings nicht vorgesehen.[51] Diese Motivik wuchert geradezu in verschiedenen Szenen des Romans von Kuckart. Am Filmabend nach der Fassbinder-Vorführung vergisst Mike sein Feuerzeug auf dem Tisch: „Wenn sie es jetzt benutzt, wird sein Klack Klack sie an ein anderes Zippo erinnern, das einmal die Tongabel eines glücklichen Nachmittags war, auf der Kühlerhaube eines alten, jetzt uralten weißen Mercedes vor langer Zeit." (S. 164 f.) Wie die berühmte „madeleine" in Marcel Prousts *Recherche*[52] ruft das Feuerzeug in der Protagonistin die unwillkürliche Erinnerung als *mémoire involontaire*[53] an ihren früheren Partner Johann wach. Bei dem Gegenstand handelt es sich übrigens um ein benzinbetriebenes Sturmfeuerzeug der Firma Zippo, das sich besonders durch sein markantes Geräusch auszeichnet. Verbunden mit dem Motiv des ‚weißen Mercedes' kehrt das Feuerzeug wieder und verknüpft den filmisch-simulatorischen mit dem neurobiologischen Diskurs:

Entschuldigung.
Sie dreht sich um.
Entschuldigen Sie, junge Frau.
Ein Mann ist aus dem weißen Mercedes gestiegen und hat sich auf die Haube gesetzt. Wenn er jetzt mit einem Klack-Klack eine Zigarette anzündet, dann weiß sie ganz sicher, jemand treibt ein übles Spiel mit ihr. Irgendwer hat irgendwelche Drähte in ihrem Kopf absichtlich falsch verknüpft, und der Mann da drüben ist nicht echt und alles um ihn und sie herum ebenfalls nicht. Was einmal mehr beweist, dass es Wirklichkeit nicht wirklich gibt. (S. 179)

---

50 Vgl. Welt am Draht, Teil I: 31:28–32:42.
51 Vgl. Fassbinder, Müller-Scherz (Anm. 40), S. 37 f.
52 Marcel Proust: À la recherche du temps perdu. Hg. v. Jean-Yves Tadié. Bd. 1: Du Côté de chez Swann. Paris 1987, S. 44.
53 Vgl. Nicolas Pethes, Jens Ruchatz (Hg.): Gedächtnis und Erinnerung. Ein interdisziplinäres Lexikon. Reinbek bei Hamburg 2001, S. 367 f.

In einer technischen Metaphorik, die sich am Film Fassbinders orientiert, wird ein Zweifel an der Wirklichkeit entfacht, mit der Schaltstelle des Kopfes aber zugleich an die neurobiologische Problematik des Gehirns angeknüpft.

Noch in der Schlussszene am Flughafen, während die Protagonistin auf den zurückkehrenden Robert Sturm wartet, kehrt das Klacken des Feuerzeugs wieder:

> Aus einer Gruppe von Männern, die um ein Taxi stehen, hat sich einer gelöst und kommt ihr entgegen. Er dreht eine Zigarette in der einen Hand, während er mit der anderen immer wieder lautlos in die Luft schnippt, um nach Feuer zu fragen. Sie holt das Fundstück vom Filmabend am Donnerstag aus ihrer Jackentasche. Als das Zippo sich mit einem metallisch schneidenden Klack öffnet, räuspert sich Theres in der Leitung. (S. 216)

Als wiedererkennbares Filmmotiv, als Reminiszenz an die Fassbinder-Vorführung sowie als personale Erinnerung der Protagonistin durchzieht das Feuerzeug mit seinem Erkennungsgeräusch die Erlebens- und Erinnerungsinszenierungen des Romans. Auch weitere Motive und Szenen können auf die Filmstilistik Fassbinders verbucht werden, wie etwa das beiläufige Verschwinden von Figuren, z.B. des jungen Mädchens im „dünnen, grauen Mantel" (S. 11) am Flughafen, oder im Schlusskapitel das Verschwinden von Robert Sturms Frau, die ihren Mann vom Flughafen abholte (S. 217). Zugleich finden sich Fassbinder-Bezüge aber auch auf der Rahmenebene des Erzählens (S. 114):

```
                                                       6. 5.

Rainer Werner Fassbinder hat gesagt: Was man
tut, soll eine Aussage sein über die Zeit, in
der es entstanden ist.
```

Am Beispiel einer Alltagsszene fühlt sich die Ich-Erzählerin sogar in eine Szenerie versetzt, die sie an Fassbinder erinnert: „Bin in einem Fassbinder-Film." (S. 142) Der Film Fassbinders entwickelt im Roman eine immersive Dynamik, in die vor allem der neurobiologische Zusammenhang zwischen Erleben, Erinnerung und Ich-Problematik hineingezogen wird, wenn sich beide Diskurse miteinander vermischen. Judith Kuckarts Roman führt so die aktuelle Forschungsperspektive der Kognitionswissenschaften mit der Problematik der Simulation aus der Filmästhetik der 1970er-Jahre zusammen – ebenso wie mit zahlreichen anderen medialen, kulturellen und literarischen Versatzstücken aus dem kollektiven Erinnerungshaushalt der nahen und fernen Vergangenheit.

4. ‚Pluriversum' der Texte und Medien

Im Roman von Judith Kuckart sind zahlreiche Bezüge zu Literatur, Kultur und Medien, aber auch zu wissenschaftlichen Theorien ausgestreut. Bereits auf den ersten Seiten des Romans wird dieses Verfahren erkennbar. Die Namensgebung der Figur Robert Sturm sowie die Titelgebung des Romans können kaum noch im herkömmlichen Sinn als Intertextualität verstanden werden,[54] zu offensichtlich sind die Bezüge ausgestellt. Vielmehr wirken diese intertextuellen und intermedialen Relationen wie eine Bühne der Lesbarkeit ihrer Verweisstrukturen, die weitere, leicht und schwerer entzifferbare Anspielungen in die Erzählweise einfließen lassen. Werke aus der Filmgeschichte, aber auch aus der Theorie der Neurobiologie und den Kognitionswissenschaften konnten bereits angeführt werden. Darüber hinaus findet sich im Text Kuckarts eine Fülle an genannten Künstlern und Kunstwerken, aber auch eine Vielzahl an verdeckten Zitaten. Aus dem Bereich der Lyrik z.B. werden auf den ersten Blick folgende intertextuelle Relationen in der Diegese ersichtlich: Rainer Maria Rilkes *Achte Elegie* aus den *Duineser Elegien*[55] wird von einem Mann auf der Straße deklamiert (S. 66), Eich Frieds, Gedicht *Was es ist*[56] von Viktor zitiert bzw. als Motto für die Doktorarbeit der Protagonistin vorgeschlagen (S. 189). Darüber hinaus werden auch Hinweise auf Paul Celans *Todesfuge* (S. 92), Erich Kästners *Sachliche Romanze*[57] (S. 213) u.a. eingestreut. Andere Genres werden zum Teil mit kursivierten Titeln angeführt: „*Den Teufel im Leib* von Raymond Radiguet" (S. 134), *Der Untergang des Egoisten Johann Fatzer* von Bertold Brecht (S. 139), *Figaros Hochzeit* (S. 56), *Warten auf Godot* (S. 84) oder verdeckt zitiert, wie in der Bemerkung Viktors: „Wer nicht an Märchen glaubt, war nie in Not" (S. 181), die so fast im Wortlaut von Alexander

---

54 Paul Celan: Todesfuge, in: Ders.: Die Gedichte. Kommentierte Ausgabe. Hg. v. Barbara Wiedemann. 6. Aufl. Frankfurt/Main 2017, S. 40 f.
55 Rainer Maria Rilke: Sämtliche Werke. Hg. v. Rilke-Archiv. In Verbindung mit Ruth Sieber-Rilke besorgt durch Ernst Zinn. Bd. 1: Gedichte, Teil 1. Wiesbaden, Frankfurt/Main 1955, S. 714–717.
56 Erich Fried: Was es ist, in: Ders.: Es ist was es ist. Liebesgedichte, Angstgedichte, Zorngedichte. Berlin 1983, S. 43.
57 Erich Kästner: Sachliche Romanze (1928), in: Ders.: *Werke*. Hg. v. Harald Hartung. Bd. 1: *Gedichte*. München 1998. S. 65.

Kluge stammt.[58] Manchmal bleibt der Bezug zu einer Redensart oder zur Literatur unklar, wenn etwa der Satz: „So schönes Wetter – und ich noch dabei." (S. 143) sich in Wilhelm Raabes Roman *Altershausen*[59] findet. Die Bezüge lassen ein dicht geknüpftes Netz an literarischen und kulturellen Versatzstücken erkennen, das auch die populäre U-Kultur einbezieht: „*Zehn kleine Jägermeister* von den Toten Hosen" (S. 27), im Fernseher moderiert „eine fröhlich pubertierende Britney Spears den *Mickey Mouse Club*" (S. 187) u.a. Weitere Bezüge ergeben sich zu Werken der Bildenden Kunst wie der Hinweis auf Leonardos *Mona Lisa* (S. 41) oder die tatsächlich aus Tiermaterialien hergestellte Serie *Not a Rose* von Heide Hatry (S. 95).[60] Aber auch die filmischen Bezugnahmen verdichten sich weiter, wie etwa mit dem Hinweis auf den Film *Total Recal* (1990) von Paul Verhoeven, mit Arnold Schwarzenegger in der Hauptrolle,[61] welcher das Thema der totalen Erinnerung umkreist (S. 93). Auch auf der Rahmenebene der Tagebucheinträge werden Zitate, literarische und kulturtheoretische Querverweise eingestreut, wie z.B. auf Rainer Werner Fassbinder oder wie etwa in folgendem (fast) alphabetisch geordnetem Inventar eines Bücherregals (S. 171):

```
                                             14.9.
Sortiere die Regale. Alles steht durch-
einander.

Pavese/Der Teufel auf den Hügeln, Radiguet/
Den Teufel im Leib, Aragon/Zu lieben, bis
Vernunft verbrennt, Susan Sontag/Worauf es
ankommt.
```

---

58 In *Raum 6* der von Alexander Kluge in Essen und Berlin inszenierten Ausstellung *Pluriversum* war der zitierte Satz an der Wand zu lesen, wie es eine Beschreibung der Ausstellung angibt: „Im letzten Raum erwartet den Besucher ein kleines Holzhäuschen, eine Urhütte, welche im Inneren mit Bildern und Texten zu den Grimm'schen Märchen aufwartet. Daneben an der Wand die Worte: „Wer an die Märchen nicht glaubt, war nie in Not", in: https://artinwords.de/alexander-kluge-pluriversum/ [15.05.2021].
59 Wilhelm Raabe: Altershausen, in: Ders.: Sämtliche Werke. Braunschweiger Ausgabe. Hg. v. Jost Schillemeit. Bd. 20. 2. überarb. Auflage. Göttingen 2001, S. 309.
60 Vgl. Heide Hatry: Not a Rose. Mailand, New York 2012/2013.
61 Vgl. https://www.filmdienst.de/film/details/18031/die-totale-erinnerung-total-recall [15.05.2021].

> Schlage Alexander Kluge auf: Für Menschen
> sind Lebensläufe die Behausung, wenn draußen
> Krise herrscht.

Vor allem die Verbindungen zu Alexander Kluge, wie das letztgenannte Zitat aus seinem Band *Das Fünfte Buch*,[62] oder: „Seen jedenfalls sind für Fische Inseln, hat Kluge gesagt." (S. 143)[63] müssen auffallen und konvergierten mit der Neigung zur Aphoristik im Erzählstil der Autorin selbst.

Die Affinität zu Kluge legt nahe, dass nicht nur einzelne Zitate, sondern auch Verfahrensweisen des Autors in den Roman eingewandert sind. So lässt die dichte Verweisstruktur im Roman zunächst ein „Universum der Texte"[64] erkennen, wie es Julia Kristeva im Anschluss an Michail Bachtin in ihrem weiten Konzept von Intertextualität entworfen hat:

> Jeder Text baut sich als Mosaik von Zitaten auf, jeder Text ist Absorption und Transformation eines anderen Textes. An die Stelle des Begriffs der Intersubjektivität tritt der Begriff der Intertextualität, und die poetische Sprache lässt sich zumindest als eine doppelte lesen.[65]

Allerdings bleiben in der Intertextualität des Romans von Kuckart der Subjektbezug und die damit einhergehende Intersubjektivität erhalten, wie es vor allem in der Rahmenkonstruktion und in der Pluralität der Rollenbezüge erkennbar wird. Über das (post)strukturalistische Konzept hinaus lässt sich daher vermuten, dass sich die intertextuellen und intermedialen Verfahren Kuckarts zu einem performativen Netzwerk verbinden, das vielmehr der von Alexander Kluge als *Pluriversum* benannten hybriden

---

62 Alexander Kluge: Das fünfte Buch. Neue Lebensläufe. 402 Geschichten. Berlin 2012, S. 11.
63 Unter dem Titel *Seen sind für Fische Inseln* sind im Jahr 2009 14 DVDs mit Fernsehsendungen von Alexander Kluge im Verlag Zweitausendundeins erschienen.
64 Manfred Pfister: Konzepte der Intertextualität, in: Ulrich Broich, Manfred Pfister (Hg.): Intertextualität. Formen, Funktionen, anglistische Fallstudien. Tübingen 2011, S. 1–30, hier: S. 9. Vgl. auch Schamma Schahadat: Intertextualität: Lektüre – Text – Intertext, in: Miltos Pechlivanos et al. (Hg.): Einführung in die Literaturwissenschaft. Stuttgart, Weimar 1995, S. 366–377, hier S. 366.
65 Julia Kristeva: Bachtin, das Wort, der Dialog und der Roman, in: Dorothee Kimmich, Rolf Günter Renner, Bernd Stiegler (Hg.): Texte zur Literaturtheorie der Gegenwart. Stuttgart 1996, S. 334–348, hier: S. 337.

Kunstinstallation ähnelt. Im *Museum Folkwang Essen*,[66] immerhin war die Hochschule Folkwang ein ehemaliger Ausbildungsort der Autorin, hatte Kluge im Jahr 2017 vom 15. September 2017 bis 7. Januar 2018 seine Ausstellung *Pluriversum* gezeigt, die u.a. folgendermaßen angekündigt wurde:

> Aus Bildern, Texten und Objekten bildet Alexander Kluge immer neue Konstellationen, deren Sinn oder Widersinn maßgeblich durch die Montage entsteht. In deren Zwischenräumen lässt Kluge die Phantasie des Zuschauers und Zuhörers keimen. Zentral sind für Kluge die Verbindungen zwischen Emotion und Verstand, unablässig spürt er das Theoretische im Alltäglichen auf und vermischt „Facts & Fakes".[67]

„Auf 1000 Plateaus und mit den Mitteln des Zitat-Pop",[68] wie in *Der Tagesspiegel* zur späteren Münchner Ausstellung bemerkt wurde, weist das künstlerische Verfahren von Kluge eine Vielzahl an kulturellen, literarischen und medialen Vernetzungen aus, in denen aber die organisierende und reflektierende Subjektivität erhalten bleibt. In ihrer Dichte gleichen die Installationen einem Netzwerk, das Semantiken sehr unterschiedlicher Herkunft miteinander verbindet.

Auch der Roman von Kuckart kann in seiner Verweisstruktur als ein *Pluriversum* verstanden werden, das ein Geflecht an literarischen, kulturellen und medialen Bezügen herstellt. Inwiefern die hohe Dichte von Verweisen und Andeutungen aber der Konzeption des Romans auch zur Last werden könnte, wäre literaturkritisch zu diskutieren. Auf jeden Fall hat Kuckarts Schreibweise in ihrem Roman *Kein Sturm, nur Wetter* eine formal-strukturelle Nähe zu Netzwerktheorien erreicht, wie sie nicht nur in künstlerischen Installationsformen produktiv werden können, sondern wie sie auch in den Neuro- und Kognitionswissenschaften modellbildend sind.

---

66 Vgl. https://www.museum-folkwang.de/fileadmin/_BE_Gruppe_Folkwang/Dokumente/2017_Pressemitteilungen/2017_Alexander_Kluge/MFolkwang_Pressemappe_Alexander_Kluge_Pluriversum_Ab_15_9_2017.pdf [15.05.2021].
67 https://www.museum-folkwang.de/de/aktuelles/ausstellungen/archiv/alexander-kluge.html [15.05.2021].
68 Gerrit Bartels: Erzählen und verknüpfen. Alexander Kluge und sein „Pluriversum", in: Der Tagesspiegel [Berlin] v. 01.06.2019, in: https://www.tagesspiegel.de/kultur/alexander-kluge-und-sein-pluriversum-erzaehlen-und-verknuepfen/24410742.html [15.05.2021].

Im Gespräch: *Kein Sturm, nur Wetter* und Beziehungen zur Literatur

An dem Gespräch am 07.04.2020 waren beteiligt: Judith Kuckart (JK), Renate Giacomuzzi (RG) und die Studierenden Alexandra Leonie Kronberger (ALK), Benjamin Stolz (BS), Martina Hämmerle (MH), Martin Rupnig (MR), Christina Vettorazzi (CV), Katrin Renner (KR) und Daniela Melchiori (DM). Dr. Sonja Longolius (SL), eine der beiden Leiterinnen des *Literaturhauses Berlin*, hat das Gespräch dankenswerterweise in digitaler Form ermöglicht (pandemiebedingt) und es daher auch eingeleitet.[1]

SL: Guten Tag und herzlich willkommen im Literaturhaus Berlin online! Eigentlich wollte Judith Kuckart bei den 50. Rauriser Literaturtagen mit Studierenden der Germanistik von der Universität Innsbruck ein öffentliches Gespräch über ihren neuen Roman *Kein Sturm, nur Wetter* führen. Doch auch das Literaturfestival in Rauris musste, wie eigentlich alles dieser Tage, aufgrund der Corona-Pandemie abgesagt werden. Trotzdem findet das Gespräch mit Judith Kuckart nun statt – zwar nicht in den Salzburger Bergen, dafür vor acht Computerbildschirmen. Herzlicher Dank für so viel Abenteuerlust und Experimentierfreude gebührt dafür Judith Kuckart und Renate Giacomuzzi vom Innsbrucker Zeitungsarchiv sowie den Studierenden der Germanistik der Universität Innsbruck. Es moderiert Alexandra Leonie Kronberger:

ALK: Das Thema *Erinnern* kommt in Kuckarts Werk immer wieder vor, so auch bei ihrem aktuellen Projekt. Sie hat einmal gesagt, Tänzerin bleibt man sein Leben lang und da überrascht es kaum, dass sie aktuell an einem Tanztheaterprojekt mit dem Titel *Die Erde ist gewaltig schön, aber nicht sicher* arbeitet, für das sich sogar die alte *Skoronel*-Gruppe wieder zusammenfindet. Die Tänzerinnen sind mittlerweile zwischen 48 und 69 Jahren alt. Auch hier spielt das

---

1 Vgl. in der originalen Fassung in: https://www.youtube.com/watch?v=yimxcs HxH9U [10.06.2021]. Das Transkript wurde für den vorliegenden Beitrag redaktionell bearbeitet und auf eine Lesefassung gekürzt.

Thema ‚Erinnern' eine tragende Rolle, denn getanzt wird unter der Prämisse, was der Körper erinnert.

JK: Vielen Dank.

CV: Vielen Dank auch von meiner Seite! Beinahe der gesamte Roman *Kein Sturm, nur Wetter* stellt gewissermaßen eine Geschichte des Erinnerns dar. Irgendwann wird einem beim Lesen dann aber bewusst, dass es vielleicht gar keine Geschichte des Erinnerns ist, sondern vielmehr eine Geschichte des Vergessens. Die Leerstellen treten mit fortschreitender Lektüre immer deutlicher hervor, und auch ein interessanter Aspekt ist, dass die Protagonistin des Romans eine Neurobiologin ist, die sich mit den Vorgängen im Gehirn beschäftigt, wodurch gewissermaßen der sentimentale Aspekt von Erinnerungen dem biologischen Aspekt gegenübergestellt wird. Wie genau, Frau Kuckart, ist denn dieses komplexe Projekt entstanden und wo würden Sie sich heute nach dem Schreibprozess positionieren in dieser Frage?

JK: Ich habe eines von zehn Stipendien bekommen, die an zehn Schriftsteller vergeben wurden. Sie sollten in die – nicht meine Formulierung, sondern die des einladenden Organisators vom Deutsch-Amerikanischen Institut in Heidelberg – ‚harten Wissenschaften' gehen, um herauszubekommen, ob dort eine neue Metaphysik gebraucht wird und ob es für das, was dort auf der Ebene der Biologie erforscht wird, eine literarische Übersetzung geben kann. Mich hat das gereizt, weil ich mit allen Büchern – und ich glaube, das geht fast allen Schriftstellern so – irgendwann gemerkt habe, man wird zu so einem Erinnerungsfetischisten, d.h. dass man sich ständig dagegen wehren muss, dass das, was man schreibt, nicht in so einer Sentimentalität aufweicht, vor allem bei Kindheitserinnerungen, da wird es ja manchmal ganz furchtbar. Ich habe vier Wochen in der Neurobiologie in einem Labor mitarbeiten können und habe gemerkt, dass die Suche nach der Erinnerung eigentlich eine total brutale Sache ist, weil man mit Mäusen arbeitet und den Mäusen in dem Labor eben den Körper vom Kopf trennt, weil das Gehirn noch zwei Stunden länger arbeitet, als der Körper dann tot ist. Man schneidet das Gehirn in ganz kleine Scheiben, um zu schauen, wie die Verknüpfungen im Gehirn ablaufen. Aber am

Ende hat diese Beschäftigung mit der Naturwissenschaft nicht mein Denken und meine Gefühle extrem abgekühlt oder ausgetrocknet.

MR: Wir hatten soeben in der Frage schon das Thema Erinnerungen angesprochen, und zwar: Sie stellen in dem Roman die Frage nach der Verortung der Erinnerungen, allerdings auch auf einer anderen Ebene, und zwar stilistisch: Sie spielen sehr viel mit dem Moment des Erinnerns und machen das für uns als Leser in gewisser Weise erlebbar. Dadurch entsteht eine gewisse sprunghafte Erzählweise, die für manche Leser vielleicht etwas schwer zugänglich sein könnte. Wie kam es zu diesem Stil?

JK: Also Schreiben bedarf ja einer schönen Anstrengung – so ähnlich wie die Liebe [schmunzelt], und ich glaube, Lesen bedarf eigentlich auch einer schönen Anstrengung, und warum sollte derjenige, mit dem ich in einen Dialog trete, indem mein Text von ihm gelesen wird, warum sollte der sich nicht auch ein bisschen anstrengen, wenn er liest? Ich habe ein ideologisches Problem mit einer Literatur, die ich ‚Ohrensessel-Literatur' nenne, also: Ich lehne mich zurück und vergesse meinen Alltag und kriege auch wieder warme Füße. Wenn wir in einer Zeit leben, in der wir kalte Füße haben, muss ich auch schauen, warum ich kalte Füße habe. Anstrengung kann ja, wenn man es ein bisschen sportiv nimmt, ein großer Spaß sein, und es ist natürlich auch eine Methode, sich selber einzugestehen beim Schreiben: Da sitzt meine Erinnerung, da sitzt auf der aktuellen Erinnerung oben auf, was ich als Nächstes machen muss, vielleicht habe ich sogar Durst – also es schichtet sich der eine Moment in drei. Jeder Augenblick unseres Lebens schichtet sich enorm und diese Schichtung wird in einer gewissen Weise durch die Entzerrung in Sprache deutlich gemacht. Das war, glaube ich, einen Versuch wert. – Jetzt frage ich Sie, schreiben Sie auch? Ich meine, nicht nur für die Universität.

MR: Nein, also nicht im professionellen Sinne, eher für mich privat, und da fällt mir selbst auf: Wenn ich für mich Dinge aufschreibe, sind das auch so Versatzstücke aus meinem Leben, Gedankenfetzen, und bei dem Gedanken daran, die in einen Roman zu verpacken, erscheint mir das eine sehr komplexe und anspruchsvolle

	Aufgabe – und deswegen auch meine Frage an Sie, wie Sie sich dieser Aufgabe gestellt haben.
JK:	Zum Teil gehe ich ganz handwerklich damit um, indem ich zu Dingen, die mir zu einem bestimmten anderem Erzählstrang einfallen, mit Karteikarten und mit Farben arbeite, die ich aneinander schiebe. Auf der anderen Seite ist es aber so, dass die Dramaturgie des Erzählens letztlich auch aus dieser seltsamen Montage entsteht, und ich glaube, der kann man sich anvertrauen. Eine Geschichte fängt durch so etwas Seltsames ja auch an zu glänzen.
MR:	Was sich eben widerspiegelt, indem die Erzählerin selbst früh im Roman davon spricht, dass sie einen Plan hat, wie die Geschichte verlaufen sollte.
JK:	Genau, und sie vertraut sich da den Zahlen an. Alle drei Männer müssen 36 sein. Da erzählen die Zahlen ja auch was.
DM:	Bei mir hat diese Sprunghaftigkeit der Erzähltechnik dazu geführt, dass ich beim ersten Lesen zum Teil die Reihenfolge der Geschehnisse nicht eindeutig zuordnen konnte, die immer wieder auftretenden Wiederholungen der Textpassagen verstärkten ebenfalls diese Wahrnehmung: Es gibt ja im Roman mehrere Passagen, die an einer späteren Stelle wiederholt werden, zum Beispiel die Textstelle „alles kommt von früher", die dreimal erwähnt wird, zunächst als Tagebucheintrag und an einer späteren Stelle heißt es in einer direkten Rede „alles kommt von früher als man Kind war", und schließlich gegen Ende des Werkes „alles kommt von früher als man Kind war" als Tagebucheintrag. Diese Wiederholungen haben bei mir eher zu Déjà-vus als zu wiederkehrenden Erlebnissen geführt, und jetzt wollte ich Sie fragen, Frau Kuckart, welche Bedeutung für Sie diese Textwiederholungen haben.
JK:	Wenn man sagt Wiederholungen, denkt man ja an Langeweile, aber es gibt ein sehr schönes Gedicht von Uwe Kolbe, das endet mit der Zeile: „Das Immergleiche ist das Schönste."[2] Es gibt Sätze im Leben, ich weiß nicht, ob es Ihnen da auch so geht, die man manchmal wie so ein Mantra wiederholt. Was Sie jetzt aber ansprechen

---

2 Uwe Kolbe: Bereits vordem du hier bist: In: Ders.: Abschiede und andere Liebesgedichte. Berlin [DDR] 1981, S. 7.

mit den Tagebucheinträgen und dann dem fiktionalen Text – was ja auch ineinander montiert ist –, beschreibt auch einen Schreibprozess oder ein Verfahren, wie man arbeitet. Schreiben ist ja nicht: Ich sitze hier mit meiner Sprache allein und isoliert in irgendeinem Raum, sondern es hat ganz viel mit Alltagserfahrungen zu tun oder mit persönlichen Erinnerungen, die dann eine Übersetzung finden und plötzlich in einem Text auftauchen und vielleicht auch das Textgefüge, wie man es sich gebaut hat, wieder verändern. Zum Beispiel kann es beim Schreiben immer passieren, dass, während Sie einen Text gerade in der Mache haben, auf der Straße Ihnen jemand begegnet, und Sie haben das Gefühl, der müsste eigentlich in diesem Roman mitspielen, und dann zerren Sie den Menschen hinüber in Ihren Text, in Ihren Romantext, und dieses komische Verfahren wollte ich eigentlich ganz gerne auch durch dieses Ineinanderschieben von Tagebucheinträgen und fiktionalem Text deutlich machen. Ich freue mich, dass Sie das wahrgenommen haben. Manche Leute denken, ich hab einfach nur mal so ein bisschen Journal mit hineinschreiben wollen. Hat natürlich auch eine musikalische Funktion so ein Journal, weil das dann immer wieder so eine Unterbrechung gibt, ein Innehalten. Und manchem stellt sich dann die Frage: Wo kam das, was ich hier lese, schon einmal vor. Im Journal? In meiner eigenen Erinnerung? Kommt es aus meinem eigenen Vergessen?

DM: Also zum Beispiel die Frau mit dem grünen dünnen Mantel, da habe ich mir gedacht, okay, die habe ich schon irgendwann mal gehört, und musste dann wieder nach vorne blättern und schauen, und das fand ich eigentlich ziemlich spannend an Ihrem Roman, dass man immer wieder seine Erinnerung hatte und dann ein Déjà-vu und dann nochmal nach vorne blättern konnte und schauen, was war jetzt vorher nochmal passiert, um es sich nochmal zu verinnerlichen.

JK: Ja, und dann ist es nicht nur so, dass ich Sie mit meinem Erinnerungsprozessen belästige, sondern Sie sollen selbst, innerhalb eines Textes, in Erinnerungsprozesse reinrutschen. Also hatten wir einen schönen Dialog! Wir beide, ohne uns zu kennen!

MH: In Ihrem Roman finden sich sehr viele intertextuelle Bezüge zu der Geschichte des fliegenden Roberts aus dem *Struwwelpeter*, das heißt einerseits der Name Robert Sturm, aber wir finden auch direkt zitierte Textzeilen aus der Geschichte in Ihrem Roman. Wieso haben Sie dieser Geschichte einen so hohen Stellenwert in Ihrem Roman zukommen lassen?

JK: *Struwwelpeter* ist ja eine ganz komische Geschichte davon, wie man Kinder erziehen sollte, und das ist ja eine sehr schwarze Art, wie dort Kinder zugerichtet werden: Wenn man mit Streichhölzern spielt, dann verbrennt man sofort und die Katzen mit, also: „Paulinchen war allein zu Hause, / Die Eltern waren beide aus". Es gibt ja immer so etwas, vor allem wenn es sich reimt, was einem nicht mehr aus dem Kopf geht, noch nicht einmal so sehr wegen des Inhalts, sondern wegen der Musikalität, und hinter dieser Musik ist noch was viel Schaurigeres, als die Geschichten von Pauline oder Robert erzählen könnten, und das hat mich gepackt. Es war also eher der Name Robert Sturm, der zuerst da war. Dann das Ding mit dem Flughafen, und Robert – am Flughafen – der fliegt weg. Da habe ich gedacht, woran erinnert mich das, und dann erst kamen mir genau diese Zeile in den Kopf: „Und der Hut fliegt weit voran"....

MH: Aber dieses Davonfliegen von Robert, also sowohl im Roman als auch in der Geschichte des fliegenden Roberts, kann man meiner Meinung nach auch positiv sehen, als einen Aufbruch oder ein selbstgewähltes Davongehen, aber man kann es auch negativ verstehen, also als ein unfreiwilliges Fortgerissenwerden.

JK: Ich verstehe es in der Bewegung als beides: Es ist ein Aufbruch, und es ein Fortgerissenwerden. Die guten Dinge im Leben sind nie eindeutig. Es kann ein Aufbruch sich wie ein Fortgerissenwerden anfühlen, und ein Fortgerissenwerden kann gleichzeitig auch ein Aufbruch sein, so, wie auch hier das Unglück der Anfang von einem Glück sein kann. Im Grunde möchte ich gerne, dass es in dieser Ambivalenz bleibt.

ALK: So, jetzt waren wir schon bei Robert Sturm, das ist ein sehr schöner Übergang zum Thema Liebe:

BS: Sie haben einmal gesagt, im Grunde schreibe ich Liebes- und Heimatromane. In *Kein Sturm, nur Wetter* verliebt sich die Protagonistin in den wildfremden Robert Sturm, eine eher flache Figur, die aber vor allem Projektionsfläche ist, die sie in ihr vergangenes Liebesleben zurückbringt. Welche Rolle spielen Fiktion oder fiktionale Texte in der Liebe, also vielleicht andere Liebesfiktionen, Liebesbücher oder auch die Liebesfiktion, die man selber produziert? Oder man kann auch sagen, wie weit beeinflusst Text eine Liebe?

JK: Ich glaube, es kann passieren, dass man völlig irrtümlich auf einen Pfad der Liebe gerät, weil man ein blödes Buch gelesen hat, und denkt, so hätte ich es auch gerne. Das würde ich dann für eine romantische Verirrung halten. Es kann aber auch sein, dass ein Versprechen, das in der Liebe ist, wenn man sie lebt, dass das einen Einfluss hat auf das Schreiben und auch auf das, was man dann als Fiktion erfindet. Es gibt zum Beispiel ein Buch von mir, das habe ich geschrieben, da war ich noch nicht ganz vierzig – *Lenas Liebe* –, das ist irgendwie für mich immer das beste Buch, das ich je geschrieben habe, weil ich weiß, so ein Buch werde ich nie wieder mehr schreiben können, weil es in einem bestimmten Moment meines Lebens war, in einem ganz bestimmten Alter, und weil es etwas mit der Unwiederbringlichkeit von Glück oder von Liebe zu tun hatte, und daraus ist dann diese Fiktion entstanden. Es dokumentiert die Übersetzung einer bestimmten Zeit im Leben, die man nie wiederkriegt.

ALK: Unsere letzte Frage führt noch einmal weg von dem konkreten Roman und hin zu Ihrer künstlerischen Karriere:

KR: Sie haben Ballett gelernt, haben sich auch mit dem modernen Tanz beschäftigt und im Zuge dessen Pina Bausch kennenlernen dürfen. Pina Bausch hat sich bei ihren Inszenierungen bewusst gegen eine versteifte Manieriertheit gewendet und mit dem Tanztheater neue Akzente gesetzt. Ein bekanntes Zitat von ihr lautet: „Mich interessiert nicht, wie die Menschen sich bewegen, sondern was sie bewegt." Ist oder war Pina Bausch für Sie ein Art Vorbild, sei es in Ihrer Zeit als Tänzerin als auch in Ihrem literarischen Schaffen?

JK: Beides. Ich freue mich über die Frage! Jetzt mal ganz autobiografisch: Ich habe mit fast 13 mein letztes Kindermärchen gesehen im Wuppertaler Schauspielhaus, und als ich 13 wurde, also eigentlich nur ein paar Tage älter war, habe ich meine allererste ‚Erwachsenen-Inszenierung' gesehen, und das war eine von Pina Bausch bzw. es war ein Dreiteiler und ein Teil war von ihr. Das Stück hieß *Fritz*. Ich war mit mehreren Freundinnen und Leuten aus meiner Schulklasse da, und alle fanden es schrecklich, alle fanden es unmöglich. Ich fand es aber großartig, und ich hätte damals nicht begründen können, warum. Ich hatte nur so einen Instinkt: Das ist etwas ganz, ganz Neues, und wenn du versuchst, dort irgendetwas mitzuschmecken, davon irgendwas mitzubekommen, könnte es sein, dass dein Leben anders verläuft, als es sonst verlaufen würde. Das finde ich einfach grandios, dass eine Theateraufführung es schafft, bei einem so jungen Menschen, der überhaupt nicht aus dem kulturellen Zusammenhang kommt, solch eine Initialzündung zu verursachen! Auch auf das Schreiben hat es einen großen Einfluss gehabt: Was Pina Bausch gemacht hat, nach ihren ersten, eher konventionellen Tanzstücken, war einer Montagetechnik geschuldet. Sie arbeitete ebenfalls mit Wiederholung, und arbeitete mit der Dehnung und der Raffung von Momenten. So habe ich beim Zuschauen etwa gelernt: Wann kommt jemand auf die Bühne, wie lange darf er überhaupt auf der Bühne sein? Wie viel Langeweile muss ich aushalten? Wieviel Irritation muss ich als Macherin aushalten, damit beim Zuschauer etwas passiert? Wie kombiniere ich das alles? Dies habe ich für meine eigene Theaterpraxis früh in Wuppertal gelernt und auch als Handwerk mit ins Schreiben genommen.

ALK: Sie haben in einem Radiointerview darüber gesprochen, dass eine Tänzerinnen-Karriere im Normalfall mit 35 beendet ist und dass man eine ‚Übersetzung' in ein anderes Medium oder Metier finden muss, weil es sonst einfach frustrierend ist für die Person selbst. In Ihrem aktuellen Tanzprojekt sind die Tänzerinnen doch deutlich über 35, wie kann das dann funktionieren?

JK: Das ist kein eigentliches Tanzprojekt mehr. Es geht darum, aufgrund eines auch teilweise autobiografischen Erzählens, das ins gemeinsame Erzählen und damit ins Fiktionale führt, nicht privaten Erinnerungen zu frönen, sondern das Erinnern an sich darzustellen. Alle meine Tänzerinnen schreiben gerade Tagebuch, und das ist in dieser Zeit sehr interessant, wenn man das ineinander montiert und in einem Jahr sieht, was an Material plötzlich anders lesbar wird, als man es vielleicht heute lesen würde. Es ist ganz stark eine Theatergeschichte, die über den Schreibprozess oder über eine Schreibwerkstatt entsteht, und es ist so, dass aufgrund von Bewegung, die der Körper anders erinnert als damals, als er sie machte, oder aufgrund des Körpergedächtnis Erzählstränge entstehen, die von inneren Erfahrungen berichten können, die Menschen, die nicht getanzt haben, vielleicht nicht haben. Und das Ganze kann, glaube ich, sehr viel Mut machen.

ALK: Ja, vielen Dank erst einmal jetzt für die Beantwortung unserer Fragen.

JK: Darf ich auch etwas fragen? Das frage ich aber eigentlich alle. Was ist für Sie eigentlich das Wichtigste an Literatur? Warum haben Sie sich dafür entschieden, sich so mit Literatur zu beschäftigen, wie Sie es jetzt machen?

ALK: Also für mich ist das Germanistik-Studium der zweite Bildungsweg. Ich bin eigentlich Schauspielerin und hatte einfach großes Interesse daran, Texte auch noch einmal von einer anderen Seite anzugehen und nicht nur körperperformativ.

JK: Und nicht nur auswendig zu lernen? Schauspieler müssen ja immer die Texte anderer auswendig lernen.

ALK: Ich würde das Schauspielern schon als mehr als nur Auswendiglernen ansehen, aber grundsätzlich natürlich. Das ist immer in einem performativen Kontext, und es ist etwas anderes, wenn man einen Text wissenschaftlich betrachtet, dann findet man einfach noch viel mehr Ebenen.

JK: Wissen Sie eigentlich, wo die Texte hinfallen, die Sie auswendig gelernt haben, wo die in Ihrem Kopf oder in Ihrem Herzen sind?

ALK: Nein, aber das können sicher Sie mir beantworten!

JK: Nein, ich frage mich das nur immer.

ALK: Also ich habe schon das Gefühl, dass man manches auch schnell wieder vergisst, vor allem wenn es für einen persönlich nicht so relevant war, aber manche Texte bleiben für immer, und es gibt Situationen, wo ein Text plötzlich wieder da ist und etwas auslöst in einem.

JK: Genau. Ist verrückt, oder?

CV: Also ich muss ganz ehrlich zugeben, ich musste wirklich ein bisschen überlegen, weil mein Studienstart schon ein bisschen zurückliegt und die Begeisterung für Literatur bereits davor da war: Ich habe auch in Deutsch maturiert, also meinen Abschluss gemacht, und ich glaube, dass das bei mir so begonnen hat – wie es wahrscheinlich auch für viele ist –, dass Literatur eine Art Auffangpolster war, wenn es einem mal nicht so gut geht. Dieses ‚Ohrensessel-Phänomen' ist manchmal auch ganz schön, das heißt wenn man sich zurücklehnen kann und in eine andere Welt eintauchen. Mittlerweile hat sich mein Interesse an Literatur gewandelt: Ich finde jetzt auch viele Texte interessant, die sich mit der Realität auseinandersetzen und die auch Probleme in irgendeiner Form bearbeiten.

JK: Weil Bücher wirklich ‚Futter für die Seele' sein können?
CW: Ja, genau.
MR: Bei mir ist vielleicht nicht die Liebe für die Literatur das Ausschlaggebende gewesen, um das Studium anzufangen. Ich hab zum Beispiel als Kind kaum etwas gelesen. Das hat dann erst in der Schule angefangen, als wir komischerweise *Bahnwärter Thiel* gelesen haben, und jeder fand das Buch so schrecklich, aber bei mir hat es irgendwas ausgelöst. Ich habe angefangen zu überlegen, irgendwie steckt in Literatur oder allgemein in Geschichten so viel mehr, und je mehr man sich damit beschäftigt, merkt man, das öffnet so viele Türen in allen möglichen Richtungen, dass man sich die Fähigkeit aneignen muss, sich damit überhaupt erst auseinandersetzen zu können, und es ist laufend so, dass im Studium immer wieder neue Aspekte dazukommen, die das immer noch interessanter machen, und es ist eine Art unüberwindbare Flut, die Literatur bieten kann. Die abzuarbeiten wird man in einem ganzen Leben gar nicht schaffen, aber gerade das macht den Reiz aus ...
DM: Mich fasziniert eigentlich die Sprache an sich, nicht nur die deutsche Sprache, und im Allgemeinen finde ich es faszinierend, was man alles mit einzelnen Buchstaben machen kann oder mit einzelnen Wörtern, wenn man die verbindet, und genau das fasziniert mich an der Literatur, das heißt dass sie grenzenlos ist und dass eigentlich jeder schreiben kann und schreiben sollte, und wenn man das ausprobiert, öffnen sich so viele Türen. So dass man es einfach ausprobieren sollte – viele sagen ja, ich kann nicht schreiben oder

ich will nicht und ich traue mich nicht, aber eigentlich sollte man einfach drauflosleben, kreativ sein und sich darauf einlassen.

JK: Ja – man schämt sich nicht zu singen, da muss man sich auch nicht schämen zu schreiben, oder?

MH: Bei mir war die Liebe zu Büchern schon immer da. Ich habe als Kind dann zum Teil Leseverbot bekommen, damit ich nicht den ganzen Tag nur vor einem Buch sitze und habe auch schon ganz früh eigentlich den Wunsch verspürt, Autorin zu werden. Ich habe dann mit 13 Jahren, glaube ich, einmal einen Roman begonnen und habe auch wirklich 300, 400 Seiten geschrieben. Ich habe ihn nie zu Ende gebracht, aber es war wirklich ein großes Projekt für mich, also ich habe über ein Jahr an diesem Roman gearbeitet, und ich glaube, diese Liebe zu Texten oder Büchern generell vergeht auch nie, sie verändert sich vielleicht nur und es kommen andere Aspekte dazu. Aber das Interesse an Literatur und dieses Gespür, dass Literatur uns ganz viel geben kann, das war für mich der Hauptgrund, wieso ich beschlossen habe, mich auch in der Ausbildung und dann später im Beruf näher mit diesem Thema beschäftigen zu wollen.

JK: Ich würde gerne mal eine Bibliothek machen von den Mädchen zwischen acht und 14 Jahren, die schon ganz dicke Romane geschrieben haben. Da gibt es viele und das sind nicht die schlechtesten Mädchen, finde ich. Überhaupt nicht.

BS: Bei mir war das so: Ich war dreizehn und mit meiner Mutter in einem Buchgeschäft und ich wollte mal ein Buch für Erwachsene lesen. Da hat mir der Buchverkäufer *Der Fänger im Roggen* gegeben, aber das habe ich gelesen und nicht viel verstanden, nur dass viel geflucht wurde. Allerdings habe ich darin zum ersten Mal diese Energie gespürt, dass das irgendwie vibriert zwischen den Zeilen – das ist so ein Gefühl, dass man halt hat, egal wo man das findet, ob jetzt in einem Bob-Dylan-Song oder in einem Bild oder wo auch immer.

JK: Ich glaube, es ist so wie im Theater. Die richtig guten Theaterstücke sind nicht die, in denen die Information rüberkommt oder die Geschichte richtig gut erzählt ist, sondern es ist die Atmosphäre in dem Moment, in dem die einen auf der Bühne sind und die anderen im Zuschauerraum. Genau nur aus dieser Atmosphäre heraus nimmt man dann Kraft oder die Energie oder die Erinnerung oder noch ein anderes Wort mit ‚E'.

KR: Bei mir war es auch die Begeisterung für Literatur, aber auch die Begeisterung für Sprache. Ich fand es immer sehr interessant, wie erzählt wird – objektiv betrachtet sind es ja Wörter und Sätze auf einem Blatt Papier oder in einem Buch, aber wenn man sich näher damit beschäftigt, merkt man, dass bei einer Auffächerung noch viel mehr Facetten sich zeigen bei einer Geschichte und subjektiv doch mehr passiert als nur objektiv Sätze oder Wörter auf Papier, und das fand ich immer sehr, sehr spannend.

JK: Es passiert noch etwas anderes: Es gibt das Buch, das jemand geschrieben hat, und es gibt das Buch, das sie lesen, und am Ende von solch einem Leseprozess ist ein neues Buch da, das ist dann nämlich Ihr Buch. Man sieht es vielleicht nicht, aber es ist da.

Marcel Beyer

Der Flur

Blei hängt an der deutschen Sprache, und wer wie wir mit diesem bleischweren Deutsch arbeitet, an diesem bleischweren Deutsch arbeitet, der wird von der Bleischwere hinabgezogen, als hinge das Blei nicht an der Sprache, als hinge es an ihm selbst, überlege ich, während Judith Kuckart und ich an einem regnerischen Novembermorgen das nach Ignaz Semmelweis benannte medizinhistorische Museum in Budapest besuchen und es ihr auf eine mir unerfindliche Weise gelingt, uns Zugang zu einem verborgenen, jenseits der Ausstellungsräume liegenden Zimmer zu verschaffen, in dem das ausgestopfte Kind aufbewahrt wird.

Judith Kuckart erzählt zunächst der am Kassenschalter sitzenden Dame eine Geschichte, von der ich kaum die Hälfte verstehe, woraufhin die Kassiererin, die sich alles stumm angehört und dabei keinerlei Regung gezeigt hat, eine andere Dame herbeiholt, die Museumsleiterin, wie ich vermute, der Judith Kuckart nun noch einmal dieselbe Geschichte erzählt, oder doch eine andere, eine neue, da sie schließlich nicht mit derselben Person spricht wie zuvor. All dies macht sie auf Englisch, in Sätzen, zwischen denen genügend Freiraum bleibt, so daß die Museumsleiterin mit Hilfe des still in ihrem Kopf mitlaufenden Ungarisch Fäden von Satz zu Lücke zu Satz ziehen kann, wie es im Englischen selbstverständlich ist, wie es zur englischen Sprache gehört.

Wenn man nun aber schon, wie wir, schreibend mit diesem bleischweren Deutsch arbeitet, muß man sich einerseits bedingungslos auf seine Bleischwere einlassen und sich andererseits darauf verstehen, das Blei gelegentlich nicht etwa zu Himbeersirup, nicht zu Rosenwasser, aber zu Quecksilber zu verflüssigen. Man muß lernen, das Blei zu verwandeln, ohne es zu erhitzen, überlege ich, während wir die Eingangshalle des Ignaz-Semmelweis-Museums verlassen, in einen Büroflur einbiegen und Judith Kuckart der Museumsleiterin weitere Sätze ebenso wie weitere Lücken zukommen läßt, so daß ich, hinterhertrottend, unbemerkt jene Sonderbarkeiten in den Blick nehme, wie man sie abseits der Schausäle überall in Museen vorfindet, die nicht nur Geschichte ausstellen, sondern selbst Geschichte sind.

Fenster, hinter denen kein Licht schimmert, jede Glasscheibe mit Gardinen versehen, als habe die gardinenlose Zeit in Museen niemals Einzug gehalten, als gelte es, das Innenleben eines Museums selbst vor denjenigen zu verbergen, die hier Tag um Tag ihrer Arbeit nachgehen, das zerbeulte, mit einem Erdbeermuster bedruckte Sitzkissen auf dem Hocker, eine wie nebenbei abgestellte Kaffeekanne, in einer Nische die Topfblume, die nicht sonderlich lebendig wirkt, aber anscheinend regelmäßig gegossen wird: schwer zu sagen, ob es sich um Gebrauchsgegenstände handelt, oder ob die Museumsmitarbeiter ihre eigene Ausstellung aus möglichst unauffälligen Alltagsdingen arrangiert haben. Manches davon wird sich, da bin ich mir sicher, in einem der zukünftigen Bücher von Judith Kuckart wiederfinden.

Nein, überlege ich, dies sind keine Gegenstände, die im Text als Bestandteile eines Interieurs erwähnt werden, um die Szenerie auszumalen, es handelt sich genauer besehen bei ihnen bereits um Formulierungen, die darauf warten, in einem Buch von Judith Kuckart für jene Momente zu sorgen, in denen das bleischwere Deutsch sich in Quecksilber verwandelt. Hier, im Personaltrakt des Semmelweis-Museums in Budapest, werfe ich einen Blick auf zukünftige Sätze, von denen ich nicht zu sagen wüßte, ob Judith Kuckart sie auf Deutsch, auf Englisch oder auf Ungarisch geschrieben hat.

Am Ende des Flurs wird die Museumsleiterin auf einen mehlbraunen Vorhang deuten, sich umdrehen und verschwinden. Hinter dem Vorhang liegt die Tür zu jenem Zimmer, in dem alles zusammenfindet, was sich in einem Museum über Jahrzehnte hinweg an Vergessenem und zu Vergessendem ansammelt. Mitten im Raum ein Monstrum von Schreibtisch aus dunklem Holz, an dem seit den fünfziger Jahren niemand gesessen zu haben scheint. Ein schulterhohes Regal, in dem ungelesene Bücher durcheinanderfallen, auf einem Arbeitstisch stapeln sich Broschüren und Sonderdrucke. Nichts weiter als ein unbelebtes Büro, denkt man, in das man versehentlich auch bei einem Museumsbesuch in Buenos Aires oder in Bratislava geraten könnte, wenn man eine Tür am Ende des Flures öffnet, stünde hier nicht, neben ein paar medizinhistorischen Exponaten, die in der Ausstellung heute keinen Platz mehr haben, jenes uns bislang nur vom Hörensagen bekannte ausgestopfte Kind.

Der Rest ist schnell erzählt. Durch eine zweite Tür am anderen Ende des Zimmers gelangen wir in die Schauräume, vorbei an sparsam bestückten, gut ausgeleuchteten Vitrinen, in denen der Museumsbesucher Gegenstände studieren kann, an die ich keinerlei Erinnerung habe und die ich darum hier anhand von Photographien aufzähle, die Judith Kuckart im Vorübergehen gemacht hat: ein Schrumpfkopf, eine Vogelmumie, ein nach der Lehre von Franz Joseph Gall beschrifteter menschlicher Schädel, ein Lehrbuch über *Die Augenkrankheiten der großen Ebenen Ungarns* aus dem Jahr 1857. Wir sind auf dem Weg hinaus, in einen regennassen Novembermittag an der Donau, und das Blei hängt an der deutschen Sprache, und ich hänge am Blei.

Max Christian Graeff

Das Suchen die Klinge, jedes Werk ein Schnitt im Polsterschonbezug

Komme ich auch von dort?

Der Schriftstellerin begegnete ich erstmals an einem Ort, an dem sie gerade nicht war, schon gar nicht als Schriftstellerin: Ein bis auf zwei dürstende Pflanzen leeres Altbauzimmer mit grauem Nadelfilz am Boden, darauf verteilt zahllose Seiten handschriftlicher Manuskripte, Notizen, lange Absätze, ganze Kapitel, Zeitungsausschnitte, Fotokopien aus alten Büchern, Stifte, und in der Mitte des Zettelmeeres ein freier Fleck zum Hocken, eine kleine Insel, an deren Küste die Gischt der Gedanken anlandete und sich ballte, zerfiel und zu Worten wurde wie der Schaum der Tage. Einer, vielleicht ein Blaubart, sagte: „Hier arbeitet Judith. Sie ist gerade nicht da." Er sagte nicht: „Sie ist gerade nicht zuhause."

Pünktlich zu ihrer Geburt sang Johnny Cash: „Wo ist Zuhause, Mama? Auf der großen Straße. Wo ist Zuhause, Papa? Vielleicht hier auf dieser Straße. Doch diese Straße ist so lang, ist so endlos lang; ich kann das Ende nicht sehen und mir ist so bang … Vielleicht find ich dich, find ich mein Zuhaus' auf der großen Straße." – In den letzten Jahren schreiben einige über Judith Kuckart, dass sie über ‚Sehnsuchtsorte' schreibe (ein Trendwort, das ich selbst nur haarsträubend aufs Papier setze) und dahinter übers Verlangen, über Einsamkeit, den Hunger nach dem Anfang, mit dem zu beginnen sei, den Durst nach dem Ende, das alles löscht. Sie selbst schreibt, Heimat gebe es nur, wenn es auch die Fremde gibt. Sie zu erzählen sei der Weg, sie zu finden, und der Nichtort der Heimat liege auch in der durchlebten Zeit und das Erinnern reproduziere sich zu einem Nachspüren der Suche nach sich selbst.

Das Selbst als Heimat als Identität, und die Zwischenräume ausgeschäumt mit Kunst: Für ein Herumspielen mit den Wackeldackeln auf den Hutablagen heutiger Diskurslimousinen tauge ich nicht. Der fast vollständige Stapel mit Judiths Publikationen liegt nahe, manches darin mehrfach und anderes noch gar nicht gelesen, mit einem Hüpfer übersprungen – natürlich mit dem Gewissen, diesen Fleck auf dem Tanzboden noch nachholen zu sollen, um dem Raum seinen Sinn zu geben. Doch nochmal zum Anfang, mit dem zu beginnen war: Auf der Insel, auf der ich sie zuerst nicht traf, schrieb sie *Im Spiegel der Bäche finde ich mein Bild nicht mehr*, über Else Lasker-Schüler also und über das gebrochene Wort, über ihre Übertretungen des verordneten Umgangs mit dem Wort. Sie stellte sich hinter die Dichterin, schrieb gegen das Methodische an im Sinne eines aus der Modezeit geworfenen Sur-Realismus, mit dem man in jenem Raum hinter jenem Spiegel (den man nur allein betreten und von dem man auch nur alleine berichten kann) Kenntnisse über das Dasein erhält, die auch im späteren Sehr-Realismus der Fiktion den Stoff für das nötige Leben darstellen. In den Essays zu Else Lasker-Schüler ging es um das Finden jener Fragen, die der Brennstoff für das ‚Suchen als Werk' sind, und konkret auch um die Rückführung von Else Lasker-Schülers vielgedeutetem Werk aus sternestreuenden und glöckchenbimmelnden Aneignungen in die tatsächlichen, nach wie vor lodernden Themen des Infragestellens und kunstvollen Zerschlagens der patriarchalen, kaiserlichen, imperialistischen Welt. Nachdem ich es schließlich gelesen und Judith dann auch kennengelernt hatte, wunderte mich, dass sie noch mit ihren stolzen Eltern sprach und diese auch mit ihr.

Doch das Suchen nach einer annehmbaren Vorstellung von Heimat vollzieht sich nicht im Davonlaufen, sondern im Reisen, und vermutlich war sie längst auf diesem Weg, ohne ihn benennen zu können. Sowieso ist das Familiäre in unseren nahe beieinanderliegenden Heimatdörfern ungemein magnetisch, dort zwischen Ruhrgebiet und Bergischem Land, zwischen Bergbau und Eisengewerbe, wo die Tage beim Messerschleifen, Fässerschweißen und Feilenhauen zerfließen, dort, wo die Kinder nicht erzogen werden, sondern legiert. Bereits im ersten Roman *Wahl der Waffen* berichtete Judith Kuckart über ihren insbesondere für Raufaser, Katzengold und Schmuddelkinder bekannten Ort, der wohl jeder Leserin, jedem Leser ihres Werks inzwischen gut vertraut sein dürfte. Deshalb also: weder fortlaufen noch sprengen, weder kaltmachen noch verschweigen; es gilt das gelebte Wort. „Komm ich auch darin vor?" fragt seit dem ersten Roman immer ein Hans namens Konrad, und die Schriftstellerin antwortet jedes Mal, stets anders: „Suche nur – dann wirst du gefunden."

Der dunkle Raum, das Licht dazwischen

Wir alle können erst tanzen und dann schreiben, was seit jeher für die Flucht vor Großkatzen von einem gewissen Vorteil ist. Es bedarf keiner Wissenschaft, um den körperlichen Ausdruck von Gefühlen, das Ausgreifen und Darstellen, als Zentrum der Suche nach den Rändern einer subjektiven Welt anzusehen. Doch schon mit der Frage an sich selbst, was diese eine, besonders lustige Bewegung eigentlich soll, beginnt dann das Erzählen und mit der schwierigen Antwort darauf zuweilen auch die Wut. So hieß Judith Kuckarts zweites Buch *Eine Tanzwut*, in dem unter anderem mit zwei Libretti das Schreiben für den Bühnenraum zwischen die Deckel geklemmt wurde. Zwar sind die Worte und Erzählungen für das *Tanz-Theater Skoronel* die Handlungsvorlagen gewesen, doch gedacht wurden sie stets bereits tanzend, die ersten auch auf jener Insel im Zettelmeer.

Das Erzählen auf der Bühne ist für die Schriftstellerin und Choreografin stets mit dem Widerstand gegen die durch angebliche Tradition und überkommene Gewohnheit vorgezeichnete männliche Dominanz auf der Straße, im Krieg, im Bett und in der beruflichen Kunstausübung verbunden; im Umsetzen feministisch interpretierbarer, exemplarischer Frauenleben bewegen sich die Stücke im Werkverlauf zunehmend aus den hallenden symbolistischen Lufträumen zwischen schwarzen Bühnenwänden hin zu den alltäglich vielschichtigen Dramen im Leben ihrer Titelmenschen, die sich im Schatten des allseits Bekannten abspielen; immer weiter verdichten sie sich zu tatsächlichen Erzählungen. War der Tanz seit Kindertagen Judith Kuckarts eigenes Hand- oder besser Körperwerk, so lernte ich sie in jenen Theatertagen als eine mit den Körpern ihrer Figuren Schreibende kennen, die resistent gegen darstellerische Gefälligkeiten war und jeden szenischen Effekt leichterhand wegwerfen konnte, wenn er dem ausgelebten Wort zwischen den Bühnenwänden entgegenstand. Immer wieder hielt sie ein, wenn ein Bild vor Schönheit oder Verblüffung den erzählenden Atem verlor, und dem in diesem Prozess heranwachsenden Bühnenhelfer sagte sie manches Mal: „Versteh's oder nicht; mach du mal das Licht …"

Dies machten wir dann aber mit der Zeit so, dass es den möglichst leeren Spielraum, diese Negativform im baulichen Theaterkorpus, zu füllen begann, bis es zur Bekleidung der Akteure wurde, zum Wort zwischen den Zeilen. Licht nicht auf den Wänden, sondern in der Luft und als Begrenzung der Handlungsräume, zuweilen auch sparsam als Illustration und Buchumschlag der Erzählung wurde immer wichtiger, vor allem als Konstante im Tourneebetrieb, als Zuhause der Akteure auf täglich fremder Bühne. Und auch die Fotografie schon ab Probenbeginn nicht durch irgendwen, sondern durch einen langjährigen Begleiter der Compagnie, einen Mitleser der entstehenden Bühnenerzählungen wurde zum wichtigen Element einer materialistischen Rückversicherung im luziden Arbeitsprozess. Stand die Erzählung in gröberen Sätzen schon lange vor Probenbeginn fest, so war sie doch erst mit der Premiere fertig geschrieben und bereit, um Buch zu werden – was nur dieses eine Mal geschah.

Mit großem zeitlichem Abstand fragt Judith Kuckart derzeit für das Projekt *Skoronel Reloaded* danach, wo das Leben blieb: Jahrzehnte des Bühnendenkens mit so vielen eigenen Stücken sind nun wirklich nicht nichts – und trotzdem, wenn vorbei, nicht da. Was bleibt aber von der Widerständigkeit, von den Fragen, der Wut? Wenn das Aufbegehren im Älterwerden nicht verlischt, wenn es unablässig von den Zuständen im Dorf und in der Welt genährt wird, als hätte es noch den Hunger der Heranwachsenden, kommt auch die Lust, etwas in der Hand zu haben, von dem man sich erinnernd zehren kann, eine Ebene der Heimat im leeren ungreifbaren Raum des Werks. Und weil das Sprechen der Schriftstellerin schon oft war wie getanzter Rhythmus; manchmal *off-beat*, verkürzt und erweitert, verharrend und weiterstürzend, nie Pose, sondern Moment, fiel Judith Kuckart die Wahl der Waffe lange Zeit schwer und ab einem bestimmten Moment so leicht.

Das Ich als Wort, das Du als Heimat

Gedanken zur Schriftstellerin Judith Kuckart lesen sich leicht wie ein Nachruf auf ein Leben vor der Heimat (wenn man diese als kopf- statt als gottgegeben sieht). Deshalb sprunghaft weiter, eine Volte schlagend: Im Anlauf zum erwähnten rückblickenden Bühnenstück – aufgehalten durch ein Weltereignis, währenddessen das Leben weiterrinnt – fragt die Autorin als Dramaturgin, als Choreografin: „Wie schafft man es, dass man gerne lebt bis zum Schluss?" Diese Frage aus ihrer Hand verwundert zunächst angesichts so vieler Protagonisten, die nicht dazu kamen, sie zu stellen, und genau deshalb zu Romanfiguren wurden. Ein entscheidendes Erlebnis der

Verschriftlichung hatte Judith Kuckart nach drei Romanen plus Hörspiel, Feature und zahlreichen journalistischen Texten: Aus der Villa Massimo brachte sie *Sätze mit Datum* mit und las daraus viel, unter anderem beim Minifestival *Das dritte Tier* in der alten Schmiede in Stans. (Hier geschahen viele ungewöhnliche Dinge, unter anderem, dass gleich vier Vortragende ihre Brillen vergessen hatten und dieselbe Lesehilfe einer Besucherin benutzten.) Judith erzählte fast verwundert, dass sie in diesem Schreiben von Bruchstücken, kondensierten Fragen und Gedanken das ‚Ich' in ihren Texten gefunden habe, was wohl auch hieß, dass sie sich nicht mehr als Fremde, Ausgegrenzte in ihrem literarischen Ensemble fühlen musste, sondern – vielleicht etwas oberflächlich gesagt – aus diesem ‚Zuhause im Werk' heraus zu fragen begann, und sei es als Schauspielerin, wie sie es in ihren Bühnenstücken auch schon war.

Mir persönlich kam es so vor, dass damit der Abstand zum Lesepublikum kleiner wurde, aber das ist subjektiv wie meine (nur stellenweise) Enttäuschung über die ersten Romane, die ich mir als Bühnenhandwerker schlicht anders vorgestellt hatte. In einen notierte ich so un- wie selbstgerecht: „Zerbröselndes Mäandern zwischen Detonation und Dekoration, das mir mit jeder Zeile sagt: Du bist nicht der, der mich verstehen soll." Ich hatte ihr belletristisches Erzählen noch nicht verstanden, empfand zu oft ein „Ich weiß etwas, das du nicht weißt – leider" oder ein „Auch ich weiß es leider nicht, aber sicher mehr als du", mit ihrem typischen schriftlichen oder auch vorlesenden Stocken, das ich zuweilen als einen Zeigefinger auf den weniger wissenden Lesenden deutete. Mit jenem gefundenen ‚Ich' wurde dieses Suchen mir nun verständlicher und das Fordern auch; aus dem „Ihr macht es mir nicht leicht" wurde ein „Macht es euch nicht leicht", welches ich in der Frage, wie gern bis zum Schluss, wiederfinden kann.

Ab diesem Ich, für mich ab *Lenas Liebe*, wurde die Frage nach dem Ort aus anderer Position klarer, die Trauer im Suchen, das Verzweifeln am Finden, Heimat ist da, wo … *cha cha cha*. Nichts ist, wie es war? Nichts war, wie es ist. Sich fragen, wie es gewesen sein könnte, so wie man einst fragte, wie es werden würde. Der doppelte Boden in jedem Satz liegt jenem in jedem Dorf viel näher als dem Spezialwissen über Verschwiegenes, und in den brechenden Sätzen, in ihrem Aufbrechen des Absurden im Raum zwischen den Abendnachrichten kann ich mit der Fragerin viel besser eine

Pommes essen als mit der Erklärerin. Wobei ich Letztere noch sehr unterscheiden möchte von der Lehrerin, Forscherin und Vermittlerin Judith Kuckart, die gerne mit Laien für Tanz und Literatur arbeitet, ohne sich dabei über den Anfang, mit dem zu beginnen sei, zu stellen. Hierbei und auch im Suchen nach jedweder Heimat grenzt sie nie ab oder aus, sondern spricht im Gegenteil mit vielen, die nicht sagen können, wo sie nach einem Zuhause, nach Worten wie nach Tanzschritten suchen dürfen oder möchten, nach einer Heimat im Ausdruck ihrer selbst.

Diese Betrachtung geriet sehr privat, doch dies war ausdrücklich gestattet. Schließlich stiftete ich schon dem Hamlet ihres zweiten Stückes eine Nachkriegskrawatte meines Vaters (rote Seide mit Pferdchen) und bekam dafür viel später eine Armbanduhr ihres Vaters, mit Werbung auf dem Zifferblatt für Urlaub am Bodensee. Wir stehen also im Patt und manchmal im heimatlich Frittierten, mit der Neigung zur Einigkeit darüber, dass man über die vom Leben gebotenen Albernheiten nur lachen kann, wenn man die Betrachtung des Schreckens sehr ernst meint. War's schon immer so oder ist es das Alter? Wie auch immer, mit Spiegel, Wut und Waffe klirrend gerne bis zum Schluss.

Das Komische als Streckenmaß zwischen dem Fernsein und Daheim in Judith Kuckarts Theater- und Erzählungsräumen – das wäre auch ein der Anfrage entsprechendes Thema gewesen … Ich borge mir den letzten Satz aus ihrem ersten Roman: „Da draußen, irgendwo, wartet ein Tisch. Er ist noch feucht. An ihn werde ich mich setzen, noch mal beginnen. Morgen."

Elke Schmitter

Judith Kuckart lesen: Im Standschwebeflug

In meinem Bücherregal steht mit dem Gesicht nach vorn ihr kleines Buch *Sätze mit Datum*. Übrigens ein Cover ohne Bild, der Titel ist nur aus Buchstaben gemacht. Das Buch, eher ein Heft, ist in Kuckarts Zeit in der Villa Massimo entstanden, also Ende der 90er Jahre, und besteht aus Einsichten, kleinen Geschichten, Bemerkungen.

„13.9.
Ein Ball fliegt von draußen über die Mauer. Danach klingelt es bei mir. In der Sprechanlage, eine Kinderstimme. Ich drücke auf. Im Park dann ein Rudel Kinder auf der Suche nach dem Ball.
„Bist du ein [sic, E.S.] Deutsche?"
Da habe ich genickt."
Oder, gleich darunter:
„17.9. Anzio
Die alte Frau zählt; uno, due, tre. Der alte Mann heult wie ein Wolf. Der Enkel läuft.
Hat man das Meer, fehlt einem nichts. Nicht mal die Sehnsucht."

Sätze, die Weißraum und Ruhe brauchen, um sich zu entfalten, die in der Luft stehen bleiben können; in der Biologie heißt das Rüttelflug oder, gelegentlich und hier eigentlich passender, Standschwebeflug. Gemüt und Geist brauchen Zeit für diese Sätze, damit sie einen eigenen Abdruck finden, zu einem jeweils persönlichen Datum.

Bei einem Schriftsteller eines anderen Typus, zum Beispiel einem männlichen Autor fortgeschrittenen Alters, würde so eine Sammlung den Titel *Aphorismen* tragen. Aber Kuckart hält es eher mit den Leuten, die ohne Aphorismen aufgewachsen sind. „Sie hatte", heißt es in *Lenas Liebe* von der Protagonistin, hier betrachtet von einem Priester, „am Tag zuvor, Donnerstag, ihren Volvo knapp vor ihm abgebremst. Er hatte am Autokennzeichen gesehen, sie kam aus seiner Heimat, aus dieser verregneten grünen Gegend am Rand des Ruhrgebiets. Schwarze Dächer, Schieferhäuser, straffe Gardinen, traurige Sonntage. Die Menschen von dort waren meistens häßlich. Sie nicht." Ihren Frauen rutschen die Strümpfe, ihre Kinder sind altklug vom Leben und nicht vom Lesen, ihre Männer gehören oft zum Patriarchat der Verlierer. „Dahlmann seufzte", heißt es im selben Roman, „und in dem Moment sah der Priester einen immer aufgeregteren Dahlmann in verschiedenen Teilen der Erde herumeilen, mit seiner Schwester Helma. Beide falsch angezogen. Beide mit einer ganzen Kleinstadt an den Fersen."

Aber natürlich ist das nicht alles. Gibt es alle möglichen Arten von Liebe und des Lebens Murks und aus vielen Gründen verrutschte Strümpfe im Werk von Judith Kuckart. „Definitionen haben kurze Beine", schickte sie ihrer Studie zu Else Lasker-Schüler voran, „schielen kurzsichtig auf solidarische Mißverständnisse." Der Kuckart-Zusammenhang entsteht nicht aus sortenreinem Personal, aus einem Grundgefühl der Protagonisten, aus einem Himmel der Herkunft, der über allem hängt; nicht einmal aus einer literarischen Stimmung. Sondern aus ihrer Fähigkeit, solche Sätze zu bilden, einzelne Sätze, die sich zueinander verhalten, aber auch lange im Rüttelflug verbleiben, ohne zu ermatten und zu sinken. Sätze, die gemeinsam ganze Romane ergeben – die auch noch einwandfrei und dennoch überraschungsfroh ‚geplottet' sind, wie man in Schreibschulen so sagt. Dass sie das Schreiben unterrichten kann, auch noch mit Lust und Erfolg, ist eine weitere Unwahrscheinlichkeit, die ich an Judith Kuckart bestaune. Wer sie allerdings einmal (wie ich) bei der Bühnenarbeit erlebte, mit einem Ensemble aus Ratlosen, Verwegenen, Wünschenden, mit sich selbst Beschäftigten, Ungeduldigen, Verzagten, Unzufriedenen (also der üblichen Mischung, nehme ich an), der weiß, dass sie anderen etwas beibringen kann, indem sie nicht belehrt. So, wie sie nicht belehrt werden will. Nicht, weil sie sich für unfehlbar hielte, sondern, weil sie selbst die Welt und sich als Einzelne (nicht Einsame) mit den Mitteln der Intuition begreift, schätze ich, und mit dem Vertrauen darauf, dass Wahrnehmung und Denken zu den richtigen Sätzen führen, wenn die Filter Zeit und Konzentration, Erfahrung und eine gewisse Kühnheit (eher des Lebens als der Spekulation) zusammenwirken. Die es übrigens auch bei den Lesenden braucht. Die dann zu den Glücklichen gehören: beglückt, dass sich ein Lot versenken kann, ins Innere, das Erkenntnis und Schönheit mit sich führt. Ohne Zierrat, ohne Prätention; ernst, aber mit Komik mitten hinein in die Befindlichkeit des Menschen. Die hier natürlich nicht *condicio humana* heißt.

Peter Stamm

Es gibt geborene und gewordene Schriftsteller, jene, die von der Sprache her kommen und schon mit fünf wissen, dass sie schreiben wollen und jene, die etwas Ungeformtes, Vorsprachliches in sich haben und auf der Suche nach einem Ausdrucksmittel irgendwann auf das Schreiben stossen, nachdem sie zuvor alles mögliche andere oder gar nichts gemacht haben. Ich selbst war einmal Buchhalter, Judith Kuckart war erst Tänzerin. Was sie damals wohl auszudrücken hatte? Haltung vielleicht, Selbstbehauptung? Verdächtig oft kommt in ihrem Werk die kleine Balletttänzerin vor, die zur Probe in irgendeinem Hinterzimmer unterwegs ist. Man sieht sie vor sich, diese mutige und wohl auch ein wenig freche Göre, die durch eine Industrielandschaft geht. Sie ist sich schon sicher, dass sie nicht hierher gehört, dass sie nicht hier bleiben wird und sie nimmt alles wahr, als sähe sie es zum ersten oder zum letzten Mal. Das erste Wort, das mir zu Judith einfällt, ist Haltung, ich weiss selbst nicht recht weshalb. Über ein zweites und ein drittes müsste ich länger nachdenken.

Meine Söhne fragen mich immer mal wieder, was denn für mich gute Literatur ausmache, und ich habe ihnen über die Jahre verschiedenste Antworten gegeben. Denn so genau ich es weiss, so schwer fällt mir eine Begründung. Heute würde ich sagen: Ein Text ist umso mehr Literatur, als er mit der Autorin, mit dem Autor übereinstimmt. Ich meine damit nicht autobiographisches Schreiben, die Autorin steckt auf viel komplexere Art im Text und ist im Text erkennbar. Bei Begegnungen mit Autorinnen und Autoren ist mir das immer wieder aufgefallen: Mag ich den Menschen, dann mag ich fast immer auch seine Bücher. Wenn mich etwas an einem Menschen stört, Humorlosigkeit, Überheblichkeit, Pedanterie, Geschwätzigkeit, dann finde ich das Störende meist auch in seinen Texten.

Ich mag Judith und ich mag ihre Texte, seit wir uns vor bald zwanzig Jahren kennengelernt haben. Ich bin bei jedem neuen Buch gespannt, was sie wieder ausgeheckt hat, aber eigentlich ist es egal. Judiths Bücher sind nicht Bücher ‚über' etwas. Wenn ich ein Buch von ihr lese, kommt es mir jedes Mal vor, als verbrächte ich ein paar Tage mit ihr. Das ist immer wieder schön und erhellend und danach sehe ich die Welt ein bisschen anders, meist ein bisschen heller, ein bisschen bunter, ein bisschen lebendiger.

In der Kuckart-Welt trifft man seltsame Menschen, die seltsame Dinge sagen und tun und die einem doch vertraut vorkommen. Meistens sind es Frauen, die ungefähr in Judiths Alter – also immer im besten Alter – sind. Man möchte sie gerne kennenlernen, obwohl man weiss, dass das kompliziert werden könnte. Glücklicherweise sind sie in den Büchern gefangen, wo sie Männern den Kopf verdrehen, die meist etwas älter oder etwas jünger sind als sie. Selten sind die Figuren familiär verbunden, oft haben sie jedoch gemeinsam die Kindheit oder die Jugend verbracht. Es gibt keine Hauptfiguren, es scheint vor allem um die Beziehungen der Figuren zu gehen. Ein wenig kommt einem das Personal von Judiths Büchern vor wie eine Balletttruppe, einige mehr oder weniger zufällig zusammengeworfene Menschen, die sich mit- und umeinander bewegen. Mädchen, die zusammen ins Ballett gehen, heisst es in Judiths Roman *Wünsche*, sehen immer aus, als kämen sie aus derselben Familie.

Was ich an Judiths Büchern schätze, schätze ich auch an ihr. Sie ist eine treue Freundin, humorvoll und schnell, überraschend und unbestechlich. Sie ist nie ganz fassbar, verschwindet und ist dann doch immer da, wenn man sie braucht. Sie schreibt Mails, die oft aus wenigen Worten bestehen. Bei jedem Treffen hat sie neue Ideen, überraschende Projekte, erzählt von ungewöhnlichen Begegnungen. Sie ist offen für alles und alle, scheint eine Nase zu haben für interessante Menschen und spannende Geschichten, die sie, so unterschiedlich sie auch sein mögen, doch immer in ihrem unvergleichlichen Stil erzählt.

Zweiter Weg – ‚Übersetzungen'
in Theater, Hörspiel, Film

Johanna Canaris

Der er-zählte Raum. Zu Judith Kuckarts Theatertexten

Eine Überblicksdarstellung von Judith Kuckarts Theatertexten scheint aus unterschiedlichen Gründen schwierig, aber gerade in diesen Gründen lassen sich die Besonderheiten des Gesamtwerkes sowie der Theaterautorin nachvollziehen. So sind die Theatertexte zum Ersten nicht ohne das restliche Werk Kuckarts in den unterschiedlichen anderen Ausprägungsformen zu verstehen, es gibt Überschneidungen und Transfers in andere Gattungen. Die Theatertexte sind damit Teil des Gesamttextes, der Gesamterzählung, die Judith Kuckarts Werk darstellt, nicht selten werden Theatertexte zu Hör-Features oder umgekehrt, ebenso finden sich Theaterbearbeitungen eigener Prosatexte. Zum Zweiten hat Judith Kuckart die meisten ihrer Theatertexte selbst inszeniert, zum Teil sind diese auch im Probenprozess entstanden, so dass das für die Literaturwissenschaft im Umgang mit Theatertexten stets vorhandene Problem der Konzentration auf den Text, der nur ein Element des theatralen Erlebnisses ist, pointiert wird. Weiterhin sind auch die Theatertexte, wenn man sie als Korpus betrachten mag, extrem vielschichtig: Es finden sich erste Texte im Zusammenhang mit Tanzaufführungen, wie z.B. *Charlotte Corday, Mörderin Marie* (1989),[1] frühe Skizzen wie *Melancholie I oder Die zwei Schwestern* (1996);[2] *Blaubart wartet. Ein Stück für sechs Zimmer fünf Frauen und einen Opernsänger* (2002);[3] *Die Vormieterin* (2008);[4] *Lothar I*

---

1 In: Judith Kuckart, Jörg Aufenanger: Eine Tanzwut. Das TanzTheater Skoronel. Frankfurt/Main 1989. S. 61–126.
2 Judith Kuckart: Melancholie I oder Die zwei Schwestern. Unveröffentlichtes Manuskript. Frankfurt/Main 1996. Dieses und die weiteren unveröffentlichten Manuskripte hat mir der S. Fischer Theaterverlag dankenswerteise zu Verfügung gestellt.
3 Judith Kuckart: Zimmer fünf Frauen und einen Opernsänger. Unveröffentlichtes Manuskript. Frankfurt/Main 2002.
4 Judith Kuckart: Die Vormieterin. Unveröffentlichtes Manuskript. Frankfurt/Main 2008.

(2009);[5] das sowohl intertextuelle Bezüge zu Shakespeare aufweist, als auch von den beteiligten Schauspieler*innen selbst verfasste Passagen enthält; mit *Carmen* (2010)[6] eine Bearbeitung eines Opernlibrettos mit dem Untertitel *Ein deutsches Musical*, hinzu die Weiterbearbeitung des Stoffes in *Paradiesvögel* (2011);[7] *Dorfschönheit* auf Basis einer eigenen Erzählung (2011);[8] den Monolog *Eurydike trennt sich* (2013),[9] eine Bearbeitung einer Erzählung von Alice Munro;[10] das „Zirkus-Projekt" *Und wann kommen die Elefanten* (2015);[11] die Auseinandersetzung mit Annette von Droste-Hülshoff in *Mutter, lügen die Förster?* (2016);[12] das erste ‚Erzähltheater' *Heimaten* (2017),[13] das an unterschiedlichen Orten in Willebadessen stattfand und dem weitere ähnliche Projekte folgten – das in Dortmund geplante ‚Erzähltheater'-Projekt wurde Corona-bedingt in den Hörfilm *Hörde Mon Amour*[14] überführt.

Aus dieser, keineswegs vollständigen Aufzählung, lässt sich schließen, dass es in den folgenden Überlegungen zu Judith Kuckarts Theaterarbeit nicht darum gehen kann und soll, eine möglichst große Anzahl von Stücken möglichst detailliert zu beschreiben. Ziel des Beitrages ist es, Judith

---

5   Judith Kuckart: Lothar I. Unveröffentlichtes Manuskript. Frankfurt/Main 2009. Vgl. hierzu auch das Gespräch mit den Schauspieler*innen der *bremer shakespeare company* in diesem Band.
6   Judith Kuckart: Carmen. Ein deutsches Musical. Unveröffentlichtes Manuskript. Frankfurt/Main 2010.
7   Judith Kuckart: Paradiesvögel. Unveröffentlichtes Manuskript. Frankfurt/Main 2011.
8   Judith Kuckart: Dorfschönheit. Köln 2006.
9   Judith Kuckart: Eurydike trennt sich. Unveröffentlichtes Manuskript. Frankfurt/Main 2013. Vgl. hierzu auch das Gespräch mit den Schauspieler*innen der *bremer shakespeare company* in diesem Band.
10 Es handelt sich um die Erzählung *The Children Stay*, in: Alice Munro: The Love of a Good Woman. Toronto 1998, S. 181–214.
11 Vgl. hierzu auch das Gespräch mit den Schauspieler*innen der *bremer shakespeare company* im vorliegenden Band.
12 Judith Kuckart: Mutter, lügen die Förster?. Unveröffentlichtes Manuskript. Frankfurt/Main 2016. Vgl. hierzu im vorliegenden Band auch den Beitrag von Rita Morrien: ‚Abgrund Mensch': Judith Kuckarts Um- und Weiterschriften der ‚westfälischen Heimatdichterin' Annette von Droste-Hülshoff.
13 Judith Kuckart: Heimaten. Detmold 2017.
14 Vgl. hierzu die Einleitung des vorliegenden Bandes.

Kuckarts eigenen Zugriff auf das Medium Theater und dessen Bedeutung in ihrer Poesie, die sich durch die Gattungen bewegt, zu analysieren.

Das Theater als lebendiger Raum

Am Beginn steht die Überlegung, was das Theater als solches und spezifisch in Judith Kuckarts Arbeit von anderen Gattungen unterscheidet. Theater ist zunächst – und dies schließt das Tanztheater mit ein – die vergänglichste aller Kunstformen, jeder Moment wird in der Aufführung erzeugt und ist sofort wieder vergangen. Er ist aufgehoben, und damit ist ein weiteres definierendes Moment des Theaters benannt, in der Erinnerung der Zuschauer*innen zu einem konkreten Zeitpunkt. Produzent*innen und Rezipient*innen erzeugen gemeinsam an einem definierten Ort – dem Theater – zu einem definierten Zeitpunkt – der Dauer der Aufführung – ein ästhetisches Erlebnis. Erika Fischer-Lichte beschreibt dies als „leibliche Ko-Präsenz von Akteuren und Zuschauern."[15] Peter Brook definiert das Theater als solches über das Vorhandensein eines Publikums: „The only thing that all sorts of theatre have in common is the need for an audience."[16] Der Theatertext, der in schriftlicher Form festgehalten wird, ist dabei nur ein Element der theatralen Aufführung,[17] zudem fehlt in jeder Analyse der Anteil des Publikums. Dies stellt ein permanentes Problem bei der literaturwissenschaftlichen Auseinandersetzung mit Theatertexten dar. Auch die Theaterwissenschaft ist nicht frei von diesem Problem, da eine mediale Aufzeichnung einer Aufführung ebenfalls nicht alle Aspekte – und ganz besonders nicht den der Interaktion zwischen Bühne und Publikum – konservieren kann. Da jedoch die Texte bei Judith Kuckart zumeist im Verlauf des Probenprozesses und im Austausch mit den anderen Beteiligten entstehen, ist ihnen dieser Prozess ebenso wie der Raum zumindest bis zu einem gewissen Grad eingeschrieben.

---

15 Erika Fischer-Lichte: Ästhetik des Performativen. Frankfurt/Main 2004, S. 63.
16 Peter Brook: The Empty Space. New York 1996 [1968], S. 127.
17 Wie groß der Anteil des Textes am Kunstwerk Theater ist, ist eine umstrittene Frage in der Theaterwissenschaft. Vgl. u.a. Hans-Thies Lehmann: Das Postdramatische Theater. Frankfurt/Main 1999 oder Gerda Poschmann: Der nicht mehr dramatische Theatertext. Tübingen 1997.

Allen diesen Überlegungen zu Grunde liegt die zumeist implizite Voraussetzung, dass sich Akteur*innen und Zuschauer*innen in einem gemeinsamen Raum befinden. Peter Brook formuliert dies folgendermaßen: „I can take any empty space and call it a bare stage. A man walks across this empty space whilst someone else is watching him, and this is all that it needs for an act of theatre to be engaged."[18] Dieser Raum ist es, der den Theatertexten eine eigene von den anderen Künsten distinkte Dimension verleiht. Die theaterwissenschaftliche Debatte systematisiert den Raum in zunächst vier heuristischen Kategorien: als Erstes den „theatralen Raum [...], die architektonischen Gegebenheiten des Theaters, das Gebäude, [...] somit Zuschauer- und Spielraum der Akteure",[19] der zweite Raum, das ist der „szenische Raum",[20] ist den Akteur*innen vorbehalten, er bezeichnet, was wir gemeinhin als Bühne, inklusive Bühnenbild, verstehen. Hinzu kommt die Einbettung des Theaterortes in den „umgebenden kulturellen Lebensort der Zuschauer",[21] genannt „ortsspezifischer Raum",[22] sowie der für die Literaturwissenschaft mehr als für die Theaterwissenschaft relevante „dramatische Raum [...], die im Theatertext niedergelegte Raumsemantik".[23] Hier wird oftmals zwischen den in den Nebentexten festgehaltenen Beschreibungen und den im Dialog erzeugten Wortkulissen unterschieden. „Die Wortkulisse ist [...] an der Schnittstelle von dramatischem und szenischem Raum anzusiedeln."[24] Bereits aus dieser Aufzählung heraus wird deutlich, dass die Kategorien in der konkreten Auseinandersetzung nicht voneinander zu trennen sind, in Wechselwirkung miteinander stehen bzw. immer wieder aufgelöst werden, auch das Lehrbuch differenziert die drei ersten Kategorien noch deutlich weiter aus, um möglichst viele Formen

---

18 Brook (Anm. 16), S. 9.
19 Christopher Balme: Einführung in die Theaterwissenschaft. Berlin 2014, S. 152.
20 Ebd.
21 Ebd.
22 Ebd.
23 Ebd.
24 Janine Hauthal: Von den Brettern, die die Welt bedeuten, zur ‚Bühne' des Textes: Inszenierungen des Raums im Drama zwischen *mise en scène* und *mise en page*, in: Wolfgang Halet, Birgit Neumann (Hg.): Raum und Bewegung in der Literatur. Die Literaturwissenschaft und der Spatial Turn. Bielefeld 2009. S. 371–397, hier: S. 383.

des Theaters fassen zu können. Ein einfaches Beispiel hierfür sind Aufführungen, in denen sich der Spielraum der Akteur*innen in den Bereich der Zuschauer*innen erstreckt oder die Zuschauer*innen aufgefordert werden, ihrerseits diese Grenze zu überschreiten, dies ist allerdings nur unter bestimmten kulturellen Bedingungen möglich.

In der Auseinandersetzung mit Judith Kuckarts Theatertexten wird deutlich, dass solche Kategorisierungen einerseits neu und spezifisch zu bewerten sind und der ‚dramatische Raum' oftmals ein erinnerter und erzählter Raum ist, in den weitere Räume eingeschrieben sind. Einerseits ist jeder Raum ein leerer Raum im Sinne Peter Brooks, auch wenn er von Dingen und Menschen bevölkert ist, andererseits ist auch der Theatertext ein leerer Raum, in dem sich in der Erinnerung eine Erzählung konstituiert; dabei ergibt sich aus jeder Konstellation zudem eine eigene Logik, so dass die sichtbare äußere Form, die sich im niedergeschriebenen Theatertext manifestiert, ebenfalls spezifisch ist. An dieser Konstitution nehmen sowohl die Produzent*innen als auch die Rezipient*innen teil. Jeder Raum ist dabei ein Raum der Begegnung auf unterschiedlichsten Ebenen. Der Theaterraum ist im Zusammenhang mit Judith Kuckarts Werk, in dem sich oftmals Erinnerungen sowohl einer Person als auch unterschiedlicher Personen überlagern, übereinander schieben und dabei eine eigene Realität im Erzählen generieren, ein Ort der Begegnung, an dem die unterschiedlichen Erinnerungen zusammenfinden. In einem Text können diese Ebenen aufgehoben werden, im Bühnenraum erlebt werden. Die Akteur*innen bewegen sich im Theater physisch durch einen Raum, Bewegung ist ebenfalls ein Element der Erinnerung, wie z.B. in mnemotechnischen Verfahren wie der Loci-Methode, die Erinnerung an eine Abfolge von räumlichen Gegebenheiten rückbindet, deutlich wird. Dieses Element der Bewegung der physisch anwesenden Darsteller*innen durch den Raum erschließt und kartographiert den Raum topographisch, während die erinnerte Erzählung in diesem Raum erlebbar wird. Der Raum des Theaters wird so zu einem Bewegungsraum, in dem sich das Material immer neu zusammenfinden kann. Erinnerungsraum und Theaterraum kommen in den fixierten Theatertexten zusammen

Allen diesen Räumen, diesen Arbeiten, Texten und Aufführungen gemeinsam ist, dass sie unter der Prämisse ausgelotet werden, lebendiges Theater zu sein. Lebendiges Theater grenzt sich ab von dem, was Brook als „Deadly Theatre" bezeichnet, ein totes Theater, das in Formen, Konventionen und Vorurteilen erstarrt ist.

> In a living theatre, we would each day approach the rehearsal putting yesterday's discoveries to the test, ready to believe that the true play has once again escaped us. But the Deadly Theatre approaches the classics from the viewpoint that somewhere, someone has found out and defined how the play should be done.[25]

Diese Ausführungen beziehen sich auf klassische Stücke, doch können sie genauso auf Gegenwart bezogen werden; so konstatiert Brook auch, dass die besten Stücke aus dem Theater selbst heraus entstehen.[26]

Um dies zu verdeutlichen, werden im Folgenden drei sehr unterschiedliche Dramen Judith Kuckarts exemplarisch analysiert, um den Strukturen und Strategien der jeweils er-zählten Räume nachzugehen, wobei jedes der den Stücken in den Zwischenüberschriften zugeordneten Schlagworte auch auf die anderen Texte anwendbar wäre. Ziel ist es in den einzelnen Texten, die jeweils prominenteste Raumerfahrung in den Mittelpunkt zu stellen, die einzelnen Aspekte eröffnen gemeinsam einen Einblick in die Theatertexte Judith Kuckarts.

Blaubart wartet – der eröffnete Raum

Der Theatertext *Blaubart wartet* (2002) trägt eine Verortung bereits im Untertitel, dieser lautet: „Ein Stück für sechs Zimmer fünf Frauen und einen Opernsänger".[27] Die Orte, die sechs Zimmer, stehen in dieser Aufzählung ganz zu Beginn, vor den beteiligten Rollen, sie werden so a priori zu Mitspielerinnen erklärt. Die Uraufführung fand zudem in einem Hotel statt. Hotels sind Orte des Transits, einerseits füllen sich die Räume mit jede/r zufälligen, vorübergehenden Bewohner*in und deren Geschichte neu, andererseits sind sie auch leere Räume, in denen die Gäste neue Möglichkeiten haben, andere Geschichten zu erzählen.

Alle Figuren in diesem Drama sind Gäste im Märchenstoff Blaubart. Die Dramatis personae und auch die auf der Plotebene sehr gegenwärtige oder gar alltägliche Handlung, begegnen einander in diesem Theatertext.

---

25 Brook (Anm. 16), S. 14.
26 Vgl. ebd., S. 34.
27 Judith Kuckart: Blaubart wartet. Frankfurt/Main 2002, S. 2.

Zudem wird im gesamten Drama eine Geschichte, die sich bereits zugetragen hat, in neue Kontexte gefasst. Es geht nicht darum, den Fortgang der Geschichte eines Mannes und seiner unterschiedlichen Beziehungen auf die Bühne zu bringen, sondern vielmehr um eine Einbettung und Neuordnung der Erlebnisse der Figuren. Dies geschieht durch ein vielstimmiges Erzählen in einer flexiblen Zeit in durch die Erzählung semantisierten Räumen.

Der Text beginnt mit einem Märchen, das von der Figur (und deren Darstellerin), Nadine Kowalke, der jüngsten der sechs Frauen, erzählt wird. Hierauf folgen die sechs Zimmer, die in unterschiedlichen, wechselnden Konstellationen von den Frauen bewohnt werden. Eines der Zimmer, das vierte, ist in Form eines Gesangsduetts gestaltet. Somit wird die Erzählung nicht nur in eine Märchenebene, sondern auch in die zeitlose Musik transponiert. Das Drama eröffnet Räume für das Alltägliche im Märchenstoff sowie für das Märchenhafte im Alltäglichen.

Die Märchenerzählung zu Beginn verschränkt die beiden Elemente des Märchenhaften und der in einer alltäglichen Realität verankerten Geschichte auf diversen Ebenen. Sie beginnt mit der Märchenformel „Es war einmal", doch ist die Erzählerin auch die Protagonistin. Sie erzählt ihre eigene Geschichte in der dritten Person, dies trägt ebenso wie die Märchenformel zu Beginn zu einer Ablösung der Geschichte von der konkreten Person, zumal wenn sie auf der Bühne von einer konkreten Schauspielerin verkörpert wird, bei. Das Haus, im märchenhaft dunklen Wald versteckt, wird im Nachbarhaus verdoppelt. „Neu sah das Nachbarhaus aus, obwohl an manchen Stellen die Wände vom Regen verfärbt waren."[28] Auch hier also ein Paradox. Das Haus ist der Ort der Zukunft und der Vergangenheit zugleich, die Vergangenheit wird benannt, der Mörder habe seine schöne Frau in diesem Haus ermordet, und damit auch zur Zukunft der Erzählerin und aller anderen Frauen im Drama erklärt. Das Ende dieser ersten Märchenerzählung stellt die Übergabe der Schlüssel inklusive des Verbots, den einen Raum zu betreten, dar.

So können die folgenden sechs Bilder in den sechs Räumen auch als sechs unterschiedliche Versuche, den Grund der Geschichte zu erforschen, sich zu er-schließen, verstanden werden.

---

28 Ebd., S. 4.

Im ersten Zimmer begegnen sich die fünf Frauen, die alle zu unterschiedlichen Zeiten in einer Beziehung mit demselben Mann, Konrad, waren. Konrad wird nie auftauchen, sein Platz wird später von einem Hotelgast, der als Opernsänger die Rolle Blaubart singt, im Bühnenraum besetzt. Die Räume unterliegen dabei einer eigenen Logik, die durch das Erzählen konstituiert wird. So wird der erste Raum mit der Regieanweisung eröffnet: „Olga war Konrads erste Frau. Sie weiß alles, denn sie ist die Erzählerin. Und sie ist tot."[29] Hier wird ein Raum eröffnet, in dem sich die Frauen, die sich in der Logik der Geschichte nicht begegnen konnten, in einem Bühnenraum begegnen. Die Autorität liegt dabei paradoxerweise bei derjenigen, die bereits tot ist, doch auch ihre Geschichte wird erst in der retrospektiven Erzählung gemeinsam mit den Geschichten der anderen vollständig. Olga beginnt dieses erste Bild mit der Aussage: „Ich erzähle keine Märchen".[30] Somit wird in der Negation die vorangegangene Märchenerzählung noch einmal evoziert. Die Geschichte, die nun erzählt wird, ist wenig märchenhaft, es handelt sich um eine alltägliche Geschichte einer Beziehung, die durch den Tod der Frau endet. Der erste Tod, der die Grundlage für das Scheitern der weiteren Beziehungen darstellt, ist hier kein Mord wie im Märchen, sondern der Tod durch Krankheit. Da er nicht in der Verantwortung oder Schuld des Mannes liegt, bleibt dieser eine Leerstelle. Es handelt sich nicht um einen mordenden Blaubart, sondern um einen untreuen Konrad. Er ermordet seine Frauen nicht und bewahrt die Leichen hinter verschlossenen Türen auf, sondern er fotografiert sie, nackt oder leicht bekleidet, und bewahrt diese Bilder in einem verschlossenen Aktenschrank auf.[31] Mit der Aufnahme der Bilder endet die Beziehung. Die konservierte, tote Erinnerung wird hier als wertvoller als das lebendige Erlebnis der Beziehung angesehen. Dies ist das Geheimnis. Die so metaphorisch auf ein starres Bild gebannten und eingesperrten Frauen widersetzen sich dieser statischen Form der Erinnerung, in der sie in und durch ihre gemeinsame Erzählung einen neuen Raum und ihren Platz darin erschließen. Doch ist die Leerstelle, um die sich die Erzählung der Frauen bewegt, die sie um- und beschreibt, der Mann. Konrad kommt nie selbst

---

29 Ebd., S. 6.
30 Ebd.
31 Vgl. ebd., S. 14.

zu Wort, doch er ist das verbindende Element zwischen den Frauen, er hat sie ausgesucht und dann eingesperrt. Dabei bekommt er durch seine Neigung für sehr junge Frauen, die eher noch Kinder sind, wie Nadine oder auch Lises Tochter – in denen er seine erste Frau Olga wiederzuerkennen glaubt –, einen gefährlichen Zug, der mit dem mythischen Blaubart korrespondiert.

Diese Blaubart-Bearbeitung nimmt zudem Bezug auf die lange musikalische Tradition des Stoffes, und zwar wiederum auf unterschiedlichen Ebenen. Nachdem das dritte Zimmer mit der fortgesetzten Märchenerzählung endet, beginnt das Zimmer 4 mit der Szenenanweisung „MELODRAM oder Romanze Ritter Blaubart (Nadine und Lise haben sich zu einem Duett verabredet. Sie studieren das Melodram ‚Ritter Blaubart' für Klavier und zwei Mädchenstimmen. Man sieht eine Probe.)"[32] Hier werden die Zuschauenden zu Voyeuren, sie beobachten ebenso, wie der nur in der Erzählung lebendige Konrad die beiden Frauen beobachtet hat. Hier wird ein Moment aus der Erzählung in die Szene übersetzt, jedoch vervielfältigt sich der Raum ein weiteres Mal, da die beiden Figuren der Handlung, die beiden Frauen, ein Duett singen, das ihre eigene Geschichte auf einer poetischen und musikalischen Ebene abstrahiert und damit kommentiert.

Doch wird dies mit Beginn des fünften Zimmers wieder eingeholt, Regieanweisung: „Franzi vor dem Hotelzimmer des Opernsängers, der die Rolle von Blaubart gesungen hat. Hängt vor dem Schlüsselloch, mit Handy, Reiseplattenspieler und Blaubartplatte und erzählt ihrer Freundin Lise, was sie durch das Schlüsselloch zu sehen glaubt."[33] Damit hat sich die Voyeur-Perspektive wieder in die Handlung integriert und der leere Platz des Mannes wird von einem ‚Opernsänger, der die Rolle von Blaubart gesungen hat', zudem in den Sprecherzuweisungen nur als ‚Hotelgast' benannt, eingenommen. Dieser ist jedoch eine reine Projektionsfläche für die Frauen, wie aus der Formulierung, ‚was sie zu sehen *glaubt*' [Hervorhebung J.C.] bereits deutlich wird. Ebenso bringt sie den Plattenspieler und die Platte mit. In dieser Szene verwandeln sich die beiden Figuren in die musikalischen Stimmen Blaubart und Judith und singen diese. Hier erfüllen sie vorgegebene Rollen, wie Sänger*innen es mit einem Libretto

---

32 Ebd., S. 25.
33 Ebd., S. 33.

tun, das sie wiedergeben – und in diesem eigentlich unsouveränen Akt, finden sie ihren Platz.

Zum Ende kommen alle Figuren zusammen, Olga, die erste Frau, und Nadine werden überblendet, wie es im Film oder eben dem Theater möglich ist.

Das Drama trägt den Titel eines bekannten Märchenstoffes, der in der Literatur- und Musikgeschichte vielfach bearbeitet wurde, dieser Tradition ist sich der Text bewusst. Hier wird die Perspektive jedoch umgekehrt, es kommen nur die Frauen, die in den meisten anderen Texten Opfer sind, zu Wort. In ihrer Erzählung erobern sie sich den Raum zurück und eröffnen, wie im Blaubart-Stoff mit den unterschiedlichen Schlüsseln, unterschiedliche Räume, auch für die Rezeption der Zuschauenden. Was jedoch fehlt ist der eine, letzte, verbotene Raum, in dem die toten Frauen aufbewahrt werden. Dieser Ort ist die tote Erinnerung, die der Mann dem lebendigen Erlebnis vorzieht. Gleichzeitig wird der Mann jedoch auch immer als Projektion der Frauen entlarvt, sein Raum ist eine Leerstelle, er wartet, wie es der Titel sagt – aber worauf?

Lothar I. – der intertextuelle Raum

Während im Blaubart-Drama die gegenwärtigen Figuren und ihre Geschichte einen Stoff ‚bewohnen' und ihrer eigenen Geschichte durch die Referenz auf dieses alte Märchen eine weitere Dimension hinzufügen, angereichert durch die musikalische Einbettung, ist die Überlagerung unterschiedlicher Ebenen im Stück *Lothar I.* (2009) bis in die einzelnen Figuren zu finden. So heißt es zu Beginn des Textes:

> Für „Lothar I." haben Judith Kuckart und Ensemble die Spielvorlage geschrieben. Aus einer Skizze von fünf Bildern, mit der die Proben begannen, wurden die szenischen Momente für die Bühne entwickelt. Die Schauspieler schrieben Monologe, Dialoge, Rückblenden, Erinnerungen für ihre Figuren, so dass diese als kleine Verwandte der Shakespeare Figuren gemeinsam eine Reise ans Ende der Nacht antreten konnten.[34]

Die Figuren tragen Namen, die aus Shakespeare-Stücken entnommen oder zumindest an diese angelehnt sind. In jeder Figur kommen die

---

34 Kuckart (Anm. 5), S. 1.

Schauspieler*innen, die nicht nur physisch auf der Bühne standen, sondern auch eigene Texte verfasst haben, die Shakespeare-Figuren und die von Judith Kuckart vorgegebenen Parameter zusammen, so entstehen in dieser Überlagerung neue Figuren, und außerdem sind die einzelnen Elemente, vor allem in Bezug auf Shakespeare, noch zu erahnen. Damit können gedankliche Räume zwischen den Texten entstehen und erfahrbar werden. Zudem wird ein Phänomen, das die meisten Schauspieler*innen unterbewusst, oder zumindest nicht offen formuliert, betrifft, aufgegriffen: die Überlagerung unterschiedlicher Rollen aus unterschiedlichen Stücken, die sich gegenseitig beeinflussen.

Das Setting des Dramas, der dramatische Raum, wird ort-zeitlich eng geführt. Die Handlung findet am 26.12.1999 statt, beginnt, wie die Szenenanweisung der ersten Szene festlegt, um „16.04 Uhr"[35] und endet in der „späte[n] Nacht".[36] Der Tag wird ebenfalls konkret angegeben, die Jahreszahl ist hingegen nur indirekt zu erschließen. Das Drama trägt als Titel nicht etwa den Namen einer Person, sondern den eines Sturms, eben des Orkans Lothar, der – wie leicht zu recherchieren ist – am Zweiten Weihnachtstag 1999 über Europa zog. Diese Betitelung des Dramas verweist wiederum auf unterschiedliche Aspekte, zum einen wird an die Stelle eines Herrschers, denn nur solche weisen Nummerierungen hinter ihren Namen auf, ein Naturereignis gesetzt. Geschichte wird nicht von einzelnen und großen Persönlichkeiten determiniert, sondern von Naturphänomenen, denen die Menschen ausgeliefert sind. Die Wahl eines Orkans verweist zum anderen, ebenso wie die Wahl der Figur Prospero, auf Shakespeares *Sturm* (1611). Shakespeares Stück verhandelt ebenfalls eine enggeführte Situation, die Handlung spielt auf einer Insel, auf der Prospero mit seiner Tochter Miranda, dem Geist Ariel und dem ‚Monster' Kaliban lebt. Hier landen die anderen Personen im titelgebenden Sturm, und sind einer von Prospero gelenkten Versuchsanordnung unterworfen. Prosperos Insel ist Gefängnis und Utopie zugleich. Doch bei Judith Kuckart finden sich die Figuren, die Schutz vor dem Sturm suchen, nicht an einem magischen Ort wieder, sondern in einer sehr prosaischen, im Stück gar als „schäbig"[37]

---

35 Ebd., S. 4.
36 Ebd., S. 33.
37 Ebd., S. 4.

beschriebenen Vereinsgaststätte, auch sind sie alle „Figuren von heute, die aber auch die Koordinaten von Shakespeare Figuren mitbringen."[38]

Die Handlung des Dramas wird in einem Prolog, der von den Figuren gemeinsam gesprochen wird, als vergangen markiert. Sie sprechen von einer Nacht, die sich „vor zehn – vor acht – vor drei – auf jeden Fall vor einigen Jahren"[39] zugetragen hat. Somit sind die in den folgenden fünf Bildern auftretenden Figuren Erinnerungen ihrer selbst, während sie allein durch ihre physische Anwesenheit eine Präsenz behaupten, die nur auf dem Theater möglich ist und die ihnen die Möglichkeit gibt, sich von Erzählungen und Erinnerungen zu emanzipieren.

Auch in Kuckarts Drama kommt der Figur Prospero eine besondere Funktion zu, er wird im Personenverzeichnis als Erzähler gekennzeichnet, zudem kommentiert er die Handlung von Beginn an und weiß mehr über die einzelnen Figuren, als diese preisgegeben haben. Als Beruf gibt er an, Psychologe gewesen zu sein, man erfährt im dritten Bild, das von den Figuren gemeinsam erzählt wird, dass er diesen Beruf nach dem Tod seiner Frau aufgegeben hat.[40] Am Ende zitiert er Prosperos berühmte Aussage vom „Stoff aus dem die Träume sind"[41] und beweist seine Autorität über die gesamte Szene, es besteht die Möglichkeit, dass er hier retrospektiv Geschichten erzählt hat, die er in seiner Berufslaufbahn erfahren hat und an diesem (Erinnerungs-)Ort noch einmal evoziert, und dass die gesamte Anordnung in seiner erzählten Erinnerung stattfindet. Zugleich haben die Figuren die Möglichkeit, sich im Prozess des Erzählens von ihren erinnerten Rollen zu emanzipieren. Ganz besonders deutlich wird dies am Ende: Nachdem Prospero die Figuren zu seinen Erinnerungen erklärt hat und die Bühne verlassen hat, sagt Johan: „Also mit dem Schluss bin ich nicht einverstanden."[42] Der prosaische Raum, in dem sich scheinbar zufällig Personen treffen, die dort ihre Lebensgeschichten erzählen und miteinander in Beziehungen und Konflikte treten, ist ein Raum, der von Texten beherrscht wird. Die Figuren entstehen im Vorgang des Erzählens,

---

38 Ebd., S. 1.
39 Ebd., S. 3.
40 Vgl. ebd., S. 26–28.
41 Ebd., S. 35
42 Ebd.

des von sich Erzählens, des gemeinsamen Erzählens und der Erinnerung an vorherige Texte. So werden sie lebendig. An vielen Stellen handelt es sich dabei um Texte – vor allem von Shakespeare –, die den Rezipient*innen bewusst sein müssen, um die Handlung auf der Bühne jenseits der Oberfläche nachvollziehen zu können. Der vorhandene Text gibt immer wieder Hinweise und Spuren. So findet im dritten Bild ein weiteres Spiel-im-Spiel statt: Hamnet behauptet ein Stück geschrieben zu haben, welches er im Dialog mit Johan beschreibt, es handelt sich um die Nacherzählung der ‚Mausefalle' aus Shakespeares *Hamlet*, die ebenfalls als Spiel-im-Spiel Claudius als Mörder entlarvt. Hamlet und die ihm zugeschriebenen Charaktereigenschaften zwischen Zweifel und Wahnsinn geben der Geschichte der Figur in diesem Drama eine andere Dimension.

Auch in Bezug auf die Figur des Shylock ist die Kenntnis des *Kaufmanns von Venedig* ein Schlüssel zum Verständnis der Figur. Die Figur der verlorenen Tochter wird hier variiert, im *Kaufmann von Venedig* heißt sie Jessica und verlässt ihren Vater, um mit einem Christen zu leben, hier wird von einer Maria gesprochen, die zudem von Miranda, der Tochter Prosperos aus dem *Sturm*, überlagert wird. Zu Beginn wird auch die hier auf der Bühne stehende Figur Tamora mit dieser Figur verbunden, indem Prospero über Tamora und Johann sagt: „Ihr werdet Euch ineinander verlieben. Ich weiß das …".[43] Damit evoziert er das Paar Miranda und Ferdinand aus dem *Sturm*, deren Liebe und Hochzeit den Konflikt in Shakespeares Drama beendet.

Eine interessante Variante dieses Vorgehens betrifft Tamora, sie ist sich der Geschichte der Shakespeare-Figur aus *Titus Andronicus* nicht bewusst, sondern bekommt sie von Hannes erzählt.[44] Solche Beispiele lassen sich fortführen. Doch zugleich begegnen sich in dieser Ausnahmesituation des Sturmes in der Vereinsgaststätte zufällig zusammengewürfelte heutige Personen, die sich einen gemeinsamen Raum er-zählen, und auch wenn dieser nur für diese eine Nacht Bestand hat, ist er in der Erinnerung aufgenommen, wie der Prolog vorgestellt hat.

Dennoch ist das Drama kein gelehrter Shakespeare-Pastiche, der sich nur Zuschauer*innen mit genauen Kenntnissen der Stoffe erschließt. Vielmehr

---

43 Ebd., S. 5.
44 Vgl. ebd., S. 24.

wird hier eine in den meisten Dramen und Texten Kuckarts vorhandene Verortung in einem intertextuellen Gewebe ebenso wie in der Gegenwart des Lebens sichtbar gemacht. Das Erzählen ist der Ort, an dem sich diese Ebenen begegnen, an denen sie lebendig werden und ebenso immer wieder infrage gestellt werden. So bieten sie auch den Zuschauer*innen die Freiräume, eigene Verknüpfungen zu erzeugen.

Heimaten – der topographische Raum

Das Erzähltheaterprojekt *Heimaten* (2017) kann hier als Beispiel einer Auseinandersetzung mit Orten der eigenen Biographie Judith Kuckarts dienen, die sich in weiteren, ähnlichen Projekten sowie dem in der Einleitung dieses Arbeitsbuchs behandelten Erzählfilm *Hörde Mon Amour* fortsetzt.

Der Ort, an dem dieses Projekt nicht nur inhaltlich, sondern ganz konkret verankert ist, ist vollkommen anders als eine leere Theaterbühne ein besetzter Raum: Es handelt sich um konkrete Stationen in der Stadt Willebadessen: einen Friseursalon (Station 1), eine Kneipe (Station 2), ein Haus an der Nethe (Station 3), in dem Judith Kuckarts Großmutter geboren wurde, sowie das Schloss Willebadessen. Jeder dieser Orte hat eine eigene umfassende Geschichte, zudem hat jeder der Orte, vor allem die ersten drei, eine Bedeutung für die erzählte Heimat, die Heimat im Erzählen. Diese Aspekte werden im Text in den Vordergrund gestellt, doch ist nicht auszuschließen, dass einzelne Zuschauer*innen ganz andere, eigene Erlebnisse und Erinnerungen mit diesen Orten verbinden, diese haben ebenso ihren Platz im gemeinsamen Erlebnisraum. Durch das Erzählen wird der Raum hier trotz aller Konkretion wieder zu einem leeren Raum, der erst durch das Erzählen als echte Heimat im flüchtigen Moment des Theatererlebnisses für die Erzählenden ebenso wie für die Zuschauer*innen entsteht.

Die Zuschauer*innen bewegen sich gemeinsam mit zwei Schauspielerinnen und Judith Kuckart als Erzählerin sowie einer Musikerin an diese konkreten Orte. Musik ist hier eine weitere Dimension von Heimat: Lieder oder Melodien, zumal aus der Kindheit, können sowohl ein Gefühl von Heimat erzeugen als auch als akustische Trigger Erinnerungen auslösen. Die konkrete Bewegung durch den Ort fügt dem Theater weitere Elemente hinzu, die Zuschauer*innen erfahren den Raum dynamisch, anders als im konventionellen Theater ändert sich nicht die Kulisse, sondern die Zuschauer*innen verändern ihre Position. Sie er-laufen sich den Raum. In diesem Prozess können zugleich Erinnerungen verfestigt werden und neue Räume und Verbindungen entstehen. Auf dem Weg nimmt jede*r der Zuschauer*innen etwas anderes wahr, mag sich gar fragen, ob Dinge, die ihr*ihm auf dem Weg begegnen, Teil der Inszenierung oder zufällig sind. Die Aktivität der Zuschauer*innen und ihr eigener Anteil am kreativen Prozess wird somit direkt erfahrbar.

Die beiden Schauspielerinnen spielen an den Stationen Momente aus den von Judith Kuckart erinnerten Lebensgeschichten ihrer Tante Luzie im Friseursalon oder der Kneipe nach, während sie beinahe im Sinn eines brechtschen Verfremdungseffekts nicht *in persona* sprechen, sondern immer Teil des gemeinsamen Erzähltextes bleiben; in der Druckfassung des Textes sind sie auch deshalb als A, B und C bezeichnet. Dies verdeutlicht zum einen die Möglichkeit an Momenten in konkrete Rollen zu schlüpfen sowie zum anderen den dynamischen Prozess des Erzählens eines gemeinsamen Textes aus unterschiedlichen Stimmen.

Die Selektivität der Erinnerung, die sich oftmals auf wenige konkrete Ereignisse stützt, entspricht einer bei Judith Kuckarts Theatertexten immer wieder auszumachenden Dramaturgie des Moments. In ihr werden Erzählungen punktuell konkret und öffnen zugleich kreative Räume in den die Momente umgebenden Erzählungen. Der erzählte Heimaten-Raum wird so zugleich immer vielschichtiger, da auf unterschiedliche Arten der sinnlichen Wahrnehmung erlebbar, und immer fragiler, denn eine echte Autorität existiert nicht, selbst die Erzählerinnenfigur Judith Kuckart, die nicht mit der biographischen Person gleichzusetzen ist, äußert:

> Kann ich einfach beschließen, dass etwas, was ich selbst erlebt habe, und von dem ich genau weiß, wie es gewesen ist, doch nicht so gewesen sein soll? Kann ich mein Gedächtnis dazu bringen, nicht mehr der Wahrheit zu folgen, sondern dem Wunsch als dem Vater des Gedanken?[45]

Hier wird die Frage nach der Zuverlässigkeit der Erinnerung und der kreativen, erzählerischen Leistung, die Erinnerung immer darstellt, die u.a.

---

45 Judith Kuckart: Heimaten. Detmold 2017, S. 11.

auch im jüngsten Roman *Kein Sturm, nur Wetter* (2019) zentral ist, aufgenommen. Doch bekommt sie durch die Verortung an dem konkreten Ort, an dem diese Erinnerung entstanden ist, eine weitere Dimension. Die Erzählerin berichtet von ihrer letzten Begegnung mit ihrer Tante, in eben diesem, ihrem Friseursalon.

Willebadessen wird, ähnlich wie Hörde im Film, in der dritten Station mit den historischen Fakten in der Geschichte verortet, diese wird auch hier in Relation zur eigenen Familiengeschichte gesetzt. Diese Relation entsteht zunächst in der Erzählung aus der Vergangenheit; Heimat wird hier durch das Miteinander von historisch verbürgten Fakten und familiärer Erinnerung erzeugt.

Heimaten als Theatererlebnis, ebenso wie das Konzept Heimaten, bekommt an der finalen Station, dem Schloss Willebadessen, durch die hier als „Experten des dörflichen Alltags"[46] bezeichneten Laien noch eine weitere Dimension:

> In den Zimmern des Schlosses dann berichten heutige Stadtbewohner, was sie nach Willebadessen verschlagen hat: die vor über 30 Jahren aus Angola nach Deutschland geflüchtete Lehrerin Eugenia da Costa, die vor einem Jahr aufgenommene Syrerin Fatema Alkhateeb, die Russlanddeutsche Irina Derksen. Kurze Geschichten von Armut und Krieg – und von der Flucht eines ganzen sibirischen Dorfes über den russisch-chinesischen Grenzfluss Amur.[47]

Diese Erzählungen eröffnen viele weitere Räume. Erinnerungen kommen aus ganz unterschiedlichen Richtungen. An einem Ort wie Willebadessen, an jedem Ort, kommen unzählige Lebensgeschichten zusammen, die hier vorgestellte Geschichte Judith Kuckarts ist nur eine davon. Heimaten im Plural bekommt noch eine weitere Dimension, den Verlust einer geographischen Heimat und die damit verbundene Frage, in welchem Raum die Erzählung einer Heimat noch möglich ist, ob die Erinnerung dazu ausreicht, oder ob es einer konkreten Verortung für das Er-zählen der eigenen Heimat bedarf. Vielleicht ist es der er-zählte Raum des Theaters, in dem Heimat wieder erfahrbar wird.

* * *

---

46 Ebd., S. 42.
47 Wolfgang Höbel: Zu Besuch zu Haus, in: Der Spiegel Nr. 33/2017, S. 129.

An den drei hier vorgestellten Dramen wird deutlich, wie der Ort des Theaters als Erfahrungsraum mit er-zählten Erinnerungen gefüllt wird, wie so ein neuer gemeinsamer Raum entsteht, der immer Teil unterschiedlicher gemeinsamer textueller Zusammenhänge – der Poesie Judith Kuckarts, der Theaterliteratur, der gemeinsamen Erzählung von Produzent*innen und Rezipient*innen – bleibt, jedoch als eigener Moment konkret aus diesen hervortritt und erfahrbar wird. ‚Erzählen ist Heimat', sagt Judith Kuckart, am er-zählten Ort des Theaters können viele ‚Heimaten' gefunden werden. Am konkreten Ort des Theaters können die unterschiedlichen Momente von Heimat anders und neu lebendig und erfahrbar gemacht werden. Theater entsteht in einem gemeinsamen Prozess und macht so das kreative und prozesshafte Moment im Erzählen einzigartig sichtbar. Zugleich beleuchtet dieses ästhetische Erlebnis auch die Vergänglichkeit und Unsicherheit jeder Art von Erzählen und damit auch von Heimat. Heimat ist transitorisch, so wie es das Theater ebenso ist. Es kann mehr als eine Heimat geben, und diese kann vielschichtig sein und in jedem Erlebnis auf dem Theater neu er-zählt werden, wobei der Raum zugleich in der Erzählung jedes Mal neu entsteht. Diese Lebendigkeit und damit auch Vergänglichkeit ist dabei nicht nur, wie eingangs bereits erwähnt, ein Signum dieser Art des künstlerischen Ausdrucks, sondern ein der Poesie Judith Kuckarts besonders entsprechendes Moment.

Rita Morrien

,Abgrund Mensch': Judith Kuckarts Um- und Weiterschriften der ,westfälischen Heimatdichterin' Annette von Droste-Hülshoff

Begegnungen – Blickwechsel

Du bist nicht ich, unter diesem Titel beginnt Judith Kuckart 2014 ihren Dialog mit der bekanntesten deutschsprachigen Autorin des 19. Jahrhunderts. Bisher umfasst diese Auseinandersetzung das genannte ,literarische Zwiegespräch' und zwei Dramatisierungen von bzw. nach Motiven aus Droste-Texten, nämlich *Mutter, lügen die Förster?* (2016) und *Jagd auf Tilla Fuchs* (2019). Ausgangspunkt Kuckarts ist die gemeinsame Erfahrung, in der westfälischen Provinz aufgewachsen und über den Weg der Kunst aufgebrochen zu sein: Annette von Droste-Hülshoff (1797–1848), die auch aufgrund ihrer zeitlebens labilen physischen Konstitution über Meersburg am Bodensee nie hinausgekommen ist, als Dichterin, (verkannte) Dramatikerin und Komponistin, und Judith Kuckart als Tänzerin, Choreografin, Regisseurin und Schriftstellerin, was sie u.a. nach Berlin, Zürich, London, Rom, Krakau und Kapstadt geführt hat. Wenngleich die biografischen Berührungspunkte nicht im Zentrum der mehrjährigen Beschäftigung Kuckarts mit Droste-Hülshoffs Leben und Werk stehen, bilden sie doch eine konstante Bezugsgröße, weil die Frage nach dem ,Abgrund Mensch'[1] in den Texten beider Autorinnen an das

---

1 Judith Kuckart beginnt ihre im Wintersemester 2006/2007 an der Universität Paderborn gehaltenen Poetikvorlesungen mit einem längeren Zitat aus ihrem Roman *Kaiserstraße* (2006), in dem vom „Abgrund [...], der der Mensch ist", die Rede ist – und davon, dass dieser Abgrund durch die Kunst, in diesem Fall den Tanz, gestaltet und beherrscht werden kann. Judith Kuckart: Probebühne Schreibtisch. Wie man vom Theater zum Schreiben kommt und welche Rolle das Theater beim Schreiben weiterhin spielt, in: Vom Vorteil des Stolperns. Paderborn 2007, S. 4–47, hier: S. 4 f.

Spannungsverhältnis von (westfälischer) Heimat und Fremde – genauer, an die Interdependenz von Heimat- und Fremdheitskonstruktionen – gekoppelt ist. Schon bei der über lange Zeit als biedermeierliche ‚Heimatdichterin' tradierten Autorin des 19. Jahrhunderts ist der Bezug zur westfälischen Heimat von starken Ambivalenzen geprägt. Das zeigt sich nicht nur an dem dunklen, im ostwestfälischen Raum angesiedelten Kosmos, den Droste-Hülshoff in der *Judenbuche* entwirft, sondern auch in Gedichten wie *Die Jagd* (Einbruch von Gewalt in die friedliche Natur) und *Die Mergelgrube* (einerseits bunt schillernde, faszinierende Gesteinsschichten, andererseits aufgerissene Landschaft und verödete Natur), um nur zwei Beispiele zu nennen. Beiden Autorinnen gemein ist das Wissen, dass Gemeinschaft und heimische Ordnung mit Mechanismen der Ermächtigung und Marginalisierung bzw. Stigmatisierung einhergehen können – ein Kernthema in Droste-Hülshoffs Novelle *Die Judenbuche* und zentraler Anknüpfungspunkt für die Weiterschriften Judith Kuckarts. Kuckart sucht in den Texten Annette von Droste-Hülshoffs das Symptomatische, um hinter den Symptomen im Verborgenen liegende Gewaltstrukturen zu finden, die, wenn auch in anderen Erscheinungsformen, bis in die Gegenwart hinein auszumachen sind. Sie spekuliert, assoziiert und stellt Verbindungen zu Ungeheuerlichkeiten der jüngeren Vergangenheit (beispielsweise zur NS-Zeit, zum wachsenden Fremdenhass und zur ‚Flüchtlingskrise') her, die man allzu konstruiert, ja überzogen und unmotiviert finden kann. Die Zuschauer*innen und Leser*innen, die auf feinsinnige Droste-Reminiszenzen spekulieren, kommen nicht auf ihre Kosten. Wer sich aber auf das Quer- und Weiterdenken einlässt, wer bereit ist, das tradierte bildungsbürgerliche Droste-Bild zu modifizieren und überschreiben zu lassen, wird *Die Judenbuche* neu lesen und die darin geschilderten Verbrechen in einem anderen Licht sehen. Und auch die lyrischen Texte Annette von Droste-Hülshoffs, etwa das traumschöne *Spiegelbild* und das wenig rezipierte, da nicht ins Droste-Bild passende Gedicht *Die Jagd*, werden in der szenischen Bearbeitung Kuckarts um überraschende Bedeutungsdimensionen erweitert.

Konsonanzen und Dissonanzen: *du bist nicht ich*

Ein „literarisches Zwiegespräch" nennt Judith Kuckart ihre erste Adaption von Droste-Texten, die im Rahmen der Droste-Tage 2014[2] auf Burg Hülshoff als szenische Lesung mit Musik zur Aufführung kam. Tatsächlich handelt es sich aber weniger um ein Zwiegespräch als um eine polyphone Montage aus ,Originaltexten' der beiden Autorinnen. Montiert werden Briefpassagen, Zitate aus Prosatexten (*Bei uns zu Lande auf dem Lande, Westphälische Schilderungen aus einer westphälischen Feder, Ledwina*) sowie Gedichte Droste-Hülshoffs (u.a. *Das Spiegelbild, Am Turme, Die Lerche, Meine Sträuße, Die Vogelhütte, Unruhe*) und Reflexionen Kuckarts über den eigenen Werdegang als Künstlerin und ,Wandermensch' mit westfälischen Wurzeln, Passagen aus ihren Romanen *Der Bibliothekar, Lenas Liebe* und *Kaiserstraße* sowie aus Vorträgen[3]. Nach einem kurzen Klavierstück „TRAUMWALZER 1" setzt Sprecherin 3 (Judith Kuckart) ein und nennt den Titel: „du bist nicht ich…", gefolgt von Sprecherin 1 (Kirsten Hartung), die die erste Strophe aus Droste-Hülshoffs *Das Spiegelbild* (HKA I, S. 168 f.)[4] rezitiert:

Schaust du mich an aus dem Kristall,
Mit deiner Augen Nebelball,
Kometen gleich die im Verbleichen;
Mit Zügen, worin wunderlich
Zwei Seelen wie Spione sich
Umschleichen, ja, dann flüstre ich:
Phantom, du bist nicht meinesgleichen! (dbni, S. 1)

---

2 Die szenische Lesung fand am 18. und 19.7.2014 im Rahmen der ersten Droste-Tage auf Burg Hülshoff statt. Mitwirkende: Kirsten Hartung (Sprecherin 1/Klavier), Helene Grass (Sprecherin 2/Akkordeon), Judith Kuckart (Sprecherin 3/Text/Regie). Ich danke Judith Kuckart dafür, dass sie mir die unveröffentlichte Arbeitsfassung des Lesungstextes zur Verfügung gestellt hat. Die im Folgenden mit der Sigle dbni gekennzeichneten Zitate stammen aus dieser Fassung.
3 Vgl. Kuckart (Anm. 1) sowie dies.: Heimat ist da, wo man sagen kann: Die Frau da drüben, die trug als Mädchen mal eine Zahnspange. Danksagung zum Margarete-Schrader-Preis für Literatur der Universität Paderborn 2006, in: Peter Freese (Hg.): Margarete-Schrader-Preis für Literatur der Universität Paderborn 2006. Judith Kuckart. Paderborn 2006, S. 17–35.
4 Annette von Droste-Hülshoff: Historisch-kritische Ausgabe (HKA). Werke, Briefwechsel, [Addenda]. 14 Bde. in 28. Hg. von Winfried Woesler. Tübingen 1978–2000. Seitenangaben mit der Sigle HKA folgen dieser Ausgabe.

Im Anschluss an diese Droste-Verse reflektiert Sprecherin 3 über die Unterschiede und Gemeinsamkeiten in den Lebensläufen und schließt mit einer signifikanten Anekdote ab: „Als Sechzehnjährige habe ich in der Schule einen Aufsatz über die ‚Judenbuche' geschrieben. Nach Meinung meiner damaligen Deutschlehrerin hat mein eigenes Schreiben an dem Morgen angefangen." (dbni, S. 2) Die vielleicht erste Begegnung mit der kanonischen Dichterin markiert hier zugleich die eigene künstlerische Initiation – die Inszenierung eines Topos, bei der allerdings in der Schwebe gehalten wird, welcher Art die Prägung tatsächlich war, bleibt doch die ‚Meinung der Deutschlehrerin' unkommentiert. Sprecherin 2 schließt mit dem ersten Vers der vorletzten *Spiegelbild*-Strophe unvermittelt an: „Es ist gewiß, du bist nicht ich", gefolgt von „TRAuerWALZER 2", womit zugleich Referenz und Zurückweisung deutlich werden.

Mit dem Einstieg über *Das Spiegelbild* eröffnet Kuckart einen Dialog, der auf mehreren Ebenen angesiedelt ist: Zum einen wird mit dem Gedicht ein Schlüsseltext Droste-Hülshoffs zitiert, der in paradigmatischer Weise von den innerpsychischen Konflikten und (Selbst-)Beschränkungen einer streng katholisch und kulturkonservativ sozialisierten schreibenden Frau zeugt, zum anderen geht es um Kuckarts eigenes, von Nähe und Distanz, Konsonanzen und Dissonanzen geprägtes Verhältnis zu Droste-Hülshoff und zur westfälischen ‚Heimat'. *Das Spiegelbild* ist als eine intime Selbstbetrachtung der Dichterin zu lesen, die aber im Modus der intrasubjektiven Auseinandersetzung mit einem von dem sprechenden Ich unabhängigen Du gestaltet wird. Dieses Du kann nicht in die soziale Identität integriert werden, es bleibt auf den Spiegelraum beschränkt – und damit auf die Sphäre des Imaginären und der Kunst:[5]

Es ist gewiß, du bist nicht ich.
Ein fremdes Dasein, dem ich mich
Wie Moses nahe, unbeschuhet,
Voll Kräfte, die mir nicht bewußt,

---

[5] Drostes Adaption des romantischen Doppelgängermotivs ist aus unterschiedlichen Perspektiven beleuchtet worden – feministisch, psychoanalytisch, soziohistorisch, um nur einige zu nennen. Für einen aktuellen Überblick vgl. den Artikel *Das Spiegelbild* von Christoph Kleinschmidt, in: Annette-von-Droste-Hülshoff-Handbuch. Hg. von Cornelia Blasberg, Jochen Grywatsch. Berlin, Boston 2018, S. 338–343.

Voll fremden Leides, fremder Lust;
Gnade mir Gott, wenn in der Brust
Mir schlummernd deine Seele ruhet! (dbni, S. 2)

Die letzte Strophe des Gedichts („Und dennoch fühl ich, wie verwandt,/Zu deinen Schauern mich gebannt,/Und Liebe muß der Furcht sich einen./Ja, trätest aus Kristalles Rund,/Phantom, du lebend auf den Grund,/Nur leise zittern würd ich, und/Mich dünkt – ich würde um dich weinen!"; HKA I, S. 169) nimmt Kuckart nicht in ihre Montage auf. In der *Das Spiegelbild* abschließenden Strophe treten die Eindrücke von Bedrohung, Angst und Abwehr des Du zurück zugunsten von Resignation und Trauer ob der Unmöglichkeit, die Aspekte des Anderen zu integrieren. Diese letzte Strophe spart Kuckart möglicherweise auch deshalb aus, weil ihr Interesse als Autorin des 21. Jahrhunderts gerade darin besteht, das Verhältnis von Identität und Alterität offensiv zu gestalten und die in Droste-Hülshoffs lyrischem Psychogramm negativ beantwortete Frage nach der Integration des marginalisierten Anderen neu zu verhandeln.

Mit der *Spiegelbild*-Referenz und den genannten Implikationen formuliert Kuckart ein erstes Programm. Es geht um eine Spurensuche, um Traditionslinien und ihre Durchkreuzung, um Affinitäten, die ihren Anfang nehmen bei biografischen Gemeinsamkeiten – „(Sprecherin 3) Wir sind beide in Westfalen geboren. Wir sind beide kurzsichtig. In beiden Häusern hat ein Klavier gestanden" (dbni, S. 1) – und sich dann aber vor allem thematisch herauskristallisieren: die Frage nach dem Motor der künstlerischen Arbeit, die Sehnsucht nach Heimat einerseits und der Drang in die Ferne andererseits, die Verflechtung von Identität und Alterität, die wiederum mit dem Themenkomplex ‚Abgrund Mensch' assoziiert ist.

„Erzählen ist Heimat", so heißt es in Kuckarts Poetik-Vorlesungen *Vom Vorteil des Stolperns*[6]. Was bedeutet (Erzählen von) Heimat für Droste-Hülshoff und Kuckart? Annette von Droste-Hülshoff erzählt in dem humorvoll-anekdotischen Westfalenporträt *Bei uns zu Lande auf dem Lande* (HKA V, S. 123–150), aus dem Kuckart einige Passagen übernimmt und in einem harten Schnittverfahren an die *Spiegelbild*-Verse und an eigene Reflexionen zum Thema Heimat koppelt (vgl. dbni, S. 2 f.), trotz des Pronomens „uns" im Titel nicht aus der Perspektive

---

6 Kuckart (Anm. 1), S. 9.

eines Einheimischen. Vielmehr lässt Droste-Hülshoff einen Fremden sprechen, einen Lausitzer Edelmann, der das westfälische Land in seinen Aufzeichnungen als „glückselige[s] Arabien" (HKA V, S. 132) bezeichnet und damit die heimischen Gefilde Drostes gewissermaßen ‚orientalisiert'. Die Maske des Lausitzer Erzählers funktioniert zugleich ver- und enthüllend: Verhüllt wird die autobiografische Dimension des Textes Droste-Hülshoffs. Zugleich wird die prekäre Position eines schreibenden Subjekts im 19. Jahrhundert enthüllt, das qua weiblicher Geschlechtszugehörigkeit die Heimat des Mannes repräsentiert, selbst aber nur eine marginale Position innerhalb der patriarchalischen Ordnung einnehmen kann und damit dem Eigenen immer schon als Fremde gegenübersteht. Judith Kuckart trägt der Doppelbödigkeit des Heimatkonstruktes Rechnung, indem sie auf die *Spiegelbild*-Strophe übergangslos Beobachtungen des Erzählers aus der Lausitzer Fremde, Zitate aus Briefen Droste-Hülshoffs – „Ich bin eine Stockmünsterländerin"[7] – und Passagen aus ihrem eigenen labyrinthischen ‚Heimat-Such-Roman' *Lenas Liebe* – „10.07 IC. Dann umsteigen in die S-Bahn nach S. Denn in S. hielten die großen Züge nicht. Heimat ist dort, wo man sagen kann, die Frau da drüben trug früher mal eine Zahnspange." (dbni, S. 4)[8] – folgen lässt. Die Ungeheuerlichkeit dieser Montage offenbart sich allerdings erst, wenn man sich vor Augen hält, dass in *Lenas Liebe* Auschwitz der Fluchtpunkt der Erzählstränge[9] ist, was in *du bist nicht ich* noch nicht auf der manifesten Ebene verhandelt wird – anders als in ihrer dramatischen Adaption der *Judenbuche*, aber dazu später mehr.

Durch das skizzierte Montageverfahren entsteht ein Textlabyrinth aus alten und neuen, vertrauten und unbekannten, fiktionalen und authentischen Texten, das auf der metapoetischen Ebene als eine Entsprechung zu Droste-Hülshoffs *Das Spiegelbild* gelesen werden kann. Der so erzielte Spiegel- und Verdopplungseffekt lässt die intra- und die intersubjektive

---

7   Aus einem Brief Annette von Droste-Hülshoffs an August von Haxthausen vom 20.7.1841, HKA IX, S. 248.
8   Judith Kuckart: Lenas Liebe. Köln 2002, S. 88.
9   Vgl. Norbert Eke: „Aber die Liebe? Aber der Tod?" Judith Kuckarts Prosa. Laudatio zur Verleihung des Margarete-Schrader-Preises für Literatur der Universität Paderborn 2006, in: Walter Gödden (Hg.): Literatur in Westfalen. Beiträge zur Forschung 9. Bielefeld 2008, S. 381–389, hier S. 385.

Dimension der Verschränkung von Heimat und Fremde bei Droste-Hülshoff sichtbar werden: Während die Begegnung zwischen dem Selbst und dem verborgenen Anderen im Gedicht durch die Spiegelkonfrontation von Ich und Du (als das Phantom des Ichs) inszeniert wird, ist es in dem Prosatext *Bei uns zu Lande auf dem Lande* der Kunstgriff, einen Fremden als Ich-Erzähler zu installieren, in dessen Perspektive die westfälische Heimat als anderer Raum erscheint und – charakteristisch für die Selbstironie Drostes – die Autorin selbst in der Figur Sophie tendenziell karikiert wird, wodurch wiederum die qua Geschlecht gegebene Fremdheit der Autorin Droste wie auch das Befremden der Umgebung angesichts ihres nicht rollenkonformen Verhaltens reflektiert werden.

An dem beschriebenen Montageverfahren wird deutlich, wie das „literarische Zwiegespräch" *du bist nicht ich* funktioniert. Während Judith Kuckart als Sprecherin 3 Fragmente der eigenen Familiengeschichte erzählt und diese mit Passagen aus ihren Romanen sowie Reflexionen zu den Themen Heimat, Genealogie, Sehnsucht, Kunst und künstlerische Anerkennung verbindet, wechseln sich Sprecherin 1 (Kirsten Hartung) und Sprecherin 2 (Helene Grass) mit den Texten Drostes ab, fallen einander ins Wort, kommentieren einander, wie überhaupt die gesamte Montage der Stimmen und Textpassagen immer auch eine implizite Kommentarfunktion hat. Bei dieser Form der Intertextualität geht es Kuckart nicht primär um die Betonung und Bestätigung des weiblichen Traditionszusammenhangs. Für eine solche Hommage sind die Weiterschriften und Transformationen, die sie wenige Jahre später mit *Mutter, lügen die Förster?* und *Jagd auf Tilla Fuchs* vorlegt, zu radikal. In der Terminologie Renate Lachmanns oszilliert Kuckarts intertextuelle Bezugnahme auf Droste-Hülshoff zwischen Partizipation, verstanden als Weiterschreiben mit der Tendenz der Bedeutungsbestätigung und -erweiterung, und einer Form der Transformation und des Umschreibens[10], die zwar den Prätext nicht verbirgt, ihn aber durch das

---

10 Vgl. Renate Lachmann: Gedächtnis und Literatur. Intertextualität in der russischen Moderne. Frankfurt/Main 1990, S. 38 f. Lachmann versteht unter Transformation „eine über Distanz, Souveränität und zugleich usurpierende Gesten sich vollziehende Aneignung des fremden Textes, die diesen verbirgt, verschleiert, mit ihm spielt, durch komplizierte Verfahren unkenntlich macht, respektlos umpolt, viele Texte mischt." (Ebd., S. 39) Kuckart „verbirgt" den fremden Text

Verfahren der Montage in einem Maße dekontextualisiert und verfremdet, dass tatsächlich ganz neue Bedeutungsdimensionen aufscheinen – auch solche, die auf den Abgrund der deutschen Geschichte und die Pervertierung des Heimatbegriffs durch die Nationalsozialisten verweisen, was allerdings in *du bist nicht ich* noch nicht ausbuchstabiert wird, sondern sich nur Kenner*innen von *Lenas Liebe* ansatzweise offenbart. Kuckart liefert so nicht nur einen Nachweis für die Aktualität vieler Texte Droste-Hülshoffs, sondern sie reflektiert auch über die eigene Genese als Repräsentantin einer kritischen und engagierten ‚Heimatkunst'[11], indem sie Korrespondenzen (die Herkunft aus der westfälischen Provinz, der *andere* Blick, der die Beschränkungen der Herkunft überwindet) und Differenzen („adeliges Fräulein", das an einem „magischen Ort" zur Welt kam versus „Tochter eines Vertreters neben einer Fabrik für Metallverarbeitung in Schwelm bei Hagen geboren", dbni, S. 1 f.) aufzeigt. Die Spiegelungen, Verdopplungen und Kontrafakturen funktionieren vor allem über die Verschränkung von fiktionalen und (auto)biografischen Geschichten, über die das „Zwiegespräch" immer wieder eine metapoetische Dimension erreicht. So trägt Sprecherin 3 (Kuckart) neben authentischem Material und persönlichen Reflexionen auch längere Passagen aus *Der Bibliothekar*, *Lenas Liebe* und *Kaiserstraße* vor, die nicht als Romanzitate markiert werden, so dass selbst Kenner*innen ihres Werks vor der Herausforderung stehen, die Stimmen auseinanderzudividieren und die fiktiven Figuren von der Person Kuckart zu trennen. Was *du bist nicht ich* über einen Abgleich von Künstlerinnen-Viten und poetologischen Reflexionen deutlich hinweghebt, ist der Umstand, dass die dem „literarischen Zwiegespräch" zugrundeliegende Polyphonie[12] auch eine gesellschaftskritische und politische Stoßrichtung

---

   zwar nicht, geht aber durch die z.T. radikale De- und Neukontextualisierung ‚respektlos' mit ihm um.
11 Davon, dass das nur ein Aspekt in Kuckarts Schaffen neben anderen ist, zeugt der vorliegende Band.
12 Das hier zugrunde gelegte Verständnis von Polyphonie orientiert sich an Michail M. Bachtins (Die Ästhetik des Wortes. Hg. von R. Grübel. Frankfurt/Main 1979) Intertextualitätsmodell, das auf der Annahme basiert, dass Texte grundsätzlich eine dialogische Orientierung haben und insbesondere literarische Texte über Ambivalenzen und Ambiguitäten funktionieren. Das betrifft sowohl das Verhältnis zwischen dem referierenden Text und dem Prätext, das in unterschiedlichen Anteilen von Affirmation und Negation/Kontradiktion bestimmt ist, als

hat. Das sei an einem Beispiel, bei dem es um unerwünschte Schwangerschaften geht, die es im 19. Jahrhundert natürlich genauso gegeben hat wie in der jüngeren Vergangenheit, gezeigt. Kuckart montiert eine Textpassage aus ihrem Roman *Der Bibliothekar* mit Zitaten aus den *Westphälischen Schilderungen aus einer westphälischen Feder* (HKA V, S. 43–74), ein in Ansätzen ethnographisches Projekt Drostes, das scheinbar rückwärtsgewandt „der Archivierung und Konservierung verschwindender regionaler und sozialer Strukturen"[13] gewidmet ist, aber in der polyphonen Montage des „Zwiegesprächs" noch andere Lesarten offenbart:

Sprecherin 1
Der Münsterländer heiratet selten, ohne ein sicheres Auskommen in der Hand zu haben. [...] Die illegitime Bevölkerung ist gar nicht in Anschlag zu bringen (gar nicht der Rede wert), obwohl jetzt eher, als wie vor dreißig Jahren, wo wir in einer Pfarre von fünftausend Seelen ein einziges uneheliches Kind antrafen, einen Burschen von 25 Jahren, den [...] ein fremder Feldwebel einem armen Dienstmädchen als trauriges Andenken hinterlassen hatte.[14]

Sprecherin 3
Alles Pollacken, sagten die Nachbarn, als Großmutter und Großvater in Dortmund-Hörde katholisch heirateten. Mit jeweils einer Sommerpause kamen die Kinder zur Welt. Irmi war das jüngste, hatte rotes Haar und sah sehr polnisch aus. Irmi hatte diesen Blick von unten, den Männer für die chemische Verbindung aus Gerissenheit und Hingabe halten. Ihre Verehrer fuhren Motorrad. Sie machte die Beine auf dem Rücksitz breit. Die Verehrer spielten Schlagzeug und nahmen Irmi in den Keller mit dazu. Und beinahe wäre aus der Tochter Liz nichts geworden. „Erst sechzehn im nächsten Monat", hatte die Großmutter gerufen und die schwangere Irmi durchgeprügelt. Windelweich. (dbni, S. 10)[15]

---

auch den einzelnen Text (als ein Geflecht von Äußerungen), der sich, unabhängig von der ‚Intention' der Autorin/des Autors, aus einem spezifischen historischen Kontext bzw. Dialog speist.

13 Siehe zu den *Westphälische[n] Schilderungen aus einer westphälischen Feder*, die in der vorliegenden Form von Droste ursprünglich nicht zur Publikation vorgesehen waren, den Artikel von Esther Kilchmann im Annette von Droste-Hülshoff Handbuch (Anm. 5, S. 529–533, hier S. 531).
14 Die im Zitat aus den *Westphälische[n] Schilderungen* mit eckigen Klammern gekennzeichneten Auslassungen sind von Judith Kuckart, allerdings nicht als solche markiert. Der Einschub in runden Klammern stammt von Kuckart und ist so im Skript markiert.
15 Judith Kuckart: Der Bibliothekar. Köln 2004, S. 71. Hinzugefügt wurde gegenüber dem Romantext lediglich „der Tochter" vor „Liz".

Kontrastiert werden hier eine (scheinbar) homogene, wertkonservative vorindustrielle münsterländische Landbevölkerung Anfang/Mitte des 19. Jahrhunderts, in der ‚Fehltritte' nur ganz singulär verzeichnet werden, die aber von Verfall bedroht ist („obwohl jetzt eher als vor dreißig Jahren"), und eine von Migration, Fremdenfeindlichkeit, widerstreitenden Wertvorstellungen und Generationenkonflikten geprägte Industriegesellschaft im Ruhrgebiet rund hundert Jahre später. Die harte Montage evoziert noch eine weitere Lesart des Droste-Textes, zumal Kuckart den Droste-Text durch einen Klammereinschub „gar nicht der Rede wert" ergänzt. Durch diese Hinzufügung in Verbindung mit dem Zitat aus *Der Bibliothekar* (1998), das ja mit dem ‚Gerede' der Leute – „Alles Pollacken, sagten die Nachbarn" – einsetzt, steht die Frage im Raum, ob die offizielle Statistik (eine illegitime Geburt, die bereits 25 Jahre zurückliegt, in einer 5000-Seelen-Gemeinde) tatsächlich die soziale Realität abbildet, ist doch das Thema der ungewollten und gesellschaftlich sanktionierten Schwangerschaft spätestens seit Heinrich Leopold Wagners *Die Kindermörderin* (1776) literaturgeschichtlich verbürgt. „Und beinahe wäre [infolge der großmütterlichen Aggression gegenüber der schwangeren Sechzehnjährigen, R.M.] aus der Tochter Liz nichts geworden." Dieser elliptische und doch unmissverständliche Hinweis auf die Möglichkeit der pränatalen Kindstötung wirkt auf die Droste-Passage zurück: Wie sähe die unverfälschte Dorfstatistik aus? Welche Möglichkeiten gab es im 19. Jahrhundert für die Landbevölkerung, um die ‚Seelen'-Statistik im grünen Bereich zu halten? Eine spekulative Lesart der Montage, die aber angesichts der subtilen Andeutungen auf eine entsprechende historische Praxis, die in der *Judenbuche* zu finden sind, möglicherweise doch legitim ist. Festzuhalten ist, dass die immer schon gegebene Polysemie der Prätexte durch das beschriebene Arrangement der Stimmen noch einmal gesteigert wird und verborgene wie auch neue Bedeutungsräume eröffnet werden. Dieses Verfahren baut Judith Kuckart in den nachfolgenden Droste-Adaptionen beträchtlich aus, indem sie die Möglichkeiten des Theaters als plurimedialem Raum stärker nutzt (*Mutter, lügen die Förster?*) und das intertextuelle Verweissystem erweitert (*Jagd auf Tilla Fuchs*).

Gefährdete Existenzen: *Mutter, lügen die Förster?*

Der Titel der dramatischen Adaption der *Judenbuche*[16] gibt die Richtung vor. Kuckarts Interesse an dem bekanntesten Prosatext Drostes gilt der Diskursmacht der Herrschenden und den Fallstricken, die sich daraus für nicht kompatible Individuen und Gruppen ergeben. Die Förster fungieren im ländlichen Raum des 18. und frühen 19. Jahrhunderts noch als Hüter einer spätfeudalen Ordnung, die streng hierarchisch ausgerichtet ist und in der Minoritäten und Normbrüchige einen schweren Stand haben. Als Sohn eines unter Alkoholeinfluss gewalttätigen Tagelöhners ist die Hauptfigur Friedrich von Geburt an stigmatisiert und vom gesellschaftlichen Abstieg bedroht. Er gehört zu den prekären Existenzen, die, mit Isabell Lorey gesprochen, einer gesellschaftlichen Positionierung der permanenten Unsicherheit und Gefährdung ausgesetzt sind.[17] Hinzu kommt, und darauf zielt die im Titel zitierte Frage des neunjährigen Friedrich ab, dass er das Nebeneinander von konkurrierenden Rechtsvorstellungen, nämlich Naturrecht (das Recht der Dorfbewohner auf ‚Holzfrevel') versus Gutsherrengesetz (für dessen Wahrung u.a. die Förster zuständig sind), nicht versteht und angesichts der desolaten familiären Verhältnisse zunehmend die Orientierung verliert. Im Zentrum ihrer dramatischen Adaption stehe nicht der Kriminalfall, so Kuckart, „sondern vor allem die Geschichte des Friedrich Mergel, der in der Novelle von 1838 bereits an viele Jungen erinnert, die zu diesem Zeitpunkt noch nicht geboren sind. Friedrich Mergel wird sich selber ein Fremder, auf jeden Fall wird er ein Fremder im eigenen Dorf." Diesen Prozess nachzuvollziehen und mit Hilfe der Geschichte des

---

16 Das Stück war eine Auftragsinszenierung anlässlich der unter der künstlerischen Leitung von Jochen Grywatsch durchgeführten Droste-Tage 2016 und kam am 12., 13. und 14.8.2016 auf Burg Hülshoff zur Aufführung.

17 Lorey zielt in ihrem Essay auf eine Analyse der prekären Arbeits- und Lebensverhältnisse im spätmodernen Neoliberalismus ab. Der Begriff scheint mir aber auch hier angemessen, weil Kuckart sich für das Paradigmatische an der Figur interessiert, für die Gefährdungen, mit denen Menschen wie Friedrich Mergel aufgrund von Praktiken der sozialen Hierarchisierung und des ‚Othering' konfrontiert sind. Vgl. Isabell Lorey: Die Regierung des Prekären. Wien, Berlin 2020, S. 24–29.

Friedrich Mergel – weil es „bis heute nicht anders ist"[18] – über den gesellschaftlichen Umgang mit marginalisierten Individuen und Gruppen zu reflektieren, ist das erklärte Anliegen. Die Geschichte des Friedrich Mergel wird von Kuckart in einer Montage von szenischen und erzählenden Elementen rekonstruiert.[19] Die Schauspielerinnen treten als „Hüterinnen des Textes"[20] abwechselnd hervor und erzählen Passagen aus der Novelle oder führen sie in knappen Spielszenen vor (vgl. Abb. 1).

Abb. 1: „Hüterinnen des Textes" – Claudia Spörri als C, Svea Auerbach als E, Kathrin Steinweg als B. – © Ralf Emmerich

---

18 So heißt es in dem Programmflyer der Droste-Tage 2016 über *Mutter, lügen die Förster*?
19 Auf die Inszenierung und die theatrale Umwidmung des historischen Ortes Burg Hülshoff gehe ich in meinem Aufsatz: Mutter, lügen die Förster? – *Judith Kuckarts dramatische Adaption der* Judenbuche *als Versuch über den Umgang mit Alteritäten* (in: Droste-Jahrbuch 12 [2017/18], S. 239–254), ausführlich ein. Hier steht die Arbeit am Text im Mittelpunkt.
20 Am 17.01.2017 wurde auf SWR 2 ein einstündiges Feature über die Inszenierung gesendet (vgl. dazu den Beitrag von Vera Mütherig im vorliegenden Band). Das Zitat stammt aus dem Skript für die Sendung (S. 6), das Judith Kuckart mir zur Verfügung gestellt hat.

Figurenrede und Interaktion im Sinne des bürgerlichen Illusionstheaters bleiben auf ein Minimum beschränkt, auch in den Dialogszenen wird primär das Publikum angespielt.

In der Arbeitsfassung des Stückes[21] sind alle Darstellerinnen/Erzählerinnen nur mit Buchstaben markiert, eine fixe Zuordnung zu den Figuren der Novelle gibt es nicht. Isabel Zeumer/A ergreift als erste das Wort und fängt an, von Margareth Mergel, geborene Semmler zu erzählen. Nach wenigen Sätzen wird A durch Kommentare und Fragen ihrer Mitspielerinnen unterbrochen, so zum Beispiel, als sie erzählt, wie die inzwischen mit dem Säufer und Choleriker Hermann Mergel verheiratete Margareth eines Abends aus dem Haus stürzt: „[…] das Haar wild um den Kopf hängend, sich im Garten neben ein Krautbeet niederwerfen und die Erde mit den Händen aufwühlen, dann ängstlich um sich schauen, rasch ein Bündel Kräuter –" (MlF, S. 5). Die zitierte Passage entspricht, abgesehen von dem Gedankenstrich, mit dem die Rede abbricht, wörtlich dem Novellentext. Das gilt aber nicht für die Einschübe von C (Claudia Spörri): „Thymian?" und F (Paula Dombrowski): „Vielleicht, ja, Thymian." (Ebd.) Warum Margareth Mergel nach einer von „wüste[m] Lärmen" (HKA V, S. 6) begleiteten Heimkehr ihres alkoholisierten Ehemannes verstohlen Kräuter aus dem Garten holt und um welche Art Kräuter es sich handelt, erfährt die Droste-Leserschaft nicht. Genau in diese unheimliche Leerstelle treffen die Einschübe von C und F, die den Verdacht nähren, der sich auch bei dem einen oder anderen Novellenleser einstellen mag: Margareth wurde von ihrem Mann Gewalt angetan und versucht nun, die möglichen Folgen dieser Tat mit einem Mittel zu bannen, dem bis heute die Wirkung nachgesagt wird, die Gebärmutter zu stimulieren und einer unliebsamen Schwangerschaft vorzubeugen. Kuckart greift also wieder, wie schon in *du bist nicht ich*, den im 19. Jahrhundert tabuisierten Konnex von Gewalt und (versuchtem) Schwangerschaftsabbruch auf,

---

21 Ich bedanke mich bei Judith Kuckart dafür, dass sie mir die unveröffentlichte Arbeitsfassung des Stückes (Stand 29.6.2016) zur Verfügung gestellt hat. Die mit der Sigle MlF gekennzeichneten Zitate folgen dieser Fassung.

der Droste-Hülshoff aber durch die enge Beziehung zu ihrer einstigen Amme Maria Catharina Plettendorf[22] vertraut gewesen sein dürfte.

Mit der düsteren Mehrdeutigkeit des Novellentextes korrespondiert die Polyphonie der dramatischen Adaption. Die Schauspielerinnen agieren nicht als identifizierbare Figuren, sondern als Erzählerinnen und szenische Darstellerinnen, die aus einer gleichsam chorischen Formation abwechselnd hervortreten, sei es um die Geschichte voranzutreiben und zu kommentieren oder um die Rätselstruktur der *Judenbuche* zu markieren und den Finger in die Wunde zu legen. „Im traditionellen Sprechtheater hat der Schauspieler den Traum vom Individuum zu erfüllen – aber wo gibt's denn heute ein Individuum?"[23] Dieser Satz stammt nicht von Judith Kuckart, sondern von dem 2013 verstorbenen Theatermacher Einar Schleef. Kuckart setzt nicht so radikal auf die Chorfunktion, wie das in Einar Schleefs Inszenierung von Jelineks *Sportstück* (Wiener Burgtheater, 1998) oder in Ulrich Rasches Adaption von Schillers *Die Räuber* (Residenztheater München, 2016) der Fall ist. Aber sie ist sich der Möglichkeiten des Chors im postdramatischen Theater bewusst, hat darüber auch im Rahmen ihrer Paderborner Poetikvorlesungen reflektiert: „Im Chor behauptet sich die Sprache gegen die Sprache, behauptet sich das tragische Bewusstsein. […] Der Chor gibt der Sprache das Rätsel zurück."[24] Gegen ein Theater des individuellen Ausdrucks setzt auch Kuckart ein in einzelne Stimmen aufgelöstes kollektives Sprechen, das genau da ansetzt – insistiert –, wo der Text (Droste-Hülshoffs) sich noch ‚unwissend' gibt oder schweigt und auch das dramatische Zeigen nicht adäquat wäre, um die Leerstellen zu füllen.

Schon in der *Judenbuche* sind die Hinweise auf das Innenleben der Figuren rar, werden die gestörte Kommunikation und die zunehmende Entfremdung zwischen Mutter und Kind mit wenigen Strichen bzw. durch

---

22 Ab den 1830er Jahren lebte Maria Catharina Plettendorf (1765–1845) im Rüschhaus und wurde von Droste-Hülshoff bis zu ihrem Tod versorgt. Vgl. Annette-von-Droste-Hülshoff-Handbuch (Anm. 5), S. 2.

23 So äußerte sich Einar Schleef in einem Gespräch, das Wolfgang Höbel und Georg Diez („Die Droge bin ich", in: Der Spiegel Nr. 20/1998, in: https://www.spiegel.de/kultur/die-droge-bin-ich-a-9af101ce-0002-0001-0000-000007892333 [2.10.2021]) anlässlich des Berliner Theatertreffens, bei dem der Regisseur gleich mit zwei Arbeiten, der Düsseldorfer *Salome* und dem Wiener *Sportstück*, vertreten war, geführt haben.

24 Kuckart (Anm. 1), S. 32.

Leerstellen gezeichnet, so zum Beispiel in der Zeit unmittelbar nach dem rätselhaften Tod des Vaters: „Friedrich kam scheu heran; die Mutter war ihm ganz unheimlich geworden mit den schwarzen Bändern und den verstörten Zügen." (HKA V, S. 8) Auch Jahre später, nachdem der Jude Aaron gerade Friedrichs Schulden in Anwesenheit der gesamten Dorfgemeinschaft öffentlich gemacht hat, schweigt das betroffene – tödlich getroffene – Individuum, gibt das Rätsel seiner inneren Befindlichkeit nicht preis. „Friedrich war wie vernichtet fortgegangen [...]" (HKA V, S. 29), dieser lapidare Hinweis ist nur der finale Befund einer symbolischen Auslöschung, die in der Version Kuckarts lange vorher ihren Lauf genommen hat: „Friedrich ist auf der Flucht von Anfang an. Seit seiner Geburt." (MlF S. 78) Und auch Margareth ist spätestens nach dem Verschwinden ihres einzigen Kindes als ein der Sprache mächtiges Individuum wie ausgelöscht:[25] „Ihr Mund, als hätte sie ihn fortgeworfen." (MlF, S. 75) Angesichts dieser sprachlichen Ohnmacht und symbolischen Depotenzierung, die schon bei Droste-Hülshoff zum Ausdruck kommt, ist es nur konsequent, dass Kuckart auf die konventionelle Figurenrede verzichtet und stattdessen auf das chorische Sprechen setzt.

In der Arbeitsfassung ist die gesamte erste Szene, in der es um die Zeit vor der Geburt Friedrichs geht, mit dem Titel „Thymian" überschrieben. Dieser Titel, zu dem es in der Novelle keine explizite Referenz gibt, ist kennzeichnend für das Verfahren Kuckarts, gerade die Leer- und Bruchstellen der *Judenbuche* als Ausgangspunkt ihrer aktualisierenden Adaption des historischen Textes zu nehmen. Kuckart bringt kein *Sittengemälde aus dem gebirgigten Westphalen* – mit diesem Untertitel ist schon die Novelle nicht adäquat erfasst – auf die Bühne, sondern eine paradigmatische Fallgeschichte, in der die physische Gewalt immer auch Ausdruck einer strukturellen Gewalt ist. Dass diese Gewalt sich vor allem im Umgang mit dem Anderen Bahn bricht, lässt sich an der zweiten Szene, die in der Arbeitsfassung mit „Willkommen" überschrieben ist, exemplarisch zeigen. Der Szenentitel ist kaum verhüllt zynisch, geht es doch auf der Ebene der Diegese um Friedrichs (von der Mutter unerwünschte) Geburt und extradiegetisch um die Einführung des Publikums in den dunklen Droste-Kosmos:

---

25 „[M]an verließ das Haus, ohne daß Margreth ein anderes Lebenszeichen von sich gegeben hätte, als daß sie unaufhörlich die Lippen nagte und mit den Augen zwinkerte." (HKA V, S. 32)

F (Dombrowski): Friedrich Mergel
C (Spörri): Sohn von Margareth Mergel, geborene Semmler
E (Auerbach): und Hermann Mergel,
B (Steinweg): Mergel, wie ausgemergelt, kraftlos, unfruchtbar, verkalkt, Margareths Mann eben,
E: ein Grundeigentümer geringerer Klasse,
F: dieser Sohn Friedrich Mergel also,
B: wird im zweiten Jahr der Ehe geboren. Die Umstände sind alles andere als schön, aber das Dorf – das ist sehr schön. Das Dorf, das, so schlecht und rauchig es sein mag, doch das Auge jedes Reisenden fesselt durch die überaus malerische Schönheit seiner Lage in einer grünen Waldschlucht.
Margareth soll sehr geweint haben, als man ihr das Kind reichte.
C: Willkommen meine Damen und Herren unter der Judenbuche, einem Sittengemälde aus dem gebirgichten Westfalen. (MlF, S. 6f.)

Kuckart zieht das Tempo, in dem die chorischen Sprecherinnen wechseln, deutlich an. Die antithetische Beschreibung des Dorfes, die schon im ersten Absatz der Novelle zu finden ist, wird hier dadurch potenziert, dass das Theaterpublikum (nicht aber der erstmalige Leser der *Judenbuche*) bereits an dieser Stelle weiß, in welch fatale Familien- und Geschlechterkonstellation das Kind hineingeboren wurde. Auch der im Novellentext noch unverdächtige Hinweis, dass ein „fremdes Gesicht Aufsehen erregte" (HKA V, S. 3 / MlF, S. 7), bekommt bei Kuckart in Zusammenhang mit dem mehrfach wiederholten Titel „Willkommen" und dem B-Kommentar „*Sagten wir doch, Fremde und fremde Gedanken mag man hier nicht.*" (MlF, S. 8; kursiv im Orig.) eine andere Bedeutung, ist eine deutliche Anspielung auf die im Sommer 2015 von Angela Merkel propagierte ‚Willkommenskultur', über die in Deutschland nicht erst seit dem Einzug der AfD in den Bundestag kontrovers diskutiert wird. Mit der Analyse der ersten beiden Szenen ist ein konkretes Beispiel dafür gegeben, wie Judith Kuckart das ‚historische Sittengemälde' durch ihre spezifische Auswahl, Anordnung und Ergänzung des Novellentextes sowie durch die Funktion des in Einzelstimmen aufgelösten Chors interpretiert und aktualisiert, anders formuliert, wie sie die historische und poetische Alterität der *Judenbuche* produktiv macht.

Jede Adaption ist eine Interpretation, das führt uns, obwohl sie große Teile der *Judenbuche* wörtlich übernimmt, Judith Kuckart vor Augen. Und sie zeigt uns auch, worin die Eigenwertigkeit einer medialen Transformation, hier vom novellistischen Text zur szenisch-erzählerischen Aufführung, liegen kann. Durch das depersonalisierte Sprechen, die Umwidmung und Dynamisierung des historischen Ortes Burg Hülshoff, den musikalischen Kommentar und schließlich die Arbeit am Text werden markante Akzente gesetzt und neue Bedeutungsdimensionen eröffnet. Die Entscheidung, direkt mit den ehelichen Abgründen Margareth Mergels einzusteigen und die signifikante Leerstelle – welche Kräuter gräbt Margareth aus und zu welchem Zweck? – hypothetisch zu füllen, bedeutet eine sofortige Fokussierung auf die Themen Gewalt, Geheimnis, Tabu. Das traute Heim ist ein Abgrund, die Heimat ein Sumpf, in dem untergeht, wer aus der Reihe tanzt oder „tanzt wie verrückt" (MlF, S. 38). Dank des chorischen Sprechens ist von vornherein eine Reflexionsebene installiert, über die die historische Distanz mit Hilfe von Wortspielen, Bedeutungspfropfungen und Diskursverschränkungen, die an Elfriede Jelineks Ankündigung, auf das traditionelle Theater mit der Axt einschlagen zu wollen,[26] denken lassen, aufgebrochen wird. Die historische Distanz wird in den Dienst einer transhistorischen Zeitenschichtung genommen, die bis in die Gegenwart reicht. Dabei wird die poetische Alterität des Droste-Textes nicht aufgelöst, sondern als Hebel für die Aktualisierung genutzt. Die poetische Alterität ist, so stellt Birte Lipinski in Anknüpfung an die Rezeptionsästhetik fest,

> [...] wesentlich durch den offenen Charakter, die Mehrdeutigkeit des Kunstwerks oder, um auf Iser zurückzukommen, durch die Leerstellen des literarischen Kunstwerks und durch seine Artifizialität geschaffen. Sie schafft die Möglichkeit einer zeitübergreifenden Rezeption, einer Aktualisierung in beiderlei Wortsinn. Wenn diese poetische Alterität Offenheit zur Aktualisierung bietet, liegt die These nahe, dass die historisch-kulturelle Alterität ebenfalls zur Aktualisierung einlädt.[27]

Was Lipinski an dramatischen Adaptionen von kanonischen Romanen des 19. und 20. Jahrhunderts zeigt, lässt sich auf Judith Kuckarts Dramatisierung der *Judenbuche* übertragen. Das Spannungsverhältnis von Ent- und Verhüllen bzw. Verschweigen, das für Drostes Bearbeitung eines historischen Kriminalfalls so charakteristisch ist, liefert genau die Einfallsstellen

---

26 Elfriede Jelinek: „Ich schlage sozusagen mit der Axt drein", in: TheaterZeitSchrift (TZS). Beiträge zu Theater, Medien, Kulturpolitik 7 (1984), S. 14–16, hier S. 15.
27 Birte Lipinski: Romane auf der Bühne. Form und Funktion von Dramatisierungen im deutschsprachigen Gegenwartstheater. Tübingen 2014, S. 75 f.

für Kuckarts aktualisierende Bearbeitung. Hier setzt sie mit der Axt an und spaltet den Novellentext so auf, dass die unterschiedlichen Zeitschichten – die Zeit des historischen Kriminalfalls, also Ende des 18. Jahrhunderts, und die Entstehungszeit der Novelle – sichtbar werden und um weitere zeitliche und räumliche Ebenen erweitert werden können (vgl. Abb. 2).

Abb. 2: ‚Die Axt im Text' – Paula Dombrowski als F. – © Ralf Emmerich

Schon in der ersten Hälfte des Stückes, die noch größtenteils der narrativen und szenischen ‚Wiedergabe' der *Judenbuche* bis zum Verschwinden Friedrichs gewidmet ist, wird eine Zeitenschichtung durch Partikel der jüngeren und jüngsten Geschichte vorgenommen, etwa wenn zu dem Satz „Noch sagten auch sie nicht: die Judenbuche" der Klammerzusatz „(Buchenwald)" kommt (MlF, S. 44). Im zweiten Teil wird der Brückenschlag über den ‚Abgrund Heimat' in das 20. und 21. Jahrhundert nicht mehr nur andeutungsweise vorgenommen, sondern mit der Kraft von Detonationen, die den Droste-Text erschüttern, ihn gleichsam aufreißen, wodurch das Aktualitätspotenzial der Novelle zutage gefördert wird.

E: Ich glaube, der Mensch an sich ist eine Ratte. Er kann zum Beispiel überall wohnen.
C: Der Mensch braucht Heimat.
E: Überall kann er wohnen, der Mensch, unter einer Brücke, in Zigeunerkarawanen, in den Hütten der Favelas. Sogar in Buchenwald.
C: Was, **im** Buchenwald?
E: Nein, **in** Buchenwald.
C: Du meinst so etwas wie Auschwitz?
B: Gott!
(Gesang) (MlF, S. 60f., Hvh. im Orig.)

Auf diese – aus deutscher Perspektive schwerlich zu übertreffende – Pervertierung des Konzepts Heimat, der Spekulationen über Droste-Hülshoffs Befindlichkeit während der Niederschrift der *Judenbuche* vorausgehen, folgt die Wiederaufnahme der Friedrich-Geschichte bzw. der Geschichte des Mannes, der nach 28-jähriger Abwesenheit in die Heimat zurückkehrt, „um wenigstens auf einem katholischen Friedhof begraben zu werden." (MlF, S. 61) Schon bei Droste-Hülshoff ist die Verbundenheit des Geflüchteten mit seiner katholischen Heimat ambivalent gezeichnet. Zwar zeigt sich der alte Gutsherr „sehr gütig" (HKA V, S. 39) und versorgt ihn mit dem Notwendigsten, eine letzte Ruhestätte in geweihter Erde bleibt ihm, dem heillos Getriebenen und Selbstmörder, jedoch verwehrt: „Die Leiche ward auf dem Schindanger verscharrt" (HKA V, S. 42). Während Droste-Hülshoff ihre Geschichte mit dem rückwärtsgewandten Hinweis auf die historische Authentizität, den Kriminalfall aus dem Jahr 1788, enden lässt, bewegt Kuckart sich auf dem Zeitstrahl in die entgegengesetzte Richtung. Für sie ist Friedrich Mergel einer, der „an viele Jungen erinnert, die zu diesem Zeitpunkt noch nicht geboren sind."[28] Vor allem verweist dieser Friedrich/Johannes Niemand auf all diejenigen, die keinen sicheren Ort haben, die auf der Flucht sind, weil sie, in welcher Hinsicht auch immer, anders sind.

Bei der Frage, wie die einzelnen Bausteine zusammenzufügen sind, die Geschichte des an Leib und Seele gebrochenen Heimkehrers, die hypothetisch entwickelte Befindlichkeit Droste-Hülshoffs und der Genozid, wird das Publikum nicht an die Hand genommen. Auch nach der ‚Auschwitz-als-Heimat-Keule' hat es wenig Zeit sich zu besinnen, weil sofort die nächste Abschweifung

---

28 Programmflyer der Droste-Tage 2016 (Anm. 18).

folgt, nämlich zum sonntäglichen Szenario einer gutbürgerlichen Familie: ein Pfarrer mit Frau und fünf Töchtern, der, nachdem er kurz zuvor von christlicher Nächstenliebe gepredigt hat, dem Obdachlosen einen Platz an seiner Tafel verweigert, den Bedürftigen buchstäblich im Regen stehen lässt.

> B [hier als eine der Töchter]: Ich sitze da mit meinen weißen Kniestrümpfen und den langen Zöpfen und ich schäme mich zu Tode.
> Ich gehe also hinaus und fahre mit dem Niemand auf der Türschwelle, der gerade nicht weiß, wohin mit dem Butterbrotpapier, mit dem fahre ich mit dem Bus, – zum Theater.
> Ich hatte Sehnsucht nach dem Fremden, nach Leibhaftigkeit. (MlF, S. 62)

Wer spricht hier? Wo sind wir jetzt? Im Haus von Gudrun Ensslin, der als Kind folgsamen Pfarrerstochter, die mit Andreas Baader in Stammheim ihr Ende fand?[29] In der Kindheit/Jugend von Judith Kuckart, die die westfälische Heimat gegen ein Leben als Tänzerin, Schriftstellerin und Regisseurin in Zürich, Berlin und anderswo eintauschte? Die aber doch immer wieder zurückkehrt – in die westfälische ‚Heimat' und zu Droste-Hülshoff, über deren Novelle sie als Schülerin einen Aufsatz mit dem Titel *Ich kenne dich* [Friedrich Mergel] geschrieben hat, der vom Lehrer mit einer (fragwürdigen) Analogie kommentiert wird:

> F: Er sagte: Andreas Baader war so einer. Und auch David Bowie. [...]
> Der Lehrer fand, ich sei auch wie Friedrich und all die anderen, die auch so sind wie er.
> Und wie, habe ich gefragt.
> Verhaltensoriginell, eben.
> Ich bin zum Klo gegangen und habe in den Spiegel geschaut: Nein, da war nicht diese rohe Melancholie in meinen Zügen. Gar nicht! Diese innere Abgeschiedenheit? Vielleicht? (MlF 76f.)

Was haben David Bowie, Andreas Baader und Friedrich Mergel gemein? Was verbindet den 2017 verstorbenen Pop- und Verwandlungskünstler, den am 18.10.1977 tot in seiner Stammheimer Gefängniszelle aufgefundenen RAF-Terroristen und die auf einen historischen Kriminalfall aus dem Jahr 1788 zurückgehende Hauptfigur von Droste-Hülshoffs

---

29 Über die Frage, wie und warum eine junge, aus bürgerlichen Verhältnissen stammende Frau sich politisch radikalisiert und den Weg in den Untergrund wählt, denkt Judith Kuckart schon in ihrem Debütroman *Wahl der Waffen* (Frankfurt/Main 1990) nach.

Meisternovelle? Eine plausible Antwort auf diese Frage bleibt Kuckart uns schuldig. Vielmehr provoziert sie zur Widerrede, wenn sie den drei Genannten ein schon fast mythisches Größen- und Destruktionspotenzial zuschreibt: „Baader, Bowie, Friedrich Mergel. Alle drei hochmütig wie der Teufel, alle wollen sie ihren Thron noch oberhalb der Unendlichkeit aufstellen, und wenn sie dann stürzen, zur Hölle, fegen sie mit dem Schwanz ein Drittel der Sterne weg." (MlF, S. 77) Ob die Anekdote vom Schulaufsatz über *Die Judenbuche* einen wahren Kern hat und tatsächlich eine Art Droste-Initiation war, wissen wir nicht. Die Grenze zwischen Authentizität und Authentizitätsfiktion ist nicht nur an dieser Stelle durchlässig. Es gibt keinen Generalschlüssel dafür, wie die Geschichten, Lebensläufe und geschichteten Zeiten/Räume, die in *Mutter, lügen die Förster?* aufgerufen werden, zusammenhängen – außer der Klammer, dass es um den Diskurs des Anderen geht.

Die Position des/der Anderen wird in *Mutter, lügen die Förster?* weit gefasst, man könnte kritisieren: zu beliebig besetzt. Droste-Hülshoff als intellektuelle, schreibende Frau war anders. Die Juden waren anders, nämlich laut NS-Rassenideologie gar keine Menschen, weshalb man sie enteignen, vertreiben und ermorden konnte. Die Flüchtlinge aus Syrien, Afghanistan, Nordafrika sind in einem Maß anders, dass – heute mehr noch als 2016 – ‚Heimatschützer' in der ganzen Republik aufstehen, (in Bayern) Kreuze aufhängen und ein Bollwerk zum Schutze der eigenen Kultur aufrichten. Andreas Baader und David Bowie waren auch anders, was dem einen, dem Staatsfeind, zum Verhängnis wurde und dem anderen, dem Künstler, zum Weltruhm verhalf. Darf man das? Bowie, Baader und Friedrich Mergel über das Etikett ‚verhaltensoriginell' verbinden? Und darf man die ‚Verhaltensoriginalität' Bowies und Baaders in irgendeinen – sei es auch noch so weit geknüpften – Zusammenhang mit Auschwitz bringen? Der Bogen, den Kuckart durch das Geflecht von Andeutungen und Verweisen spannt, ist weit, vielleicht an manchen Stellen zu weit, als dass wir ihr in allen Bezügen folgen möchten. Aber was Kuckart unzweifelhaft leistet, ist, dafür zu sensibilisieren, dass Droste-Hülshoffs *Judenbuche* viel mehr ist als eine ungeheuerliche Geschichte, die an vergangenes Unrecht gemahnt. Sie führt uns schmerzhaft und provozierend vor Augen, dass es viele Praktiken der sozialen Hierarchisierung und des ‚Othering' gibt und dass auch in unserer Gesellschaft Individuen und Gruppen leben, die nicht nur im ökonomischen Sinne, sondern in ihrer gesamten Existenz, also auch den Körper und das Subjektsein betreffend, einer permanenten Gefährdung ausgesetzt sind.

In höchster Not: Metamorphosen und Polyphonie in *Jagd auf Tilla Fuchs*

Auch in dem musikalischen Schauspiel *Jagd auf Tilla Fuchs*[30] setzt Kuckart sich mit gefährdeten – prekären – Existenzen und heute noch in unserer Kultur anzutreffenden Formen der Verrohung auseinander. Wieder werden populistisch angeheizte Debatten der Gegenwart (Stichwort ‚Flüchtlingskrise') aufgegriffen, der Fokus liegt jedoch stärker auf dem asymmetrischen Geschlechterverhältnis und den Gefährdungen, denen Frauen immer schon ausgesetzt waren und es mancherorts noch sind. Die Handlung des Stückes folgt David Garnetts Novelle *Lady into Fox* aus dem Jahr 1922. Ein über die Geschlechterfrage hinausreichendes Spektrum wird zum einen durch die polyphone Verschränkung mit Gedichten von Annette von Droste-Hülshoff sowie Passagen aus Ingeborg Bachmanns Fragment *Das Buch Franza* und zum anderen durch die Integration von Wirklichkeitspartikeln unserer heutigen, von Globalisierung und Migration geprägten Gesellschaft eröffnet. In Garnetts Novelle bildet der Waldspaziergang eines jung verheirateten Paares das Ausgangsszenario einer dramatischen Entwicklung. Der Spaziergang endet nämlich abrupt, als eine Jagdgesellschaft auftaucht. Der Mann strebt eilig dem Heim entgegen, die Frau aber scheint paralysiert und bleibt zurück. Als der Mann sich nach ihr umdreht, hat sie sich in eine Füchsin verwandelt

---

30 Das musikalische Schauspiel *Jagd auf Tilla Fuchs* („frei nach Motiven aus der Novelle *Lady into Fox* von David Garnett, mit Texten von Annette von Droste Hülshoff") wurde am 16. und 17. August 2019 in der Titanick-Halle des alternativen Kulturzentrums Hawerkamp 31 im Rahmen der intermedialen Ausstellungs- und Veranstaltungsreihe *Mit Droste im Glashaus. 21 Künstlerinnen und Künstler werfen Blicke* aufgeführt. Zu diesem Projekt siehe den Ausstellungskatalog: Mit Droste im Glashaus. Scherbensammlung. Hg. von Rita Morrien et al. Münster 2019. Der Katalog enthält auch eine längere Passage aus *Jagd auf Tilla Fuchs*, in der das Zusammenspiel der Stimmen besonders deutlich wird.

und springt ihm in die Arme. Der Mann lässt sich nur kurz von der verblüffenden Metamorphose der Geliebten überwältigen und handelt dann, anders als die Familie in Franz Kafkas *Die Verwandlung*, zutiefst romantisch. Wahre Liebe ist für ihn nicht an die Erscheinung gebunden – auch mit einer possierlichen Füchsin, die, in das Nachtjäckchen der Frau gehüllt, beim Frühstück aus der Untertasse Milch schlürft, lässt es sich vortrefflich leben, befindet der Mann. Er erschießt seine Jagdhunde, entlässt die Dienerschaft und riegelt sein Haus vor neugierigen Blicken ab. Doch schon bald spielt die Füchsin nicht mehr mit, zerfetzt das Nachtjäckchen, bleckt gegenüber dem Mann die Zähne und verschwindet schließlich – dem Ruf der Natur folgend –, um sich im Wald mit einem Fuchs zu paaren. Der Mann arrangiert sich notgedrungen mit dieser Entwicklung und schließt auch die Fuchswelpen, mit denen seine Angetraute eines Tages wiederauftaucht, ins Herz. So könnte es weitergehen, wäre nicht irgendwann wieder Jagdsaison. Die bis dahin anmutige und verspielte Novelle endet blutig, die Füchsin stirbt an den Bissen der Jagdhunde in den Armen ihres Mannes, in die sie sich vor der wilden Rotte geflüchtet hatte. Der Mann bleibt mit gebrochenem Herzen zurück und gilt in der Nachbarschaft fortan als verrückt.

In David Garnetts Novelle stoßen divergierende Weiblichkeitskonzepte, wie sie im frühen 20. Jahrhundert kursierten (zu erinnern ist an Virginia Woolfs 1928 erschienenen Geschlechtertauschroman *Orlando*), aufeinander: das viktorianische Ideal der keuschen, auf Etikette und Anstand bedachten ‚domestic woman' einerseits und die Vorstellung einer von häuslicher Enge und sexuellen Restriktionen befreiten weiblichen – animalischen – Naturkraft andererseits. Judith Kuckart übernimmt den Plot dieser Geschichte, betont in ihrer Dramatisierung des Stoffes aber die Aspekte, die bei Garnett nur im Subtext gegeben sind: Erstens, dass auch die Ehe in der Hochzeit der bürgerlichen Kultur eine Form der Domestizierung war und mancherorts noch ist, und zweitens, dass die Metaphorik der Jagd sich auch auf heutige Erscheinungsformen von Sexismus (sexuelle ‚Beutezüge') und Rassismus (populistisches Hetzen gegen Flüchtlinge) sowie auf massenmediale Sensationsgier übertragen lässt.

Das Spiel beginnt nach einer kurzen musikalischen Einstimmung (Komposition und Klavier: Annalisa Derossi) ganz unspielerisch und untheatralisch, nämlich mit einem von einer „Souffleuse" (Amélie Leclerc) vorgetragenen Prolog, in dem sofort eine ganz andere Tonart als in Garnetts charmanter Novelle angeschlagen wird. Statt von einem jungen Eheglück ist von Füchsen die Rede und davon, was man über Füchse sagt, nämlich dass sie trotz ihrer Eleganz hinterhältige Bestien sind, „am liebsten bei Dämmerung und nachts unterwegs./Der Blutrausch übertrifft – sagt man – ihren Appetit./Was für ein Drama./Fuchs und Füchsin sind Kampfmaschinen – sagt man – mit den Klauen können sie Menschen ausweiden." (JaTF, S. 4)[31] Mit dieser Ansprache an das Publikum über das, was man so redet, ist Kuckart auch schon beim Thema: Die vielen Spielarten der Jagd – die Jagd auf diejenigen, die aus dem Dunkeln, dem Unbekannten, der Fremde kommen, die (vermeintlich) unsere Ordnung, unsere Sicherheit, ja unser ganzes Land bedrohen. Die Fuchsnatur ist hier nicht, wie in David Garnetts Novelle, Metapher für die animalische sexuelle Energie der Frau. Die Füchse, das sind bei Kuckart die Anderen, auf die man Jagd machen muss, um drohendes Unheil abzuwenden: „Wir werden sie jagen, wir werden Fuchs und Füchsin jagen. Sie haben Einfluss auf das Wetter, verderben die Ernten mit unerwartetem Regen und gemeiner Dürre./Wir werden uns die Ernten, das gute Land und auch das Wetter zurückholen." (Ebd.) Das ist eine klare Ansage – und die Zuschauer*innen sind bei dieser scheinbar alternativlosen Absichtserklärung als potentielle Mitmacher/-täter*innen inkludiert. Auf jeden Fall sind sie diejenigen, für die das Spektakel der Jagd veranstaltet wird: „Drama bedeutet: Warten, dass etwas geschieht./ Schön, dass Sie alle gekommen sind." (Ebd.) Durch den die vierte Wand auflösenden und den theatralen Raum öffnenden Prolog wird beiläufig auf den Punkt gebracht, wie (politischer) Populismus funktioniert: Ein Feindbild wird erklärt, eine Legitimation (zur Gewalt oder auch zum Nicht-Helfen) ausgegeben und die Jagd eröffnet.

Nach dieser Publikumsansprache – auch eine Form der ‚Publikumsbeschimpfung' – beginnt die eigentliche Spielhandlung, die aber, wie in *Mutter, lügen die Förster?*, im epischen Modus verbleibt. Wir erleben nicht, sondern bekommen das Kennenlernen von Mann (Markus Seuß) und Frau bzw. Füchsin (Claudia Spörri) erzählt, und zwar aus der Retrospektive des

---

31 Die Zitate, gekennzeichnet mit der Sigle JaTF, entnehme ich der unveröffentlichten Arbeitsfassung des Stückes (Stand: Juli 2019), die Judith Kuckart mir zur Verfügung gestellt hat.

Mannes und durch den Einsatz einer Erzählerin (Emilia de Fries), die den Part der Frau/Füchsin übermittelt (vgl. Abb. 3).

Abb. 3: Markus Seuß als Ehemann, Claudia Spörri als Ehefrau/Füchsin, Emilia de Fries als Erzählerin – © Martin Rottenkolber

Dass es sich um eine aktualisierende Transformation des Garnett-Stoffes handelt, zeigt u.a. das globale kulinarische Setting der ersten Begegnung, nämlich ein türkischer Imbiss namens *Piccola Taormina*, durch das en passant gezeigt wird, dass Kebab und Pizza als etablierte Bestandteile der deutschen Esskultur noch kein Indiz für interkulturelle Kompetenzen und Offenheit sind. Auch im weiteren Verlauf der Geschichte bleibt es dabei, dass die Frau/Füchsin keine Sprech-, sondern nur eine Singstimme hat, die aber erst ab dem Mittelteil zum Einsatz kommt und ausschließlich der Rezitation von Droste-Gedichten vorbehalten ist – ein Hinweis auf das asymmetrische Geschlechterverhältnis und die Dysfunktionalität der Kommunikation: Er spricht, sie schweigt oder artikuliert sich anders, weil sie die Position des Anderen innehat (vgl. Abb. 4).

Abb. 4: Füchsin, Ehemann und Souffleuse (Amélie Leclerc) – © Martin Rottenkolber

Erstmalig hören wir Tilla Fuchs etwa nach einem Drittel des Stückes, unmittelbar nach ihrer Verwandlung in eine Füchsin – zuvor hatte ihr Mann noch versucht, die Gefahren der herannahenden Jagd herunterzuspielen und für das Ritual zu werben. Tilla singt hier die erste Hälfte des Gedichtes *Die Jagd* (JaTF, S. 25), das an späteren Stellen wiederholt und fortgesetzt wird (JaTF, S. 56 f.). Ein weiteres Droste-Gedicht singt sie, kurz bevor sie das Haus ihres Mannes verlässt, um sich im Wald mit einem Fuchs zu paaren. Jetzt ist es Droste-Hülshoffs Gedicht *Das öde Haus* (JaTF, S. 40 ff.), das rezitiert wird und bei Kuckart zunächst als Metapher für die historische Domestizierung der Frau zum Einsatz kommt. Die intertextuelle Funktion des Gedichts wird uns durch die kritische Kommentarfunktion der Erzählerin vermittelt, die Tilla zum Beispiel dafür tadelt, dass sie sich wie ein Kind das Haar glattbürsten und von ihrem Mann dominieren lässt.

In Drostes Gedicht *Die Jagd* (HKA I, S. 36–38) wird das plötzliche und gewaltsame Eindringen des Menschen in einen friedlichen Naturraum gestaltet. Der Anfang dieses Gedichtes „Die Luft hat schlafen sich gelegt,/ Behaglich in das Moos gestreckt,/Kein Rispeln, das die Kräuter regt,/Kein Seufzer, der die Halme weckt." steht in einem scharfen Kontrast zu der „Meute mit geschwoll'nen Kehlen", die wenig später in das Naturidyll einbricht: „Sie jappen, klaffen nach der Beute,/Schaumflocken sprühn aus Nas' und Mund". Eine Meute von Hunden, gefolgt von nicht minder blutrünstigen Menschen, macht Jagd auf den Fuchs – dieses laute und drastische Szenario ist atmosphärisch das komplette Gegenstück zu dem ruhigen und besinnlichen Gedicht *Das öde Haus* (HKA I, S. 79 f.). Und doch sind die Gedichte *Das öde Haus* und *Die Jagd* aufs Engste verschränkt, wie auch Kuckart in ihrer Inszenierung zeigt. Bei dem öden Haus, in das das lyrische Ich sich kontemplativ-träumend zurückzieht, handelt es sich um die ehemalige Behausung eines verstorbenen Försters. Nach dessen Tod wurde der Hund ‚totgeschossen', wie es im Gedicht heißt, die frühere Existenz von Herrchen und Hund wird nur noch durch ein ‚Pfeifchen' und ein Hundehalsband mit dem Namen Diana bezeugt. Dieser Name kann als eine Anspielung auf die Göttin Diana gelesen werden, also auf die römische Göttin der Jagd und der Virginität, die laut Ovids *Metamorphosen* (hier als Artemis) den Jäger und Voyeur Aktaion in einen Hirsch verwandelt und von seinen eigenen Hunden zerfleischen lässt. Berücksichtigt man diesen mythologischen Prätext, mit dem Droste-Hülshoff dank ihrer klassisch-humanistischen Bildung vertraut war, birgt auch das Gedicht *Das öde Haus* durch das Codewort Diana einen zutiefst gewalttätigen Subtext. Dass es Kuckart bei der Verschränkung von Garnetts Novelle und Drostes Gedichten tatsächlich um diese Dimension geht, also um Formen und Strukturen der Gewalt, die innerhalb der Gesellschaft ihren legitimen Platz haben, wird durch einen weiteren Referenztext deutlich. Kuckart aktualisiert und radikalisiert Droste und Garnett, indem sie Schlüsselsätze aus Ingeborg Bachmanns Prosafragment *Das Buch Franza* einbinden:

> Wie alt bist du eigentlich, kleiner Fuchs? [So unterbricht die Erzählerin Tilla Fuchs, als diese *Das öde Haus* singt. R.M.] Alt genug, um zu verstehen, dass es Verbrechen gibt, *die kaum als Verbrechen wahrnehmbar sind,* oder? *Ich behaupte mal, dass noch heute sehr viele Menschen nicht sterben, sondern ermordet werden.* Das geht nicht nur Hunden so. Das passiert täglich. *Das Gemetzel findet innerhalb des Erlaubten und der Sitten statt,* [so hören wir von der Erzählerin;

R.M.]. (JaTF, S. 43; die von Verf. kursiv gesetzten Passagen sind nahezu wörtliche Bachmann-Zitate)[32]

Ingeborg Bachmann spielt mit den zitierten Sätzen darauf an, dass die ‚Ausmerzung' des *Anderen* – bezogen auf die Kategorien der ethnischen Herkunft und des Geschlechts – nach 1945 nicht aufgehört hat.[33] Wenn Judith Kuckart Droste, Garnett und Bachmann in *Jagd auf Tilla Fuchs* verschränkt, so ist das ein Versuch, auf Formen von physischer, psychischer und struktureller Gewalt hinzuweisen, die in (Teilen) unserer Kultur auch heute noch etabliert sind oder stillschweigend hingenommen werden: Die in manchen Bereichen immer noch selbstverständliche Dominanz des Mannes, populistische Ansagen zur inneren Sicherheit und deren Bedrohung durch ‚Überfremdung', die Gier nach spektakulären Bildern und Nachrichten, die keinerlei Respekt gegenüber der Privatsphäre und den Nöten der Betroffenen kennt. Die Jagd als gesellschaftliches Event bietet den Menschen die Möglichkeit, so Judith Kuckart, „auf elegante Weise […] ihre Verrohung auszudrücken."[34] In *Jagd auf Tilla Fuchs* geht es vor allem

---

32 In Textstufe III von *Das Buch Franza* heißt es: „Denn es ist heute nur unendlich viel schwerer, Verbrechen zu begehen, und daher sind diese Verbrechen so sublim, daß wir sie kaum wahrnehmen und begreifen können, obwohl sie täglich in unserer Umgebung, in unserer Nachbarschaft begangen werden. Ja, ich behaupte und werde nur versuchen, einen ersten Beweis zu erbringen, daß noch heute sehr viele Menschen nicht sterben, sondern ermordet werden. […] das Gemetzel findet innerhalb des Erlaubten und der Sitten statt, innerhalb einer Gesellschaft, deren schwache Nerven vor den Bestialitäten erzittern." (Ingeborg Bachmann: „Todesarten"-Projekt. Kritische Ausgabe. Bd. 2. Das Buch Franza. Bearbeitet von Monika Albrecht und Dirk Göttsche. München, Zürich 1995, S. 77 f.).
33 Darauf, dass Bachmanns These vom Ursprung des Faschismus in der asymmetrischen Geschlechterbeziehung gerade im Lichte postkolonialer Theorien sehr anfechtbar ist, sei hier nur am Rande hingewiesen. Vgl. hierzu Sara Lennox: Geschlecht, Rasse und Geschichte in „Der Fall Franza", in: Text+ Kritik (1984), S. 156–179 sowie dies.: „White Ladies" und „Dark Continents". Ingeborg Bachmanns Todesarten-Projekt aus postkolonialer Sicht, in: Monika Albrecht, Dirk Göttsche (Hg.): „Über die Zeit schreiben". Literatur- und kulturwissenschaftliche Essays zu Ingeborg Bachmanns Todesarten-Projekt. Würzburg 1998, S. 13–31.
34 Das Zitat entnehme ich mit Zustimmung der Autorin einer im Mai 2019 geführten E-Mail-Korrespondenz zwischen Judith Kuckart und mir.

um die Jagd im metaphorischen Sinn, aber auch diese Formen zeugen von menschlicher Verrohung: der sexuelle Beutezug als ein Bestandteil hegemonialer Männlichkeitsrituale, politisch-propagandistische Hetzjagden auf ‚Fremde' und die Jagd nach Sensationen offenbaren immer wieder die Abgründe vermeintlich zivilisierter Gesellschaften. Kuckart spielt in ihrem Stück mehrfach auf den Fall der ‚Lady Di' an (vgl. JaTF, S. 52, 68, 71–73). Zur Erinnerung, die ehemalige Prinzessin von Wales kam 1997 zusammen mit ihrem aus Ägypten stammenden Partner Dodi al-Fayed bei einem Autounfall auf der Flucht vor Paparazzi ums Leben. Dieser authentische Fall ist insofern gut gewählt, weil hier Sexismus, Fremdenfeindlichkeit und die Gier nach Sensationen – medialen Beutezügen, um die Jagdmetaphorik aufzugreifen – zusammentreffen.

Wenngleich in *Jagd auf Tilla Fuchs* auf der Handlungs- und Figurenebene die asymmetrischen Geschlechterverhältnisse fokussiert werden und die Frage nach den Fallstricken der bürgerlichen Liebe gestellt wird, erfolgt gerade durch die beschriebene intertextuelle Praxis, also die Verschränkung von Garnetts *Lady into Fox* mit Drostes Gedichten (vor allem *Die Jagd, Das öde Haus* und *Die tote Lerche*) und Bachmanns *Das Buch Franza*, eine thematische Öffnung und Aktualisierung. So wird aus Garnetts verspielter Erzählung aus dem frühen 20. Jahrhundert eine aktuelle Parabel über gefährdete Existenzen in unserer heutigen Gesellschaft. Und die Fuchsjagd, über die Kuckart Garnetts Erzählung mit dem Droste-Kosmos verbindet, ist als Metapher für einen enthumanisierenden Umgang mit dem Fremden und Anderen zu lesen, als Metapher für die Rohheit, die sich auch in zivilisierten Gesellschaften Bahn brechen kann, wenn es um die Absicherung von hegemonialen Machtansprüchen und Identitätskonzepten geht. In Annette von Droste-Hülshoff findet Judith Kuckart eine in vielen Aspekten erstaunlich moderne Autorin, die, wenngleich durch ihren sozialen Status privilegiert, als in einem wertkonservativen, streng katholischen Milieu schreibende und Grenzen überschreitende Frau[35] um

---

35 Annette von Droste-Hülshoff war bereits eine anerkannte Autorin, als ihre Familie sie immer noch auf das Paradigma der christlichen Erbauungsliteratur festlegen und damit die progressiven Aspekte ihres Werks leugnen wollte, wie beispielsweise der Totenzettel (1848), den ihr Bruder Clemens von Droste-Hülshoff veröffentlichen ließ, zeigt: „Von Gott mit großen Talenten und

die existenziellen Gefährdungen marginalisierter Individuen und Gruppen wusste. An dieses Wissen knüpft Kuckart in all ihren Um- und Weiterschriften von Droste-Texten an und konfrontiert uns durch die polyphonen Montagen mit den Abgründen der heutigen Gesellschaft.

---

namentlich mit der schönen Gabe der Dichtung ausgestattet, war ihr Streben stets danach gerichtet, diese Gaben nur zu seiner Ehre zu gebrauchen. Deshalb durchdringt auch der Hauch wahrer Gottesfurcht alle ihre Schriften, und es ist kein Wort in ihnen enthalten, welches Aergerniß geben konnte." (zit. nach Herbert Kraft: Annette von Droste-Hülshoff. Reinbek bei Hamburg 1994, S. 131)

Vera Mütherig

Wo die Sprache endet, beginnt der Klang?
Judith Kuckarts Kunst des Features

1. Einleitung: „vom Leben erzählen zu wollen."[1]

Ein Kapitel ihrer Poetikvorlesung überschreibt Judith Kuckart mit dem Satz „Wo der Tanz endet, beginnt die Sprache."[2] Darin beschreibt sie ihre künstlerische Entwicklung von der Arbeit mit ihrem *TanzTheater Skoronel*, insbesondere der Konzeption eigener (Text-)Stücke hin zur schriftstellerischen Tätigkeit. Die Parallelen beider Kunstrichtungen werden dabei hervorgehoben: „Schreiben hatte für mich immer etwas damit zu tun, vom Leben erzählen zu wollen und dabei Gelebtes und Erfundenes zu einem stimmigen Paarlauf zu überreden, mittels Sprache."[3] Die Körperlichkeit des Theaters werde dabei in eine Ästhetik überführt, „die dem Bewegungsimpuls des Tanzes in Form einer sprunghaft bewegten Prosa Ausdrucksmöglichkeiten verschafft."[4]

Im Tanz und in der Literatur fasst Kuckart dabei das Individuum im Kontext gesellschaftlicher Fragestellungen ins Auge. „Überhaupt kreisen Kuckarts Werke immer wieder in zentraler Weise um das Problem der Erinnerung."[5] Blickt man auf ihre bisherige Featureproduktion, führt sie dieses Kernthema im akustischen Genre fort. Allerdings heißt Schreiben hier etwas anderes, weil man nicht nur den Stift, sondern auch das Mikrofon, die Stimme und nicht zuletzt die Knöpfe der Medientechnik zur Hand nehmen muss, um zu erzählen. Anhand ausgewählter Features soll deshalb

---

1 Judith Kuckart: Probebühne Schreibtisch. Wie man vom Theater zum Schreiben kommt und welche Rolle das Theater beim Schreiben weiterhin spielt, in: Dies.: Vom Vorteil des Stolperns. Paderborn 2007, S. 4–47, hier: S. 7.
2 Ebd., S. 15.
3 Ebd., S. 7.
4 Norbert Eke: „Aber die Liebe? Aber der Tod?". Judith Kuckart zur Verleihung des Margarete-Schrader-Preises für Literatur der Universität Paderborn 2006, in: Margarete-Schrader-Preis für Literatur der Universität Paderborn 2006. Judith Kuckart. Paderborn 2006, S. 5–15, hier: S. 6.
5 Ebd., S. 9.

im Folgenden untersucht werden, ob und wie Kuckarts „bewegte Ästhetik"[6] sich im akustischen Genre fortsetzt und wie sie mit Hilfe medientechnischer Mittel die Themen akustisch in Szene setzt. Wo endet die Sprache? Wo beginnt der Klang? Kuckarts akustische Schreibweise reiht sich dabei in eine Tradition des Features als gleichzeitig journalistisches und literarisches Genre ein.

2. Feature: „Wer erzählt, hat eine Frage."[7]

Insofern scheint es angebracht, den Beobachtungen zu Kuckarts Features einige Bemerkungen zum Genre voranzustellen. Das Feature, obwohl prominente akustische Form des Hörfunks, ist – anders als z.B. das Hörspiel – kaum erforscht. Das mag vor allem mit seiner unauflöslichen Zwitterstellung zwischen Journalismus und Kunst zusammenhängen, an der sich mögliche Eingrenzungs- und Definitionsversuche abarbeiten müssen. „Worüber allerdings Konsens zu herrschen scheint, ist die Aussage, dass das Feature eine ‚künstlerisch gestaltete Dokumentation' sei."[8] Darüber hinaus ist der Versuch einer einheitlichen Definition von vornherein zum Scheitern verurteilt, weil unter dem Begriff höchst unterschiedliche Inhalte und Präsentationsformen subsumiert werden. Die Textstruktur ist nämlich weder inhaltlichen noch formalen journalistischen Standards der objektiven Wiedergabe von Wirklichkeit geschuldet und übernimmt sogar phonopoetische Strategien und Praktiken des akustischen Erzählens von Literaturformaten wie dem Hörspiel.

> Das Feature sagt nicht: ‚So ist es', Es sagt: ‚So könnte es sein', oder stellt die Frage ‚Ist es so?'. [...] Das tut das Feature, indem es die Phrase, das Gerücht, das vermeintlich Nichtssagende, das mutmaßlich Private, den Klang, die Empfindung; subjektiven Schnitt und Erzählweisen – all diese Existenzzeichen von Welt und Autor eben nicht ausblendet, sondern markiert und zu einem integralen Bestandteil seiner Werkgestalt macht.[9]

---

6 Ebd., S. 7.
7 Kuckart (Anm. 1), S. 7.
8 Michael Lissek: Feature und Zimtbasilikum. Von der Notwendigkeit eines Feature-Diskurses, in: Ders. (Hg.): Geschichte und Ästhetik des Radio-Features. Beiträge des ersten Rendsburger Featuresymposions 2010. Rendsburg 2012, S. 16–30, hier: S. 22.
9 Ebd.

Diese Art des literarischen Features, das Feature als Kunstform, ist vor allem eine deutsche Tradition, die drei Hauptcharakteristika aufweist: Erstens ist es eine eigenständige Gattung, die die technischen Möglichkeiten des Rundfunks nutzt, zweitens verzichtet es auf eine geschlossene Spielhandlung, und verbindet, drittens, „heterogene Elemente bzw. verschiedenste Texttypen miteinander"[10] in Form der Montage, die mehr als bloßer Schnitt ist, weil daraus eine bestimmte (auktoriale) Intention herauszuhören ist.

Dabei handelt es sich innerhalb des sog. ‚narrativen Features' um eine spezifische Tradition des Erzählens; um erzählende Prosa, „deren Eigenart weiterhin darin besteht, dass akustische oder schriftliche Dokumente auf bestimmte Art und Weise in die Erzählung eingebunden werden."[11] Der Punkt verweist auf das für das Feature so zentrale Mittel des Originaltons, kurz: des O-Tons. Dieser ist „im Radiojournalismus der Fachausdruck für authentische Wort-Aufnahmen: kleine Ton-Dokumente."[12] Als rundfunkjournalistische Praxis des wörtlichen Zitierens eingeführt sind seine Quelle

---

10 Tanja Runow: Von der Welt erzählen in vielen Stimmen. Polyphonie im deutschen Radio-Feature. Magisterarbeit FU Berlin 2007, S. 22. Der aus dem Film stammende Begriff der Montage soll hier – auch im Gegensatz zur Collage – als technisches Verfahren des Zusammenfügens unterschiedlicher Sequenzen in ein und demselben Medium, in diesem Fall des akustischem, verstanden werden. „Auch wenn dort z. T. wörtlich genommen geklebt wird, ein Collagieren aus unterschiedlichen Materialien ist aus technischen Gründen unmöglich, in ein Tonband kann nur ein Tonbandstück eingesetzt werden, in einen Film ein Filmstreifen etc. Damit bezeichnet die Montage das übergreifende Verfahren des Zusammensetzens von gleichartigem Medienmaterial (Film, Tonband, Photographie etc.), während das Klebeverfahren der Collage zur Metapher für die Einbeziehung externer Kontexte und Texturen wird." Rolf Großmann: Collage, Montage, Sampling. Ein Streifzug durch (medien-)materialbezogene ästhetische Strategien, in: Harro Segeberg et al. (Hg.): Sound. Zur Technologie und Ästhetik des Akustischen in den Medien. Marburg 2005, S. 308–331, hier: S. 316. Zur Unterscheidung von Montage und Collage in der akustischen Literatur siehe Antje Vowinckel: Collagen im Hörspiel. Die Entwicklung einer radiophonen Kunst. Würzburg 1995.
11 Runow (Anm. 10), S. 31.
12 Axel Buchholz: O-Ton, in: Walther von La Roche (Hg.): Radio-Journalismus. Ein Handbuch für Ausbildung und Praxis im Hörfunk. Berlin 2017, S. 123–132, hier: S. 123.

und Entstehungszeit immer belegbar.[13] Grundlegende Eingrenzung ist daher sein Ursprung außerhalb eines Tonstudios. Allerdings bleiben Rundfunkpraxis und -theorie eine genaue Definition schuldig, so dass eigentlich alles, was aufgenommen wird, als O-Ton gilt. „Eine sinnvolle Einengung ergibt sich, wenn als O-Ton nur die reproduzierte akustische Sequenz verstanden wird, die in einem Radiobeitrag eingebettet und dokumentarisch verwendet wird."[14] Wobei diese Eingrenzung auf eine zweite Problematik verweist: O-Töne sind ‚reproduziert', d.h. sie werden für den jeweiligen Zusammenhang inhaltlich und technisch angepasst – beispielsweise durch Schnitte. Das Originale am O-Ton ist also weniger seine unverfälschte Wiedergabe, sondern eher die ihm zugesprochene Funktion, innerhalb eines Beitrags auf eine wie auch immer geartete Wirklichkeit zu verweisen. So sollen O-Töne einerseits Authentizität vermitteln, andererseits sind sie aber immer schon (re-)produziert. Negativ gesprochen wird dieses Spannungsverhältnis kaum kritisch in den Blick genommen. Positiv gesprochen ist es gerade dieses Spannungsverhältnis, das seine ihm eigene Ästhetik ausmacht und sich entsprechend auf die Ästhetik des Features insgesamt auswirkt.

Es kann demnach festgehalten werden, dass das narrative Literaturfeature von drei grundlegenden Eigenschaften geprägt ist: dem erzählerischem Grundgestus, der Montage und der Nutzung des O-Tons als Dokument. Anhand dieses Rasters ‚Erzählen – Montage – Dokument' sollen deshalb im Folgenden die Features von Judith Kuckart näher beleuchtet werden. Dieses Genre ist nämlich ausschließlich über seine formale Struktur zu analysieren. „‚Feature' bedeutet niemals den Inhalt einer Sache, sondern ihre Erscheinungsweise, von ‚making', ‚form', ‚appearance' [...], wobei allerdings, wie im Erscheinungsbild des Menschen, zuweilen Form und

---

13 Vgl. Jürg Häusermann: Zugespieltes Material. Der O-Ton und seine Interpretation, in: Harun Maye (Hg.): Original / Ton. Zur Mediengeschichte des O-Tons. Konstanz 2007, S. 25–49, hier: S. 29. Der O-Ton als ästhetisches Mittel wird dabei nicht nur in verschiedensten Genres eingesetzt (zum Beispiel Features, Collagen, Montagen), sondern mit dem sog. O-Ton-Hörspiel hat sich sogar eine eigene Gattung entwickelt; vgl. Vowinckel (Anm. 10).
14 Häusermann (Anm. 13), S. 27.

Inhalt identisch sein können."[15] Um diese Wechselbeziehung zwischen Form und Inhalt bei Kuckarts Features näher zu beleuchten, wurden Texte ausgesucht, die sich mit Literatur und Schreiben auseinandersetzen und so formale Textstrukturen des Features möglicherweise auch inhaltlich umsetzen.

3. Westfalen: „Erzählen ist Heimat."[16]

Das Feature *Mutter, lügen die Förster?*[17] präsentiert dem Hörer eine kommentierte Zusammenfassung des gleichnamigen Theaterstücks, das 2016 auf Burg Hülshoff, der Geburtsstätte von Anette von Droste-Hülshoff, uraufgeführt wurde.[18] Das ursprüngliche Stück setzt sich mit Droste-Hülshoffs Novelle *Die Judenbuche* auseinander, indem es die Figur des Friedrich Mergel in den Fokus rückt. Anhand von Textauszügen aus der Novelle und eigens für das Stück geschriebenen Passagen werden deren Figurencharakterisierung und -entwicklung nachgespürt und auf Fragen der Identität und Entwicklung des Subjekts in der Gesellschaft, dem „Spannungsverhältnis zwischen dem Selbst und dem Anderen, dem Eigenen und dem Fremden"[19] hin aktualisiert. Insofern ist das Bühnenstück vom westfälischen Ursprungsort aus Ausgangspunkt für eine Diskussion, in deren „Verlauf verschiedene Räume, Zeiten und Stimmen [...] in ein Spiegel- und Kommentarverhältnis gesetzt werden."[20]

Das Feature präsentiert Originaltonaufnahmen jener szenischen Darstellung auf Burg Hülshoff und verbindet sie mit erzählerischen Passagen einer weiblichen Stimme, die das Geschehen auf der Bühne und im Publikum beschreibt, kommentiert und reflektiert. Die fast zweistündige Premiere wird so auf 57 Minuten Featurezeit komprimiert. Die akustische

---

15 Alfred Andersch: Versuch über das Feature. Anläßlich einer neuen Arbeit Ernst Schnabels, in: Rundfunk und Fernsehen 1 (1953), S. 94–97, hier: S. 94.
16 Kuckart (Anm. 1), S. 9.
17 Judith Kuckart: Mutter, lügen die Förster?. (Regie: dies.) SWR 2. Erstausstrahlung: 17.01.2017.
18 Vgl. den Beitrag von Rita Morrien zum Thema im vorliegenden Band.
19 Rita Morrien: „Mutter lügen die Förster?" Judith Kuckarts dramatische Adaption der Judenbuche als Versuch über den Umgang mit Alteritäten, in: Droste-Jahrbuch 12 (2017/2018), S. 239–253, hier: S. 239.
20 Ebd., S. 240.

Realisation besteht also aus zwei Ebenen, der ‚authentischen' Geräuschkulisse der Uraufführung und den nachträglichen Studioaufnahmen der Erzählerin, die akustisch durch Blenden oder Mischung verwoben werden. Die grundlegende Intention hinter diesem Konzept, so scheint es, ist die (Wieder-)Herstellung des einmaligen Events auf Burg Hülshoff.

„Ich habe Friedrich in der Schule kennengelernt."[21] Mit diesem programmatischen Satz, der im Verlauf des Stückes noch häufiger wiederholt wird, beginnt das Feature. Dabei ist zunächst nicht klar, wer spricht. Akustisch kann der Satz in der Uraufführung verortet werden, denn die Aufnahme verfügt über deutlichen Hall, also Raumakustik. Insofern markiert der produktionsbedingte Paratext[22] die Aussage eindeutig als Teil des performativen Geschehens. Allerdings zeigt sich an anderer Stelle, dass die Aussage auch Kuckart zugesprochen werden kann, wenn die Erzählerin endet: „Wie das alles angefangen hat? Ich habe tatsächlich in der Schule einen Aufsatz geschrieben, da war ich 16 oder so. Alles, alles kommt von früher als man Kind war – auch das mit der Wut, auch das mit dem Schreiben."[23] Der letzte Satz resümiert noch einmal den Fokus des Theaterstücks, denn ‚das mit der Wut' bezieht sich auf Friedrich Mergel, dessen kindliche/jugendliche Wut von der Gesellschaft kein Ventil angeboten bekommt und daraufhin die Figur in den Untergang stürzt. Insofern bleibt die letzte Aussage der Erzählerstimme ambivalent in ihrer Bedeutung. Inwiefern die Beschäftigung mit Droste-Hülshoff tatsächlich auf einen Schulaufsatz zurückführt, ist hier weniger von Interesse als die Parallelisierung von Erzählerin und Figur. Anders sein – das ist eine Erfahrung, die junge Heranwachsende zu jeder Zeit machen. Deshalb behält das letzte ‚Wort' des Features auch nicht die Erzählerin, sondern der ‚hustende Junge' aus dem Publikum, der sich als akustisches Leitmotiv durch das Feature zieht und als Friedrichs Alter Ego entpuppt.[24]

---

21 Kuckart (Anm. 17), Min. 00:00–00:02.
22 Zum Begriff des produktionsbedingten Paratextes als Teil des audiomedialen Paratextes siehe Vera Mütherig: Audiomediale Paratextualität. Rahmungsstrategien akustischer Literatur im Hörbuch. Berlin 2020, S. 116–120.
23 Kuckart (Anm. 17), Min. 54:02–54:18.
24 So erklärt die Erzählerin, dass der Junge, der von Statur Friedrich gleicht, im selben Alter den Vater verloren habe und seitdem huste. Vgl. ebd., Min. 36:15 ff. Die lose Verweisfunktion des schon im Theaterstück weit gefassten Themas der

Ein weiterer Versuch, die Einmaligkeit des Events zu rekonstruieren, ist der Hinweis auf den konkreten Termin während der Beschreibung der Szenerie: „Donnerstag, 11. August, wenige Minuten vor der Premiere."[25] Im Anschluss daran werden die Eckdaten des Stückes vorgestellt (Anzahl Schauspielerinnen, Musiker und musizierende Kinder aus dem Umland, Örtlichkeit). Während dieser Angaben ist im Hintergrund das Publikum zu hören. Leise Unterhaltungen, Stühlerücken und Schritte wechseln sich ab – insgesamt die bekannten Geräusche von Bewegungen im Raum und gespannter Erwartung, wie man sie aus dem Theater kennt. Hier erfüllt der O-Ton die klassische, aus dem journalistischen Kontext kommende Funktion zur Herstellung der Atmosphäre, der ‚Atmo'. Auf diese Weise wird auch das Akkordeon, dessen Aufnahme eher Studioqualität aufweist und zunächst als musikalischer Übergang von Szenenspiel zu Kommentar funktioniert, wenig später von der Sprecherin als Teil des Bühnenauftritts verortet.[26] Die wirkungsästhetische Absicht ist eindeutig: den Hörer*innen am Gerät die Illusion vermitteln, Teil des ursprünglichen Publikums zu sein. Wobei die Vorstellung, dass Authentizität nachträglich erzeugt werden kann, schon in der ursprünglichen Vorstellung des O-Tons ein Trugschluss ist.[27] Was an dieser Stelle jedoch greift, ist die dem O-Ton zugesprochene Erinnerungsfunktion. „Der Wert des O-Tons ist sein auditives kulturelles Gedächtnis."[28] Denn er wird in der Regel für besondere Gegebenheiten eingesetzt. „Ohne ein Ereignis […] käme kein O-Ton zustande."[29]

Alterität wird allerdings für das Stück selbst durchaus kritisiert. Vgl. Morrien (Anm. 19), S. 252. Insofern ist zu hinterfragen, ob der gesetzte Schnitt den Schulaufsatz, Friedrich und den hustenden Jungen akustisch so montiert, dass er tatsächlich mit dieser Symbolik gehört werden soll.
25 Kuckart (Anm. 17), Min. 01:06–01:11.
26 Vgl. ebd., Min. 05:20 ff.
27 „O-Töne vermitteln Authentizität: So ist es in den journalistischen Lehrbüchern zu lesen. Gleichzeitig wird es als selbstverständlich angesehen, dass diese Dokumente erst einmal produziert werden müssen. Die Spannung zwischen den Begriffen authentisch und produzieren wird dabei aber kaum je thematisiert." Häusermann (Anm. 13), S. 31.
28 Matthias Bickenbach: Dichterlesung im medientechnischen Zeitalter. Thomas Klings intermediale Poetik der Sprachinstallation, in: Harun Maye (Hg.): Original / Ton. Zur Mediengeschichte des O-Tons. Konstanz 2007, S. 195.
29 Häusermann (Anm. 13), S. 31.

Darüber hinaus schafft die Konzeption der überlagerten Erzählerstimme ebenfalls eher Distanz als Unmittelbarkeit, weil die Kommentatorin das – in diesem Fall – Manko des einseitig akustischen Genres ausgleichen muss. Denn sie beschreibt und erzählt das Geschehen auf und neben der Theaterbühne nach, um es für den Hörer ‚erlebbar' zu gestalten. Dabei wechseln szenische und erzählende Passagen ab – wie schon im ursprünglichen Stück, in dem die Schauspielerinnen die Texte mal rezitieren, dann wieder bestimmte Figuren verkörpern. Der „Zeiten- und Stimmwechsel [wird so] übertragen auch auf die verschiedenen Räumlichkeiten der Burg"[30], was im Feature der raumakustische Gegenschnitt von stereophonen O-Tönen und die aus der Mitte sprechende Erzählerin unterstützen. Insofern wiederholt das Feature diese grundlegende Struktur und macht das performative Ereignis in der akustischen Wechselhaftigkeit von O-Ton und Erzählerin erfahrbar, allerdings nicht performativ, sondern erzählerisch. „Demnach ist das Feature eine genuin narrative Form."[31] Durch die starke erzählerische Instanz transferiert sich die chorische Vielstimmigkeit des Theaterstücks in der Featurevariante somit in eine „epische Vielstimmigkeit"[32]. Dass es sich dabei um ein literarisches und kein journalistisches Feature handelt, ist dem Umstand geschuldet, dass es das ursprüngliche Event im akustischen Medium neu und zuweilen reflexiv erzählt, anstatt lediglich davon zu berichten.

4. Identität: „Erzählen ist Heimat. [...] Ich bin die Frage."[33]

Mit dem eigenen Leben vor dem Hintergrund der deutsch-deutschen Geschichte beschäftigt sich das Feature *Da drüben ist nur noch der Garten von Johannes R. Becher, um den sich auch keiner mehr kümmert*.[34] Es ist in acht Kapitel unterteilt, die verschiedene autobiographische Stationen der Autorin vor dem Hintergrund der deutschen Teilung näher beleuchten und

---

30 Kuckart (Anm. 17), Min. 12:26–12:31.
31 Runow (Anm. 10), S. 33.
32 Ebd., S. 32.
33 Kuckart (Anm. 1), S. 9.
34 Judith Kuckart: Da drüben ist nur noch der Garten von Johannes R. Becher, um den sich auch keiner mehr kümmert. (Regie: dies.) SWR 2. Erstausstrahlung: 20.10.2019.

einzelne Anekdoten oder Geschichten ins Zentrum rücken.[35] Die Erzählungen wechseln sich mit Originaltonaufnahmen verschiedener Interviewpartnerinnen ab, die einleitend mit charakteristischen Aussagen vorgestellt werden. Die Einbettung der O-Töne wird dabei von zwei ästhetischen Verfahren dominiert: der Stereophonie und der Montage.

Erstens werden die O-Töne einschließlich der Stimme der Erzählerin auf den fünf stereophonen Positionen – links / halblinks / mitte / halbrechts / rechts – verteilt. Dies geschieht jedoch nicht wie sonst üblich illusionistisch bzw. als Herstellung eines auditiven Raumes, sondern folgt einer semantischen Logik, die unter Berücksichtigung des unterschiedlichen Alters der Befragten die Teilung der deutschen Bevölkerung in Ost (rechts) und West (links) abbildet. So spricht Susanne Wülfing, geboren 1941, aufgewachsen in Frankfurt am Main und „bekennende West-Berlinerin"[36] von links, während ihr ostdeutscher Gegenpart, die sächselnde Iduna Böning, wie Kuckart Jahrgang 1959 und in Hoyerswerda geboren, von rechts zu hören ist. Die beiden jüngeren Vertreterinnen sprechen dagegen von den halben Positionen aus: Lilli Anschütz, 1994 in West-Berlin geboren, von halblinks; Julia Hoße, 1989 in der DDR zur Welt gekommen, von halbrechts. Die Zuordnung dieser Wendegeneration zu einem der beiden Deutschlands, so scheint der medientechnische Paratext zu suggerieren, ist nicht mehr so eindeutig herzustellen. Darüber hinaus sind die vier Frauen in ihrer starren Positionierung nicht unbedingt als Individuen erkennbar, sondern vertreten vielmehr (ihnen zugeschriebene) bestimmte Positionen im Diskurs. Insofern verstärkt das stereophone Arrangement der O-Töne den gesellschaftlichen Bruch zwischen Ost und West, der noch für das heutige vereinte Deutschland eine hohe Relevanz besitzt. „die stereophonie abstrahiert und konkretisiert zugleich, wie es im optischen medium die fotografie tut, welche wahrnehmungsinhalte zustande bringt, die unserem auge sonst

---

35 So gibt es die Kapitel ‚die Sache mit dem Rock', ‚Palucca und romantische Umgebung', ‚1985/86 Anekdoten', ‚1987 Jazz', ‚1989 Die Wende', ‚1991 Da drüben ist nur noch der Garten von Johannes R. Becher, um den sich auch keiner mehr kümmert', ‚1999 Die Akten' und das letzte Kapitel ‚Sommer 2019 Der Gurkenmann'.
36 Kuckart (Anm. 34), Min. 03:02–03:04.

verschlossen sind."[37] Die Stimme der Erzählerin dagegen bleibt auf der in der Regel semantisch neutral verstandenen Mitte und verkörpert damit eine übergeordnete Position.

Zweitens werden die charakteristischen Aussagen so in den Featuretext montiert, dass sie einerseits die Erfahrungen der deutsch-deutschen Teilung auf den Punkt bringen, andererseits metareflexiv auf das Erzählverfahren des Features selbst aufmerksam machen. So lernt der Hörer Susanne Wülfing, die die eher entspannte Perspektive einer Westdeutschen einnimmt, mit einem Zitat von Karl Valentin kennen: „Alle Sachen haben drei Seiten: eine gute, eine schlechte und eine komische. Und ich habe mehr die komischen Seiten erlebt."[38] Iduna Böning dagegen ist nicht nur durch ihre dialektale Einfärbung als Kind der DDR zu identifizieren mit der Frage: „Wo ging denn die politische Grenze entlang, Genossin Judith? [Lachen]"[39] und dem leicht abgewandelten Zitat aus dem *Mailied der Pioniere* von Bertolt Brecht: „Kämpfe für ein bessres Leben. Not und Armut darfs nicht geben. Ja, da sind wir auch dabei."[40] Die uneindeutige Positionierung der Nachwendegeneration ist an Lillis Eltern abzulesen, die es laut ihrer Tochter romantisch fanden, in den Osten zu ziehen,[41] während die Heimatlosigkeit der Wendekinder aus der DDR, die mit Erinnerungen aus einem Land groß geworden sind, das nicht mehr existiert, durch den resignierten Ausspruch von Julia Hoße „Das meiste kann man ja nicht erzählen"[42] auf den Punkt gebracht wird. Die Stimmen bleiben so schon inhaltlich holzschnittartig.

Das hat jedoch vor allem mit deren montierter Entgegensetzung, die als Abbild des erstarrten gesellschaftlichen Diskurses zu verstehen ist, zu tun. So werden Erzählung und O-Töne der jeweiligen Kapitel anhand bestimmter Schlagworte miteinander in Beziehung gesetzt. Beispielsweise wird im zweiten Kapitel von einem Ausflug in Richtung tschechische Grenze

---

37 Franz Mon: Bemerkungen zur Stereophonie, in: Klaus Schöning (Hg.): Neues Hörspiel. Essays, Analysen, Gespräche. Frankfurt/Main 1970, S. 126–128, hier: S. 127 (Kleinschreibung im Original).
38 Kuckart (Anm. 34), Min. 02:49–02:55.
39 Ebd., Min. 09:41–09:46.
40 Ebd., Min. 19:16–19:23.
41 Vgl. ebd., Min. 03:27 ff.
42 Ebd., Min. 18:43–18:45.

erzählt, den die Protagonistin im Sommer 1984 während ihres Aufenthalts an der Palucca-Tanzschule in Leipzig zusammen mit Schulfreundinnen unternimmt. Den Höhepunkt der Erzählung bildet die nächtliche Begegnung mit der Volkspolizei nahe der Grenze. Die Anspannung der jungen Frauen wird durch die Einspielung des entsprechenden O-Tons von Iduna Böning ironisch kommentiert. „Wir halten an, zeigen die Ausweise. Vier Mädchen aus dem Westen, eins aus der DDR nachts allein in der Nähe der Grenze – Wo ging denn die politische Grenze entlang, Genossin Judith? [Lachen] – Niemand sagt ein Wort."[43] Erst in der Montage der Erzählerin und O-Töne kann Kuckart insofern den „Widersprüchlichkeiten und Brüche[n] im Alltag"[44] nachspüren.

> Im Zerstückeln und Wiederbündeln setzen sich die semiotischen Elemente in der Sprache frei. [...] Es sind die logischen Brüche, die die Lust am Unsinn wecken, die mit Rhythmus, Intonation und Wortspiel die Ordnung durchkreuzen. Schmal ist der Pfad zwischen Wahn und Lachen, aber er ist nicht ohne Lust.[45]

Angst und Ironie, Fakt und Fiktion, wahr und falsch, Ost und West – diese Gegensätze werden unterstützt durch die stereophone Anordnung der Stimmen, multiperspektivisch gebrochen und in Frage gestellt. „So blicken die Texte Judith Kuckarts gleichsam in zwei Richtungen; sie nehmen die kleine Welt, das Intime und die große Welt, das Öffentliche, gleichzeitig wahr."[46]

Die O-Töne dienen dementsprechend als Hintergrundfolie für die eigenen autobiographischen Geschichten. Denn nicht zuletzt verhandelt dieses Feature ein Kernthema von Kuckarts Werk: das Problem der Erinnerung. „Erzählen wird zur Suchbewegung."[47] So werden Fakten und Fiktionen der eigenen Biografie gekonnt mit den „Dunkelzonen deutscher Geschichte"[48] verknüpft. Das allerdings geschieht ferner mit einem weiteren erzählerischen Kunstgriff. Im vierten Kapitel führt Kuckart ihren Freund K. ein, den

---

43 Ebd., Min. 17:36–17:54.
44 Eke (Anm. 4), S. 10.
45 Judith Kuckart: Im Spiegel der Bäche finde ich mein Bild nicht mehr. Gratwanderung einer anderen Ästhetik der Dichterin Else Lasker-Schüler. Frankfurt/Main 1985, S. 43.
46 Eke (Anm. 4), S. 10.
47 Ebd.
48 Ebd.

sie in der Erzählung im Haus der jungen Talente 1987 kennenlernt. Die Übereinstimmung des Anfangsbuchstabens mit dem eigenen Nachnamen mag noch Zufall sein, die damit verbundene Assoziation mit Franz Kafkas *Der Prozess* ist es sicherlich nicht. Der Freund K. wird nämlich nach einem gescheiterten Ausreiseversuch nach Hohenschönhausen gebracht. Auffällig dabei ist, dass K. im gesamten Feature nicht einmal selbst zu Wort kommt. So hört der Rezipient dessen Schicksal nur durch die auktoriale Perspektive der Erzählerin. K.s Sprachlosigkeit angesichts der gemachten Erfahrungen dominiert auch im Feature. Indes lassen sich die O-Töne des Schriftstellers Christoph Hein in diesem Kontext stellvertretend für K.s Perspektive lesen, denn sie bringen seine Sprachlosigkeit zu Gehör. „Ne, das kann ich zum Beispiel nich, also dieses Erzählen, Erzählen noch, dieses Erzählen nochmal, weil ich schon, ne ich hab's doch schon erzählt. Das wird schwer. Also, wir müssen neue Geschichten finden."[49] Die rezeptionsästhetische Wirkung dieser Stimm- und Textverknüpfung nimmt eine Überlegung aus Kuckarts Poetikvorlesung auf. Denn Denken funktioniere nicht logisch, sondern in Bildern. „Wer verstehen will, versucht innere Bilder und äußere Gegebenheiten in ihrem Wechselverhältnis zu deuten."[50]

Text – diese grundlegende Haltung ist auch hier zu erkennen – ist für Kuckart Sprache in Bewegung: „Dadurch, dass es zusammen sein muss, die Stimme mit der Bewegung, die Bewegungen mit den Bewegungen der anderen und deren Stimmen."[51] Das allerdings erfordert Präzision – nicht nur im Tanz. Im Feature hängt das Gelingen im hohen Maße von der präzisen Montage ab, die unterschiedliche Stimmen heterogen und doch gemeinsam erzählen lässt. Die Ambivalenz des sozialistischen Regimes wird beispielsweise auch im dritten Kapitel durch das Arrangement der O-Töne deutlich. Julia Hoße erzählt dort eine Anekdote ihres Großvaters, der am 1. Mai die Flagge ‚ironisch' aus dem Klofenster herausgehängt habe. Diesem Beispiel von zivilem Ungehorsam im Kleinen (es war Pflicht, die Fahne herauszuhängen) wird wieder eine Aussage von Iduna Böning entgegengesetzt. Das zunächst ernsthaft verstandene „Kämpfe für ein bessres

---

49 Kuckart (Anm. 34), Min. 03:55–04:09.
50 Kuckart (Anm. 1), S. 40.
51 Ebd., S. 33.

Leben. Not und Armut darfs nicht geben. Ja, da sind wir auch dabei."[52] wird in diesem Zusammenhang aber persifliert und betont damit das Lächerliche und Perfide des Systems.

Die sich wiederholenden Aussagen bekommen dadurch je nach Kontext neue Bedeutungen, so dass das Feature ständig vermeintlich bekannte Positionen des Diskurses um Ost und West hinterfragt. Diese Darstellungsform ist Beispiel der als „bewegte Ästhetik von Kuckarts Erzählen" ausgemachten Schreibweise, „in de[r] immer wieder schnelle Umschnitte Perspektiven verschieben, die Brennweiten der Optik [bzw. Akustik; V.M.] schärfen und den Text so welthaltig machen."[53] Das Feature gibt somit keine eindeutige Lektüreempfehlung, sondern überlässt es dem*der Leser*in, eigene Schlüsse aus dem Gehörtem zu ziehen. „Mit großer Virtuosität hält Judith Kuckart ihre Texte so durch eine Ästhetik des Andeutens und der Auslassung in der Schwebe und eröffnet so in ganz vielfältiger Weise Anschlussmöglichkeiten für das Lesen und Nachdenken."[54]

5. Poetik: Schreiben „ist für mich auch ein Emanzipationsprozess gewesen."[55]

Ähnlich ambivalent bleiben auch die Aussagen der beiden Features, die sich mit literarischen Vorgängern auseinandersetzen. Dafür wird die Nutzung des O-Tons literarisch verfremdet, indem sich Kuckart von den journalistischen Ursprüngen des O-Tons emanzipiert und auf seine (vermeintliche) Dokumenthaftigkeit fokussiert.

> Als Dokument soll im Zuge dieser Untersuchung eine schriftlich oder akustisch dokumentierte Sprachäußerung verstanden werden, die nicht vo[n der] Autor[in] selbst stammt, sondern in ihrer Eigenschaft als fremde Äußerung von diese[r] aufgegriffen und zu einem Teil der Erzählung gemacht wird.[56]

---

52 Kuckart (Anm. 34), Min. 19:16–19:23.
53 Eke (Anm. 4), S. 7.
54 Ebd., S. 9.
55 Kuckart (Anm. 1), S. 37.
56 Runow (Anm. 10), S. 40.

Während sich das Feature *VEB Sehnsucht*[57] dabei noch einmal mit einer Biografie, nämlich der der Schriftstellerin Inge Müller beschäftigt, montiert *Postkarten aus L.A.*[58] Brief- und Postkartentexte von Thomas Mann und Judith Kuckart.

Im Feature *VEB Sehnsucht* werden dazu an einigen Stellen im ursprünglichen Sinn als O-Töne zu identifizierende Aufnahmen von Heiner Müller in die Texte geschnitten, die laut Featuremanuskript[59] am 20. August 1959 von ihm selbst eingesprochen wurden. Hierbei handelt es sich demnach um „Fundstücke, also bereits existierende Aufnahmen",[60] die besondere Authentizität suggerieren. Nicht nur, weil die Archivaufnahmen nicht eigens für das Feature produziert wurden, sondern vor allem weil die Autorenstimme aus ihnen spricht. „Die Stimme des Autors wird nicht nur zu einem ästhetischen Mittel, sondern auch zu einem Instrument der Authentifizierung und Autorisierung."[61] Bemerkenswert ist, dass die Protagonistin Inge Müller gerade nicht mit ihrer eigenen Stimme zu hören ist. Blickt man allein auf die wirkungsästhetische Implikation dieses Arrangements, wird Heiner Müllers Aussagen mehr Wahrheitsgehalt zugesprochen als denjenigen von Inge Müller, die doppelt literarisiert und damit unsicher präsentiert werden: zum einen durch die Auswahl der Textgrundlagen aus literarischen Zeugnissen, zum anderen in der schauspielerischen Stimmpräsentation, wie später noch detaillierter zu zeigen ist. Die Stimme der Autorin und damit ihre Perspektive, so lässt sich dies verstehen, kann nicht verlässlich rekonstruiert werden. Das kann zudem als implizite Kritik an der (literaturwissenschaftlichen) Rezeptionsgeschichte der Autorin gewertet werden, deren Werk zumeist lediglich im Kontext der Arbeiten

---

57 Judith Kuckart: VEB Sehnsucht. Inge Müller (1925–1966) – Schriftstellerin in der DDR. (Regie: Carola Preuß) SWR 2. Erstausstrahlung: 25.04.2000.
58 Judith Kuckart: Postkarten aus der Zukunft. Thomas Mann empfängt und antwortet aus Pacific Palisades. (Regie: dies.) SWR 2. Erstausstrahlung 18.11.2007.
59 Vgl. Judith Kuckart: VEB Sehnsucht. Inge Müller, Schriftstellerin in der DDR. Manuskript. SWR 2 2000, S. 1.
60 Runow (Anm. 10), S. 40.
61 Britta Herrmann: Goethe als Sound-Objekt. Phonographische Fantasien um 1900 und Aspekte einer Medienkulturwissenschaft des Klangs, in: Dies. (Hg.): Dichtung für die Ohren. Literatur als tonale Kunst. Berlin 2015, S. 119–142, hier: S. 127.

ihres berühmten Gatten gelesen wird und deren Mitarbeit an seinen Texten nicht nur der Autor selbst unterschlagen hat.

Insofern begegnet man Inge Müller im Feature nur durch literarische Texte, z.B. Ausschnitte aus ihrem Hörspiel *Die Weiberbrigade*.[62] Dabei handelt es sich also weniger um O-Töne, sondern um akustische Literaturzitate, die das Feature intertextuell mit Inge Müllers Werk verknüpfen. Ähnlich verhält es sich mit ihren Gedichttexten, die von einer Sprecherin vorgetragen werden. Zudem spielt Kuckart an dieser Stelle ausdrücklich mit der Charakteristik des akustischen Paratextes Stimme. Denn einerseits erhalten Müllers Texte damit eine Fremdinterpretation, die einen distanzierten Blick auf ihr Werk ermöglicht. Auf diese Weise ist sichergestellt, dass die Präsentation der Gedichttexte nicht in eine naive Parallelisierung von Leben und Werk umkippt, obwohl die Gedichttexte im Feature auf ihren biografischen Hintergrund hin befragt werden. Andererseits ist im Feature selbst kein Hinweis zu hören, wer spricht. Ohne die Kenntnis des Manuskripts könnte die Stimme der Schauspielerin, die mit ihrer warmen Stimmklangfarbe eine mittelalte Frau repräsentiert, als Stimme von Inge Müller missinterpretiert werden. Zumal im Manuskript die Stimme explizit mit Müller gleichgesetzt wird. „Sprecherin 3 (= Inge Müller)".[63] Denn in der Regel verstehen wir den Klang einer Stimme als eine Art „Personalausweis"[64] und verknüpfen das Gesagte mit dieser Person. Allerdings ist bei einer solchen Gleichsetzung von empirischer Person und SprecherIn Vorsicht geboten. Denn stimmliche Parameter werden in der Regel für die Konstruktion einer ‚persona' genutzt, die eine „für die öffentliche Rede adoptierte Sprecherrolle"[65] darstellt und insofern unabhängig von

---

62 Laut Manuskript handelt es sich hier um Tonaufnahmen der Ursendung. Siehe Inge Müller: Die Weiberbrigade. (Regie: Wolfgang Schonendorf) Rundfunk der DDR. Erstausstrahlung: 09.11.1960. Vgl. Judith Kuckart (Anm. 59).
63 Ebd., S. 1.
64 Tilla Schnickmann: Vom Sprach- zum Sprechkunstwerk. Die Stimme im Hörbuch: Literaturverlust oder Sinnlichkeitsgewinn, in: Ursula Rautenberg (Hg.): Das Hörbuch – Stimme und Inszenierung. Wiesbaden 2007, S. 21–53, hier: S. 26.
65 Reinhart Meyer-Kalkus: Koordinaten literarischer Vortragskunst. Goethe-Rezitationen im 20. Jahrhundert, in: Gabriele Leupold et al. (Hg.): In Ketten tanzen. Übersetzen als interpretierende Kunst. Göttingen 2008, S. 150–198, hier: S. 181.

der tatsächlichen Person existieren kann. Das gilt nicht nur für sprechkünstlerische Aspekte wie die Intonation, sondern auch für physiologische Voraussetzungen, die für eine Rolle angepasst werden können.[66] Man unterliegt also einem „physiognomischen Trugschluß",[67] wenn man die Stimme der Vorleserin für die authentische der Autorin hält. „Die Sprache in einem O-Ton-Produkt ist genausowenig die Realität selbst, wie es die Sprache in einem Roman ist; sie kann nur eine Vermittlungsform der Realität sein."[68] Die Schwierigkeit in der Beurteilung der stimmlichen Performanz besteht aber gerade darin, dass immer etwas scheinbar Authentisches ins Spiel kommt: „das So-und-nicht-anders-Sein einer Stimme, die uns etwas aus ihrer spezifischen Lebenserfahrung mitzuteilen scheint."[69]

So spielt das Feature insgesamt mit dieser wirkungsästhetischen Charakteristik des Stimmparatextes, indem die unterschiedlichen Textbausteine auf drei weibliche Stimmen aufgeteilt sind, deren Sprechstimmlage, Stimmklang und Klangfarbe sich sehr ähneln, so dass eine Differenzierung auf der rein auditiven Ebene nur in Maßen stattfindet. Dies ist ein erster Hinweis darauf, dass es sich hier zwar um unterschiedliche Textbausteine handelt, die aber trotzdem motivisch und inhaltlich zusammengehören. Während Sprecherin 3 (S3) Müllers eigene Texte vorliest, spricht die erste Stimme (S1) Textelemente, die eine objektive Perspektive auf Müllers Leben präsentieren, indem sie in chronologischer Abfolge biographische Fakten und publizistische Tätigkeiten wiedergibt. Sprecherin 2 (S2) dagegen spricht aus der Ich-Perspektive heraus. „1977 stieß ich auf einen Müller, der nicht im Telefonbuch stand. [...] Wir arbeiteten an einem Stück, mehr Textvorlage als Stück. DIE HAMLETMASCHINE."[70] Hierbei handelt es

---

66 Vgl. Sybille Krämer: Negative Semiologie der Stimme, in: Cornelia Epping-Jäger et al. (Hg.): Medien / Stimmen. Köln 2003, S. 65–82, hier: S. 72.
67 Reinhart Meyer-Kalkus: Vorlesbarkeit – zur Lautstatistik narrativer Texte, in: Andreas Blödorn (Hg.): Stimme(n) im Text. Berlin 2006, S. 349–381, hier: S. 376.
68 Michael Scharang: O-Ton ist mehr als eine Hörspieltechnik, in: Klaus Schöning (Hg.): Neues Hörspiel O-Ton. Der Konsument als Produzent. Versuche. Arbeitsberichte. Frankfurt/Main 1974, S. 261–273, hier: S. 271. Genau genommen ist die Stimme noch nicht einmal die authentische der Vorleserin/Schauspielerin, denn sie spricht hier in der Rolle Inge Müller.
69 Meyer-Kalkus (Anm. 67), S. 377.
70 Kuckart (Anm. 57), Min. 00:58–01:21.

sich also um Kuckarts eigene Perspektive auf die Schriftstellerin. Im weiteren Verlauf lenkt die zweite Stimme die Aufmerksamkeit dann vor allem auf die (private) Person Inge Müller. „Inge Müller, wer war das?"[71] Fokus der Ausführungen ist die Frage nach einer möglichen Verknüpfung von Leben und Werk und nicht zuletzt die Frage nach den Beweggründen von Inge Müllers Suizid 1966. Wenn zum Ende des Features der Grund in der unerfüllten Sehnsucht nach Liebe gesucht wird, womit implizit auch die Anerkennung von Heiner Müller gemeint zu sein scheint, wird das Leben der Autorin jedoch erneut auf ihre Beziehung zum erfolgreicheren Mann reduziert. Hier hätte anderen, möglichen gesellschaftlichen Gründen in einer immer repressiver werdenden DDR mehr Raum gegeben werden können. Aber, so Kuckart, die „Archäologie weiblicher Geschichte findet unterhalb der Fundgruben historischer Machtpolitik, jenseits der Heldentaten räuberischer Männerhorden statt. Eine Archäologie des Geschehenen, das hinter der Zeit und unter der festgeschriebenen Realität liegt",[72] sei für das weibliche Geschichtsbewusstsein prägend. Im Gegensatz zu den faktenbasierten Abschnitten der ersten Sprecherin spüren diese Texte Inge Müller als Frau und Autorin daher in einem fragenden Gestus nach, so dass das Feature eine definitive Antwort auf Zusammenhänge von Leben, Werk und Freitod schuldig bleibt.

Darüber hinaus lässt sich die Einteilung in offizielle (S1) und private (S2) Aspekte weniger durch die Sprechstimmen selbst erkennen als vielmehr über die stereophone Anordnung (S1 von halblinks, S2 von halbrechts). Diese akustische Trennung ist aber nicht so eindeutig gesetzt wie noch im Feature davor. Insofern bleiben die unterschiedlichen Textabschnitte Schnipsel eines disparaten (Hör-)Bildes, das heterogenes Material, Dokumente und Perspektiven miteinander kombiniert und so die Möglichkeit einer verlässlichen biographischen Rekonstruktion und literaturwissenschaftlichen Einordnung der Autorin Müller immer wieder implizit in Frage stellt. Am Ende muss man sich aus vier unterschiedlichen Perspektiven – der offiziellen, der privaten von Kuckart, der aus den eigenen (Nachlass-)Texten Müllers und nicht zuletzt der von Heiner Müller – sein eigenes Bild der Autorin machen. Das Spiel mit dem O-Ton als Dokument,

---

71 Ebd., Min. 05:30–05:32.
72 Kuckart (Anm. 45), S. 38.

das seine Zwitterstellung zwischen vermeintlicher Authentizität und nachträglicher Produziertheit nur allzu deutlich macht, trägt wesentlich zu dieser Wirkungsästhetik bei. Und es wird deutlich, dass das Feature ein akustisches Genre ist, das den grundlegend fragenden Gestus von Kuckarts Schreibweise entgegenkommt. „Das Dokument findet hier als Medium der Protagonistenstimme Verwendung. Es erlaubt ein weitgehend unabhängiges Sprechen der Protagonisten vom Autor und eine neue Vielstimmigkeit des Erzählens, die über die Möglichkeiten des polyphonen Romans noch hinausgeht."[73]

Einen ähnlichen Umgang mit dem ambivalenten dokumentarischen Charakter des O-Tons bietet das Feature „*Postkarten aus der Zukunft*" – *Thomas Mann empfängt und antwortet aus Pacific Palisades*. Die Textgrundlage bilden, erstens, O-Ton-Ausschnitte aus Thomas Manns Rundfunkreden, die er zwischen 1940 und 1945 für das deutsche Programm der BBC einspricht und in denen er sich teilweise mahnend zur aktuellen politischen Lage der Deutschen äußert,[74] zweitens von einem Schauspieler gelesene Ausschnitte aus Manns Briefen, die er während seines kalifornischen Exils an mehrere Adressat*innen und vor allem an Agnes Meyer, die ihn finanziell unterstützte, schreibt, und drittens Postkarten, die Judith Kuckart während ihres dreimonatigen Aufenthalts in der Villa Aurora von Lion Feuchtwanger an eine A. in Zürich verfasst. „Es gibt Schnittstellen, als würden sich zwei Schreibende über die Zeiten hinweg unterhalten."[75] So betonen zwar die paratextuellen Angaben wie Ort und Datum vor jedem Brief- und Postkartentext den zeitlichen Abstand der jeweiligen Aussagen, allerdings werden diese so ineinander montiert, dass Motive und Themen sich überschneiden. Das geht so weit, dass der Sprecher bzw. die Sprecherin einzelne Sätze des anderen beenden. „Liebe A, Sie wissen, auch Thomas Mann hat 12 Jahre hier in Pacific Palisades verbracht.' ,… wo ich voraussichtlich den Joseph zu Ende schreiben werde. Sonderbar!'"[76] An anderer Stelle werden Anfang und Ende

---

73 Runow (Anm. 10), S. 41.
74 Siehe Thomas Mann: Deutsche Hörer! BBC-Reden 1941 bis 1945. 1 CD. München 2004.
75 Judith Kuckart: Postkarten aus der Zukunft, in: https://judithkuckart.de/radio/postkarten/ [31.03.2021].
76 Judith Kuckart (Anm. 75), Min. 05:30–05:39.

der verschiedenen Texte überblendet, um die raumzeitliche Überbrückung akustisch zu überwinden.⁷⁷ Das Feature verknüpft daher kunstvoll verschiedene Kommunikationsrichtungen: Während die einzelnen Brief- bzw. Postkartentexte sich an bestimmte real existierende Adressat*innen außerhalb des Features richten, verbindet die akustische Montage die Aussagen zu einem Dialog der beiden Autor*innen über den Alltag in Los Angeles. Nicht zuletzt wird im Akt des Vorlesens das in den Briefen angesprochene Gegenüber transferiert auf der*die Hörer*in, der*die sich durch diesen performativen Akt der Illusion des Angesprochenseins hingeben kann.

> Selten nur entwickelt sie ihre Geschichten in geraden Linien, häufiger dagegen in kunstvollen Sprüngen durch die Zeit. Der Tanz auf der Bühne liefert das Vor-Bild einer Erzähl-Kunst, die auf engstem Raum die kompliziertesten Bewegungen zwischen Erinnern und Phantasie, Wirklichkeit und Traum, Vergangenheit und Gegenwart, Innensicht und Außensicht auszuführen imstande ist.⁷⁸

Bewegungen zwischen Erinnern und Fantasie werden im Feature außerdem durch die Montage der BBC-Reden erreicht. Deren offizieller Charakter wird gebrochen, indem die Reden einzelne Motive der privaten Äußerungen der Briefe und Postkarten aufgreifen und somit ebenfalls dialogischen Charakter suggerieren. Demgemäß geben sich die Auszüge zwar durch den formatbedingten Paratext auditiv zweifelsfrei als O-Ton zu erkennen, denn sie rauschen aufgrund ihres Alters und den historischen Aufnahme- und Speichermedien, so dass Manns Stimme zudem dumpf und monophon klingt. Die Ausschnitte sind aber so gewählt, dass sie nicht nur Zeitgeschehen wiedergeben, sondern im Aufgreifen des jeweiligen Themas auf die Brief- und Postkartentexte antworten – kurz gesagt die „Stimme eines Freundes"⁷⁹ repräsentieren. Der Anfangs-Satz einer BBC-Rede, „Auf eigene Art einem Beispiel folgen. Das ist Tradition."⁸⁰ klingt nicht zuletzt wie ein Kommentar zu dem Konzept des Feature in der hier vollzogenen Auseinandersetzung einer Autorin mit einem ihrer Vorgänger.⁸¹ Dieses Umschalten

---

77 Vgl. ebd., Min. 13:55.
78 Eke (Anm. 4), S. 7.
79 Judith Kuckart (Anm. 58), Min. 13:04–13:06.
80 Ebd., Min. 17:22–17:28.
81 Welche anderen Autoren und literarischen Texte noch Inspiration für das eigene Schreiben boten, kann man im Feature *Das gesprungene Wort* nachhören, vgl.

zwischen Zeiten und Medien macht das Feature durch einen akustischen Paratext deutlich, der mehrfach zwischen die einzelnen Sprechtexte und O-Töne geschnitten ist. Im Manuskript als ‚Switch'[82] deklariert, erinnert er an das Rauschen während des Sendersuchvorgangs – als dieser noch manuell mit Knöpfen und Reglern am Rundfunkgerät erfolgte. Insofern unterstützt der ‚Switch' nicht nur den historischen Charakter von Manns O-Tönen, sondern dient vor allem als medienreflexiver Kommentar zu der hier stattfindenden Text- und O-Ton-Montage.

Festzuhalten bleibt, dass in beiden Features der dokumentarische Status des O-Tons als Repräsentant einer außerliterarischen Realität permanent in Zweifel gezogen und für eine spezifische Ästhetik des Genres, die vor allem in der deutschen Tradition des literarischen Features von jeher zwischen authentisch und fiktional changiert, fruchtbar gemacht wird.

6. Fazit

Eine Ästhetik, die von der Körperlichkeit des Theaters kommt, wird hier nun auf die akustische Bewegung der Stimmen im Kontext ihrer medientechnischen Bearbeitung übertragen, um „Gelebtes und Erfundenes zu einem stimmigen [akustischen; V.M.] Paarlauf"[83] zu bringen.

> Gibt es überhaupt Arbeit an Literatur, die nicht blickverwinkelnd Sichtweisen wählt, gemäß des eigenen Selbstverständnisses? Eigenheiten des Textes, seine Ober- und Untertöne werden nur hörbar, wenn sie bei Erfahrungen der Lesenden selbst anecken; Fragen der Klangintensität und des Resonanzbodens.[84]

Das Feature, so könnte man die Untersuchung zusammenfassen, weist Parallelen zu Kuckarts Tanzkunst auf, einer „‚narrative[n]' Tanzkunst, die verbunden mit Sprache, Musik, Gesang, Pantomime häufig nach Art der Montage zusammenfügt, natürlich auch mit grotesken, satirischen,

---

Judith Kuckart: Das gesprungene Wort. Von der Probebühne zum Schreibtisch. (Regie: dies.) SWR 2. Erstausstrahlung: 09.10.2018.
82 Vgl. Judith Kuckart: Postkarten aus der Zukunft. Thomas Mann empfängt und antwortet aus Pacific Palisades. Manuskript. SWR 2 2007.
83 Kuckart (Anm. 1), S. 7.
84 Kuckart (Anm. 45), S. 7.

tragischen und komischen Übertreibungen."⁸⁵ Für die Features heißt dies, dass Erzählen unzuverlässig, disparat wird und unterschiedliche Perspektiven nicht homogenisiert, sondern in ihrer Gegensätzlichkeit ausgestellt werden.

> Kuckarts Erzählen ist ein weitgehend achronologisches, alineares Erzählen, [...] abrupte Wendungen, überraschende Schnitte schaffen einen hochkomplexen Text, der den Leser immer wieder herausfordert und gleichzeitig auf Erzähler und Erzähltes verweist: beide verweigern Gewissheit.⁸⁶

Die Features, obwohl sie sich auf den ersten Blick mit dem eigenen Schreiben und der eigenen Identität auseinandersetzen, montieren O-Töne, eigene und fremde Texte nicht zuletzt zu einem offenen Text, den es hörend zu erkunden gilt. „Musik, Tanz, Poesie bedrohen mit außergewöhnlichem Lusterleben die Unantastbarkeit des mit sich selbst identischen Subjekts in seinem geschlossenen gesellschaftlichen Rahmen."⁸⁷ Die starke (formale) Komposition der Texte, „die einerseits spröde wirken in ihrer Lakonik immer wieder aber auch zu überraschenden Wendungen und körperlich-sinnlichen Bildern finden",⁸⁸ ist insofern auch den Features anzumerken. Inwiefern diese Bilder aufzuschlüsseln sind, bleibt jeder/jedem Einzelnen am Radiogerät selbst überlassen. Es scheint deshalb angebracht, das Aufbrechen der subjektiven Autorenperspektive „als wichtigstes Potential der Montage-Technik und als wesentlichstes Merkmal des Erzählens"⁸⁹ für das narrative Feature im Allgemeinen und Kuckarts Texte im Besonderen als zentrales ästhetisches Verfahren festzuhalten.

---

85 Alo Allkemper: Judith Kuckart. „Vom Vorteil des Stolperns", in: Norbert Otto Eke et al. (Hg.): Poetologisch-poetische Interventionen – Gegenwartsliteratur schreiben. Paderborn 2012, S. 357–370, hier: S. 358.
86 Ebd., S. 361.
87 Kuckart (Anm. 45), S. 81.
88 Eke (Anm. 4), S. 7.
89 Runow (Anm. 10), S. 40.

Norbert Otto Eke

Schweigen, Erzählen (und Lieben). Judith Kuckarts Roman *Lenas Liebe* (2002) und seine Verfilmung *Bittere Kirschen* (2011)

Ein Ort wie jeder andere

Mauthausen ist eine schöne Gegend. Mascha nickt und hört auf mit dem Nicken. Jetzt muß mir die Luft wegbleiben, denkt sie sich, denn bei solchen Bemerkungen ist sie immer schon starr geworden [...] Hörst du, sagt sie, das ist eine geschmacklose Bemerkung. Aber geh, sagt er, ich bin dort aufgewachsen. Ich weiß es. Die Gegend ist dort sehr schön. Als Kind hab ich dauernd im Konzentrationslager gespielt. Ein Superspielplatz.[1]

In Robert Schindels Roman *Gebürtig* (1992) wird mit dieser Auseinandersetzung zwischen der jüdisch-stämmigen Soziologin Mascha und ihrem nichtjüdischen Freund Erich Stieglitz die unüberbrückbare Erfahrungs- und Erfahrensdifferenz angesprochen, die Opfer- und Täterkinder trennt. Zugleich zeichnet sich hier ein Paradigmenwechsel innerhalb der Erinnerungskultur ab: Aus einer (potentiell) lebendigen Erinnerungsgemeinschaft wird eine durch Archivalien und Artefakte gestützte sekundäre Erinnerungskultur. Zwei einander überkreuzende Tendenzen haben die Dynamik dieses in der Umstellung vom ‚authentischen' Gedächtnis der Zeugen zum Nachgedächtnis der späteren Generationen begründeten Prozesses in den zurückliegenden Jahren befördert: die Transformation der Erinnerung an die Shoah zu einer „entortete[n] moralische[n] Lehre"[2] zum einen; zum anderen die Forderung nach einem multidirektionalen Erinnern, das der Überlagerung unterschiedlicher Gewaltgeschichten in der Migrationsgesellschaft gerecht wird.[3]

---

1 Robert Schindel: Gebürtig. Roman. Frankfurt/Main 1994, S. 10.
2 Daniel Levy, Natan Sznaider: Erinnerung im globalen Zeitalter: Der Holocaust. Frankfurt/Main 2001, S. 213. Siehe auch: Alvin H. Rosenfeld: The End of the Holocaust. Bloomington, Indianapolis 2011 (dt. Göttingen, Bristol [Conn.] 2015).
3 Vgl. Michael Rothberg: Multidirectional Memory. Remembering the Holocaust in the Age of Decolonisation. Stanford 2009 (dt. Berlin 2021).

Die Verwerfungen, die dieser Paradigmenwechsel hervorgebracht hat und weiter hervorbringt, werfen Schatten voraus in Judith Kuckarts zehn Jahre nach *Gebürtig* erschienenem Roman *Lenas Liebe*, der – neben vielem anderen – von Auschwitz als ‚lieu de mémoire' *und* als ‚Gegenwartsort' erzählt: Auschwitz, Birkenau – metonymische Orte der Vernichtung, des Nicht-Menschlichen, des Bösen und des Todes für die einen; Oświęcim, Brzezinka – Gegenwarts- und Lebensorte für die anderen. Für Adrian, den Torwart einer Jugendmannschaft aus der westfälischen Provinz, die in Oświęcim ein Freundschaftsspiel gegen die dortige Fußballmannschaft austrägt, wiederum ist Auschwitz nichts als ein „Kaff kurz vor Rußland",[4] ein Ort wie jeder andere; daran haben auch vier Wochen Zivildienst in Oświęcim nichts geändert.

Wenn gleich zu Beginn des Romans die nach Oświęcim gereiste Lena mit ihrer ausweichenden Antwort auf die Frage nach dem Grund ihrer Anwesenheit („Ich habe so eine Idee") von dem Priester Richard Franzen mit den Worten zurechtgewiesen wird, „eine Idee" brauche es „an diesem Ort nicht. Was hier wirklich geschehen ist", sei „genug",[5] ist damit die Bühne bereitet für eine Inszenierung ‚richtigen' und ‚falschen' Erinnerns, die auf den ersten Blick Heterogenes engführt: Auschwitz und das Unding der Liebe, die Politiken der Erinnerung, die Lebens-/Sinnkrisen zweier Priester und einer Schauspielerin.

Strukturell verschränkt Kuckart dabei drei Ebenen bzw. Erzählstränge miteinander, deren Fluchtpunkt das „familiäre[] Beschweigen von Auschwitz als Erinnerungsort und historischem Bezugspunkt der eigenen Familiengeschichte"[6] ist. Auf der ersten Ebene ist *Lenas Liebe* eine ‚Road-Novel', die – immer wieder unterbrochen durch Erinnerungen, Träume, Reflexionen, Beobachtungen, Kommentare – von einer sich im Frühjahr nach der Milleniumswende über drei Tage erstreckenden Reise dreier sehr unterschiedlicher Personen von Oświęcim nach Berlin erzählt: der

---

4 Judith Kuckart: Lenas Liebe. Roman. Köln 2002, S. 278.
5 Ebd., S. 12 f.
6 Michael Ostheimer: „Monumentale Verhältnislosigkeit". Traumatische Aspekte im neuen deutschen Familienroman, in: Judith Klinger, Gerhard Wolf (Hg.): Gedächtnis und kultureller Wandel. Erinnerndes Schreiben – Perspektiven und Kontroversen. Tübingen 2009, S. 149–166, hier S. 153.

Schauspielerin Lena (Magdalena) Krings, des pensionierten Stadtkämmerers von S., Julius Dahlmann, und des seit fünf Jahren in Oświęcim als Seelsorger tätigen Priesters Richard Franzen (später kommt noch die Anhalterin Beata hinzu).

Auf der zweiten Ebene entfaltet der Roman die Geschichte Lenas und ihrer Liebe zu ihrem etwas jüngeren Jugendfreund Ludwig Frey, dem sie wiederbegegnet, als sie in ihren Geburtsort S. zurückkehrt, um dort ihre verstorbene Mutter Marlis zu begraben. Beide haben in der Mitte ihres Lebens (Lena selbst hat „das Gefühl, es sei schon spät in ihrem Leben"[7]) ihren Kompass verloren und kommen nun wieder zusammen. Verstört durch den hörbar während einer Aufführung der Kleist'schen *Penthesilea* in die Szene hineingesprochenen Kommentar eines Zuschauers über die Größe ihrer Brüste, ist Lena buchstäblich aus der Rolle ge- und krisenhaft auf sich selbst zurückgefallen. Nicht ganz freiwillig hat sie ihre Karriere am Theater aufgegeben, weil sie „nicht mehr von Eindrücken leben [will], die mir nicht gehören", was nicht ohne Verluste abgeht: „Was soll ich denn jetzt machen. Ich war doch dankbar, wenn eine fremde Figur mich über die Bühne zog. Ich gehe doch sonst nirgendwo freiwillig hin. Ich bin nur, solange Theater ist."[8] Ludwig wiederum, der Priester geworden war, ist eines Morgens mit der Erkenntnis aufgewacht, dass er „einfach aufgehört [hatte] zu glauben":[9] „Da stand er jetzt und hatte die Hälfte seines Lebens auf der falschen Baustelle verbracht."[10]

Zwei solcherart in die Krise Geratene auf der Suche nach der sich selbst genügenden Glückseligkeit als dem Gelingen des Lebens im Ganzen gehen in S. gegen alle Wahrscheinlichkeit mit ihrer Beziehung in eine „Verlängerung".[11] Allerdings geht es nicht lange gut mit dieser Neuauflage einer vergangenen Liebe in der ‚schönen Gegend' der Gegenwart, da Lena der Idee einer über die Alltagsroutinen enthobenen, einer absoluten Liebe, nachhängt („Ihre Liebe hatte in einem leeren Haus begonnen und sollte in

---

7 Kuckart (Anm. 4), S. 78; die Formulierung wird noch einmal aufgenommen auf S. 155, hier nun bezogen auf Lena und Ludwig.
8 Ebd., S. 85.
9 Ebd., S. 207.
10 Ebd., S. 275.
11 Ebd., S. 178.

einer gemeinsamen Drei-Zimmer-Wohnung enden?"[12]), während Ludwig sich mit seinen Zukunftsentwürfen bescheidet:

> In mir schläft kein größeres Ereignis, höchstens ein noch langweiligerer Ludwig, dem ich im Lauf der Jahre nicht begegnen möchte. Das Problem habe ich vor langer Zeit an Gott weitergereicht, habe gesagt, Herr, gib mir deine Welt und nimm meine von mir, denn sie ist für mich zu klein, aber ich schaffe es nicht allein bis in die große.[13]

Lena lässt sich auf eine Affäre mit dem für sie viel zu jungen Torwart Adrian ein und wiederholt damit einen Verrat an dem Geliebten, den sie schon einmal in ihrer Jugend begangen hatte. Auch ihre Schülerliebe zu Ludwig war an ihrer Untreue gescheitert. Dass sie Adrians Mannschaft auf dem Weg zu einem Freundschaftsspiel in Oświęcim nachfährt, vorgeblich um einen Artikel über die Begegnung deutscher und polnischer Heranwachsender zu schreiben, ist eine Art der Flucht: weg von Ludwig, dem sie die Rückfahrt nach Berlin wieder zuführen soll. Hier in Berlin, wo sie auf die Schauspielschule gegangen ist, wo sie nach ihrer Rückkehr nach S. drei Monate lang in einer Fernsehserie mitgespielt und auch dem Geliebten zu einem Engagement als Statist am Theater verholfen hat, ist sie mit Ludwig verabredet.

Der tiefere Grund ihrer Fahrt nach Oświęcim allerdings ist ein anderer. Sie folgt damit der Spur von Julius Dahlmanns Erzählungen über seine Kindheit im Schatten von Auschwitz und seine unerfüllte Liebe zu Lenas Mutter Marlis, die von Kuckart auf der dritten Ebene des Romans entfaltet werden. Dahlmann, bei dem Lena seit ihrer Rückkehr nach S. zur Untermiete wohnt, und Lenas Mutter Marlis waren in ihrer Kindheit und Jugend lange ein Paar, geheiratet aber hat sie einen anderen, der Lenas Vater wurde; Dahlmann war lediglich die undankbare Rolle des Trauzeugen geblieben. Mehr als Andeutungen dieser frühen Liebesgeschichte der Mutter sind Lena nicht im Gedächtnis geblieben. „Es sei in O. passiert, es sei alles in O. passiert",[14] so Lenas Erinnerungen zufolge Marlis. Das ‚es' bezieht sich auf eine von Julius an Weihnachten 1943 nach S. geschickte Postkarte mit einem Ostermotiv, auf der er notiert hatte:

---

12 Ebd., S. 179.
13 Ebd., S. 210 f.
14 Ebd.

Liebe Marlis, weine nicht, ich weine auch nicht. Hier ist es ganz schön, nur bei Westwind stinkt es aus dem Lager. Robbi Bolz sagt dann: „Ach, immer diese Juden." Robbi Bolz ist nicht mein Freund. Kannst Du nicht kommen? Dein Julius. Ich liebe dich sehr. Von dem Tag an war Marlis überzeugt davon gewesen, daß Julius Dahlmann in O. komisch geworden war.[15]

Gespiegelt wird Dahlmanns unerfüllte Liebe zu Marlis zugleich in der Liebe Lenas zu Ludwig und in der sich entwickelnden Liebe des Priesters Richard Franzen, des Dritten im Bunde der Reisegesellschaft, zu Lena. Die Begegnung mit der Schauspielerin, die den Glauben an die Kraft der Anderswelt des Theaters als Ort der Transzendierung (Verzauberung) der Wirklichkeit verloren und die nun einstweilen nicht mehr als eine ‚Idee' von ihrer nüchternen Gestalt hat, führt auch den Rationalisten im Priesteramt, der sich keine Vorstellung von Gott und damit einer ‚höheren', unverfügbaren Wirklichkeit machen kann, in eine Glaubens- und Sinnkrise, was ihn seinerseits gleich zweifach als „Spiegelfigur"[16] des Priesters Ludwig erscheinen lässt: als Liebender und als Zweifelnder.

Die Verknüpfung der bis in das Jahr 1943 zurückreichenden Erzählebenen zwei und drei mit der rahmenden Reiseerzählung erfolgt im Roman über ein Leitmotiv, das Kuckart, wie John P. Wieczorek[17] belegt hat, Johannes Bobrowskis Roman *Litauische Klaviere* entlehnt hat: „Das von früher, das geht nicht mehr."[18] Bei Bobrowski, so Wieczorek,

> werden diese Worte von Tuta Gendrolis gesprochen (GW III, S. 331) und stellen einen Teil ihres Versuchs dar, Potschka aus seiner träumerischen Verbindung mit dem historischen Donelaitis zu wecken, sie sollen ihn daran erinnern, dass es nicht nur eine Vergangenheit gibt, in die man sich zu Recht oder Unrecht vertiefen kann, sondern auch eine Gegenwart, in der man leben muss. Notwendig ist nicht ein Sich-Abwenden von der Gegenwart oder von der Vergangenheit,

---

15 Ebd. (Hervorhebungen hier und in weiteren Zitaten aus dem Roman im Orig., N.E.)
16 Henk Harbers: „Wer erzählt, hat eine Frage". Die Verbindung von Liebe und Auschwitz in Judith Kuckarts Roman *Lenas Liebe*, in: literatur für leser 98 (2006), H. 2, S. 81–97, hier: S. 88.
17 Vgl. John P. Wieczorek: Johannes Bobrowski und Judith Kuckarts *Lenas Liebe*, in: Dietmar Albrecht et al. (Hg.): Unverschmerzt. Johannes Bobrowski – Leben und Werk. München 2004, S. 377–388.
18 Z.B. Kuckart (Anm. 4), S. 69, 76, 168, 172.

sondern die Bereitschaft, Vergangenheit und Gegenwart so zu verbinden, dass keine die andere hinter sich versteckt.[19]

Dazu aber bedarf es einer lebendigen, auch reflektierten Erinnerung, die die Leerstellen im kulturellen Gedächtnis füllt.

Leerstellen – Prekäre Erinnerungen

Erinnerung ist Interpretation, Deutung der Vergangenheit, an der die verschiedenen Medien der Repräsentation mit ihren je spezifischen Ausdrucksweisen ‚mitschreiben', wodurch Geschichte in doppelter Weise ‚entfernt' wird: durch den historischen Abstand und durch ihre mediale Vermittlung.

George Tabori hatte nach einem Besuch in Dachau von seinem Eindruck über eine „Gedenkstätte, wie sie heute genannt wird", geschrieben: „richtig hübsch in ihrer falschen Pietät und so hergerichtet, daß ein Gedenken an irgend etwas anderes als das Gedenken von Gedenken unmöglich ist".[20] Dieser Gedanke begegnet im Roman wieder in Lenas Einspruch gegen die nachgelagerten Präsentations- und Visualisierungskonzepte von Gedenkstätten, wie sie ihr im Lager Auschwitz begegnen. Ruth Klüger hat in ihrem Aufsatz *Kitsch, Kunst und Grauen* am Beispiel der ikonisch gewordenen Berge hinterlassener Kinderschuhe in KZ-Gedenkstätten nachdrücklich auf die Gefahr einer Verkitschung hingewiesen. Die ihrer Funktion enthobenen Schuhe der Toten würden in der Ausstellung zum Gegenstand der Betrachtung, damit „ästhetisiert"; „sie werden zum Fetisch, zum Kunstwerk – doch da der Teil dem Ganzen nicht entspricht, werden sie nur zum Kitschwerk."[21] Auch Lena wehrt sich gegen die Ausstellung der Hinterlassenschaften von Toten als Leidensobjekt; „total harmlos" seien die im Lager in Vitrinen ausgestellten Haare der Ermordeten. Sie glaube diesen Vitrinen „nichts", die das Vernichtungsgeschehen begreifbar zu machen

---

19 Wieczorek (Anm. 17), S. 385.
20 George Tabori: Ein Goi bleibt immer ein Goi… Zur Nathan-Inszenierung Claus Peymanns in Bochum 1981, in: Andrea Welker (Hg.): George Tabori. Dem Gedächtnis, der Trauer und dem Lachen gewidmet. Portraits. Wien 1994, S. 285–287, hier: S. 285.
21 Ruth Klüger: Kitsch, Kunst und Grauen. Die Hintertüren des Erinnerns. Darf man den Holocaust deuten?, in: FAZ, 02.12.1995, S. B 4.

suchten; gehe man näher heran, röchen „sie zitronenfrisch" (nämlich nach Glasreiniger).[22] Und weiter:

> Was ist mit den Haaren in den Vitrinen, wenn es die echten Haare sind und keine Fälschung für das Lagermuseum? Wenn sie echt sind, muß man sie zurückgeben [...]. Sie gehören den Toten. Nicht der Ausstellung. Und eigentlich dürfen nur die Toten das Lager betreten. Wie eben Tote nach dem Sterben sind, wenn sie umhergehen. Völlig allein, aber gelöst.[23]

Der musealen Einhegung der Erinnerung setzt Lena das Antidoton eines Schreckenstheaters entgegen, das aus der Einsicht heraus, dass das, was routinisiert und eingeordnet ist, gleichzeitig auch handhabbar, beherrschbar und ‚gezähmt' wird, Auschwitz als Ort des Inkommensurablen *katexochen* zu erhalten und die Besucher der Gedenkstätte nachhaltig in ihrem – Weltbewältigung und Positionssicherung ermöglichenden – Orientierungswissen aufzuschrecken sucht. Jedem zur Besichtigung des Lagers anreisenden Bus solle ein Mensch als Passagier zugeordnet werden, der sich das Leben nehmen wolle, um seinem sinnlosen Leben einen Sinn zu geben; im Lager solle er in den elektrischen Stacheldraht gehen, um schließlich als Leiche über den Zaun auf die „andere[] Seite der Welt"[24] geworfen zu werden:

> „Man muß einen Zaun ziehen um den Zaun, der schon da ist", sagt Lena, „um den Ort als unbegreiflichen Raum stehen zu lassen. Er gehört uns nicht. Auch die Haare in den Vitrinen, auch die nicht. Der Ort soll mit sich allein bleiben und vergehen dürfen. Er soll alles dürfen, vor allem vergehen. Damit er weiter leben kann."[25]

Auf der Handlungsebene des Romans ist Lenas Plädoyer für die Erhaltung des Lagers als „Raum zwischen den Räumen", den „nur Tote betreten dürfen",[26] Reaktion auf das Einverständnis des mit einer Arbeit über

---

22 Kuckart (Anm. 4), S. 53.
23 Ebd., S. 54.
24 Ebd., S. 162.
25 Ebd., S. 161. Zu Lenas Lager-Idee siehe kritisch Alexander Chertenko: „Seine [...] Slipper [...] passen nicht auf den Asphalt von O." Die Rekolonisierung Polens und die deutsche Vergangenheitsbewältigung in Judith Kuckarts *Lenas Liebe*, in: Małgorzata Dubrowska, Anna Rutka (Hg.): Reise in die Tiefe der Zeit und des Traums. (Re-)Lektüren des ostmitteleuropäischen Raumes aus österreichischer, deutscher, polnischer und ukrainischer Sicht. Lublin 2015, S. 175–190, hier: S. 188.
26 Kuckart (Anm. 4), S. 160.

das Problem der Theodizee promovierten Priesters Richard Franzen mit dem, was ist. Franzen nämlich ist blind „für innere Bilder [...] wie andere Menschen für Farben"[27] und kann nur darum in Auschwitz als Seelsorger leben und arbeiten, weil es ihm an „an Phantasie, an Vorstellungskraft über das Alltäglich-Gegebene hinaus"[28] mangelt. Dahlmann wiederum kommentiert Lenas Idee mit den Worten „Das ist ja etwas ganz anderes als Denkmalpflege [...]. Da muß man aber ziemlich böse sein, um das zu begreifen."[29]

Hidden Memories, oder: Wer kommt in meine Arme?

Dass sich die Bilder der medial vermittelten und auf der Seite des Rezipienten gleichsam ‚empfangenen' Geschichte bis zur Unkenntlichkeit mit eigener Erinnerung vermischen und solcherart ‚falsche' Erinnerungen produzieren können, liegt in der Konsequenz der doppelten Entfernung, von der oben die Rede war. Im Zwischenzustand zwischen Schlafen und Wachen, Einschlafen und Aufwachen tritt Kuckarts Protagonistin so wiederholt ein Bild unklarer Provenienz vor Augen, dessen Herkunft sich erst später im Roman erschließt.

> Von den drei Fenstern ihres Erkerzimmers aus konnte sie den Mond zwischen dem runden katholischen und den evangelischen Doppeltürmen wandern sehen. *Ein kleines Fenster, im dritten Stock, jemand beugt sich heraus, vor langer Zeit.* Mit dem Bild schlief sie ein.[30]
> Am Morgen spielte das Radio noch immer leise. Sie strich sich, auf dem Rücken liegend, die Haare aus dem Gesicht. *Ein Fenster im dritten Stock, jemand beugt sich heraus, vor langer Zeit.* Aus welchem Material war das Bild gemacht? War es Erinnerung? War es nur erzählt, und später wie eigene Erinnerung erinnert, weil es so festsaß?[31]

Erst bei seiner dritten Erwähnung wird deutlich, dass sich Lenas ‚Erinnerung' den Erzählungen ihrer toten Mutter verdankt:

---

27 Ebd., S. 25.
28 Harbers (Anm. 16), S. 88.
29 Kuckart (Anm. 4), S. 162.
30 Ebd., S. 108.
31 Ebd., S. 117.

Ein kleines Fenster, im dritten Stock, jemand beugt sich hinaus, vor langer Zeit. Es war kalt gewesen an dem Tag. Schnee hatte gelegen. Marlis saß mit einer Puppe am Fenster, Kollenbuscher Weg 6, dritter Stock, zweimal klingeln. [...] „Wer kommt in meine Arme", rief er [Julius Dahlmann, N.E.], als die anderen im Haus waren. Er rief hinauf zu ihr mit einem Gesicht, als würde er im verschneiten Vorgarten liegen, nicht stehen. Wer kommt in meine Arme, flüsterte Marlis und warf mit geschlossenen Augen ihre Puppe Martha herunter. Wie gesagt, es war der Tag, an dem er aus Polen zurückkam. Der Nachmittag vor Sylvester, und es dämmerte schon. Sie warf die Puppe, und er lächelte. Bitter. Marthas Haare breiteten sich weit und hielten sie, so schien es, eine Zeit in der Schwebe. Sie lag auf der Luft, bis Julius den Schritt beiseite ging. Martha schlug auf. Der Schnee lag dünn, und sie zerbrach.
Wenn Marlis heruntergefallen wäre, er wäre nicht beiseite getreten, sagte Julius später.
Ein kleines Fenster, im dritten Stock, Marlis beugte sich herunter, vor langer Zeit. Du hast ja wohl einen Vogel, hatte sie geschrien.[32]

Das von Lena erinnerte Bild des ‚*kleine[n] Fenster[s], im dritten Stock*' rührt an die Verstörung der neben Lena zweiten zentralen Figur im Roman, Julius Dahlmann, mit dem Kuckart eine Personifikation traumainduzierter mentaler Zustände geschaffen hat. Der seltsame Außenseiter Dahlmann, ein effeminierter Mann, dem für das eigentliche, das „frivole Leben" zeitlebens „Mut und Maßlosigkeit"[33] gefehlt haben und der im Alter zu einer grotesken Figur mit Goldkettchen-Schmuck, goldener Gürtelschnalle und gefärbten Haaren geworden ist, „hat ein Schicksal, das versteckt er in einer gewöhnlichen Biographie. Er versteckt O. in S."[34] O. ist Oświęcim, Auschwitz, wo die Familie von 1942 bis zur Flucht der Mutter mit ihren Kindern vor der vorrückenden Roten Armee an Weihnachten 1944 in einem Haus gegenüber vom Bahnhof gelebt hat, während die Züge ins Lager rollten, sein „Ort".[35] Sein seit Kriegsende verschollener Vater war als Hundeführer im KZ Teil der Vernichtungsmaschinerie, was ihm wie anderen Familienmitgliedern auch einen sozialen Aufstieg im nationalsozialistischen ‚Dritten Reich' ermöglicht hatte; ein Onkel, bei dem der junge Julius gelegentlich die Ferien verlebte, hatte es sogar zum Bürgermeister

---

32 Ebd., S. 145.
33 Ebd., S. 35.
34 Ebd., S. 197.
35 Ebd., S. 194.

der Kleinstadt Zduńska Wola (deutsch 1943–1945: Freihaus) im Verwaltungsbezirk Łódź gebracht.

Das spätere Wissen um das Lager- und Vernichtungssystem ändert nichts daran, dass sich Dahlmann der furchtbare Ort der Kindheit in der Erinnerung mit der Erfahrung von Glück verbindet: „Nie habe ich mich wieder so stolz gefühlt wie damals, als ich hier ein deutscher Junge war […]. Ich wußte, so gut werde ich es nie mehr haben."[36] Dass dieses Glück im Schatten des Konzentrationslagers ein ‚falsches' gewesen sein muss, ist Dahlmanns Lebens-„Gepäck",[37] das ihn in die Scham zwingt: in die Scham über die Shoah, über sein ‚falsches' Glück, und in die Scham, darüber nicht sprechen zu können in der durch Mechanismen der Schuldabwehr (eigentlich der Schuldvorwurfsabwehr), des Ausblendens, Umfälschens und Schweigens regulierten Nachkriegsgesellschaft. Als Tätersohn hat Dahlmann keine Geschichte, da seine Kindheit in Auschwitz keinen Platz hat im dominanten Kollektivgedächtnis. In der Konsequenz schweigt Dahlmann, was Schutz auch ist gegen die erfahrenen Traumata. Andererseits kommt er nicht los von den Toten und der Schuld des Vaters – zumindest so lange nicht, bis er sich gegenüber Lena auszusprechen beginnt über seine nicht erzähl- und damit nicht kommunizierbare Kindheit in Auschwitz und seine Liebe zu Marlis, die ihn wiederholt verraten hat. „Am Heiligen Abend hatte er mit dem Erzählen angefangen, während im Fernsehen eine feierliche Gesprächsrunde in bunten Sesseln zusammensaß."[38] Mit den ebenso peinlichen wie peinigenden Erinnerungen Dahlmanns bricht nicht nur die Zeit ein in die geglättete Erinnerungskultur; indem Dahlmann sein Schweigen bricht, wird für Lena die aus den Andeutungen der Mutter heraus ‚empfangene', die ‚falsche' Erinnerung zu einer bezeugten Geschichte. Zu erzählen beginnt Dahlmann, „weil Lena ein Stück von Marlis und Marlis nicht mehr da war. Er und Lena konnten ‚so die Stelle, wo ihnen Marlis fehlte, wund, aneinanderdrücken und sich gegenseitig adoptieren."[39]

Im komplexen Spiegelkabinett der Figuren, das Kuckart in *Lenas Liebe* entwirft, sind Lena und Dahlmann durch ein geheimes Band

---

36 Ebd., S. 42.
37 Ebd., S. 199.
38 Ebd., S. 197.
39 Ebd., S. 230.

verbunden: Beide verbergen etwas vor der Außenwelt, verschließen es in ihrem innersten Inneren, im Interesse der Selbstkonstituierung und -stabilisierung in der Beobachtung des gesellschaftlichen ‚Normalen'.[40] So wie Dahlmann „seit Jahrzehnten O. in S." versteckt, so versteckt Lena „S. in einer Schauspielerexistenz. Sie versteckt, daß sie wenig zu verstecken hat. Was bleibt, ist, was man spielt."[41]

Das Herzstück der ‚talking cure' des Erzählens, mit der Dahlmann das Unglücksgelände seiner traumatischen Erinnerungen durchwandert, ist die gemeinsame Fahrt mit Richard Franzen von Oświęcim nach Berlin, die regelrecht einen parabolischen Raum der Seelenfinsternisse aufschließt, den die drei ungleichen Reisenden durchmessen. Vorausgegangen war dem Lenas Auf- und Ausbruch nach Polen, mit dem sie vor der sie beengenden Liebe zu Ludwig geflohen war.

Mit einem ganzen Bündel an Fragen im Gepäck betritt sie in Oświęcim den Ort ihrer „geheimsten inneren Geographie",[42] einen Ort, an dem sich Zeiten und Geschichten auf eigentümliche Weise kreuzen. Das erklärt, warum sie bei ihrer Ankunft das Gefühl beschleicht, trotz der räumlichen und historischen Distanz zwischen S. und Oświęcim/Auschwitz, zwischen Vergangenheit und Gegenwart eigentlich „gar nicht weit weg gewesen"[43] zu sein:

> Hat Dahlmann seine Fragen an sie weitergegeben? Dahlmann hat noch Gepäck in O., und sie will es aufmachen. Will sehen, was Dahlmann eigentlich zu tragen hat. Das soll ihr erklären, warum ihr kleines Leben manchmal so schwer ist. Daß es schwer ist, weil es leer ist.[44]

In Oświęcim gerät sie nicht nur „bis vor eine eigene, verschlossene Tür";[45] hier werden Dahlmanns Erinnerungen, seine Bilder, auch buchstäblich zu denjenigen Lenas, die ihre Spurensuche fotografisch dokumentiert: „Zuerst waren es noch Dahlmanns Bilder gewesen. Seine Erinnerungen", heißt es

---

40 Zum Begriffsfeld des Normalen und der Normalität vgl. Jürgen Link: Versuch über den Normalismus. Wie Normalität produziert wird. 2., aktualisierte und erweiterte Aufl. Opladen, Wiesbaden 1999, S. 69 f.
41 Kuckart (Anm. 4), S. 197.
42 Ebd., S. 108.
43 Ebd., S. 9.
44 Ebd., S. 199.
45 Ebd., S. 230.

so über Lenas Fotografien, mit denen sich (ihr) in eigentümlicher Weise die Frage stellt nach der Evidenz bildhafter Darstellungen und dem Verhältnis von Oberfläche und Tiefe („Wie entwickelt man die Rückseite einer Fotografie?"[46]): „Daraus waren ihre geworden. Ihre schwarzweißen Erfindungen."[47]

Mit der Ankunft Dahlmanns, der Lena nach Oświęcim nachreist, wird der von ihr fotografisch eingefangene Gegenwartsraum zum Geschichtsraum, in dem der alte Mann sich buchstäblich selbst begegnet, als Kind:

> Er lauschte an der Tür, dann lauschte er in sich hinein. Hohes Gras. Erst hörte er die Halme, ein Seidenrauschen, dann sah er sie, lang und grün. Dann Pferdefuhrwerke, mit roten Plumeaus beladen. Dann den Fluß, auf der anderen Seite der Brücke die Sektfabrik und in dem Wasser Kinder, die hatten dünne Beine und lachten mit Zahnlücken. Aber vor schöner Landschaft. Ein Junge trug trotz der Hitze einen weißen Schal. Dahlmann sah sich selber auch auf dünnen Beinen, aber mit Spaß im Gesicht. Das war Polen. Seine schöne Landschaft hieß Polen, und mitten im schönen Polen lag sein Kinderzimmer.[48]

Für Dahlmann bedeutet die Rückkehr nach Oświęcim den Abstieg in seine verschlossene Seelen-Krypta auf der Spur der abgespaltenen, vergrabenen traumatischen Erfahrungen. Er kehrt zurück an den Nullpunkt: seiner Geschichte und zugleich damit des lange Zeit nicht Sagbaren:

> Es war kurz nach zwei. Dann sah er hinüber zu dem Haus auf der anderen Seite der Straße. Dort stand die Tür zum Flur offen. Dort türmte Dunkelheit sich auf und machte aus dem vertrauten Haus und seiner Umgebung Ruinen. Dort hatte Dahlmann früher einmal gewohnt.[49]

Die offenstehende Tür und der Flur als „Raum zwischen den Räumen"[50] sind wiederholt begegnende Leitmotive des Romans, die auf die unlösbare Bindung Dahlmanns an das in mehrfacher Hinsicht in Auschwitz Zurückgelassene verweisen: als traumatische Signatur des Vergangenen, das in transgenerationeller Verlängerung die Lebenden beherrscht. Dahlmanns Flur ist ein symbolischer Ort der gewaltsamen Augenöffnung, an dem das Kind mit einem Mal erkennen musste, was das Lager bedeutet.

---

46 Ebd., S. 287.
47 Ebd., S. 194.
48 Ebd., S. 227.
49 Ebd., S. 59.
50 Ebd., S. 160.

Vom damit verbundenen Verlust der Unschuld erzählt Kuckart in zwei wechselseitig aufeinander bezogenen Episoden. Im Sommer 1944 – Julius verbringt mit seinen Schwestern die Ferien in S. – fordert eine Gruppe älterer Jungen den schon damals etwas seltsamen Jungen heraus, sich ihnen in seiner Männlichkeit zu beweisen. Dazu soll er über das Geländer einer Eisenbahnbrücke laufen, versagt aber vor der ihm abverlangten Mutprobe. In dieser Situation springt Marlis dem überforderten Freund liebend beiseite, indem sie auf die Julius gegenüberliegende Seite des Geländers klettert und verspricht, ihm entgegenzukommen, wenn er sie mit dem behütenden Kindersatz „Wer kommt in meine Arme" rufe. Marlis läuft Dahlmann auch wirklich entgegen, wobei sie ein durchfahrender Zug derart in sexuelle Erregung versetzt, dass sie Julius exaltiert zu ihrem Mann erklärt: „Hört zu, […] Julius ist mein Mann. Also ist er ein Mann. Verstanden!"[51] Dieses andernorts noch einmal „mit Namen und Geburtsdatum" („*Wir sind schon mal Mann und Frau, wir sind es schon richtig.*"[52]) bekräftigte Liebesgelöbnis kündigt sie als Heranwachsende in einer für Dahlmann demütigenden Weise auf. Gefragt vom Direktor ihrer Schule, ob Julius ihr Freund sei, entgegnet sie: „Aber der doch nicht. Der hat doch einen Vogel."[53] Genauso wie Marlis wird Lena, von der es heißt, sie habe ihr Leben lang „Angst vor Fluren gehabt und es sich nicht erklären können",[54] viele Jahre später ihre Liebe zu Ludwig verraten, deren Reprise in einer „Nacht im Gras" mit den Worten angefangen hatte „‚Komm' […] / ‚Wohin?' / ‚In meine Arme.' "[55]

Der sprichwörtliche ‚Vogel' ist ambiguer Ausdruck der Verstörung Dahlmanns und zugleich eines blinden Flecks im Familiengedächtnis der Krings. Marlis hatte ihrer Tochter gegenüber stets so nur Andeutungen über Dahlmanns ‚Vogel' gemacht. Als Beweis dafür galt die zitierte Postkarte mit dem zum Anlass nicht passenden Motiv, die Julius aus Auschwitz nach S. geschickt hatte: „Die Sache mit der Weihnachtskarte war eines der zwei oder drei Dinge, die Marlis gern über Julius Dahlmann erzählt hatte,

---

51 Ebd., S. 135.
52 Ebd., S. 139.
53 Ebd., S. 139.
54 Ebd., S. 192.
55 Ebd., S. 172.

wenn sie etwas Komisches erzählen wollte. Daß es so kommen konnte, sagte sie dann."[56]

Dass Marlis wiederholt von dem Vogel spricht, den Dahlmann habe, weist auf die Ausgrenzung des Themas ‚Auschwitz' aus dem kommunikativen Gedächtnis; das Irresein/Komischsein markiert die Leerstelle im Diskurs, das, was nicht gesagt werden kann: die Erkenntnis des Lagers als Ort der Vernichtung, die Marlis und Dahlmann trennt.[57]

Die Brückengeschichte selbst ist so verspiegelt mit Dahlmanns Blick in das Grauen. Auf einer Fußgängerbrücke hat er noch blind für die Wahrheit der Erscheinungen in Auschwitz die Züge voll ins Lager fahren und leer aus dem Lager zurückkommen gesehen, ohne sich dabei etwas zu denken; während eines Ferienaufenthalts bei seinem Onkel in Zduńska Wola war er Zeuge einer öffentlichen Hinrichtung: Die an Haken aufgehängten Menschen waren ihm dabei wie Bilder erschienen; auch hatte er von weitem den Vergewaltigungsversuch an einer jungen Polin durch den Direktor des SS-Casinos beobachtet. Zum Moment der Augenöffnung, mit der sich die Unschuld der Kindheit verflüchtigt, allerdings wird erst ein Ereignis im elterlichen Wohnhaus in Auschwitz. Julius hatte auf dem Dachboden eine Menora gefunden. Allein von der Schönheit des Gegenstandes angezogen, hatte er zum Entsetzen seiner Familie den Leuchter mit Kerzen ins Fenster gestellt und war vom Vater dafür aufs Strengste gezüchtigt worden. Als seine Schwester zwei der Menora-Kerzen aus dem geöffneten Fenster warf, hatte ihn der Vater im Nacken gepackt und geschrien: „Und du gleich hinterher".[58] „In dem Moment wußte er, wie es da drüben, auf der anderen Seite vom Fluß war. Wo der Vater zur Arbeit ging."[59]

Der Gewaltausbruch des Vaters geschieht gleichsam vor Zeugen, die wegsehen und weggehen (beiseitetreten), was sich dann in Dahlmanns Beiseitetreten wiederholt, als Marlis ihm ihre Puppe aus dem Fenster ‚in die Arme' wirft. Auf seine Weise versucht er damit zu kommunizieren, was ihm widerfahren ist. Marlis aber fragt nicht, sondern reagiert mit Unverständnis; für sie hat Julius lediglich einen Vogel.[60]

---

56 Ebd., S. 92.
57 Vgl. Ostheimer (Anm. 6), S. 157.
58 Kuckart (Anm. 4), S. 234.
59 Ebd., S. 235.
60 Vgl. dazu bereits Ostheimer (Anm. 6), S. 157.

Die Erinnerung, der Hund. Didi Danquarts Versuch einer filmischen ‚Übersetzung' des Romans: *Bittere Kirschen*

Kuckart hält den Ausgang der titelgebenden Liebesgeschichte offen: Die Augen des Geliebten Ludwig, dem Lena von Polen aus entgegenfährt, nachdem sie vor seiner Liebe buchstäblich weggelaufen (weggefahren) war, sind „sich nicht einig", als sie ihm in Berlin in einem abgesperrten Kneipenraum wiederbegegnet:

> Vor dem Haus gegenüber der Markthalle steht eine schwarze BMW. [...] Als er sich am Tresen umdreht, sind seine zwei Augen sich nicht einig. Eins ist strahlend traurig, eins ist tot. Er drückt seine Zigarette in der leeren Schachtel aus und legt den Kopf in den Nacken. In der Bewegung ist etwas von der Zurückhaltung eines Tiers, das stirbt.
> „Weißt du, was mir fast passiert wäre?" sagt er.[61]

Anfänglich hatte Judith Kuckart noch einen anderen Schluss als dieses zwischen Glück, Tod und Trauer changierende Ende erwogen, das den Bogen zurückschlägt zu Lenas erstem Verrat an Ludwig vom Anfang des Romans.[62] In einer frühen Fassung erreicht Lena kurz vor der deutschpolnischen Grenze die Nachricht von einem Motorradunfall Ludwigs, bei dem dieser schwer verletzt wurde; nicht auszuschließen ist, dass er sterben wird.[63]

Didi Danquart hat im Schlussstück seiner Trilogie *Deutsche Conditio Humana*,[64] dem 2011 bei den Hofer Filmtagen uraufgeführten Spielfilm *Bittere Kirschen* nach Kuckarts Roman, dieses Motiv aufgegriffen,

---

61 Kuckart (Anm. 4), S. 303.
62 Lena lässt sich auf eine Affäre mit ihrem Französischlehrer ein. Als sie von einem Rendezvous außerhalb der Stadt mit ihm zurückkehrt, sieht sie aus dem Auto heraus Ludwig an einer Tankstelle: „Ludwig sah sich Motorräder an. Dann drehte er sich um. Gleichzeitig schaltete die Ampel vor der Tankstelle auf Rot. Es ließ sich nicht vermeiden. Er sah sie an, zuerst noch mit dem Blick, mit dem er die Motorräder geprüft hatte. Dann wurden seine Augen leer und das linke klein, wund. Böse. Das war dann so geblieben. Das linke Auge tat wie tot, wenn es sie sah. Das von früher, das geht nicht mehr, sagte es. Jedesmal." (Ebd., S. 76).
63 Ich greife hier auf ein Typoskript dieser Arbeitsfassung zurück, das ich freundlicherweise einsehen durfte.
64 Die aus den Filmen *Viejud Levi* (nach Thomas Strittmatters gleichnamigem Stück) (1999), *Offset* (2006) und *Bittere Kirschen* bestehende Trilogie bildet das Herzstück von Danquarts filmischer Arbeit.

dem Film mit einem burlesken Ende letztlich dann aber eine Wendung gegeben, die den Hiat zwischen Vergangenheit und Gegenwart, Subjekt und Objekt, Ich und Welt schließt, den Kuckart über den Romanschluss der veröffentlichten Fassung hinaus gezielt offenhält: An einem Trauerort für Verkehrstote am Straßenrand, den die kleine Reisegruppe in Lenas Wagen passiert, liegt das Motorrad Ludwigs, das im Verlauf des Films als Wiedererkennungszeichen Lenas Geliebten durch die Zeiten hindurch begleitet.

Abb. 1: 01:22:44 (Screenshot)

Lenas Liebe reflektiert in der formalen Gestaltung (Multiperspektivität, Fragmentierung der Narration zu einem komplexen Spiegelspiel mit Vergangenheiten und der Gegenwart etc.) die Unmöglichkeit, ein Ganzes von der deutschen Geschichte und Gegenwart, zugleich damit auch von derjenigen Polens zu erzählen. Charakteristisch (nicht allein) für die Modellierung des Erzähltexts in *Lenas Liebe* sind die immer wieder schnellen Umschnitte und Perspektivverschiebungen (Innen/Außen), Tempi- und Ebenenwechsel (Realität/Traum/Erinnerung). Überhaupt selten nur entwickelt Judith Kuckart ihre Geschichten in geraden Linien, häufiger dagegen in Analogie zur Bewegungsästhetik des Tanzes in kunstvollen Sprüngen durch die Zeit.⁶⁵ Auch in *Lenas Liebe* wird die lineare Bewegung im Raum (die Autofahrt von Oświęcim nach Berlin) als Vorwärtsbewegung durchkreuzt von der poetischen Eigenbewegung eines literarischen Textes, der auf seine Art in Analogie zu der oft achronologischen und sprunghaften Prozessbewegung der Erinnerung als Rückwärtsbewegung durch Raum und Zeit ständig in Bewegung und ‚unterwegs' ist.

Danquart folgt als Drehbuchautor (zusammen mit Stephan Weiland) und Regisseur einerseits der narrativen Struktur des Romans ein Stück weit mit einer elliptischen Erzählweise, ‚entschärft' andererseits aber die fragmentierte Form des Romans wieder, der Gewissheiten und kognitive Routinen der Textwahrnehmung gewissermaßen ‚entsichert', indem er auf engstem Raum die kompliziertesten Bewegungen zwischen Erinnerung und Phantasie, Wirklichkeit und Traum, Vergangenheit und Gegenwart, Innensicht und Außensicht vollführt. So haben Danquart und Weiland die sich im Roman kreuzenden Liebes- und Schweigegeschichten rigoros zusammengestrichen und zugleich damit die Dramaturgie der erzählten Geschichte auf der Linie von Kuckarts frühem Entwurf zugespitzt (und vereindeutigt) zu einer Gemengelage sich überkreuzender Bewegungen des Begehrens. So gehe das Leben weiter und finde seinen Weg, heißt es in Kuckarts Entwurfsfassung, der Danquarts Priesterfigur wörtlich eine verquere Philosophie des Verzichts entlehnt hat:⁶⁶

> Während ich [d.i. Julius Dahlmann, aus dessen Perspektive Kuckart hier erzählt, N.E.] Ludwig verliere, den ich nie hatte, so wie ich Manfred [später: Richard Franzen, N.E.] nie hatte, Manfred, den Lena erst gar nicht will, aber er sie, und Lena Ludwig verliert, weil sie nicht aufgepaßt hat, während Manfred Lena für

---

65 Vgl. zur Bewegungs-Ästhetik Kuckarts im Einzelnen Norbert Otto Eke: „Aber die Liebe? Aber der Tod?" Judith Kuckarts Prosa, in: Norbert Otto Eke: Wort/Spiele: Drama – Film – Literatur. Berlin 2007, S. 285–292; Alo Allkemper: Judith Kuckart: „Vom Vorteil des Stolperns", in: Alo Allkemper, Norbert Otto Eke, Hartmut Steinecke (Hg): Poetologisch-poetische Interventionen: Gegenwartsliteratur schreiben. München 2012, S. 357–370.

66 „Ich verzichte, sagt Manfred [später: Richard Franzen], und steht in sich verkrümmt vor mir. Ich verzichte, also werde ich das erlangen, was ich gegen meinen Willen nicht verlieren will. [...] Wenn ich auf sie verzichte, kann sie mir nicht weggenommen werden, sagt er gereizt. Ich bin ihm zu langsam. Das macht seine großen Gedanken klein." (Judith Kuckart: Undatierte Arbeitsfassung. Typoskript, S. 8; zitiert mit freundlicher Genehmigung der Autorin.)

immer will, aber heimlich nur im Herzen, und ich Marlis schließlich nicht bekam, aber Martina den Ludwig, weil er die Lena nicht richtig hatte, genau so wie Marlis ihren Mann nicht richtig hatte, während all dem findet das Leben seinen Weg und ein jedes von uns macht weiter, als sei nichts geschehen. So ist der Mensch.[67]

In sorgsam arrangierten Bildern entfaltet Danquart in *Bittere Kirschen* von hier aus einen ganz eigentümlichen (und eigenen) Spielraum für die Auseinandersetzung mit den ungeklärten Hinterlassenschaften der Geschichte. Nach einem erratischen *establishing shot*, der Lena beim Laufen über die Brücke eines Stausees in spätherbstlich karger Landschaft zeigt und der mit dem nicht weiter entschlüsselten Stoßseufzer „Scheiße" endet, blendet die Filmerzählung zurück zu Lenas Krise der *Penthesilea*-Aufführung (bei der ganz leise aus dem Publikum eine männliche Stimme mit den Worten hörbar wird: „Mann, hat die geile Titten"[68]), die Lena aus der Rolle und damit ihrem bisherigen Leben katapultiert, um von hier aus die von Kuckart dreifach gestaffelte Geschichte in nun drei Teilen (S. – Oświęcim – Fahrt nach Berlin) vom Grundsatz her chronologisch, wenn auch unterbrochen durch Analepsen, zu erzählen.

Der Wechsel zwischen den Zeitebenen ‚Gegenwart – Vergangenheit(en)' wird dabei jeweils durch eine auf Wiedererkennbarkeit hin angelegte Musikalisierung und eine sorgsam arrangierte Farbkodierung markiert: Beglückende Seiten der erinnerten Vergangenheiten werden von Danquart in warmen Farben in Szene gesetzt, düstere Seiten weitestgehend in kalten, die Gegenwart der durchfahrenen polnischen Landschaft wiederum in einem tristen Setting, dem regelrecht die Farbe entzogen ist.

Im ersten, kürzeren Teil des Films baut Danquart dabei mit Hilfe von Gegenständen immer wieder visuelle Brücken in die Vergangenheit hinein. Als Lena Dahlmanns Haus in S. zum ersten Mal betritt, streift die Kamera kurz so eine später in den Oświęcim-Szenen noch einmal in den Blick der Kamera genommene Fotografie des jungen Dahlmann vor dem – wie sich später dann herausstellt – Wohnhaus der Familie in Auschwitz und einen darüber gehängten roten Turnbeutel, um von hier aus mit einem Umschnitt ein erstes Mal kurz die traumatische Erfahrung Dahlmanns von seiner Züchtigung nach dem unschuldigen Spiel mit der auf dem Dachboden

---

67 Ebd., S. 14; zitiert mit freundlicher Genehmigung der Autorin.
68 Zitate aus dem Film erfolgen hier und im Weiteren nach eigener Mitschrift.

gefundenen Menora aufzurufen. Dieses Verfahren der Verbindung der Zeitebenen wiederholt sich in einer Szene, in der Dahlmann im Flur seines Hauses in S. einen Streit zwischen Lena und Ludwig belauscht, der sich an Lenas Absicht entzündet, nach Auschwitz zu fahren: Dahlmann greift in dieser Szene den roten Turnbeutel vom Haken und presst ihn an seine Brust. Wiederum blendet Danquart von hier aus zurück auf die Flucht der Familie Dahlmann vor der vorrückenden Roten Armee aus Auschwitz. Julius dirigiert in dieser Szene (wie zuvor der alte Dahlmann auf der Gegenwartsebene in seinem Wohnzimmer) abwesend eine imaginäre Musik in die Landschaft hinein, wird von der Mutter zur Eile angetrieben und ergreift einen Koffer, der sich beim Hochheben öffnet – sichtbar wird der rote Turnbeutel.

Abb. 2: 00:22:22 (Screenshot)   **Abb. 3:** 01:23:05 (Screenshot)

Die Szene wird noch einmal aufgenommen im Zusammenhang mit Dahlmanns Erzählungen auf der Fahrt von Oświęcim nach Berlin (in diesem Zusammenhang fällt auch der Satz „Nie wieder habe ich mich so stolz gefühlt wie damals, als ich hier ein deutscher Junge war."); dass er selbst in S. später den Spitznamen ‚Turnbeutel' bekommen habe, war von ihm zuvor bereits in Oświęcim erwähnt worden.

Erzählen hier noch mittelbar Schnitt und Kamera, ist es in Polen dann Dahlmann selbst. Weicht er anfänglich bei seinen Ortserkundungen von Oświęcim seinen traumatischen Erinnerungen noch aus, ändert sich dies auf der Fahrt nach Berlin. Die Konfrontation mit dem Ort der Kindheit bildet lediglich den Auftakt so eines buchstäblich ‚in die Tiefe' gehenden Erinnerungsprozesses, den Danquart an die Durchquerung der polnischen Landschaft gebunden hat. Dahlmann erzählt – und damit ändert sich auch der Modus der Ebenenverknüpfung; es bedarf nicht mehr der Gegenstände als Einlassmedien in die Vergangenheit; das Erzählen selbst wird nun dieses Medium, d.h. die Rückblenden in die Vergangenheit folgen als Visualisierung des Erzählten ganz unmittelbar aus Dahlmanns Rede. Immer tiefer steigt Dahlmann nun hinab in die Finsternisse seiner Geschichte, was sich an der sukzessiven Öffnung der wiederholt aufgeblendeten Menora-Episode für das erlebte Entsetzen des Bruchs im Selbst- und Weltverständnis des gezüchtigten Kindes ablesen lässt. In der letzten dieser Einstellungen sieht man Julius im Wechsel von Farb- zu s/w-Aufnahmen mit vom Vater zerschlagenem Rücken im dunklen Treppenflur kauern.

Abb. 4: 01:21:25 (Screenshot)

Zurück auf der Gegenwartsebene ordnet Dahlmann dieses Geschehen dann mit den folgenden Worten ein: „In dem Moment ahnte ich, was da auf der anderen Seite des Flusses war, da wo der Vater jeden Tag zur Arbeit hinging."

Die Visualisierung der Vergangenheitsebene selbst folgt im Film der subjektiven Perspektive des (sich) Erinnernden. Der Zuschauer sieht allein, was der junge Dahlmann gesehen hat. Das Lager bleibt von hier aus eine Leerstelle im Bildraum der Erinnerung. Danquart hält so Abstand gegenüber Bildkonzepten, die in selbstreferentieller Genügsamkeit die Shoah als Zitat eingeführter Vor-Bilder re-inszenieren; er integriert in seine Inszenierung des Vergangenheitsraums vor allem nicht die standardisierte Ikonographie des Shoah-Films (Stacheldraht, rauchende Schornsteine, Deportationszüge, brüllende SS-Leute, kläffende Hunde, zu den Erschießungsgräben ziehende Männer und Frauen), die unhinterfragt auf ihren Stellenwert im Prozess einer sinnstiftenden Erinnerung die Leinwand des populären Kino füllt.[69] Lediglich an zwei Stellen – und auch das nur indirekt – zitiert Danquart ikonische Zeichen der Shoah-Repräsentation: Die Flucht Dahlmanns, seiner Mutter und seiner Schwestern aus Auschwitz erfolgt in einem der leer aus dem Lager zurückgekommenen Güterzüge; einer anderen Szene, in der Dahlmann imaginär dem toten Vater begegnet (s. noch unten), ist ein bedrohlich die Zähne fletschender und bellender Schäferhund zugeordnet.

Wiederholt lässt Danquart die empirische Wirklichkeit ins Surreale, Unergründete und Rätselhafte hineinkippen, etwa wenn Lena in der Friedhofskapelle mit der toten Mutter spricht (wofür es ein Vorbild im Roman gibt[70]) oder wenn Dahlmann während der Fahrt durch Polen von einem Pferdefuhrwerk herab die tote Marlis lächelnd zuwinkt (auch dafür gibt es Vorbilder im Roman mit einer Erscheinung der Toten in Dahlmanns Zimmer[71] und mit dem von einem Pferdefuhrwerk in Polen herabwinkenden ‚gläsernen Gast' des Glücks[72]). An der Grenze zwischen detailscharfem Realismus und surrealer Überbietung der Wirklichkeit in Traum und Phantasie, zwischen karger Nüchternheit und phantasmagorischer Bildkraft entsteht dergestalt ein offenes Gefüge, das in dem Roman vergleichbarer Weise dem Zuschauer Raum lässt, sich in den Bildern einzurichten und die fehlenden Verknüpfungen zu (re-)konstruieren. Das wird verstärkt noch dadurch, dass Danquart den Bildraum in augenfälliger Weise immer wieder vom Theater und seinen Repräsentationsformen ausgehend ‚als

---

69 Zu standardisierten Plotstrukturen und ikonographischen Mustern im Shoah-Film vgl. Matthias N. Lorenz: Der Holocaust als Zitat. Tendenzen im Holocaust-Spielfilm nach *Schindler's List*, in: Sven Kramer (Hg.): Die Shoah im Bild. München 2003, S. 267–296, hier: S. 272 f.
70 Vgl. Kuckart (Anm. 4), S. 110–113.
71 Vgl. ebd., S. 264.
72 Vgl. ebd., S. 162.

Bühne' für die Aussage dadurch arrangiert hat, dass er zentralen Redeanteilen der Figuren einen gleichsam eigenen Raum gibt: Sie sprechen immer wieder nebeneinander her – der Sprechtext bleibt hier ganz bei sich.

Ein Cees Nootebooms Roman *Rituale* (1980) entnommenes Motto gibt versteckt gleich zu Beginn des Films in dieser Hinsicht ein wichtiges Signal im Hinblick auf den vagierenden Charakter der Erinnerung, dem Danquart auf der visuellen Ebene Ausdruck zu geben versucht hat: „Die Erinnerung ist wie ein Hund, der sich hinlegt, wo er will." (00:00:32). Mit dem Motto öffnet sich ein gegenstrebiges Assoziationsfeld von Bewegung und Stillstand, Erinnerung und Enttraumatisierung. Der Hund ist Repräsentant einer vagierenden Erinnerung, zugleich damit des unglücklichen Bewusstseins, das im Trauma begründet ist. Sechs Mal tritt in *Bittere Kirschen* dieser ‚Hund der Erinnerung' selbst in Erscheinung. Sein Ort ist Polen, und am Ende bleibt er in der von Lena, Dahlmann und dem Priester Richard Franzen durchfahrenen Erinnerungs- und Seelenlandschaft Polen zurück, die Danquart in tristen Bildern fotografiert hat. Unvermittelt sitzt er ein erstes Mal auf dem Weg, als Dahlmann einen Spaziergang durch die Stadt Oświęcim unternimmt und dabei beginnt, seine Kindheit in Auschwitz aus den Tiefen seiner Erinnerung heraufzuholen. Er läuft ihm gleichsam aus dem Nichts zu, wie die Motto gebende Erinnerung, und wird zum Begleiter der (Reise-)Bewegung in Raum und Zeit, als Dahlmann und Richard Franzen zu Lena ins Auto steigen, um mit ihr den Weg nach Berlin zu fahren: „Entschuldigung Lena, der muss mit." Unmittelbar zuvor hatte er sich im Zusammenhang mit einer Erinnerung Dahlmanns an den Gewaltausbruch des Vaters in den Bildraum der Erinnerung gedrängt: Julius hängt, vom tobenden Vater gehalten, kopfüber aus dem Fenster und winkt lächelnd dem Hund am Boden zu.

Abb. 5: 50:27 (Screenshot)

Mit dieser surreal verschobenen Szene beginnt eigentlich Dahlmanns Abstieg in die verkapselte Seelenkrypta, der traumatischen Kindheit entgegen, die er bei einem Gang durch den Ort zuvor lediglich gleichsam ‚ausgeschritten' und damit oberflächlich kartiert gehabt hat.

Noch zweimal erscheint der Hund im Laufe der Reise: Während eines Stopps in einem Restaurant, in dessen Verlauf die Gefühle des Priesters für Lena und Dahlmanns für Ludwig kenntlich werden, zeigt ihn ein Umschnitt im Auto sitzend; ein weiteres Mal sitzt er am Ende der Erinnerung Dahlmanns an das zentrale Brückenspiel („Komm in meine Arme") auf einer Brücke; Dahlmann hatte zuvor dort versunken das Kinderspiel ‚Himmel und Hölle' gespielt, worauf ein Umschnitt in die entsprechende Situation auf der Vergangenheitsebene erfolgt war. In der letzten Reiseszene vor dem Epilog schließlich verlässt er noch vor der Grenze die Reisegruppe und legt sich zwei unbeteiligten Frauen zu Füßen.

Dem geht eine Szene der Konfrontation des Reisetrios mit den jeweils eigenen Gespenstern voraus, mit der Dankquart mittelbar an die von Aristoteles entwickelte Vorstellung von Katharsis als einer zu lustvoller Befriedigung führenden *körperlichen* Reinigung anknüpft – und ganz unmittelbar auch an die bereits angesprochene frühe Fassung des

Romans, in der das Motiv des Hundes, hier der schwarzen Melancholie, kurz aufscheint.[73] Lena, Dahlmann und Richard Franzen betreten in dieser Szene kurz vor der deutsch-polnischen Grenze bei Kostrzyn nad Odrą mit einer menschenleeren Tankstelle das ‚Inland Empire' (David Lynch) ihrer (Alp-)Träume, Traumata und Sehnsüchte. Danquart inszeniert dies als surrealen Gang in die Tiefe, der all das offenbart, was an der Oberfläche unsichtbar geblieben ist. Jeder der drei Reisenden begegnet dabei in der Unterwelt der Gegenwart für sich seinem innersten Ich: der kalte Rationalist Richard der Leere und zugleich sich selbst – er winkt sich zu – in seiner Sehnsucht nach körperlicher Liebe (er imaginiert Lena als Penthesilea, als ersehnte Verkörperung der Differenz, des Anderen, Körperlichen, Irrationalen, wie es sich in von ihm gezeichneten erotischen Bildern manifestiert,[74] und entledigt sich seines Kollars, des Zeichens seiner Priesterschaft); Dahlmann seiner ungeachtet aller Furcht uneingestandenen Liebe zum seit Kriegsende verschollenen Vater (freudig fragend ruft er „Papa"? als er in der Tankstelle des schrecklichen Vaters ansichtig wird), und er schafft, was ihm als Kind nicht möglich war: mit den Worten „Irgendwann muss es sein" über einen Abgrund zu gehen; Lena der Destruktivität ihrer Liebe (sie durchirrt ein verfallenes Haus, tanzt in einem leeren Flur beglückt mit Ludwig, der zuletzt von ihr weggeht). Lena ist es, die als Quintessenz aus dieser Szene, die sich zuletzt wieder vom menschenleeren Seelenraum in einen belebten Wirklichkeitsraum verwandelt, die Erkenntnis zur Notwendigkeit eines Aufbruchs zum Neuanfang formuliert: „Vielleicht braucht das von früher eine neue Wirklichkeit."

---

73 „Irgendwo bellt ein Hund und macht die Nacht schwärzer. Manfred macht den Hund nach, aber ihn klein. So kenne ich ihn gar nicht. Wo ist die Grenze, fragt er, und ich sage, da wo der Hund ist. Neben dem Hund wird eine letzte polnische Tankstelle mit zu wenig Oktan im Benzin [sichtbar], neben den Säulen ein Tankwart mit Wollmütze, der raucht und in dem Kiosk ein Mädchen, seine Tochter, deren Gesicht, siebzehn, sehr weiß und breit ist und glänzt" (Kuckart [Anm. 66], S. 11; zitiert mit freundlicher Genehmigung der Autorin).
74 Diese hier noch einmal eingeblendeten Zeichnungen hatte Dahlmann zuvor in der Wohnung des Priesters entdeckt.

„Schweigen, das kenne ich schon": Erinnern und Erzählen

„Alle Geschichten gehören irgendwie zusammen"[75] – dieser Gedanke, der Lena in Kuckarts Roman bei ihrem letzten Auftritt als Penthesilea durch den Kopf geht, bevor der Inspizient die Aufführung abbricht, führt in das Zentrum zugleich des Romans und des Films. Ein zweiter, wiederholt angeführter Leitsatz aus dem Roman lautet, dass, wer erzähle, eine Frage habe.[76] Er bestimmt den Grundton eines Werkes, das mit seinen Auslassungen, Abbrüchen und Widerauflnahmen Erzählen als Suchbewegung in Szene setzt, nicht als Vermittlung eines Gewussten.[77]

Endet *Lenas Liebe* mit einer Frage, die das Erzählen ins Unendliche verlängert, schließt Danquarts Film gleichsam mit einem – wenn auch ironisch eingeklammerten – Ausrufezeichen. Die letzten Einstellungen des Films zeigen Lena und Ludwig auf dem Weg zum Traualtar in Begleitung Richards und Dahlmanns, die sich lange nicht einig werden über den ihnen angemessenen Platz an der Seite der Braut. Danquart überblendet in dieser Sequenz den nüchtern-ausgekälteten Realismus der Road-Fiction mit einem ins Fantastische gesteigerten ‚bunten' Happy End, das dem Film im Sinne der Jean Paul'schen Humorkonzeption[78] seine Schwere nimmt. Vorderhand scheint sich damit der Kreis eines Selbstfindungsprozesses zu schließen, der mit Lenas Flucht nach Oświęcim begonnen hatte. Allerdings bewahrt Danquart in der ironischen Brechung dieses Epilogs ein Stück noch von Kuckarts Idee eines offenen Endes, das sich gerade nicht ohne weiteres so lesen lässt, als fände Lenas Reise nach Oświęcim/Auschwitz und von dort aus nach

---

75 Kuckart (Anm. 4), S. 83.
76 Ebd., S. 199.
77 Dass dies grundsätzliche Bedeutung für Kuckarts Poetologie hat, ist früh schon beobachtet worden. Erzählen, so Allkemper, „heißt in Frage stellen, ist keine direkte Vermittlung gewussten Lebens, kann daher auch nur Orientierung in der Fragestellung geben, nicht mehr" (Allkemper [Anm. 64], S. 365).
78 Der Humor verbindet Heterogenes und entbindet im Sinne Jean Pauls aus der „schweren Materie das leichte Feuer des Geistes". (Jean Paul: Vorschule der Aesthetik nebst einigen Vorlesungen in Leipzig über die Parteien der Zeit. Neueste vermehrte Auflage. Wien 1815, S. 221 [§ 49]).

Berlin einen „Abschluss in einem gesicherten Ich, in gesicherter Liebe, in einem gesicherten Leben".[79]

Alles Erzählen gründet in der Erinnerung (Mnemosyne ist die Mutter der Musen); Erinnern wiederum heißt Erzählen. „Schweigen, das kenne ich schon, denkt Lena, so bin ich erzogen worden."[80] Dass diese Erziehung ihre Macht verliert, wo erzählt wird, ist das Merkzeichen ins Utopische hinein, das Roman und Film in der Verschlungenheit von Erinnern und Erzählen von unterschiedlichen Seiten her kommend setzen.

---

79 Allkemper (Anm. 64), S. 368.
80 Kuckart (Anm. 4), S. 161.

Judith Kuckart im Gespräch mit Schauspieler*innen der *bremer shakespeare company* - am 14.11.2020 per Videokonferenz -

Judith Kuckart hat in den letzten gut zehn Jahren drei Projekte mit der *bremer shakespeare company* erarbeitet: *Lothar I* (2009), *Eurydike trennt sich* (2013) sowie im Rahmen des *Circus Quantenschaum: Und wann kommen die Elefanten* (2015), und ein neues Projekt ist bereits in Planung. Im folgenden Gespräch tauscht sich Judith Kuckart mit an den Produktionen beteiligten Schauspieler*innen Svea Auerbach, Peter Lüchinger, Markus Seuß und Erik Rossbander über ihre Arbeit und die gemeinsamen Erfahrungen aus.
Moderation: Johanna Canaris

Johanna: Wie ist die Kooperation zwischen der Shakespeare Company und Judith Kuckart als Autorin und Regisseurin eigentlich entstanden?

Judith Kuckart: Initiatorin war Svea, weil es hier am Haus üblich ist, dass Schauspieler auch Regisseure oder Regisseurinnen vorschlagen können, und da Svea und ich vor vielen Jahren zusammen *Penthesilea* gemacht haben, hat sie mich vorgeschlagen.

Svea: Judith hat mit mir *Penthesilea* gemacht, und darüber habe ich auch meine Diplomarbeit geschrieben. Das war direkt nach dem Schauspielstudium, mein Erstengagement, und da wir an diesem Haus auch eine Art Werkstatt haben und Stückentwicklungen betreiben, dachte ich, dass es spannend wäre, mit Judith an diesem Haus ein Projekt zu machen, an dem man selber also mitschreibt oder etwas neu erschafft. Der zweite Schritt war, dass sie eingeladen wurde zu einem Gespräch, und dann sind wir eigentlich schon in eine Art gemeinsame Arbeit gegangen, mit Workshops begonnen, in denen wir schon ein wenig geschrieben haben und das Thema herausgefunden haben.

Peter: Ich fand an Judith Kuckart spannend, dass sie mehrere Professionen mitgebracht hat: Autorin, Regisseurin und dann auch noch Tänzerin. Das war auch der Grund, dass wir sie einladen wollten, denn der Traum war immer da, dass man Stücke schreibt, aber wir haben wiederholt gemerkt: Das Schreiben ist nicht so einfach. Judith hingegen hatte bereits große Erfahrung mit Schreibwerkstätten, das heißt, wie zusammen zu schreiben als Vorgang funktioniert.

Judith Kuckart: Als ich mich hier beworben habe für das Projekt, habe ich gesagt: Ich glaube, dass auch Schauspieler schreiben können, denn wo sonst gehen die Geschichten denn hin? Die Texte, die auswendig gelernt worden sind und die Figuren, die man gespielt hat, wo geht das ganze Material hin? Das rutscht ja nicht nur ins Unterbewusste, und also kann es auch wieder Sprache werden, eigene Sprache und eigene Figurenführung.

Johanna: Man wundert sich ja zunächst, wenn man hört: Shakespeare Company und Gegenwartsautorin. Was ist dann der Moment, an dem man sich trifft?

Erik: Für uns ist Shakespeare ein Gegenwartsautor. Es gibt von Peter Hacks den klugen Satz: „Wir wissen heute mehr über die Welt, aber nicht mehr über den Menschen als Shakespeare." – Das ganze Bestiarium etwa, das Shakespeare auf die Bühne stellt, umgibt uns permanent, für uns ist das Gegenwart, und wenn wir nur in seinem Zeitalter ‚kramen' würden, würden wir Museumstheater machen. Das kann partiell spannende Aspekte haben, aber ist eigentlich sinnlos und verschwendete Zeit. Deshalb ist das, was wir schreiben und wie wir mit Shakespeare interagieren, eigentlich permanent gelebte Gegenwart, Interaktion mit unserer Jetztzeit. Da gibt es also gar keinen Widerspruch, sondern das ergänzt sich auf wunderbare Weise.

Peter: Shakespeare Company ist ja schon eine lange Konstruktion von über 30 Jahren und eine Idee war immer, dass, wenn der Autor Shakespeare war, er auch nur ein

Teil von einer Theatertruppe war. Wir haben immer eine Zweigleisigkeit gehabt: Wir spielen Shakespeare, nannten den zweiten Teil Dramatikerwerkstatt, und die Vision war: Hätten wir dafür sogar einen Autor bei uns im Haus, wäre das eine bombastische Lösung.

Judith: Als wir das erste Stück gemacht haben, hat es eine Anlehnung an Shakespeares *Sturm* gegeben, und dann gab es damals auch den realen Sturm ‚Lothar' und wir haben dann das Stück *Lothar I.* genannt. Die Figurenfindung ist außerdem so gelaufen, dass Shakespearefiguren, die ihr gerade vorher gespielt hattet, im Grunde als Folie genommen wurden und dass ihr dann eine aktuelle Überschreibung gemacht habt für diese Figuren, also dass, dass die literarische Erfahrung, die Bühnenerfahrung gemischt wurde mit persönlichen Erfahrungen.

Svea: Ja. Also meine Figur hatte ich zwar nicht gespielt, das war sozusagen eigentlich eine Wunschrolle, die Tamora aus *Titus Andronicus*, eigentlich keine Hauptrolle, aber doch mit genügend Fleisch, dass man daraus eine Figur schaffen kann, die mir sehr fern ist, die ich aber reizvoll fand. Ich fand das Besondere an dieser Schreibwerkstatt war außerdem Judiths Zielgerichtetheit: Wir hatten ganz bestimmte Aufgaben, und andererseits haben wir verschiedene Formen ausprobiert, sich einem Text zu nähern. Wir haben auch einfach nur aufgeschrieben, wie wir zur Arbeit fahren, aber eben sehr detailliert und interessant war, wie unterschiedlich jeder das aufschrieb und daraus klare Charaktere geworden sind.

Johanna: Sitzt Shakespeare mit am Tisch, wenn man so ein Stück wie dieses erste Projekt *Lothar I.* mit der Referenz zum *Sturm* angeht? Judith, gibt's dann zwei Autoren, gibt's dann dich und Shakespeare? Oder wie ist das für die anderen? Ist es die Erfahrung, die man vorher aus den anderen Rollen mit hereinbringt, gibt es eine Eigendynamik? Wie entwickelt sich das?

Judith Kuckart: Ich glaube, dass Shakespeare, als ich mich vorbereitet habe, mit am Tisch gesessen hat, denn ich habe mich ja vorher nicht sehr viel mit Shakespeare auseinandergesetzt. Ich habe mich zuerst aus meiner Gegenwart heraus in seine Zeit hinein bewegt, mit den Werken von Stephen Greenblatt zum Beispiel. Also insofern hat er schon bei der Vorbereitung mit am Tisch gesessen, aber in Probenprozessen nie.

Peter: Außerdem hat jeder die gespielte Figur im Rücken, also zehn Wochen Probezeit mit Shakespeare, und deswegen glaub ich war er mit am Schreibtisch – aber auf eine Art, die wir nicht kannten.

Johanna: Es war ja nicht nur eine Schreibwerkstatt, es gab ja das Ziel einer Aufführung. Ist das ein Schritt, wenn man dann auf die Bühne geht, die Figur spielt, bei dem man sich dann von dem eigenen Geschriebenen wieder mehr lösen muss? Und welche Rolle spielt dann eben die Autorin, die das alles neu angeordnet hat, dabei?

Svea: Ich fand das einen ganz intensiven Prozess, um die Figur kennenzulernen. Sonst als Schauspielerin hat man manchmal viel zu wenig Zeit, um einzutauchen in diese Rolle und so hatte man schon wahnsinnig viel Futter und konnte dann auf dem aufbauen. Da musste man sich manchmal von Dingen verabschieden, denn alles konnte man nicht erzählen, was man aufgeschrieben hatte. Aber es war dann, glaub' ich, auch im Körper und in der Gestik, die man für die Figur erschaffen hat.

Peter: Vielleicht muss man einem nochmal beschreiben, wie Judith arbeitet, denn wir haben da in einer Woche relativ viel Papier beschrieben, und Judith hat einen Satz gesagt: „Ich nehme mir das Recht raus zu streichen." Also eine Vorgabe, wie der Abend aussehen könnte, hat Judith von sich aus gegeben, wahrscheinlich mit Inspiration von uns. Aber diese Fenster, die noch offen waren, die hat sie mit unserem Material oder improvisierend gefüllt. Sprich, wenn die Fenster alle geschlossen sind, haben wir eine Inszenierung plus ein Stück.

Judith Kuckart: Markus, ist das auch bei dir so? Ist das auch deine Erinnerung?

Markus: Also für mich hat es zwei, zwei Phasen: die Phase des Schreibens und dann die Phase der Inszenierung. Dann kam meiner Erinnerung nach das auch, dass Judith dramaturgisch eingegriffen und gestrichen hat, aus den Materialien, die wir geschrieben haben, und dann haben wir dieses Stück auf die Bühne gebracht. Natürlich mit den Erfahrungen aus dem Schreiben, aber da hat es sich nicht so grundlegend von anderen Arbeiten mit einem Regisseur unterschieden. Das Neue, was es einzigartig gemacht hat, war der Moment davor, als wir diese Textsammlung angereichert haben, ihr dieses Material zur Verfügung gestellt haben.

Judith: Gibt es eigentlich einen Unterschied, wenn da jemand nur noch aus der Literatur kommt (also Tanz ist lange her), ist dann die Arbeit mit so einer Regisseurin was anderes als mit einem Regisseur, der alle drei Monate das nächste Stück macht?

Markus: Ich würde vorwegschicken, dass wahrscheinlich jeder Regisseur seine eigene Arbeitsweise mitbringt. Aber ich glaube schon, etwas zu erkennen in der Arbeit mit Judith, das heißt, dass der Text noch einmal eine andere Aufgabe hat für das Theater. Vielleicht gibt es auch einen handwerklicheren Umgang bei manchen Regisseuren, und in den Inszenierungen von Judith bekommt der Text an und für sich einen Raum, um zu wirken.

Svea: Was ich bei Judith als anders empfinde, und ich habe jetzt fünf Arbeiten mit ihr gemacht: Wenn sie Regieanweisungen gibt, dann haben die auch so etwas wie „Sprich das doch mal grün" oder so, und das ist eine Anweisung, die würde ein anderer Regisseur so nicht machen. Aber ich hab' ich bei Judith immer das Gefühl, dass ich weiß, wo sie hinwill oder was sie damit jetzt meint. Manchmal

	hat sie auch sowas Schroffes, aber, ich hab' damit immer umgehen können.
Peter:	Ich spüre bei Judith, dass eine andere Sprache mich anspricht, als wenn nur ein Theaterregisseur mit mir arbeitet. Der Respekt vor der Sprache zwischen dem Schauspieler und der Regisseurin ist ein anderer. Und das andere: Bei der *Lothar*-Arbeit schwang die Tänzerin mit, also ein großes Wissen über Formalität, was Raum und Bewegung im Raum angeht.
Johanna:	Wie ist dann das Verhältnis zwischen Text und Theaterabend? Denn jeder Abend ist einmalig, das ist das Tolle, aber manchmal auch das Traurige, und der Text bleibt.
Erik:	Ich habe da überhaupt kein Problem, denn unsere Herkunft ist das Theater, die Vergänglichkeit des Theaters. Das ist unser Alltagsgeschäft, dass wir Löcher ins Wasser machen. Manchmal sehr schöne Löcher, aber es sind Löcher ins Wasser und morgen fängt man von vorne an. Das ist etwas ganz Immanentes. Was bleibt, ist diese unglaubliche Erfahrung, dass man gemeinsam diesen Berg erklommen hat, und ich finde toll, dass sich da Erfahrungsschatz ansammelt: Ich habe hier noch im Netz drei Pressestimmen auf der Seite, die die die Besonderheit des Abends aus dieser seltsamen Mischung beschreiben, also etwa: „Shakespeare guckt über die Schulter" und dass wir eine ehemalige Tänzerin, Autorin, theatergewandte Person hätten. Diese Pressestimmen, eine ganze Materialsammlung, habe ich übrigens auch zu Hause, die hat da einen sehr guten Platz.
Peter:	Das macht man nicht so gern, etwas wegschmeißen Bei der Schauspielerei ist das ähnlich: Da probt man, und dann wird gestrichen bei der ersten Hauptprobe, und am Ende kommen dann nur zwei Sätze vor von fünf Seiten. Im Grunde genommen ist Theater ähnlich: Ich spiele eine Vorstellung, und dann in der Garderobe ist sie weg. Aber sie ist ja nur materiell weg, aber sie schwingt noch ganz mit, mit den Leuten schwingt sie mit, sie schwingt bei mir

	als Schauspieler weiter mit, und wir spielen manchmal Stücke zwölf Jahre oder noch länger und dann schwingen sie immer noch mit.
Johanna:	Judith, deine Bücher sind irgendwann fertig, dann werden sie veröffentlicht, und dann sind sie da, aber ein Theaterabend ist organisch und entwickelt sich immer weiter. Unterscheidest du für dich selbst zwischen Theaterautorin und Prosaautorin?
Judith Kuckart:	Nein, ich unterscheide da nicht. Ich glaube, das ist immer die Person, die hier sitzt, und ich finde auch nicht, dass die Dinge eine andere Dauer haben, wenn sie als Buch erscheinen. Ich glaube aber auch nicht, dass die Dinge eine größere Vergänglichkeit haben, wenn sie auf der Bühne sind. Warum ich das eine mache und das andere mache, hat beides etwas damit zu tun, dass ich denke, es geht immer um dieses seltsame Glück des Augenblicks. In was für eine Form sich dieses Glück des Augenblicks gießt, ob das dann ein Buch wird oder ein Theaterstück, das ist für mich nicht so ein großer Unterschied. Außerdem glaube ich nicht, dass ich das eine ohne das andere machen könnte, denn ich gehöre nicht zu den Autoren, die nur aus der Tiefe ihres Schreibtisches schöpfen.
Peter:	Ich frage Judith über die Jahre immer wieder: „Schreibst du wieder was?", dann irgendwann sagt sie: „Ja, ich bin da und ich bin dann irgendwann fertig", und dann ist das Buch fertig, sie kommt her, und ich nehme dann immer wahr: Das hat sie abgeschlossen und ist wieder völlig frei für etwas Neues. Das ist meine Empfindung, wenn ich sie als Person sehe. Ich denke dazu: Sie hat sich jetzt von dem Buch ‚freigesprochen' und ist wieder frei und offen für das nächste. Das finde ich sehr spannend.
Erik:	Ich vermute aber bei Shakespeare etwas anderes: Diese ganzen Figuren sind ja Abspaltungen seines eigenen Ichs, dieser Reichtum ist ja in ihm und das Verbindende, was gegen einen Abschluss spricht. Auch dein Werk, Judith, erscheint mir insofern als ein endloser Monolog ist, der

sich ‚speist aus den sieben Lebensaltern', aber eben nicht so defätistisch wie es Jacques in *Wie es euch gefällt* macht, sondern eben auch neugierig und nach vorn schauend, und deshalb denke ich: So ein Abschluss wird es nicht sein, denn auch wenn sie jetzt keine seriellen Werke schreibt, die Klammer ist Judith selbst. Es ist wie ein endloser Lebensmonolog, der natürlich dialogisch ist, weil er an Leser geht oder am Theater an Zuschauer und mit anderen Akteuren zu tun hat.

Peter: Ich muss nochmal eins sagen: Die große Frage unter uns war immer: „Was ist autobiografisch oder nicht?" Bei *Lothar I.* etwa hieß es „Rote Erde", da war die Frage: „Warum kommt jetzt rote Erde vor? Kennen wir alle nicht", und dann immer dieses Spiel: Autobiografie, aber klar: Es gibt keine autobiografischen Autoren.

Johanna: Es gibt drei gemeinsame Projekte bisher. Ich würde aufgrund dessen, wie sich das Gespräch entwickelt hat, das zweite zunächst überspringen und zu dem dritten kommen, denn ich denke, dass sich bei *Circus Quantenschaum – Wann kommen die Elefanten?* vieles von dem, was wir gerade gehört haben, wiederfindet. Da geht es um Erinnerung auf unterschiedlichen Ebenen und auch um Neurowissenschaften, und das ist auch ein Thema in dem jüngsten Roman *Kein Sturm, nur Wetter*. Also die erste Frage wäre: Das ist ein ganz anders körperliches Projekt gewesen, mit diesem Zirkusrahmen, auch sehr humorvoll. War da die Arbeit eine andere als an *Lothar I.*? Und: Gab es Synergieeffekte zwischen Roman- und Theaterarbeit?

Svea: Es war auf jeden Fall eine ganz andere Art der Arbeit, weil so viele aus so verschiedenen Bereichen dazu kamen: Herr Greffrath als Journalist [und Co-Autor des Abends], der viel über Hirnforschung wusste, aber überhaupt kein Bühnenmensch ist, und dann hatten wir einen Clown, bei dem wir Clownsnummern einstudiert haben und der auch mitgespielt hat. Wir hatten eine Tänzerin und Pianistin, und wir hatten ein Kind. Das bedeutete erstmal, dass man gespeist wurde von so vielen auf so vielen Ebenen, das hat es natürlich zu einem ganz anderen Arbeiten gemacht: Man ist selbst erstmal zurückgetreten, auch auf sein schauspielerisches Wirken hin. In meinem Fall war es zudem so, dass ich die Herausforderung bekam, eine kleine Clownsnummer zu initiieren, und ich glaube, dass ist auch der Grund, warum wir demnächst wieder zusammenarbeiten wollen, über das Thema Clowns sprechen und daraus ein Projekt entwickeln möchten.

Judith Kuckart: Was Svea in meinen Augen an der Clownsnummer inspiriert hat, war der Moment, als wir eine Abendprobe hatten, sie spielt ihre Clownsnummer, und der Clown fängt an über sie zu lachen. Ich glaube, das war ein großer Triumph.

Svea: Das war tatsächlich sehr besonders. Ich hätte mir nie zugetraut, dass ich mit diesem Diderot-Text eine Clownsnummer machen kann. Judith ist aber dann so ein Gegenüber, die dann einfach sagt: „Mach doch mal" und die mich im Endeffekt ziemlich frei gelassen hat. So kann man etwas entwickeln, was man von sich selbst nicht erwartet.

Markus: Also ich würde auch beschreiben, dass der Arbeitsprozess sehr anders war als bei *Lothar*. Es war vor allem eine komplett andere Art zu proben, also zu arbeiten und Persönliches auf die Bühne zu bringen. Zum Beispiel: Meine große Aufgabe war, mit meiner Ehefrau, die mitgespielt hat, auf der Bühne zu knutschen und über das Küssen an und für sich und über das Verliebtsein zu sprechen, während ich, wie gesagt, die Frau küsse, mit der ich schon seit mehreren Jahren verheiratet bin. Das besagte Kind, das auf der Bühne war, war meine eigene Tochter.

Peter: Ich war bei den *Elefanten* nur Zuschauer, aber ich glaub' bei *Lothar* waren wir weiter weg von unseren Ichs. Alle haben mehr geschaufelt oder geschürft oder wie auch immer.

Judith Kuckart: Da würd' ich jetzt widersprechen: Ich glaube, das war nicht näher dran oder weiter weg als bei *Lothar*. Es ist

	wahrscheinlich immer meine geheime Absicht, dass auf der Bühne Menschen sichtbar werden, und zwar auf 'ne Art sichtbar werden, dass es schon die Personen sind, die da die Schauspieler sind, aber dass es gleichzeitig in, in der Form einer Verwandlung stattfindet. In diesem Fall war die Verwandlung schon dadurch, dass es Zirkus war, für mich sehr groß, und gleichzeitig war das, was dann an Intimität gesprochen wurde, wesentlich intimer, also zum Beispiel eure Erinnerungspassagen, und gleichzeitig die Akrobatik. Das war ein sehr schönes Spannungsverhältnis.
Svea:	Ja, wir haben bei den *Elefanten* einen Text gehabt, der sah ein bisschen aus wie eine Komposition. Da waren verschiedene Stränge, wie eine Partitur, bei der immer jemand anderes sprach, und manchmal ging es fast ineinander hinein. Das hat man in einer typisch englischen Komödie auch ein wenig, aber hier war es noch breitflächiger. Das war eine ganz spannende Erfahrung, weil es wirklich wie so aus verschiedenen Raumecken ertönte, und jeder hatte eine Geschichte. Ich weiß noch, ich war dieses blinde Mädchen, und es ging auch ganz stark um Hirnforschung, das war wirklich ein Puzzle, das ein Gefühl hergestellt hat, eine Atmosphäre oder eine Art Teppich.
Judith Kuckart:	Ich glaube, dieser Teppich ist entstanden, weil im Theater etwas möglich ist, was man in Texten nie erreicht: Die Menschen bestehen aus ihren eigenen Realitäten, und wenn diese Realitäten zusammen in einem Raum sind, gibt es im Theater die Möglichkeit, diese unterschiedlichen Realitäten auch hörbar zu machen, indem auf eine ganz bestimmte Art montiert wird.
Svea:	Was mir auch noch einfällt: In Judiths Texten werden ganz viele Fragen gestellt, und das ist bei ihr auf der Bühne auch oft so. Das sind oft sehr merkwürdige Fragen, die man sich im Alltag, nicht unbedingt stellt, und dadurch kommen Bilder hoch.

Johanna:	Das Projekt stand ja auch im Zusammenhang mit der Frage nach Erinnerung, das heißt im Sinne der Hirnforschung, mit der Judith sich auch im Zusammenhang mit dem Roman [*Kein Sturm, nur Wetter*] beschäftigt hat. Gerhard Roth, ein ziemlich kontroverser Neurowissenschaftler, war Schirmherr, und meine Empfindung war, dass die Idee *Zirkus* dem wissenschaftlichen Ernst einerseits etwas entgegensetzt und andererseits bestimmte Momente, die ja auch schon angeklungen sind, von Körpererinnerung, von Kreativität im Denken, im Erinnern ganz anders stark fasst, als das die Wissenschaft tut. Liege ich da ganz falsch, oder einfach gefragt: Wieso Zirkus?
Judith Kuckart:	Ich bin eine Art Erinnerungsfetischistin, und um aus diesem Fetischismus herauszukommen, habe ich mich in das, was als harte Wissenschaft bezeichnet wird, sprich: die Hirnforschung, begeben, um das Ganze zu entpoetisieren. Aber am Ende bin ich doch wieder bei der gleichen Frage gelandet: Was bin denn ich? Bin ich mein Gehirn oder bin ich nicht doch was ganz anderes noch? Also das Gegenteil von Gerhard Roth. Es war aber eine lange, große Anstrengung auf diesem Weg, und dann habe ich auf diesem Weg auch noch versucht die ‚Shakespeares' mitzunehmen – um am Schluss wieder da zu landen, dass ich doch mehr bin als mein Gehirn.
Svea:	Wie ging nochmal unser Versuch mit dem Clown Romir, das Werfen der Keulen? Da war doch auch jeder eine Erinnerung von ihm, oder?
Judith Kuckart:	Ja, das hat aber nicht geklappt. Man muss dazu sagen, der Circus Quantenschaum hat auch als Programm, dass es eine Übersetzung eines naturwissenschaftlichen Gebietes in die Sprache des Zirkus gibt. Das war eine Idee von Renate Heitmann dort.
Peter:	Ich fand das, wieder: als Zuschauer, sehr spannend, also das Runterholen auf eine sinnliche Ebene, und da fand ich das Mittel des Zirkus ganz gut und auch die Sprache.

	Das Hirn ist ja nicht ganz linear, im Hirn passieren ja ganz viele Sachen parallel.
Svea:	Als Judith von der Hirnforschung erzählt hat, waren das auch sehr aufregende Geschichten, also etwa, dass bei der Hirnforschung im Operationssaal Ouvertüren gehört werden oder gesungen wird. Das gibt uns eine sinnliche Erfahrung zu diesem Prozess, die man als Schauspieler sehr gut nutzen kann.
Peter:	Was mich sehr beglückt hat: dass im Roman der Zirkus, die Hirnforschung auch noch nachgeklungen hat, das heißt: wie lang ein Thema jemanden beschäftigen kann und wie dabei ein kompaktes Buch herauskam, das sich nicht verfranst hat.
Judith Kuckart:	Das ist auch ein Unterschied zwischen Theater und Literatur: Natürlich beschäftigen mich Dinge viel länger und der Ablösungsprozess von einem Buch ist ein ganz anderer als von einer Inszenierung.
Johanna:	Ich frage nochmal nach den Synergieeffekten: Hat die Theaterarbeit Einfluss auf das, was dann im Buch landet, ganz konkret?
Judith Kuckart:	Ich bin mir sehr sicher, dass es einen Einfluss gibt, nur ich will das gar nicht wissen. Ich, denke, das ist ein Prozess, der bei mir das Unterbewusste speist. Aber ich glaube auch, das soll mal schön weiter das Unterbewusste speisen, und vielleicht ist jemand so klug und kann dazu was sagen. Ich kann da nicht so viel zu sagen.
Markus:	Den Synergieeffekt gab es, glaube ich, sehr. Wir hatten diese eine kleine Anekdote, bei den *Elefanten*, dass man nicht lachen muss, wenn man sich selbst kitzelt. Ich glaube, das ist ein Bild dafür, dass es den anderen Menschen braucht, der mich kitzelt, damit ich zum Lachen komme. Wenn ich selbst über mein eigenes Gehirn nachdenke oder über meine eigene Biografie und das dann alleine im Kämmerchen zu Papier bringe, ist das zu hermetisch abgeschlossen. Der Austausch ist daher produktiver und hat diese Theaterproduktion immer sehr befeuert.

Peter:	Frage an Judith: Wenn du einerseits als Autorin allein in deinem Zimmer bist und andererseits in einem Theaterraum, beim Proben, passiert mit dir da etwas anderes?
Judith Kuckart:	Also ich habe mir angewöhnt, auch am Schreibtisch nicht mehr allein zu sein, denn ich stelle mir einfach Leute vor, für die ich schreibe. Das ist meine Mutter, die ist tot, das ist ein Freund von mir, Clemens Eich, der Sohn von Günter Eich und Ilse Aichinger, der ist auch tot, und das ist mein Patenkind, das ist fünfzehn. Die drei haben alle sehr dezidierte Meinungen dazu. Meine Mutter warnt immer: Was soll denn die Familie denken und ist die Stimme der Zensur. – Clemens Eich sagt, das geht so noch gar nicht und ist ein erstes Lektorat. – Das Patenkind sagt, jetzt wird es aber langweilig, immer dann, wenn mir selber langweilig wird … – Das ist also wie im Theater, die Zuschauer sagen einem sofort, ob Top oder Flop, ob langweilig oder nicht.
Johanna:	Vielleicht können wir jetzt noch kurz über das mittlere Projekt reden, also die Bearbeitung einer Kurzgeschichte von Alice Munro [*Die Kinder bleiben hier*] unter dem Titel *Eurydike trennt sich*. Wie ist es dazu gekommen?
Svea:	Ich wollte gerne einmal ein Solostück mit Judith machen, auch als Herausforderung. Judith hat mir dann Munro vorgeschlagen, und ich konnte mich unheimlich gut mit der Figur in der Geschichte identifizieren. Wir haben dann gemeinsam intensiv etwas gesucht, was mich mit dieser Figur verbindet. Ich bin vor den Auftritten dann im Flur hin- und hergerannt, um meinen Energiepegel hochzukriegen, denn ein mit Texten voller Kopf lähmt mich manchmal beziehungsweise berührt mich sehr, aber ich will eigentlich nur spielen. – Das hat Kritiker auch negativ beeinflusst, aber es gab auch viele Menschen, die sehr berührt waren. Hoffentlich hat jeder mal solch ein Erlebnis!
Johanna:	Judith, du hast diese Kurzgeschichte von Munro vorgeschlagen, warum?

Judith Kuckart: Also mal abgesehen davon, dass ich ein Fan von Alice Munros lakonischen Alltagsbeschreibungen bin, fasziniert mich ihre Art, Szenen zu montieren, das heißt: so schnell wie möglich rein, so früh wie möglich raus, da kann man auch für Theater viel lernen. Die ausgewählte Kurzgeschichte hat beides, denn einer Mutter werden die Kinder weggenommen, und das ist ein alltäglicher Vorgang, hat aber gleichzeitig die Dimension einer großen Tragödie. Und das nur mit einer Person zu machen und auch mit Bildmaterial von Svea persönlich, mit dem Video ihres Bruders, das hat gepasst.

Johanna: Vielen Dank für dieses sehr interessante Gespräch, dass nicht nur Einblicke in Judith Kuckarts Theaterarbeit, sondern auch in die Arbeit bei der *bremer shakespeare company* eröffnet hat. Ich freue mich auf jeden Fall auf weitere Projekte, die dann hoffentlich auch wieder live erlebbar sind.

Norbert Hackbarth

Dreimal ‚Heimat' erzählt

Heimat ist, wenn du sagen kannst: „Schau mal, die Frau da drüben, die hat als Kind eine Zahnspange getragen!" Wenn es nach mir ginge, sollte dieser Satz von Judith Kuckart zur allgemeingültigen Definition von Heimat erhoben werden. Er berührt auf eine schwer zu beschreibende Weise, ohne kitschig zu sein. Allerdings würde Judith, die meine Großcousine ist, meinem Postulat widersprechen. „Heimat", höre ich sie sagen, „das ist doch für jeden Menschen etwas anderes!" Ist Heimat ein Ort oder eher ein Gefühl? Ein anderer Mensch? Ein Turnverein? Das eigene Bett? Ist Heimat dort, wo man herkommt oder dort, wo man hin will? Kann man Heimat gründen? Mit Gedanken und Fragen wie diesen werden die Zuschauer*innen in den beiden Erzähltheaterprojekten in Willebadessen und Schwelm und in dem Film *Hörde Mon Amour* konfrontiert. Entziehen kann sich dem Thema ‚Heimat' niemand, zu eindringlich erzählt Judith Geschichten vom Verwurzeltsein an einem Ort, aber auch von Vertreibung und Flucht, von Fremdheit und Neubeginn.

Willebadessen im Teutoburger Wald. Hier spielt Judith Kuckarts Erzähltheater *Heimaten*, das auch als Buch erschienen ist. „Schön wie ein Dorf in der Toscana", wie Judiths Oma, meine Großtante Lisbeth, zu sagen pflegte, ohne je in der Toscana gewesen zu sein. Von hier stammt unsere Familie. Das Fachwerkhaus an der Nethebrücke existiert noch heute, nur dass Ende des 19. Jahrhunderts, als unsere Großmütter dort geboren wurden, noch keine Solarzellen auf dem Dach montiert waren. Willebadessen, im August 2017. Zahlreiche Zuschauer*innen folgen einer Akkordeonspielerin (Tänzerin und Pianistin Annalisa Derossi) wie die Kinder dem Rattenfänger von Hameln. Allerdings verschwinden sie nicht auf Nimmerwiedersehen im Poppenberg, sondern bewegen sich von Erzählstation zu Erzählstation. Die Schauspielerinnen Bibiana Beglau und Thekla Schulze Raestrup sowie Judith selbst tragen die autofiktionalen, teils dialogisch angelegten Texte vor. Sie erwecken Menschen wie Judiths Patentante Luzie zum Leben. Noch als über 70-Jährige stand Tante Luzie Zigaretten rauchend in ihrem Friseursalon, nur dass ihre Stammkundinnen inzwischen alle auf dem Friedhof lagen. Auch das alte Haus an der Nethebrücke, das für unsere Urgroßeltern Konrad und Christine Heimat war, ist einer der Spielorte des Erzähltheaters. Willebadessen hat über die Jahre zahlreiche Flüchtlinge aufgenommen. Einige der Neuankömmlinge, Männer, Frauen und Kinder verschiedener Nationalitäten, wirken neben alteingesessenen Willebadessern als Laien an dem Theaterprojekt mit. Im Schloss stellen sich die „Heimatexperten", wie Judith sie nennt, vor und erzählen von ihrer Gegenwart, von ihrer Herkunft, von ihren früheren Leben, von Dingen, die sie an den neuen Ort hinübergerettet haben. Das kann auch ein Kochrezept sein. Ist das Lieblingsgericht Heimat?

Schwelm, Kreisstadt des Ennepe-Ruhr-Kreises. Hier fand Judiths Großmutter Elisabeth einst Arbeit als Dienstmädchen und gründete dann eine Familie. In Schwelm wurde Judith geboren, hier wuchs sie auf. *Da, wo ich herkomme, sind die Menschen freundlich* nennt sie das Erzähltheater, das im Juli 2019 stattfand und genauso konzipiert ist wie dasjenige in Willebadessen. Und doch ist vieles anders. Der Menschenschlag ist ein anderer, weniger rustikal, eher kleinbürgerlich, nicht mehr wirklich Westfalen und noch nicht ganz Rheinland. Der Spaziergang beginnt in der Oberstadt, die auch manchem Auswärtigen durch Franz Josef Degenhardts *Spiel nicht mit den Schmuddelkindern* ein Begriff ist. Von der ehemaligen Metzgerei Nowak, die – obwohl schon seit langem geschlossen – noch als solche zu erkennen ist, geht es über mehrere Stationen zur Christuskirche. Annalisa Derossi ist mit ihrem Akkordeon, auf dem die Pianistin nur Judith zuliebe spielt, ebenfalls wieder dabei und auch Schwarzclown Matthias Romir, der das Publikum wie schon zwei Jahre zuvor in Willebadessen mit seinen depressiv angehauchten Späßen und seinen Jonglier- und Akrobatikkünsten in seinen Bann zieht. Auf dem Platz vor der Christuskirche erfahren die Zuschauer*innen etwas über bedeutende historische Ereignisse in Schwelm, die mit den autofiktionalen Erzählungen verwoben werden. Gesprochen werden die Texte diesmal von dem Burgschauspieler Hans Dieter Knebel und seiner Tochter Caroline Knebel, die beide Kinder der Stadt sind. Der Rundgang endet im Ratssaal, wo die Zuschauer*innen mit den ‚Heimatexperten', darunter ein früherer Lokalredakteur und Judiths ehemalige Ballettlehrerin, ins Gespräch kommen.

Dortmund, östlichste Großstadt des Ruhrgebiets. Hier hat Judith in den 60er Jahren als Kind zusammen mit ihrer Großmutter Elisabeth einige

Sommer bei Verwandten im Vorort Hörde verbracht. Anlass war ein tragischer Todesfall in der Familie, der eine schwer zu schließende Lücke hinterließ. „Hörde, das war für mich ganz Dortmund", sagt Judith und: „Damals war man nach dem Abendessen gleich müde und nach dem Baden nie sauber." In Dortmund also, diesem Moloch aus Bergbau und Stahl, verdingte sich Anfang des 20. Jahrhunderts meine Großmutter Maria als Dienstmädchen, so wie ihre Schwester Elisabeth es in Schwelm tat. Hier heiratete sie später Otto, den Einwanderer aus der Ukraine, meinen Großvater. Ob die beiden damals in Hörde eine neue Heimat gegründet haben? In Judith Kuckarts Erzählfilm *Hörde Mon Amour*, der während ihrer Zeit als Stadt(be)schreiberin in Dortmund 2020/2021 entstand und auf *youtube* abgerufen werden kann, spielt die Stahlarbeitersiedlung *Am Winterberg/ Am Sommerberg*, in der meine Großeltern mit vier Kindern lebten, eine wichtige Rolle. Zu den Aufnahmen eines Drohnenfluges über die Siedlung und den nostalgisch anmutenden Bildern einer Kamerafahrt durch das Haus, das heute noch in Familienbesitz ist, entfaltet Judith die Geschichte ihrer ‚drei Hörder Tanten' Gerda, Anneliese und Irmgard. Die auch diesmal mit fiktionalen Elementen versehenen literarischen Texte werden von Marlena Keil und Ekkehard Freye vom Ensemble des Dortmunder Schauspiels und von Judith gesprochen und interpretiert. Aus der Familiengeschichte heraus entwickeln sich Judiths facettenreiche Betrachtungen zum Thema Heimat, während die Kamera fast schon in Zeitlupe um das verfallene Hörder Freibad *Schallaker* herumfährt. Wer genau hinschaut, erkennt das ehemalige Schwimmbecken, das heute mit Erde gefüllt und eingezäunt ist. Dort, wo früher unter Ausnutzung schwefelhaltigen Schlackewassers aus der benachbarten Hochofenanlage gebadet wurde, betreibt ein privater Verein *Urban Gardening*. In Erzählblocks, die über den Film verteilt sind, berichten Laienmitwirkende von ‚ihrem Dortmund'. Da ist z.B. Marlene, 61, die gleich zu Anfang des Films erzählt, wie sie 1979 aus Jamaica nach Dortmund kam. Sehr dunkel sei hier alles gewesen, aber sie habe keine Angst mehr gehabt, wenn „Hoesch das Licht eingeschaltet" habe, das habe ausgesehen wie ein Sonnenuntergang. Für Ur-Dortmunder ist das eine recht eigenwillige Sichtweise, denn tatsächlich wurde über die *Hörder Fackel* Konvertergas aus dem Stahlwerk verbrannt. Später im Film ziehen Häuserfassaden in allen Farben, teils desolat mit abgeplatztem Putz und schäbigen Fenstern, teils ordentlich renoviert, langsam in Nahaufnahme vorbei. Hinter den Häusern befand sich das Hörder Stahlwerk. Auf dem Gelände wurde der 2010 eingeweihte Phönixsee angelegt und es entstand eine teils dichtgedrängte Wohnbebauung. Das Dortmunder ‚Leuchtturmprojekt' steht als Sinnbild für den Strukturwandel, der sich in Hörde stärker sichtbar als irgendwo sonst in der Stadt vollzogen hat und noch immer vollzieht. Es verwundert nicht, dass der Film *Hörde Mon Amour* mit Bildern vom See ausklingt, verbunden mit der Erkenntnis, dass wir auf der rastlosen Suche nach einem noch besseren Leben an einem noch besseren Ort „vielleicht viel häufiger als wir glauben, schon da sind, wo wir sein müssen".

Jan Hein

Da fällt der Tag in den Satz, oder: Geruch von Regen.
Notizen zu Judith Kuckart

Es war tatsächlich sofort klar. Unmittelbar. Von Anfang an sollte als Ausgangspunkt der Notizen zu Judith Kuckart ein besonderes Buch von ihr stehen: *Sätze mit Datum*. Herausgegeben von der Deutschen Akademie Villa Massimo, Rom 1998. Die *Sätze mit Datum* umfassen ein ganzes Jahr, vom 1. Juli 1997 bis zum 21. Juni 1998. Judith Kuckart schickte mir das Buch einmal per Post und fragte wenig später in einer E-Mail: „Hast Du ‚Sätze mit Datum' schon erhalten?" Ich antwortete: „Ja, und schon gelesen, in Windeseile, weil es so schön ist. Danke!" *Sätze mit Datum*: Eine Chronik, ein Zeitbuch. Tageweise. Journalhaft. In ihrer Flüchtigkeit genau datierte Beobachtungen, Überlegungen, Kommentare, Erlebnisse, Reflexionen, Feststellungen, Dialoge, Gefühle, Ereignisse, Augenblicke, Sentenzen, Bemerkungen, Eindrücke, Erfahrungen, Szenen, Erinnerungen, Situationen, Notizen, Fragen. In Rom, Berlin, Bitterfeld, Baden-Baden, Schwelm, Ostia, Lido di Ostia, Offenburg. Entlegene Orte und Zeiten kommen miteinander in Verbindung. Die Daten geben den Sätzen eine Haltbarkeit, halten die Zeit an, zugleich betonen sie deren Flüchtigkeit, deren Vergehen.

Ein anderes Mal fragte Judith Kuckart in einer E-Mail: „‚Jetzt die Gegend damals' von Jürgen Becker, hast du das gelesen? Da kommt Ahrenshoop drin vor. Aber nicht deshalb frage ich. Es ist eine ganz besondere Art von autobiografischem Verschweigen." Ich antwortete: „Hab das Buch im Regal und werde es jetzt richtig lesen – der Titel ist Programm: das Zugleich von Gegenwart und Vergangenheit. Das interessiert mich an ihm." Auch das war tatsächlich sofort klar. Unmittelbar. Von Anfang an sollte neben *Sätze mit Datum* ein Bezugspunkt der Notizen zu Judith Kuckart Jürgen Becker und seine Poetik des journalhaften Schreibens sein. Journal, Journalsätze, Journalgeschichten, Journalroman, Journalgedicht nennt er die Gattungen seiner Bücher im Grenzbereich der literarischen

Möglichkeiten:[1] Journal der Augenblicke und Erinnerungen. Für Jürgen Becker stellt beides, die Erfahrung des Augenblicks und die Erinnerung ans Früher, den Raum der Gleichzeitigkeit her, in dem man sich aufhalten kann. Es ist eine Chronik der angehaltenen und zugleich vergehenden Zeit, vom Jetzt und vom Damals. Naheliegendes und Entferntes, Verstörungen der Kindheit und Irritationen des Alters: Jürgen Beckers journalhaftes Schreiben folgt den Sprüngen der Assoziationen, dem permanenten Zeitenwechsel, dem Hin und Her zwischen Aktualität und Erinnerung. Sein Schreiben sucht nach den Bestandteilen der Biographie: Jeder Augenblick hat seine Biographie, sein Woher und Wieso. Sein Schreiben ist Vergegenwärtigung eines Früher, das im Hier und Heute weiterwirkt. *Jetzt die Gegend damals.* Das Zugleich von Vergangenheit und Gegenwart als Erfahrungsraum.

Sätze mit Datum. Tode kommen darin vor: der von Arno W., Libuše Moníková, Elke Lang, Lady Di, Clemens Eich. Und das Sterben und der Tod der eigenen Mutter im Laufe dieses Jahres:

„13.12. Bin in Berlin. Meine Mutter stirbt. Sie wiegt 98 Pfund wie zu ihrer Hochzeit."[2]

„30.12. […] Meine Mutter. Ich muß mich erst an ihr neues Gesicht gewöhnen. / Aber ich werde keine Zeit mehr dafür haben. Ich fahre. / Und komme erst zurück, wenn man mich ruft. / Dann wird sie schon ihr letztes Gesicht haben."[3]

„31.12. Kinder sind wie Katzen. Schauen mich einfach an, bis ich weine. / Du wolltest im Frühjahr kommen. / Jetzt wirst du im Winter schon sterben."[4]

„14.1. Libuše Moníková gestorben. / Elke Lang gestorben. Noch vier bis sechs Wochen, Mama?"[5]

---

1 Vgl. Jürgen Becker: Schnee in den Ardennen. Journalroman. Frankfurt/Main 2003; Die folgenden Seiten. Journalgeschichten. Frankfurt/Main 2006; Im Radio das Meer. Journalsätze. Frankfurt/Main 2009; Was wir noch wissen. Journal der Augenblicke und Erinnerungen, in: Sinn und Form 65 (2013), S. 591–602; Jetzt die Gegend damals. Journalroman. Berlin 2015; Graugänse über Toronto. Journalgedicht. Berlin 2017.
2 Judith Kuckart: Sätze mit Datum. Rom 1998, S. 19.
3 Ebd., S. 21.
4 Ebd.
5 Ebd., S. 23.

„22.1. [...] Offenburg. Telefonzelle. Ja, Ich gehe hin. / Sie liegt in ihrem letzten Bett. Ihr Atem geht stoßweise wie bei der Liebe. In irgendeinem Zimmer ist der Fernseher zu laut."[6]
„24.1. Meine Mutter ist eine Angst. / Wer wärmt mir das Essen, die Füße, den Schlaf."[7]
„27. Januar. Meine Mutter wird im April nicht nach Rom kommen. / Sie mußte heute Morgen sterben."[8]
„31.1. Wie oft sind wir diesen Weg in den letzten dreißig Jahren probegegangen. Wir haben nicht daran gedacht, daß es einmal der Weg zu deinem Grab wird. / und; / du bist gegangen. Die alte Angst ist zurückgekommen. Ich lasse sie hier. Ich gehe wieder nach Rom."[9]
„7.2. [...] du hast gesagt, du kommst und schaust dir alles an. Du kaufst auch vorher keine neuen Kleider. Das machst du alles hier. Du warst ja noch nie im Ausland. Nur einmal in Holland, auf Nylonstrümpfen im Sand, und einmal in der Schweiz, weil die so nah am Schwarzwald liegt."[10]
„17.3. Mit dir wäre ich hier nie über die Straßen gekommen. Du hattest deine ganze Kleinstadt an den Fersen. / und; / vor sechs Wochen habe ich in der ältesten (?) Kirche von Rom, in Trastevere, eine Kerze für dich angezündet. Du warst ja sterbenskrank. Nächsten Sonnabend fahre ich wieder hin und zünde wieder eine an. Damit da, wo du jetzt bist, es ist, wie du es wünschst."[11]

Und es war sofort klar, dass ich auf Roland Barthes' *Tagebuch der Trauer* zu sprechen kommen möchte, auf seine Notizen zum Tod seiner Mutter. Auch dies *Sätze mit Datum*. Sie tasten Tag für Tag die Grenze zwischen Trauer und Sprache ab. Am 31. Oktober 1977 schreibt Barthes: „Ich will nicht darüber sprechen, weil ich fürchte, es wird Literatur daraus – oder weil ich nicht sicher bin, daß es keine wird –, auch wenn in der Tat Literatur

---

6 Ebd., S. 27.
7 Ebd.
8 Ebd.
9 Ebd.
10 Ebd., S. 29.
11 Ebd., S. 37.

in solchen Wahrheiten gründet."[12] Am 28. Oktober 1977, drei Tage nach dem Tod seiner Mutter, notiert Barthes: „gestampfter Boden, Geruch von Regen, schäbige Provinz. Und doch wieder eine Art Lebenslust (wegen des zarten Regendufts), eine allererste Entspannung, wie ein ganz kurzes Zucken."[13] Den Geruch, der durch Regen auf getrockneter Erde entsteht, bezeichnet man als ‚Petrichor'. Dieser zarte Regenduft, dieses ganz kurze Zucken, diese Entspannung sollte Teil der Notizen zu Judith Kuckart werden. „Trauer", schreibt Barthes, sei „kein Mangel", „sondern eine Verletzung, etwas, das im Herzen der Liebe schmerzt." (24. November)[14] „Meine ganze frühe Kindheit kommt mir wieder vor Augen. Mama. Die Dose mit dem Reispuder. Alles ist da, gegenwärtig. *Ich bin da. Das Ich altert nicht.* (Ich bin so „frisch" wie in der Zeit des Reispuders)" (10. April 1978).[15]

Jörn Winter ist der Name des Helden in den Journalbüchern von Jürgen Becker. Im Film *Alice in den Städten* heißt der Held Phillip Winter. Vielleicht sind es seine Polaroids, die fotografischen Momentaufnahmen. Vielleicht seine Notizen. Vielleicht ist es das Mädchen selbst. Immer wenn ich Judith Kuckart lese oder an sie denke, erinnere ich gleichzeitig diese achtjährige Alice in Wim Wenders Film *Alice in den Städten* aus dem Jahr 1973. Vielleicht auch, weil der Film zuletzt ein Roadmovie durch das Ruhrgebiet ist. Phillip Winter, Journalist: für seine geplante Reportage über Amerika ist bis auf die Polaroids und einige Notizen nichts entstanden. Er muss zurück nach Europa und lernt im Reisebüro Lisa und ihre Tochter Alice kennen. Lisa ist am nächsten Tag verschwunden und lässt ihre Tochter bei ihm zurück. „Kommt die Mami nicht mehr?" Da ist nur eine Nachricht, in der Lisa ihn bittet, Alice mit nach Amsterdam zu nehmen, sie hätte noch etwas in New York zu erledigen. Er fliegt mit Alice nach Amsterdam. Anders als abgemacht taucht die Mutter auch dort nicht auf. Phillip Winter und Alice machen sich von Amsterdam aus allein auf den Weg, um Alices Großmutter zu finden, die im Ruhrgebiet leben soll. Wuppertal: Schwebebahnfahrt, eine Nacht im Hotel. Nach dem Frühstück

---

12 Roland Barthes: Tagebuch der Trauer. 26. Oktober 1977 – 15. September 1979. Texterstellung u. Anmerkungen von Nathalie Léger. Übersetzt von Horst Brühmann. München 2010, S. 33.
13 Ebd., S. 23.
14 Ebd., S. 75.
15 Ebd., S. 122.

im gemieteten R4 mit dem Nummernschild D – RE 714 durch die Straßen von Wuppertal auf der Suche nach dem Haus der Großmutter: alt, Bäume, dunkles Treppenhaus. Ein Eis mit Sahne im Italienischen Eiscafé, ein Junge singt das Lied aus der Jukebox mit: *On the road again*. „Die Oma wohnt gar nicht in Wuppertal." Phillip Winter gibt Alice auf der Polizeiwache ab und geht. Chuck Berry Konzert. Am Hotel steigt Alice plötzlich wieder zu, sie ist von der Wache abgehauen. Nächtliche Fahrt, Rastplatz. Weiter nach Essen, durch Siedlungen, die abgerissen werden sollen, weil Krupp ein Krankenhaus bauen möchte. Nach Duisburg: alte Häuser, Fabriken, Schafswiesen, Gastarbeiter. Nach Oberhausen, Gelsenkirchen. Schalker Markt, Brückenstraße. Fotoautomat, gemeinsame Passfotos. Aktive Autopause. Erdbrüggenstraße. „Halt, da ist es!" Alice entdeckt das Haus und klingelt: Eine Italienerin wohnt dort, schon seit zwei Jahren, von der Großmutter weiß sie nichts. „Dann können wir ja jetzt schwimmen gehen." Freibad. „Ob die Leute jetzt denken, dass du mein Vater bist?" Weiter zu seinen Eltern an den Niederrhein. Kiosk *Rheinperle*. Mit der Fähre *Glück auf* über den Rhein. Zuletzt von Duisburg mit dem Zug den Rhein entlang Richtung München. John Ford gestorben, Nachruf von Siegfried Schober in der SZ: „Verlorene Welt". Rhein, Weinberge. 1.9.1973.

Der tschechische Lyriker Jan Skácel ist ein weiterer Berührungspunkt, zu ihm hätte ich noch schreiben wollen, über sein Buch *wundklee* und die Zeile: „für alle die im herzen barfuß sind". Und zu dem sorbischen Dichter Kito Lorenc. Zu seinem Gedicht *Ginge ich nach Haus*. Wie beide über Kindheit schreiben.

Und auch über Patrick Modiano, dessen Bücher Judith Kuckart seit vielen Jahren begleiten. Er schreibt in seinem neuesten Buch *Unsichtbare Tinte* (*Encre sympathique*):

> Ich habe mich nie an die chronologische Reihenfolge gehalten. Sie hat für mich nie existiert. Gegenwart und Vergangenheit vermischen sich mit einer Art Transparenz, und jeder Augenblick, den ich in meiner Jugend erlebt habe, erscheint mir, losgelöst von allem, in einer ewigen Gegenwart.[16]

1984 war die ausgebildete Tänzerin Judith Kuckart Assistentin des Choreographen Johann Kresnik am Theater Heidelberg, bevor sie mit ihrer eigenen

---

16 Patrick Modiano: Unsichtbare Tinte. Aus dem Französischen von Elisabeth Edl. München 2021, S. 108.

Truppe als Autorin, Tänzerin, Choreographin und Regisseurin bis 1998 17 Stücke aufführte. Die Künstlerin Johanna Diehl nimmt in drei Arbeiten, die sie in ihrer Ausstellung *In den Falten das Eigentliche* 2020 im Berliner Haus am Waldsee zeigte, Bezug auf das *Choreographische Theater* von Johann Kresnik. Und in allen drei Arbeiten befasst sie sich mit der Geschichte ihres Vaters, der sich 1983, da war sie fünf, im Alter von 39 Jahren das Leben nahm. – In der Bildserie *Dead Dad Wild Country* kombiniert sie Reisefotografien aus dem Nachlass ihrer Großmutter mit Bildern von Requisiten der *Hänsel-und-Gretel*-Inszenierung, die Johann Kresnik 1995 an der Berliner Volksbühne mit Kostümen von Penelope Wehrli realisierte, als Geschichte um zurückgelassene Kinder: Die Bilder zeigen Prothesen, körperlose Partialobjekte, die die Bewegungen der Tänzer schwer beeinträchtigten. Sichtbare Zeichen innerer Narben. – Ihre Videoinstallation *Mars* beschäftigt sich mit Fritz Zorns gleichnamigen Roman aus dem Jahr 1976 über die zerstörerische Macht einer Welt des Scheins aus Harmonie und Sorglosigkeit, den der Vater gelesen hat, und zugleich mit Johann Kresniks Inszenierung dieses Romans 1983 am Theater Heidelberg. Johanna Diehl reinszeniert den Pas de deux, in dem der Protagonist mit Krankheit und Tod ringt, reduziert auf eine Person mit dem Tänzer Yotam Peled in der Villa eines Kunstsammlers: die Werke der Moderne an der Wand, die offene Architektur, das zeitgenössische Mobiliar stehen schmerzhaft im Gegensatz zu dem Todeskampf des Tänzers. – Die Videoinstallation *Broken Repertoire* greift die Musik von Walter Haupt für Johann Kresniks Inszenierung *Mars* auf: ein präparierter Flügel als alleiniger Klangerzeuger. Johanna Diehl präpariert ihren Flügel mit den geerbten Haushaltsgegenständen ihrer Großmutter: Cocktailspieße, Aschenbecher, Toastständer. Gemeinsam mit dem Musiker Marc Schmolling hat sie aus Etüden-Fragmenten nach Walter Haupt eine neue, widerständige Musik entwickelt. Der Flügel wimmert, stöhnt, seufzt und heult. Stoßweise wie bei der Liebe. Ein Körper im Todeskampf.

Roland Barthes notiert am 8. Dezember 1977: „Trauer: keine Auslöschung, Blockade (die eine ‚Fülle' voraussetzen würde), sondern eine schmerzhafte Bereitschaft: Ich bin *alarmiert*, warte dauernd auf die Ankunft des ‚Lebenssinns'."[17]

---

17 Barthes (Anm. 12), S. 90.

24.2.2021 Philippe Jaccottet gestorben, in Grignan.
Musik als Ausklang: Jean-Philippe Rameau: *Castor und Pollux*, Prélude & Air accompagné: *Tristes apprêts* (‚Trauerstimmung').

Merula Steinhardt-Unseld

Judith Kuckart. Eine Theater-Freundschaft

Angefangen hat es mit einer Lesung von Judith Kuckart – bei uns im Theater, 2006/2007 war das, noch in den alten Kammerspielen am Rathausplatz. Unser Publikum war von ihrer Lesung sehr begeistert – wir auch.

Später, nachdem man gemeinsam noch was trinken gegangen und ins Gespräch gekommen war, ich erinnere mich ziemlich genau, schlenderten Judith und ich über den Platz zurück, so als ob wir uns schon länger kennten. Ehe wir auseinandergingen, guckt sie mich von der Seite an, fragt ganz lieb und vorsichtig, ob sie wohl mal was bei uns machen könne? „Was denn? Etwas von Ihnen, ein Stück?" „Ja!" ...

„Muß ich drüber nachdenken ... im Studio, vielleicht .." „Ja?!" „Werde mal mit Herrn Uhl darüber reden."

Daraus ist dann die *Vormieterin* entstanden. Herbst 2008 im Studio in der Klingelgasse – ein ungewöhnliches Projekt und eine Uraufführung.

In dem Stück geht es um eine Frau, die als Nachmieterin in die Wohnung einer ihr unbekannten Frau einzieht. Diese *Vormieterin* hat Kartons mit diversen Kleidungsstücken hinterlassen. Aus den nachgelassenen Kleidungsstücken erfindet sich die Nach-Mieterin eine neue Identität: Jule Seidensticker. Judith Kuckart hat den Stück-Text in einer Schreibwerkstatt mit vier Schauspielerinnen und einer Regieassistentin erarbeitet und geprobt. Alle vier Schauspielerinnen spielen Jule Seidenstickers neues Leben. „So entsteht aus zwei abgelegten, alten Leben, ein neues." (J.K.)

Dietmar Teßmann hat dazu einen kargen, theatralen Raum konzipiert, in dem an verschiedenen Orten gespielt wurde – die Zuschauer saßen auf kleinen rotlackierten Papp-Hockern im Raum verteilt.

Das Besondere an Judith Kuckarts Art des Inszenierens ist, sie gehört immer zum Ensemble, nie von außen oder drüber, immer Teil der Truppe – wie beim Tanz; das ist ihre genuine Haltung. Sie nimmt an ihren Schauspielern und auch ihren Figuren Anteil, auch wenn sie sie von außen beschreibt und bestimmt, sie lebt mit ihnen, in doppelter Hinsicht, begleitet sie in allen Szenen, in unglaublich vielen Nuancen. Gefühle sind bei

Judiths Inszenierungen etwas ganz Reales, sie haben eine reale Anwesenheit, eigentlich wie Bühnenfiguren sind sie im Raum.

Die Arbeit mit dem Ensemble ist immer intensiv, mit allen Höhen und Tiefen eines Probenprozesses – und dann auch diese unglaubliche Leichtigkeit des Seins, mit der sie oft daher kommt und die sie ausmacht.

Es war eine gute Zeit für uns alle.

Am Ende ein großer Publikumserfolg.

Dorfschönheit war Judiths zweite Produktion, 2011 in der Eröffnungs-Spielzeit im neuen Theater.

Von der Art etwas anders als die vorige: Die Hauptfigur wird zwar auch von drei Schauspielerinnen gespielt, dabei aber von einer weiteren Figur, einem Taxifahrer und Filmer mit der Kamera begleitet. Alle spielen dadurch und den durch Videos wunderbaren ‚filmischen Bühnenraum' des Herrn Rottenkolber in einer Art magischer Wirklichkeit.

Das Publikum war auch mit einbezogen. Das ganze Studio, ein lang gestrecktes Rechteck, die Zuschauertribüne an einer der Längsseiten, der übrige Raum Spielfläche, wurde von den Filmbildern/Videos überzogen/überblendet.

Judith hat die Geschichte der Dorfschönheit so inszeniert, dass die Zuschauer das Theaterstück wie eine Art Imagination erlebten: Obwohl sie ganz klar im Außen (Zu-Schauer) waren, wurden sie Teil des inneren Geschehens, quasi Dorfbewohner – ein schwebender, betörender Zustand.

Viele Zuschauer, insbesondere Frauen, wollten die Inszenierung unbedingt ein zweites Mal sehen – ähnlich wie bei der *Vormieterin*.

Judiths Theater-Figuren sind immer hochpoetisch, stehen gleichwohl mit beiden Füßen im gewöhnlichen Leben. Ihre Figuren scheinen zu fliegen wie bei Chagall, und im selben Augenblick mühen sie sich mit einem Umzugskarton ab oder sitzen in aller Herrgottsfrühe in der Ödnis eines leeren Flughafens vor einem abgestandenen Glas Bier.

Ja, Judith Kuckart ist eine reiche, starke Theater-Frau – und ein wenig auch Annette von Droste-Hülshoff, nur in einem anderen Jahrhundert und in anderem Kleid – eine poetische Figur eben.

So ist diese Theater-Freundschaft entstanden und gewachsen.

Es sind immer besondere Begegnungen, ob es nur mal ein Kaffee beim Bahnhof in Hamburg ist – oder in Berlin bei einer schwierigen Probe – oder bei einer Lesung in Lübeck, bei der die Zuhörer sie gar nicht mehr aufhören lassen wollen – oder beim Reden über ihre Variationen der Droste-Texte und ihre Affinität zu ihr und der Droste'schen Melancholie.

Jetzt sehe ich sie grade unterm Sommerhimmel im Hof der Wewelsburg sitzen, wie damals 2017, mit ihrer kleinen Truppe, mittendrin, ein tief berührender, poetischer Theaterabend – das kann man nur lieben.

* * *

Judith Kuckarts Inszenierungen ihrer beiden Stücke am Theater Paderborn Westfälische Kammerspiele: Die Vormieterin (UA 11.10.2008) und Dorfschönheit (UA 26.11.2011) – einige Gedanken und Erinnerungs-Texte aus dem Entstehungsprozess:

Die Vormieterin

Frau Kuckart hatte die Idee für eine Erzählung, die sie jedoch nicht geschrieben hatte. Diese war Vorlage für das Stück *Die Vormieterin*, das zusammen mit dem Ensemble während der Proben erarbeitet wurde, d.h. die Schauspielerinnen haben den Text für ihre Figur geschrieben.

Diese kollektive Arbeitsweise war nur möglich, da Frau Kuckart Respekt vor der künstlerischen Arbeit anderer hat – und am Ende war es – nehmt nur alles in allem – ein Stück von Judith Kuckart.

Anekdote: In dem Stück kommt ein Hund vor, der ‚naturgemäß' spricht – geschrieben und hinreißend gespielt von Christiane Paulick. Als ich Frau Kuckart darauf ansprach und fragte, weshalb ein Hund mitspielt, sagte sie, in jedem ihrer Texte komme ein Hund vor … wie soll ich eine Autorin nicht bewundern, die mich freundlich und beiläufig daran erinnert, was Kunst ist.

Jörg Uhl, Leitender Dramaturg

Wir sitzen im Probenraum, vier Schauspielerinnen, eine Regieassistentin und Judith Kuckart.. Judith sagt, wir werden mit ihrer Hilfe ganz sicher ein Theaterstück schreiben können – und wir werden das auch spielen. Sie sagt das ganz gelassen und strahlt eine derartige herzliche Freundlichkeit aus, dass wir ihr sofort glauben und Vertrauen zu ihr haben – die Sicherheit, dass mit ihren Ideen etwas entsteht, das wir dem Publikum zeigen können. Wir können sehr persönliche Dinge erzählen und aufschreiben ganz ohne Angst und Vorbehalte – wir haben alle den Mut zur Ehrlichkeit.

Wir wissen, Judith wird nicht zulassen, dass wir uns ausliefern oder lächerlich machen. Judith hat die Gabe, Menschen zu sehen, ihre Gefühle und die ‚inneren Vorgänge' zu beschreiben. Das ist für uns Schauspielerinnen sehr wichtig.

Wir sind dem Theater richtig dankbar, dass wir diese großartige Erfahrung machen konnten. Denn dass eine Schriftstellerin mit Schauspielerinnen ein Stück schreiben und aufführen kann, ist nichts Selbstverständliches.

Isabel Zeumer, Schauspielerin

Eine ruhige Entwicklungsarbeit. Fast beiläufig entstehen im Gespräch und der szenischen Übung Textbilder und Sprachstücke, verdichtet sich die Handlung.

Ein ungewöhnlich gelassener, sich der Sache anvertrauender Prozess.

Das ist jetzt die moderne Probenarbeit, dachte ich damals.

Dietmar Teßmann, Bühnenbildner

Dorfschönheit

Fede 1, 2, 3
 Drei Schauspielerinnen – eine Hauptfigur
 und ein Schauspieler – Taxifahrer und Filmender

Wir alle haben das kurze Leben der Friederike Brion, auch Fede genannt, erzählt. Unterstützt von den auf der Szene entstandenen Filmaufnahmen, oft nur vergrößerte gefilmte Details als Kulisse, die Assoziationen für das Erzählte freisetzten.

Eine Arbeit, bei der Judith Kuckart Regie führte und genau wusste, wann die Stimmung einer Szene so stimmte, dass es ihrer schreibenden Vorstellung entspricht.

Für mich ist es die dritte Arbeit und die zweite Uraufführung mit Judith Kuckart. Wieder eine Arbeit, ein großes Vergnügen, professionell, fein und genau zu arbeiten und über viele Themen zu sprechen!

Ich sage mal, vielleicht bis zur nächsten Arbeit, liebe Judith!

Es wäre mir eine Freude!

Kerstin Westphal, Schauspielerin

Die Vormieterin

Abb. 1: (v.l.n.r.) Kerstin Westphal, Christiane Paulick, Eva Mende – © Harald Morsch

Abb. 2: (v.l.n.r.) Christiane Paulick, Kerstin Westphal, Isabel Zeumer, Eva Mende – © Harald Morsch

Dorfschönheit

Abb. 3: (v.l.n.r.) Johannes Hoffmann, Ulrike Fischer, Kerstin Westphal, Franziska Schlaghecke; große Wandprojektion hinten: Ulrike Fischer – © Harald Morsch

Abb. 4: (v.l.n.r.) Kerstin Westphal, Franziska Schlaghecke, Ulrike Fischer – © Harald Morsch

Bibiana Beglau

Durch die Lappen gegangen

Lena lernte ich in einer Buchhandlung in Zürich kennen. Das war im Sommer oder Herbst. Es war eine Autoren-Lesung, die ein Freund aus Berlin mir empfohlen hatte. Ich kam zu spät, da ich neu in der Stadt war, den Stadtteil nicht kannte und mich auch noch zusätzlich mit der Tram verfahren hatte. Von der Straße aus konnte ich durch die Schaufensterscheibe die Autorin sehen, die bereits angefangen hatte zu lesen. Sie saß mit dem Rücken zum Eingang. Vor ihr das Publikum hörte aufmerksam zu. Als ich den Buchladen betrat, klingelte die Türglocke und ein Hund, der unter einem Stuhl lungerte, stand auf und bellte mich an. Die Autorin las gerade eine Stelle aus ihrem Buch vor, in der ebenfalls ein Hund bellte. Sie drehte sich zu mir um, lächelte und wies mich mit einem Kopfnicken an, mir doch einen Platz zu suchen. Ein Lacher fürs Publikum.

Das Buch handelte von Lena, einer Schauspielerin, wie ich, nur älter. Sie hatte gerade ihren Job am Theater verloren und war nun, wie ich es verstand, auf der Suche, nach ihrem Leben. Sie schien mir etwas verloren, aber mutig. „Leute, die stolpern, sind mir lieber", schreibt die Autorin an einer Stelle im Buch. Mir auch, denke ich beim Lesen.

Lena kommt aus einer Kleinstadt, einer „verregneten grünen Gegend am Rande des Ruhrgebiets. Schwarze Dächer, Schieferhäuser, straffe Gardinen, traurige Sonntage. Die Menschen von dort waren meistens häßlich, sie nicht". Lena raucht oft, wenn sie nicht weiter weiß. In diesem Punkt kennen wir uns gut. Und sie ist unterwegs in ihrem Leben, in dem es eine große Liebe gab und immer wieder gibt – mit Ludwig. Sie bleibt trotz dieser Liebe alleine für sich und Allianzen werden höchstens mit anderen Reisenden eingegangen, aus Neugierde oder Langeweile oder etwas dazwischen. Eine Jugend-Fußballmannschaft, eine Anhalterin, ein Priester.

Es gibt etwas wie eine Konstante in ihrem Leben, und mir scheint, als sei es die Suche nach etwas in ihrer Vergangenheit, in der ‚Historie', was sie nicht kennt. Dieses Unbekannte lässt sie nicht los und gehört zu ihr als nicht immer selbst Erlebtes, aber doch wie eine Erinnerung. Etwas, was sie an ihrem Leben festbindet und einen Sinn ergibt, der um dieses Etwas größer ist, als ihr selbst erwählter Zweck, eine Schauspielerin zu sein. Ludwig war da anders, nicht vage, sondern einfach real. So jemand „hatte immer gefehlt in ihrem Leben. Wie die Wut oder die wirkliche Hingabe, die Unvorsichtigkeit und die Besonnenheit, der Wahnsinn und die Unbedarftheit, wie das Vertrauen, die Tränen und die Freude. Daß er ihr fehlte, war ihr die Wirklichkeit geworden".

Dreimal lässt die Autorin Lena sagen: „Ich war Penthesilea!" Auch eine, die nicht weiß, wie das Leben geht. Nur das Orakel ist Gewissheit: als Kriegerin nicht im Krieg zu sterben. Wie Lena hat auch sie nicht mit der Liebe gerechnet. Die Autorin schreibt: Aber das war sie, dieser Satz. Vielleicht sind die, die nicht wissen, wie Liebe geht, die am heftigsten Liebenden, weil es doch dafür einen Grund geben muss, der ihnen aber für immer verschlossen bleibt. Das denke ich, wenn ich an Lena denke und warum sie auf diesen Road Trip nach Polen geht, um also was genau zu finden? Die Vergangenheit in Dahlmanns Leben, mit der sie auch etwas zu tun hat? Auch sowas mit Liebe. Dahlmann, der Freund ihrer Mutter oder der eigentlich mögliche Ehemann, der es dann aber nur zum Trauzeugen bringt.

Was sind Erinnerungen, und mischen sich Erinnerungen anderer Menschen mit den eigenen? Ergibt sich daraus vielleicht das Bild der Gegenwart und einer echten, annehmbaren Realität? Die Autorin lässt Lena sich diese Frage immer wieder stellen.

Zwanzig Jahre später wird die Autorin in ihrer Videoarbeit *Hörde Mon Amour*, den Satz sagen: Erleben und Erinnerung liegen dicht beieinander. Es scheint also einen Zwischenraum zwischen Erinnerung und Erleben zu geben. Einen Flur, einen Korridor. Die Autorin schreibt: Ein Flur ist ein Raum zwischen den Räumen. Lena hat schon immer Flurangst gehabt. Die Türen lässt die Autorin in ihrer Beschreibung meistens offen oder angelehnt, aber ohne Licht in den Fluren und Treppenhäusern. Ungehindert können sie betreten werden, die Räume zwischen den Räumen. Ich kenne kein Buch, in dem es so viele offene Haustüren und dunkle Zwischenräume gibt wie in *Lenas Liebe*. Ohne zu zögern, trotz Angst, betritt Lena diese dunklen Eingänge, als Abenteurerin und Suchende. Was aber will sie dort finden? Einen Teil von sich selbst? Oft findet sie Sex, oder besser: Geschlechtsverkehr.

Na, wenigstens etwas, denke ich mir beim Lesen und bin Lena nahe.

Ein Satz verbindet mich mit der Figur Lena besonders: „Zu schnell zu fahren hatte ihr oft das Leben gerettet" oder auch das Bild: „Tüllgardinen, Topfpflanzen und Leuchtschriften Non Stop Extase. Es ist wie eine Einsamkeit, die man nicht sofort bemerkt."

Judith Kuckart, die Autorin, lernte ich also nach dieser Lesung kennen und wir blieben in Verbindung. Sie schrieb eine neue Erzählung *Die Blumengießerin* und gab mir die Rohfassung zu lesen. Wieder war ich auf seltsame Weise der Hauptfigur nahe in ihrer Neugierde, in ihrem Verlorensein. Wie viel Anteil der Persönlichkeit einer Autorin liegt in ihren geschriebenen Charakteren verborgen? Diese Frage lässt mich nicht los, denn sie betrifft auch mein Leben als Schauspielerin, und das lässt mich wieder an Lena denken.

Etwas später erzählte mir Judith, es gäbe Interesse, aus dem Roman *Lenas Liebe* einen Film zu machen. Nicht oft denke ich, dass es Figuren gibt, die mir so nahe sind. Dass es kein Spiel benötigen würde, sondern nur das Sein in der Darstellung braucht, um an die Tiefe einer Figur zu kommen.

Lena ist mir seelenverwandt, wie auch die Blumengießerin es ist. Die beste Voraussetzung, sich für eine Rolle zu bewerben. Judith Kuckart arbeitete mit an dem Drehbuch, und ich sagte ihr, dass ich die Rolle gerne übernehmen wolle. Ich hatte mehr von Lena verstanden, als mir lieb war.

Es kam alles anders, und soweit ich weiß, verließ der Regisseur, der sich für den Roman interessiert hatte, das Parkett. Ein anderer übernahm das Projekt und besetzte eine andere Schauspielerin – seine Frau – in der Rolle der Lena.

Als Schauspielerin ist es eigentlich kein Ding, wenn einem auch mal eine Rolle durch die Lappen geht. In diesem Fall war es anders. Bis heute ist Lena ein Teil von mir. Ihre Sätze und ihr Denken sind mit mir verbunden und werden sich so nie von einem anderen anhören oder anschauen lassen können.

Futsch, denke ich mir und habe das Bild vor Augen, wie ich einen Drachen steigen lasse. Bei konstantem, aber starkem Wind. Ich stehe unten mit der Schnur, die in meiner Hand gut gesichert ist. Der Drachen bewegt sich weit oben gleichmäßig am Himmel, steigt höher und höher. Er wird nicht abstürzen, da bin ich mir sicher. Dann passiert es: Die Spannung ist zu groß im Seil, das reißt. Vor meinen Augen entfernt sich der Drachen und fliegt seinen Weg weiter. Ohne mich.

Egal, rede ich mir ein.

Es gibt ja noch die Erzählung „Die Blumengießerin", eigentlich auch eine gute Geschichte, um sie zu verfilmen. Vielleicht sogar die bessere. Weil, sie ist filmisch einfacher zu erzählen, außerdem spielt sie im Berliner Sommer und es gibt schwüle Erotik – sowas mag das Publikum. Es wäre eine andere Figur, weniger von Lena und doch mit ihr verwandt. Es würde wenigstens in der Familie bleiben, denke ich mir, und futsch! denke ich mir und dass mir hier wirklich was durch die Lappen gegangen ist!

Didi Danquart

Das Erinnerte, das Biographische und die inszenierte Wirklichkeit.
Reflexionen zu dem Roman *Lenas Liebe* und zu dem Kinospielfilm *Bittere Kirschen*

1.

„Wer sich mit der Vergangenheit beschäftigt, wird mit sich selbst konfrontiert."[1]

(Reinhart Koselleck)

Es ist gar nicht so einfach über oder zu Judith (JK) etwas zu schreiben, oder gar sie literarisch einzugrenzen; sie darin einzufangen. Das muss ich Gott-sei-Dank auch nicht, denn das kann sie viel besser und auch eleganter. Bei (fast) allen ihren Büchern fällt mir auf, dass sie sich selbst befragt, ihr Erlebtes metaphorisch beschreibt; uns scheinbar ihre Kindheit oder ihre Träume in (un)wahrscheinlich realistischen Geschichten mitteilt. Darüber lässt sich nachdenken, sagte ich mir. Denn die Prosa von JK ist mir nahe. Auf humorvolle Weise Tragisches zu erzählen ist dabei ihre Spezialität. Oft jedenfalls!

Neulich schrieb eine meiner Diplomandinnen in ihrer Abschlussarbeit *Das unsichtbare Volk* an der Kunsthochschule für Medien (KHM): Mein Geist plündert weiterhin in meinem Gedächtnis, es sucht nach Erinnerungen, um zuordnen zu können. In dieser Arbeit begibt sie sich auf eine Art *Identitätssuche* zu ihrem Volk. Sie ist Syrerin, lebt seit ihrer Kindheit in Deutschland und fühlt sich trotz alledem als Fremde hier, wie auch in ihrem Heimatland, dessen Kultur und Geschichte sie als junge Frau/Mädchen durch die Erzählungen ihres verfolgten Großvaters, dem *Derwisch Mele Sleman*, aufgesogen und melancholisch verinnerlichte. Ihr Großvater war 1957 einer der Begründer der *Demokratischen kurdischen Volkspartei*

---

1 Reinhart Koselleck: Wozu noch Historie? Vortrag auf dem Deutschen Historikertag Köln 1970, in: Wolfgang Hardtwig (Hg): Über das Studium der Geschichte. München 1990, S. 347–365, hier: S. 361.

in Syrien (*PDK-S*) und wurde später im deutschen Exil auf offener Straße ermordet. In ihrem sehr poetischen Erinnerungs-Text wird diese familiäre Sehnsucht nach einer *eigenen (anthropologischen) Identität* sichtbar. Und ich glaube, diese zu finden geht nur über das Verstehen der eigenen Historizität; das geschichtlich Dagewesene zu verarbeiten haben. Aleida Assmann schreibt in ihrem spannenden Buch *Geschichte im Gedächtnis*: „die Vergangenheit ist ein Spiegel, in dem wir uns über den Augenblick hinaus wahrnehmen und das, was wir das Selbst nennen, in immer neuen Anläufen zusammensetzen."[2]

Vielleicht können wir die Prosa von JK als eine Art Erinnerungsprosa einordnen oder als eine Form der ‚Gedächtnisliteratur', in der Wirklichkeit und Träume geparkt sind, falls diese Definition überhaupt als literarisches Genre akzeptiert werden würde; vielleicht ist sie – wie Annie Ernaux – auch eine „Ethnologin ihrer Selbst".[3]

Jedenfalls handelt ihr erster Roman *Wahl der Waffen* von zwei Frauen aus unterschiedlichen Generationen. „Jette das Kind des Krieges, des Nachkrieges, des Kalten Krieges, Apothekertochter aus Wallerfang; und Katia, Kind der Wohlstandszeit, des Friedens, von Jette gehütet für drei Mark die Stunde."[4] Es werden die 70er Jahre verhandelt. Judiths pubertäre Jugendzeit. Ihre Adoleszenz, diese grundlegende Reorganisation des Gehirns, in der die (sexuellen) Hormone explodieren und die Abkehr von der Väter/Mütter-Identifikation stattfindet. Sie schreibt in ihrem Erstling über zwei Frauen, die eine, die den (RAF-)Terrorismus in der BRD und die arabischen Konflikte jener Zeit erlebte und die andere, die behütete Kindheit der nachfolgenden Wohlstandsgeneration, der das ‚Wir-Gefühl' der 68er-Generation verloren ging, weil sie mit dieser keine (kollektive) Identität entwickeln konnte. In ihrem Roman versucht JK aber in assoziativen Bildern eine Verbindung zu imaginieren, die genau diesen Versuch unternimmt und damit *erlebte Geschichte* produktiv für die Gegenwart

---

2 Aleida Assmann: Geschichte im Gedächtnis. Von der individuellen Erfahrung zur öffentlichen Inszenierung. München 2007, S. 10.
3 Annie Ernaux: Jahre. Berlin 2017, Klappentext.
4 Monika Maron: „Die Knarre löst die Starre". Monika Maron über Judith Kuckarts Terroristenroman „Wahl der Waffen", in: Der Spiegel Nr. 49/1990, S. 250–254, hier: S. 250.

macht: ein ‚gesellschaftstraumatisches Ereignis' (oder den zeitlich immanenten ‚Historismus') ihrer Generation an die nächste weiterzugeben. Dies nennt Aleida Assmann ‚verkörperte Geschichte'. Sie meint damit, dass die jeweilige Generation ihre Geschichte in den Knochen hat und sie *ausdünstet* und lebenslänglich darauf reagiert. Diese von JK zum Schreiben benutzte (materialisierte) Gedächtnisarbeit in *Wahl der Waffen* ist „ein Mittel, Epochenschwellen zu markieren, Neuorientierung und Wertewandel zu inszenieren."[5] Sie zeigt uns auf vielfältige Weise, wie sehr ein kollektiv erfahrenes ‚Trauma', wie eben z.B. die Geschichte der RAF, die unterschiedlichen Generationen prägen und ihre Zeitläufte mitformen kann.

Entscheidend bei dieser generationenübergreifenden Erinnerungsarbeit ist nicht nur die historische Arbeit der *Spurensicherung* und das *Re-Imaginieren*, sondern auch die Verwandlung der Familiengeschichte in eine literarische Gestalt, in einen Roman, der sich weiter- und umschreibt und ihr damit Zukunft zurück gibt. Erinnern und Imaginieren von Vergangenem werden so zu einer Intervention im Zeichen der Zukunft und der nächsten Generation. Es geht schließlich darum zu erkennen, dass man Teil einer Geschichte ist, die man auch weiter erzählen kann.[6]

2.

„Wer erzählt, hat eine Frage."

(JK)

Judith Kuckart (1959) und ich (1955) gehören wahrscheinlich der gleichen (Zwischen-)Generation an. Den sogenannten 78ern (Jahrgänge von ca. 1950–1960), die ‚kleinen Geschwister' der 68er-Generation,[7] die einerseits den Studentenprotesten ihrer Vorgänger nacheiferten, um sich später umso deutlicher von ihnen abzugrenzen und sich dem ‚Spontaneismus', einem kreativen undogmatischen Hedonismus, zuzuwenden.

Wir begegneten uns auf dem Campus der Hochschule für Gestaltung (HFG), irgendwann Ende der 00er-Jahre, auf dem sie mir im folgenden

---

5 Assmann (Anm. 2), S. 68,
6 Assmann (Anm. 2), S. 94 f.
7 Vgl. Reinhard Mohr: Zaungäste – Die Generation, die nach der Revolte kam. Frankfurt 1992.

Gespräch ihren Roman *Lenas Liebe*[8] zur Verfilmung angeboten hatte. Ich sagte zu, das Buch zu lesen, welches mit der Logline „(ein) Liebesroman, der an der Liebe zweifeln lässt", vom Verlag angekündigt wurde. Nach der Lektüre hatte ich ihr meine Bereitschaft signalisiert, ernsthaft über eine Verfilmung nachzudenken. Das Faschismus-Erbe der Dahlmann'schen Figur in ihrem Roman, der radikale Erinnerungs-Aufschrei und die familiäre Reise der Hauptprotagonistin Lena (Krings), das ‚Alter Ego' von JK, zurück in die Vergangenheit Dahlmanns, „der die große Liebe ihrer Mutter war, aber nur ihr Trauzeuge wurde" (LL, Klappentext), faszinierten mich. Mir wurde beim Lesen bewusst, dass hier zwei künstlerische Menschen aufeinandergetroffen sind, deren ‚Generationenauftrag' das Erinnern nach dem Holocaust und die suchende Frage nach der familiären Schuld sind.

Das war keine Zufälligkeit, wie bereits Sloterdijk Ende der 80er erkannte, als er schrieb, „wer als Deutscher um die Mitte dieses [des 20.] Jahrhunderts geboren wurde, der kroch aus seinem nationalen Traditionsschoß hervor, wie ein Überlebender aus einem zerbombten Haus."[9]

Erst beim wiederholten Lesen des Buches eröffnete mir der wunderbare Roman von Judith noch die leidenschaftliche/n und verzweifelte/n Liebesgeschichte/n, die sich in diesem Buch versteckte/n. Und vielleicht sind dies ja die wahren Geschichten der damals 42-jährigen Autorin: die Sehnsucht einer Tochter nach ihrer Mutter, der Verlust eines geliebten Menschen und das wunderbare Aufbegehren einer Schauspielerin gegen Autorität und Religion. Doch das realisierte ich erst in der vertiefenden Arbeit am Drehbuch: dass es *auch* um unterschiedliche Formen der Liebe geht. Dass es in der Literatur von JK (fast immer) um die *verschiedenen Farbtöne des Menschseins* geht.[10]

Ihr Buch erzählt auf unterschiedlichen Zeitebenen die (familiäre) Geschichte der Schauspielerin Magdalena (Lena) Krings über drei Generationen, die sich in literarischen Exkursen oder (besser) Kapiteln, beginnend im polnischen Oświęcim (Auschwitz), über die Rückreise via Częstochowa (Tschenstochau), dem Ort der Schwarzen Madonna, eine (Zeit-)Reise, die zurück in ihre Heimatstadt S. führt.

---

8 Judith Kuckart: Lenas Liebe. Köln 2002; im Folgenden nur: LL, mit einfacher Seitenangabe.
9 Peter Sloterdijk: Zur Welt kommen – Zur Sprache kommen. Frankfurt/Main 1988, S. 45.
10 Deswegen wurde dieser Film der dritte Teil meiner Kino-Trilogie *Deutsche Conditio Humana I-III*.

Typisch für JK, dass sie mit dem verschlüsselten ‚S.' ihren eigenen kleinstädtischen Geburtsort Schwelm in NRW meint und damit einen der versteckten Verweise auf ihre authentischen Wirklichkeitsbezüge in dem Stoff preisgibt. „Heimat ist dort, wo man sagen kann, die Frau da drüben trug als Mädchen eine Zahnspange. Der Ort, wo Lena das sagen konnte, war S." (LL, S. 88)

Sie berichtet in *Lenas Liebe* (LL) über das kindliche Begehren der jungen Lena zu einem Buben aus ihrer Nachbarschaft (Ludwig), den sie dann nach ihrer Abkehr vom Theater im erzählerischen ‚Heute' wieder trifft. Bei der Beerdigung ihrer Mutter. Wo die Geschichte ihren Anfang nimmt. Auch Julius Dahlmann, bei dem im Folgenden Lena zur temporären Untermiete wohnen wird, hat eine Kindheitsliebe, nämlich Lenas gerade verstorbene Mutter Marlis (Krings), zu der sie lebenslang eine schwierige Beziehung hatte.

„Ich komme nicht zurück, ich komme nur so, sagte sie sich. (…) Sie war jung gewesen in S. Die Züge, die durchfuhren, waren der Wind gewesen, der Lena von hier fortgenommen hatte." (LL, S. 89)

Später in Auschwitz, ‚da wo alles angefangen hat', wie ihre Mutter immer über Julius sagte, trifft Lena dann auf den deutschen ‚Memorial-Pfarrer' Richard Franzen, der sich in sie (unerwidert) verliebt, während Lena eine kurze Affäre mit dem jungen Fußballspieler Adrian aus dem Jugendclub Rot-Weiß Oehde eingeht, der mit seiner Mannschaft zu einem ‚Freundschaftsspiel' mit der dortigen Jugendmannschaft *Unia Oświęcim* gefahren ist, ohne die geschichtlichen Zusammenhänge verstehen zu wollen.

Im Gegensatz zu Julius Dahlmann, der sich gleichfalls – auch wegen Lena – auf den Weg nach Auschwitz gemacht hat und der jenen Teil der Nachkriegsgeneration repräsentiert, die nie gelernt hat, mit der Schuld der Väter zu leben: Sein Vater war Aufseher im dortigen Konzentrationslager und Dahlmann trägt seit damals ein ‚verschüttetes' Geheimnis unter seinem Herzen …

Mit solchen geschichtlichen Zeit-Sprüngen arbeitet auch der polnische Romancier Szczepan Twardoch in seinem neuen Roman *Das schwarze Königreich*,[11] welcher in zwei Zeitebenen eindringlich das jüdische Leben nach dem vernichtenden Ghetto-Aufstand in Warschau behandelt. Er

---

11 Szczepan Twardoch: Das schwarze Königreich. Aus dem Polnischen von Olaf Kühl. Berlin 2020.

‚erfand' mit einer neuen Wortschöpfung, dem ‚Hiermals', welches das Vergangene und das Heutige verschmelzen lässt, eine neue Erzählform.

Ilma Rakusa schreibt dazu in einer NZZ-Kritik, „dem ‚Damals' steht ein ‚Hiermals' gegenüber, ein Raum der Erinnerung, in diesem ewigen Nirgendwo und Jetzt, im Grau, dieser perpetuiert das Nichtvergessen, auch wenn es so etwas wie Gerechtigkeit nicht gibt."[12]

Ich selbst könnte nicht präziser JKs Schreibstil in ihrer vor zwanzig Jahren geschriebenen Erzählung beschreiben, außer dass sie noch eine zusätzliche Kategorie aufruft, die uns durch ihren Roman LL begleitet: die Poetik ihrer Sprache!

> Das nannten manche Menschen poetisch. Er [der Pfarrer Franzen] war daran nicht gewöhnt, ans Poetische. Für ihn galt, was galt. Das war, was er sah und wußte. Mit dem, was er vom Sehen wußte überzog er die Welt systematisch, wie bei einem Kreuzworträtsel. Normalerweise blieben keine Lücken. (LL, S. 20)

Auch wenn ich persönlich davon überzeugt bin, dass LL ihr bestes Buch ist, kehren in all ihren Romanen, Kurzgeschichten, Erzählungen, sogar in ihrem (immer knapp gehaltenen) Email-Verkehr, diese wunderbaren lyrischen, ja metaphorisierenden Satzgebilde wieder, die letztlich meine neugierige Lust weckten, mich intensiver mit JK und ihrem Roman zu beschäftigen. Ich machte mich also, zusammen mit meinem Freund und Dramaturgen Stephan Weiland, an die Arbeit.

3.

> *„Die Erinnerung ist wie ein Hund, der sich hinlegt, wo er will."*[13]
>
> *(Cees Nooteboom)*

Die Arbeit, diesen so komplexen wie extrem verschachtelten (Montage-)Roman in ein visuelles Konzept zu übertragen und gleichsam die Vielschichtigkeit des erzählten Stoffes in einer filmischen ‚Realität' unterhaltend

---

12 Ilma Rakusa: Gerechtigkeit gibt es nicht, und alle Hoffnung ist vergebens. Aber die Liebe bleibt bis zuletzt, in: Neue Zürcher Zeitung v. 27.10.2020, in: https://www.nzz.ch/feuilleton/gerechtigkeit-gibt-es-nicht-szczepan-twardochs-neuer-roman-ld.1576100 [10.06.2021].

13 Cees Nooteboom: Rituale. Frankfurt 1994.

abzubilden, war die gesetzte Herausforderung. Also einerseits die (grausame) Wirklichkeit des Holocaust und deren Memorials ‚dokumentarisch' zu erfassen, die Liebesdramen der drei Protagonist*innen in unterschiedlichen Zeitebenen abzubilden sowie die (literarischen) Exkurse und Phantasien von JK bildhaft zu inszenieren, nicht weniger als ein *visuelles Hiermals* herzustellen!

Die erste Entscheidung war, die durch viele Zeit- und Ortsprünge (gekonnt verwirrend) montierte Erzählung in eine analoge Narration zu bringen. Also mit einem Anfang (der Entlassung aus dem Theater) und einem Ende (der Hochzeit zwischen Lena und Ludwig) in eine in sich geschlossene Handlung zu bringen.

Die zweite Entscheidung war, einen realen (Spiel-)Hund einzuführen – als eine allegorische Figur, die die *Erinnerung* versinnbildlicht – um Dahlmann immer dann zur Seite zu stehen, wenn er an seine traumatischen Grenzen kommt; ihm hilft, sich *praktisch* in der Vergangenheit zu bewegen und sich seinen in der Kindheit erfahrenen schweren seelischen Verletzungen zu stellen. Diese Tiermetapher, bei Cees Nooteboom entliehen, ist für Dahlmann der ‚Trigger' zu seiner (verschütteten) Vergangenheit und zu seiner (vergeblichen) Liebe zu Marlis, denn „Frauen, alle Frauen waren ein Mittel, das dazu diente, in die Nähe, in den Ausstrahlungsbereich des Geheimnisses zu kommen, über das sie, nicht aber die Männer walteten. Durch Männer, [...] lernt man, wie die Welt ist, durch Frauen jedoch, was sie ist." (LL, S. 124) Für Dahlmann wird Lena das Geheimnis lüften.

Als ein weiteres ‚Märchenfragment' installierten wir, die Drehbuchautoren, dass der Hund nur für Dahlmann sichtbar war und auch er nur mit ihm sprechen konnte. Gegen Ende unseres Filmes, als Lena, Julius und Richard aus dem gespensterhaften Labyrinth der *roten Tankstelle* wieder in die polnische Wirklichkeit eintreten, springt ‚Cerberos', unsere (liebevoll genannte) metaphorische Gestalt des Unterbewusstseins, aus dem roten Volvo und legt sich zu zwei jugendlichen Mädchen, die ungerührt MTV-Musikvideos im TV schauen.

Die drei Protagonist*innen aber haben sich in diesem *surrealen Raum des „Seins"* an ihrer jeweiligen ‚Seelenpein' abgearbeitet, sich (dort) befreit von falschen Zwängen und Traumata, den Frieden mit sich gefunden, was auch die Mutter Marlis im Himmel freut, wie wir im letzten Bild des Filmes erfahren.

> Als ich das Drehbuch ‚Reisende mit Hund' (AT)[14] von Didi Danquart und Stephan Weiland las, musste ich an ‚Hiroshima Mon Amour' und an ‚Bei Nacht und Nebel' denken. Die wichtigen Orte sind in dem Konzept für den Film enthalten, ohne wichtig gemacht zu werden. Ein altes Auto, ein Mann, der gern das Mädchen wäre, das er einmal liebte, ein zweiter Mann, der von der Rückbank alles beschaut und neben ihm ein zugelaufener Hund, der sich wie die Erinnerung hinlegt, wo er will. Die männlichen Wesen im Auto sind konzentriert auf das eine weibliche Wesen: Lena am Steuer. [...]
> [Sie] fährt durch die Landschaft von Polen. Von Auschwitz nach Berlin. Die polnische Landschaft macht etwas vom Deutschland jetzt und vom Deutschland zwischen 1933 und 1945 sichtbar. [...] Es ist ein Road Movie, in dem Innenleben und Geschichte und Erinnerung sichtbar werden können durch die besondere Beobachtungsgabe, die nur der Film hat.[15]

Entscheidend für die narrative Ästhetik, für die erzählerische Form, war ein Film von Ingmar Bergman, der mir/uns half einen kreativen Zugang zur Umsetzung dieses mit autobiographischen Beobachtungen durchzusetzen, aber mythisch stark geprägten Stoffes zu finden – nämlich *Wilde Erdbeeren*.[16]

In diesem Roadmovie wird der alte 78-jährige Arzt Isak Borg, der sich auf dem Weg zu seiner ehemaligen Universität in Lund befindet, wo ihm die Ehrendoktorwürde verliehen werden soll, mit sich selbst konfrontiert.

Bergman zeigt uns im *selben* Kadrage-Fenster, also *gleichzeitig* in einer Bildsequenz, wie sein Bruder Sigfrid (sic) vor 50 Jahren seine damals mit ihm Verlobte Cousine Sara verführte und später auch zur Frau nehmen wird. Er beobachtet quasi als heimlicher Voyeur diesen teuflischen Akt des Bruderverrates.

> Das veranlaßt ihn [Isak] die Bilanz seines Lebens zu ziehen und, auf der Schwelle zum Tod, den Sinn des Lebens zu entdecken. [...] Nicht mehr um ein klares, dramatisches Argument von theatermäßiger Struktur organisiert er [Bergmann] seinen Film, sondern um Seelenzustände; Geschichte und Handlung, klassische Strukturen der Erzählung, treten in den Hintergrund zugunsten eines subjektiven

---

14 *Reisende mit Hund* war der Arbeitstitel des geförderten Drehbuches und wurde erst später in *Bittere Kirschen* geändert.
15 Aus dem Text von JK in der Pressemappe *Bittere Kirschen* (im Folgenden: BK) des Filmverleihs Filmlichter.
16 Spielfilm „Wilde Erdbeeren", Schweden, Regie: Ingmar Bergman, 1957, 93 Min. mit Victor Sjöström (als Isak Borg), Bibi Anderson (als Sara), Per Sjöstrand (als Sigfrid Borg) Ingrid Thulin (als Marianne Borg) u.a.

Ablaufs. [...] Die[se] subjektive Realität ist eine *Mischung aus Träumen und Erinnerungen*, ihre Analyse wird in erster Person gemacht. Daher die abgehackte und ungewöhnliche Komposition des Films, indem das Thema der Reise [...] den roten Faden darstellt. Reise bedeutet hier eine Ortsveränderung, die eine Zeitveränderung herbeiführt und Reflexion über die Gegenwart durch den Kontakt mit der wiedergefundenen Vergangenheit.[17]

Durch diesen *genialen kinematographischen Kunstgriff* in Bergmans Film eröffnete sich für mich (uns) ein neuer, frischer Zugang zu JKs (realistisch-märchenhaftem) Erzählstil, der ähnlich fließend zwischen den ‚Welten' des Diesseits und dem Jenseits wechselt, welchen wir nun beim Schreiben und dann auch bei den praktischen Dreharbeiten hemmungslos nutzen konnten. *Wilde Erdbeeren* wurde der Referenzfilm für unseren eigenen Stoff und letzterer damit auch eine (heimliche) Hommage an Ingmar Bergman.

Die Analogie der erzählten Inhalte, hier Julius Dahlmann – dort Isak Borg, die ähnlich eingesetzten visuellen Mittel in beiden Filmen und meine große Verehrung für Ingmar Bergman haben mich letztlich dazu verleitet, meinen Film in einem (assoziativen) Synonym zu *Wilde Erdbeeren* den Titel *Bittere Kirschen* zu verleihen.[18]

Des Weiteren hat JK ihre ersten Notizen zu diesem Roman bei einem längeren Aufenthalt (Literaturstipendium) in Krakau niedergeschrieben. Durch diese Notizen fanden wir bei der eigenen Drehbuch-Recherche viele authentische Orte und Menschen in Auschwitz und Umgebung wieder, die bereits von ihr in LL literarisch verarbeitet wurden: das Hotel *Globe*, den Fußballplatz, das Pfarrhaus, den Jugendclub, den Flur, die Gedenkstätte etc. Wir, Stephan Weiland und ich, mussten daher nur ihren beschriebenen Spuren im Roman folgen.

„Ja, da schaust du", sagte Dahlmann, „das ist die Ruine der Haberfeld-Villa. [...] Judenvilla. Die Haberfelds haben Sekt hergestellt, wußtest du das?" [...] „Mhm", machte Dahlmann und es blieb unklar, ob er über Juden nachdachte oder sich

---

17 Jacques Siclier: Ingmar Bergman. Hamburg 1965, S. 104.
18 Spielfilm *Bittere Kirschen*, Deutschland, Regie: Didi Danquart, 2011, 107 Min., mit Anna Stieblich (als Lena), Martin Lüttge (als Julius Dahlmann), Wolfram Koch (als Richard Franzen), Roland Kukulies (als Ludwig) u. a. Für weitere Informationen s. die Website https://www.dididanquart.de/bittere_kirschen.html oder den Vimeo-Link https://vimeo.com/245528528/368894cb68; Passwort: didi_bitterekirschen.

den Geschmack von Sekt vorstellte. Sie bogen ab ins ehemalige jüdische Viertel. Am Bethaus blieb Dahlmann stehen, ging auf den Eingang zu. [...] „Hier wohnte Kassig, Maria Kassig. Sie war erst Volksgruppe 4, ist dann schnell aufgestiegen zu Volksgruppe 3, weil sie im Kerzen- und Süßigkeitshandel tätig war." (LL, S. 46)

Judith Kuckart verarbeitet Gesehenes literarisch, überhöht poetisch und erzählt gerne mythologisch. Die Verschmelzung von allem ist (für mich) literarischer Genuss, reich an Fantasiewelten und wird durch wiederholtes Lesen mehrdeutig. Aber wer tut dies schon? „Alle Geschichten, so hatte sie [Lena] in ihrem letzten Moment auf der Bühne gedacht, alle Geschichten gehören irgendwie zusammen." (LL, S. 21)

Wir haben z.B. einen anderen Auszug der Kleist'schen *Penthesilea* für den Auftakt – der mythischen Exposition des Filmes – genommen, als JK. Gestaltet mit einem fantasievollen, Ariadne'schen Bühnenbild. In diesem Stück tötet – im Gegensatz zur griechischen Mythologie – Penthesilea Achilles im Kampf, und als sie dem Sterbenden den Helm abzieht, verliebt sie sich – bei Kleist – erneut unsterblich in ihn. Im späteren Verlauf der Geschichte tötet sie sich dann selbst aus der verzweifelten Erkenntnis die falsche Entscheidung getroffen zu haben.

In *Bittere Kirschen* geht die Liebesgeschichte zwischen Lena und Ludwig nach komplizierten Verläufen und Konflikten gut aus. Doch zuerst wird die dramaturgische Fallhöhe steil hochgeschraubt und nimmt dabei die Liebesdramen unserer (drei) Protagonist*innen in einem Auszug aus der Kleist'schen Version vorweg.

Lena als Penthesilea im goldenen Kleid auf der Bühne spricht in einem metrischen Gesang: „Ich / will / zu meiner Füße Staub ihn sehen / den Übermütigen / der mir an diesem glorwürdigen Schlachtentag wie keiner noch / das kriegerische Hochgefühl verwirrt ..."

Aus dem Publikum eine männliche Stimme: „Mann – hast du geile Titten!"

Verwirrt fährt sie fort:

> ... fühl ich mit aller Götter Schuld Beladene / da rings das Heer der Griechen vor mir fliehn / bei diesem einzigen Heldenanblick mich gelähmt nicht / in dem Innersten getroffen mich / mich die Überwundene / Besiegte? / Wo ist der Sitz mir / der kein Busen wart / auch des Gefühls, dass mich zu Boden wirft .../

Um final die folgenden zwei Stunden Film prophetisch vorwegzunehmen: „... Ins Schlachtgetümmel stürzen will ich mich / wo der

Hohnlächelnde mein harrt / und ihn in mir überwinden / oder / leben nicht".[19]

Lenas Liebe ist, rückblickend, ein bezaubernder Roman über die Liebe in undankbaren Zeiten und dank diesem ist *Bittere Kirschen* ein merkwürdig schöner Film geworden, der uns mit der historischen Schuld, wie auch mit den diversen Dramen der Liebe versöhnt. Es sind die Geschichten über das Leben und den Tod die sich hier vereinen, in denen sich bei JK die Antagonismen immer wieder auch egalisieren.

> Mir ist langweilig, wiederholt die Mutter. Daran mußt du dich gewöhnen. Langweilen sich Tote immer? Lena hört das Nachthemd der Leiche knistern. Lena, langweilen sich Tote nicht immer? Nein. Gott sei Dank [sagt Marlis]. Nicht immer, Mama. Ewig, sagte sie [Lena], aber sie preßte die Hüfte dabei gegen den Sarg wie gegen einen Menschen. (LL, S. 112)

Nach der Beerdigung hört Lena Krings auf dem Nachhauseweg Julius Dahlmann, der ihr hinterherruft: „Ja, Ja – allein. – Das sind wir jetzt beide!" Die beiden werden es am Ende nicht bleiben, letztlich dank der Autorin Judith Kuckart, die Geschichte(n) im Stile des magischen Realismus zukunftsweisend weitererzählen kann …

Berlin den 27.01.2021

---

19 Film *Bittere Kirschen*: 00:03:10–00:04:16.

Dritter Weg – Tanz

Johannes Odenthal

Politische Körper.
Judith Kuckart und das *TanzTheater Skoronel*

Das Tanztheater Skoronel wird 1984 von Judith Kuckart und Jörg Aufenanger gegründet. Es ist eine Zeit, in der sich die ästhetischen Eckdaten der Tanzszene radikal verändert haben. Neben der eindeutigen Dominanz der Ballettkompanien war durch das Tanztheater eines Johan Kresnik oder einer Pina Bausch, um nur die zwei herausragenden Protagonist*innen der siebziger Jahre zu nennen, der Körper der Tänzer*innen zum politischen Medium geworden, überschnitten sich persönliche Erfahrungen und Biografien mit der Neuerfindung von möglichen Narrativen und Inszenierungsmethoden. Eine systematische Dekonstruktion des klassischen Kanons wurde zum Kraftwerk einer ästhetischen Explosion mit weltweiter Auswirkung. Es war ein politischer Befreiungsakt auf der Bühne, der zur Identifikation einer ganzen Generation wurde, die mit dem Trauma von Faschismus und Holocaust aktiv umgehen wollte und aus der immer noch *Bleiernen Zeit* einen Ausweg suchte, eben mit den Mitteln des Theaters, der Performance, des Tanzes, des Schreibens.

Insofern waren die achtziger Jahre immer noch geprägt von einer gesellschaftskritischen und emanzipatorischen Selbstbestimmung einer jüngeren Generation von Künstler*innen, die einen eigenen Weg außerhalb der staatlichen und städtischen Strukturen suchten. Die Aufbruchsbewegung der Freien Szene war ohne die Impulse der siebziger Jahre nicht zu denken, entsprach aber einer zweiten Emanzipationsbewegung nach 1968, geprägt vom Deutschen Herbst '77 und einer Ortlosigkeit für die eigenen Forschungen und die eigene gesellschaftspolitische Bestimmung. Das *TanzTheater Skoronel* wird zur gleichen Zeit gegründet wie *Neuer Tanz* in Düsseldorf (1985), *Rubato* in Berlin (1985), das *Czurda Tanztheater* in Nürnberg (1986) oder die Kompanie *Dance Energy* in München, ebenfalls 1985. Die *Tanzfabrik Berlin*, bereits 1978 gegründet, sowie die *Tanztangente Berlin* (1981) können dabei als Vorläufer beschrieben werden.

Ich selbst gründete im Herbst 1986 gemeinsam mit Angelika Leitmann die Zeitschrift *tanz aktuell*, mit der wir dieser Bewegung der Freien Tanzszene in Deutschland ein öffentliches Medium geben wollten. Wir verstanden uns selbst als Teil einer Bewegung des neuen, zeitgenössischen Tanzes sowie der Körperforschung, die parallel zur künstlerischen Entwicklung eine ganz andere Dimension von Narrativen erschloss: Der Körper, die Bewegung, der Tanz als Wissensformen, als Erinnerungsspeicher der Gesellschaft. Sie wurden zu prägenden Impulsen einer Ästhetik des Performativen, wie sie Erika Fischer-Lichte Anfang der 2000er Jahre wissenschaftlich fundierte.

Kennzeichnend für die Entwicklung in den achtziger Jahren war, dass die meisten der genannten Projekte auf engen persönlichen Beziehungen beruhten, die auch Basis der künstlerischen Kooperation waren. Es ging um eine Vision von Leben, in dem das Private und das Öffentliche nicht radikal getrennt waren, um eine Utopie, in der sich Zusammenleben, gemeinsame kreative Arbeit und ästhetische Revolte verbanden.

Das hatte Hubert Fichte in der Literatur vorgelebt mit seiner kongenialen Partnerin, der Fotografin Leonore Mau, Pina Bausch mit ihrem Partner und Bühnenbildner Ralf Borzik und natürlich in New York das *Living Theatre* oder Judson Church als kollektive künstlerische Lebens- und Arbeitsgemeinschaften. Aus dieser Vision entstanden auch die ersten Zentren für die Freie Szene wie die Werkstatt in Düsseldorf, aus der das *Tanzhaus NRW* als Institution hervorgegangen ist, oder die bereits erwähnte *Tanzfabrik* und die *Tanztangente* in Berlin. 1982 erschien schließlich die „Wiederkehr des Körpers", ein Sammelband, herausgegeben von Dietmar Kamper und Christoph Wulf (bei Suhrkamp in Frankfurt/Main), der dieser Dynamik eine theoretische Reflexion bot, stark geprägt von der französischen Philosophie und Anthropologie.

Eine entscheidende Frage war die Verortung in der Kunst-, Tanz- und Kulturgeschichte. Es ging um das Heraustreten aus der Dominanz der Pioniere Pina Bausch und Johan Kresnik, und zugleich um die bereits beschriebene Auseinandersetzung mit der traumatischen Wirkung von Faschismus und Holocaust in Deutschland. Es musste einen Weg geben, den eigenen Körper, die eigene Geschichte aus einer kollektiven Verdrängung zurückzuholen auf die Bühne der Gegenwart. Um zu zeigen, wie wichtig diese Auseinandersetzung mit dem historischen Kulturbruch war, möchte ich verweisen auf die Arbeit von Gerhard Bohner, die sich seit 1977 systematisch mit der Bühnenarbeit des Bauhaus beschäftigte, beginnend mit der Rekonstruktion des *Triadischen Balletts* von Oskar Schlemmer und den Bauhaustänzen. Es ging darum, die eigene Suche anzudocken an ein kreatives Feld, das durch den Nationalsozialismus so gut wie verschüttet war.

Schon der Name *TanzTheater Skoronel* ist hier Programm, der Rückgriff auf die atemberaubende Entwicklung einer Tanzentwicklung zu Beginn des 20. Jahrhunderts. Vera Skoronel hatte trotz ihrer kurzen Lebenszeit (1906–1932) einen immensen Einfluss auf die Tanzbewegung in ihrer Zeit. Für sie ist es der Tanz, „der die traditionelle Enge des Theaters befreien und die Macht des Wortes, der Realität sprengen wird durch die Macht des Rhythmus". Tanz war nicht nur Kunst, „sondern ein Lebenselement der Menschheit, Allgemeingut, unterdrückt zwar und gehemmt, aber vorhanden."[1] Der Rückgriff ist nicht nur formal. Er verweist auf das Bedürfnis, einen nicht-erzählten Zeitraum deutscher Geschichte zurückzuholen in die eigene künstlerische Praxis, ihn zu integrieren. Ich folge hier der Analyse von dem, was Aleida Assmann das ‚kulturelle Gedächtnis' nennt. Sie beschreibt Traumatisierung als eine Ablagerung im Körper von unterbrochener, nicht fortgeführter Erzählung. Dieses Nicht-Erzählen der Zäsur, des Kulturbruchs 1933/45, verlangte gerade von den Künstler*innen ein immer neues Aufdecken der Brüche bis hin zur Auseinandersetzung mit den eigenen Körpern, mit der Erforschung des Schweigens, das sich in den körperlichen Blockenden manifestierte. Das kollektive Gedächtnis der Nachkriegszeit ragt tief in die achtziger Jahre hinein und wird zum Gegenstand von Forschungsansätzen zwischen Sprache, Erzählung, Bewegung, Körper und Performance. Judith Kuckart hat hier von Beginn an einen ganz besonderen Weg genommen, der zwischen Schreiben und Performance, zwischen historischen Vorlagen und eigener Biographie oszillierte. Dabei überlagert sich die Aufklärung einer Körpergeschichte der Nachkriegszeit mit der Auseinandersetzung einer christlich-abendländischen Körperfeindlichkeit, die tief in die Körper eingeschrieben ist. *Charlotte*

---

[1] Vera Skoronel, zitiert nach: René Radrizzani (Hg.): Vera Skoronel, Berthe Trümpy, Schriften, Dokumente. Wilhelmshaven 2005, S. 41.

Corday, Mörderin Marie von 1989 rückt die „blutige Matrix der Freiheit"² ins Zentrum, zusammengefasst in der Energie der streng katholisch erzogenen Charlotte, die den Revolutionär Marat ermordet. Diese Energie wird in Bezug gesetzt zu Ulrike Meinhof und dem deutschen Terrorismus. Ein „Tanz, in dem die Köpfe fallen"³ zeigt die brutale Seite der revolutionären Ideen, die anarchistische Dynamik als Antwort auf eine zwanghafte Körperbeherrschung. „Revolution ist Triebausbruch. Die Ermordung Marats ist aber auch eine Verführungsgeschichte. Der nackte Marat und die Jungfrau aus der Provinz."⁴ Judith Kuckart spricht von einer Mischung aus Besonnenheit und Fanatismus, von einer Energie der Befreiung, deren Spuren sie von der Französischen Revolution bis zu Ulrike Meinhof verfolgt. Sie erzählt von einem Ausbrechen aus religiös geprägter Erziehung, die im Inneren ein Energiepotential mit ungeahnten Folgen produziert. Tod, Sexualität und Revolte sind dann auch die Leitmotive in den Produktionen des *TanzTheater Skoronel*. Judith Kuckart verbindet hier ihre eigene Biographie konsequent mit den zeithistorischen Figuren. „Heute können wir nur etwas anrichten mit Bomben oder mit Kunst"⁵ könnte als Programm zahlreicher künstlerischer Ansätze in den achtziger Jahren gelesen werden. Die Entscheidung für die Kunst bedeutete aber zugleich, an der Energie der Revolte, der Veränderung festzuhalten. Die Bühne als Experimentier-Raum für erprobte Freiheit.

1990 hat *Noli me tangere* in Berlin Premiere. Hier steigt das Team um Judith Kuckart und Jörg Aufenanger hinab in die Tiefen sexualisierter Erfahrung im Kontext christlicher Praxis. Die Muster religiöser Hingabe und Ekstase werden weiterverfolgt in der faschistischen Praxis des Führerkults. Und auch hier ist der entscheidende Punkt, dass es sich nicht um eine historische, eine vergangene Analyse handelt. Es ist die radikale Aktualisierung einer kulturellen Matrix, die auch die Protagonist*innen auf der Bühne betrifft. Es ist eine Reflexion auf die Strukturen von Macht, die den

---

2 Pierre-Jean Jouve: Ein Holocaust auf dem Tempel der Freiheit, zitiert im Programmheft der Produktion Charlotte Corday.
3 Ebd.
4 Angelika Leitmann, Johannes Odenthal: Interview mit Judith Kuckart und Jörg Aufenanger in tanz aktuell, Oktober 1989, S. 11–13.
5 Ebd.

eigenen Körper einbezieht und nicht ausweicht auf eine intellektuelle Position der distanzierten Betrachtung. Es geht um die eigene Existenz, um das schonungslose Aufdecken der mentalen und emotionalen Verbindungen eines Jahrhunderts. Mit Alexander Kluge könnte die Arbeit des *TanzTheaters Skoronel* als eine Chronik der Gefühle beschrieben werden, in der die eigene Biographie in den größeren Bogen einer Wirkung und Erzählung gestellt wird, in einen Zyklus von mehreren Generationen, die den Beginn des Jahrhunderts mit dem Faschismus und der Nachkriegszeit verknüpfen, aber auch die längeren Traditionslinien von Französischer Revolution, von barocker Glaubenspraxis, der Hingabe an totalitäre Macht, aber eben auch der individuellen Revolte, der Intervention.

Homme Fatal von 1993 thematisiert die Strukturen des Begehrens. Ausgangspunkt ist die Beziehung zwischen Unica Zürn und Hans Bellmer, die in ihren surrealistischen Bildfindungen die psychischen Muster von sexueller Wahrnehmung und Fantasie aufdecken. Es bleibt dieses Gefüge von Begehren und Zerstören zwischen den Geschlechtern, von familiären oder Beziehungs-Konstellationen des Beherrschens und Ausbrechens, das zur Triebkraft mehrerer Produktionen geworden ist. *Ophelia kann sein* (1986), *Mathilde* von 1988 oder *Agrippina* (1991) sind Produktionen auf diesem Weg einer poetischen performativen Praxis der Suche nach Aufklärung von Beziehungskonstellationen in der Kunst. Diese Praxis könnte auch beschrieben werden als eine Kampfansage an jede Art von Entfremdung. Dabei ist Kunst für Judith Kuckart und Jörg Aufenanger eine Lebensform, eine Grundbedingung für Leben.

„Kunst ist eine Art, das Leben herauszufordern; eine Form, Glück zu entdecken",[6] beschreibt es Jörg Aufenanger. Dabei suchen beide, Judith Kuckart und Jörg Aufenanger eine strenge Form des Erzählens, auf deren Basis Bewegung und Choreographie entstehen. Eine besondere Bedeutung kommt dabei der Autorenschaft von Judith Kuckart zu. Erst wenn die Erzählung steht, die Notizen zu Regie und Choreographie gemacht sind, beginnt sich im konkreten Probenprozess das offene Feld der Körper-Geschichten zwischen den Akteur*innen zu entwickeln. Dieses Zusammenfallen von strenger Vorlage und sich aus der Situation ergebender

---

6 Ebd.

Dynamik bildet die Formensprache des *TanzTheaters Skoronel*. So konnte sich ein von der Literatur geprägtes Denken mit dem performativen Körper verbinden. Die eigene Präsenz flüchtet sich nicht in die dramaturgische oder dramatische Position, sondern exponiert sich auf der Bühne und muss sich in einer Öffentlichkeit behaupten.

Libby Farr

I met Judith in the late 80's after I had danced with the *Deutsche Oper* and had my son. We met when I was working at *Theater des Westens*, she came up to me in the cafeteria and proposed that I audition for a project she was doing.

In that time, we were still living behind a wall of uncertainty. I was unsure of the direction I was headed in the dance world, but I was certain I wanted to head another way, so I responded, „why not?" So as a classical dancer with little experience in improvisation and some experience in modern dance – then called contemporary – I went for the audition.

I realised another world that day. Passing that audition and entering the realm of *TanzTheater* was fascinating for me yet terrifying because everything was new to me. In the beginning it was as much of a struggle for me as it was liberating. Judith was a real support and helped by giving the tasks in a way I could understand. My German was non-existent at that point, but I learned how to adapt to a new environment and experiences which affected other aspects of my life. Sometimes after coming back from a long day of work and after rehearsals I would sit and ponder why she put me in a certain role until I realised that I had in fact put myself in that role. The work was like that; you became the role and asked yourself why I never saw myself like that. In time, through the pondering, I understood it was because Judith saw traits within me. I was not conscious of and brought them to the surface.

It wasn't easy for me, my son and our life, because I was always working to keep the roof over our head. It was a time of vulnerability living behind the Wall where one would constantly feel the oppression outside. It was through the work where I found comfort to sit and ponder, and then have the chance to break out of thoughts and dance it in the space with a guidance and structure.

In the period of time, we worked together we did four works: *Mathilde*, *Charlotte*, *Vincent*, and *Homme Fatal*.

Mathilde was the first and the beginning of my personal voyage with this type of work. I was teaching like crazy at the time and taking care of my son which was not easy, but I was very supported by the cast and Judith. We were given text and material as reference to create and work with. During rehearsals we would bring in our material and would then be guided into refining it. Some things worked, some not. Which was frustrating at times as a learning process can be. In the end, the performance was totally new for me. This was the first time I ever experienced being able to see everyone in the audience, also being able to see them walk out. This was difficult for me because all the performers were so fully invested and to see people dislike the work and walk out created doubt in the work for me. However, the responses from people I knew and respected at the time thought it was very good work. In fact, it would be a piece of the time now since it was dealing with the plague.

The next piece I was involved with was *Charlotte* which I had the role of Judith from the Bible. It was the second piece and as my personal life was in turmoil it had become more difficult to really commit to many rehearsals. I don't really recall much of the process except getting really sick and almost passing out, and one rehearsal when Judith pushed me to pick up the tempo on an improvisation which turned out to produce one of the most interesting movement vocabulary I had made ever. Again, while performing, the audience would walkout and leaving you with a feeling of emptiness. I remember that my family from the U.S. also watched the performance. Reactions from this performance ranged between my father loving it, my mother being shocked and one of the people I have great respect for who I had not seen in twelve years walked backstage and said it was brilliant and to keep going with this.

Thereafter was *Vincent*, the one closest to my heart and that offered me so much personal insight. A very dear friend of mine played Vincent and I was his whore. I didn't particularly like the connotation, but I loved to be something else rather than the pretty one. I had to dig deep into the ugliness of us as humans. The cast was great, and we were all completely into the process, which was unique. Our first performance took place in *Martin Gropius Bau* in July, and we were in Winter coats sweating our asses off including the audience, who were even closer than before. It was one of the hottest summers that I could remember in Berlin. Not many people walked out, and the piece played many times.

Last not but least for me was *Homme Fatal*. The wall had opened as did many other things. It was first and last time I took my clothes off on stage. The cast was great and the driving force behind was current to what was happening at the time. In fact, it was many stories of what was happening at the time which many turned a blind eye to. The women in the piece are haunting a man who has been abusive to women, and they push him to see their perspective, to push him so far, he wants to become them. People walked out in this piece as well, this time being so affected it stuck in their thoughts and I continue to hear about it to this day!

At the time *Skoronel* had many names. Some called it AvantGarde, others Theater, others claimed that it was not dance, yet if you see what has happened in Dance and Theater now, and in the past 20 years, it was a beginning of something different. We were not what you could call a household name, but we were working in an honest environment with all who took part.

By doing the works with *Skoronel* through the years, the terror of the unknown faded and my mind shifted away from the classical way of seeing things which is now clear for example in how I teach in the physical plane.

I became the training director and a dancer for Ismael Ivo in Weimar between 2000 to 2001 and found myself back on stage again. Some of the dancers really didn't like it and enjoyed to make sure you were not welcome, but Ismael pushed me and I survived and learned to continue even when my son and I were living on ten marks a day. In that time, I also started teaching in *P.A.R.T.S.* [*Performing Arts Research and Training Studios*, Brüssel; die Red.] and in *SEAD* [*Salzburg Experimental Academy of Dance*; die Red.] as a guest teacher.

After I became the assistant to Amanda Miller for four years in Freiburg and Köln while still teaching in *P.A.R.T.S.* and *SEAD*.

Through the process I learned many things with amazing people. At one point I was frustrated and wanted to do more. So, inside the curriculum at SEAD, the director allowed me to make a piece on the students. I asked some students to make a piece in which the process would take a year of building which they agreed to based on the work of what we did in class and on what I learned through my *Skoronel* experience. In the end we did make a beautiful piece based on a fairy tale we created between many stories using visual art etc. and the students who took part at that time have gone on to make their own great works which is the most important.

So, to end this text about Judith and my time with *Skoronel* and the possibility to go back there again, I admit that in some ways I am terrified. Simultaneously, I think I have enough experience to figure out how, and I trust Judith to help guide me. I wonder if there remain many really interested to go to a theatre and look at the pond that lays underneath, or will they be looking at their mobile phones which were not so present in the 90's? Either way, I give it a chance, „why not?" Before I fade away.

Jochen Heckmann

Umkehrung

Tanz nur![1]
Tanzen
immer nur tanzen
tanzend durchs Leben
um Gottes – Nein! –
um des Tanzens Willen.
Tanz ist immer dabei
Mann / Frau ist tanzwillig
tanzwütig
tänzelt durchs Leben [...]

Wenn ich über das Tanzen schreibe, fühlt sich das verlockend, herausfordernd und ambitiös an. Nonverbale und verbale Kunst auf einen Nenner bringen. Da stellt sich die Frage: Lässt sich Getanztes so einfach in Worte fassen? Wie versteht es sich mit dem Geschriebenen? Kann man es ohne Weiteres vertanzen? Und was passiert, wenn beide Genre auf der Bühne aufeinandertreffen?

Während Judith Kuckart zwischen dem Schreiben und Tanzen spielerisch hin und her zu springen scheint, sie die beiden Kunstformen in der Verknüpfung, Isolierung und Gegenüberstellung hinterfragen, kumulieren, sich gegenseitig anbrüllen und wieder versöhnen lässt, hadere ich damit, etwas Literarisches zu schaffen. Teils vor überhöhtem Respekt oder dem Gefühl mangelnder Kenntnisse gegenüber dem Schriftstellertum.

Bei einem der ersten Aufeinandertreffen mit Judith formuliert sie mir gegenüber: „Wo das Tanzen endet, beginnt bei mir die Sprache". Die Umkehrung eines Zitates der deutschen Ausdruckstänzerin Mary Wigman (1886–1973).

---

1 Ausschnitt aus *Tanz Nur!*, einem Poetry Slam-Beitrag von Jochen Heckmann (Augsburg, Brechtbühne, Okt. 2019).

Betrachtet man Judiths Entwicklung von einer der wichtigsten deutschen Tanztheater-Choreograf*innen der achtziger und neunziger Jahre zu einer viel beachteten Autorin und Dramatikerin, liest man Texte und Zitate aus ihren ersten Gehversuchen im literarischen Bereich, im Kontext ihrer choreografierten Bühnenwerke, spürt man, wie der Tanz eine neue Ebene dazugewinnt. Wie die Intensität und der Informationsgehalt durch das gesprochene und in die Aktion integrierte Wort neue Betrachtungsweisen liefert. Das Gewesene und das, was da kommen mag, wird greifbarer. Manche Sätze treffen einen mit voller Wucht! Sie sind klar und deutbar, fast unumstößlich und fügen dem nicht immer eindeutigen Physischen und der variantenreichen Bandbreite an Ausdruck im Tanz eine neue Dimension hinzu.

‚Schöne Sätze' schreiben ist das eine. Eine dramaturgisch stimmige Handlung, einen Bogen damit zu kreieren und sich nicht in der lyrischen Eleganz zu gefallen ist die andere Seite der Schreibkunst. Eine wichtige Erkenntnis, die ich aus Gesprächen mit Judith gefunden habe. Und Motivation, um sich der Kunst des Schreibens weiterhin zu widmen: das Fabulieren, das Eintauchen in die inneren Welten der Protagonisten, das Artikulieren und Gestalten von Dialogen, von physischem Aufeinandertreffen und das Formulieren von philosophischen, soziologischen und emotionalen Zuständen und Gedanken. Die Auseinandersetzung und Verdichtung mit der sprachlichen Vielfalt in einem inhaltlichen Kontext.

Ein Raum. Darin die Präsenz von physischer Kraft, Mimik und Gestik. Der artikulierte Einsatz koordinierter, bewusst ausgeführter Bewegungen bis in die Zehen-, Finger- und Haarspitzen hinein. Dazu die Dynamik, der Rhythmus. Das Spiel zwischen Schwerkraft, Ästhetik und Drama, sie führen zu Momentaufnahmen des Ausdrucks, der Körpersprache, zur Tanzsprache. Sie fordern dem Zuschauer ein gutes Maß an Muße, Konzentration und Offenheit ab, um sich einer Interpretation zu stellen.

Denn im Grunde hat es etwas von Übermut, allein durch den Körper ganze abendfüllende Geschichten erzählen zu wollen. Ein eigenständiges Universum zu behaupten. Eine wiedererkennbare und einzigartige Signatur dafür zu entwickeln. Ein episches Werk zu erschaffen, dessen flüchtige Augenblicke des Tanzes mit einem Wimpernschlag so rasch verschwunden sind, dieses Hier und Jetzt bei Weitem nicht im Detail so haltbar sind wie ein geschriebenes Wort, das ich wieder und wieder nachlesen und sofort verstehen kann.

Sich meiner eigenen Tanzsprache verbal zu nähern, eigenständige Worte zu finden, sie zu differenzieren, dass ich mich besser auszudrücken vermag, eine Argumentation darüber aufbauen und ermöglichen kann, hat meinen Blickwinkel enorm erweitert. Nicht nur auf die eigene Arbeit, sondern generell auf das Tanzen an sich.

Als Choreograf werde ich immer wieder gefragt: Was möchtest du mit deinen tänzerischen Werken erzählen? Was soll das bedeuten? Muss ich das verstehen? Was ist die Kunst: Das Tanzen an sich? Das Kreieren von Tanz? Oder beides in der Verschmelzung?

Also gehe ich als Urheber der tänzerischen Arbeit auf Spurensuche. Versuche in Worten zu beschreiben, was der Ursprung der Idee, wie das Konzept aufgebaut ist. Begebe mich in die Klausur. Recherchiere über meine eigene Bewegungssprache. Was soll eine der möglichen Botschaften sein? Welche Bilder halten einer längeren Betrachtung Stand?

Manchmal gibt es eine klare Definition. Das andere Mal gibt es mehrere Optionen. Denn ich lege mich ungern gleich fest. So lange wie möglich heißt es: *work in progress*. Selbst nach einer Premiere ist vieles weiter entwickelbar, formbar und dürfen — ja, sogar sollen — neue Impulse von allen Beteiligten gesetzt werden.

In der Phase des Entstehens meiner Tanzwerke bin ich früh mit dem Verfassen von kurzen Texten gestartet. Habe begonnen zu schreiben. Ich entwickelte ein Prozedere, das meine ganze Vorbereitungszeit beeinflusst hat. Anfangs für mich allein. Wie in einem Elfenbeinturm. Nichts Schriftliches oder Verbales drang nach außen. Alles nahm seinen Anfang über die eigene Beobachtung meines Körpers im Ballettsaal und in Alltagssituationen. Habe meiner Atmung hinterhergespürt, sie versucht, in Worten sichtbar zu machen. Schließlich ganze Absätze, Gedichte und Geschichten dem Potenzial des Ausdrucks, dessen Ursprung und besonders der Beweggründe gewidmet, warum ich tanze und Tänze kreiere.

Hebe den rechten Arm seitlich gestreckt von dir weg, öffne dabei deine Hand mit der Handfläche nach oben und spreize die Finger. Blicke mit lang gestrecktem Hals nach oben gegen die Decke und öffne dabei deinen Mund weit. Atme langsam, aber deutlich und hörbar aus. Währenddessen stellst du deine Beine ...

Eine physisch, definierte, nachvollziehbare Beschreibung.

Was mich dabei beschäftigt, ist die Energie, die einen inspiriert, wenn man diese Sequenz ausführt. Das Gefühl, das entsteht. Die Aussage, die sich durch die Haut nach außen vermittelt, eine Aura bildet. Die Geste, die Spezielles auszudrücken vermag. Einen, beim Betrachten, auf eine Reise mitnimmt.

Im Tanz kann ich einzelnen Bewegungen genauso Adjektive, Nomen, Verben, Synonyme zuordnen. Kann in die Sequenzen hinein Satzzeichen setzen. Es entstehen Hauptsätze und Nebensätze, rhythmische Versmaße und Metaphern. Eine ganze Tanz-Syntax.

Was dabei fehlt, ist die Zeit. Was war, was wird sein, was wünscht sich die Figur. Vieles ist erahnbar, nicht konkret fassbar. Tänzer können, neben all der Gegenwärtigkeit und dem flüchtigen Moment, Augenblicke der Sehnsucht und Einblicke in ihr Inneres entstehen lassen. Je nach Blickwinkel des Betrachters verhält sich das Gesehene so ungenau, wie zum Beispiel das Wort ‚nett'. Es wirkt schwammig. Man will sich nicht festlegen.

Ich will Texte schreiben, die die gleiche Form von Verknappung, Schönheit, Erdigkeit, Humor, Surrealität und Dramatik versprühen können wie meine Tanzwerke. In denen die Figuren durchs Leben ‚tanzen', mit allen Höhen und Tiefen. Wo ich nach Alltäglichem und Ungewöhnlichem Ausschau halte. Und die Furchtlosigkeit besitze — was ich im Studio beim Tanzen und Choreografieren immer gemacht habe — dem Schreiben seinen Lauf zu lassen.

Im Tanz fällt mir das bei Weitem leichter. Denn wer kann dem Publikum auf der Bühne im tiefsten Spagat sitzend, fünf Pirouetten drehend, mit einer simplen Geste oder mit Schwerkraft trotzenden Sprüngen, mehrfachem schwer Auf-den-Boden-Krachen und Wie-Espenlaub-zitterndem-Schütteln ein intensives Gefühl, eine dramatische Ahnung und eine elegische Sehnsucht direkt und ohne Filter vermitteln, wenn nicht der Tanz.

Ich bleib dran. Am Schreiben.

[...] Denn Tanzen ist ein Elixier
eine Notwendigkeit
ohne Erklärungsbedarf.
Wer es nicht probiert
ist selber Schuld.
Denn Tanzen kann vieles
Und nicht nur ...!

Katja Lange-Müller

TanzTheater Skoronel – Der Pas de Frosch und Vincent

Wir waren einander schon früher begegnet, auf der östlichen Seite der Stadt, aber wirklich kennengelernt habe ich Judith Kuckart erst 1987, drei Jahre nach meinem Umzug in die ‚besondere politische Einheit' Westberlin, als diese, trotz der Enge (man konnte keinen Kilometer weit laufen, egal in welche Richtung, ohne auf die Mauer zu stoßen), noch Raum bot für subversive Lebensentwürfe und Experimente, auch künstlerische.

Wann genau ich zum ersten Mal bei einer Probe des *TanzTheaters Skoronel* zuschauen durfte, weiß ich nicht mehr, weder den Tag noch die Stunde, dafür sind meine Erinnerungen an das, was ich damals empfand, umso deutlicher: Ich staunte und lachte und wünschte mir, zehn Kilo leichter zu sein und in irgendeiner kleinen Rolle mit auf diesen Brettern, die mir nun tatsächlich ‚die Welt bedeuteten', eine ganz neue, wunderbar erregende Welt. – Bislang hatte mich Tanz nicht übermäßig interessiert, begeistert schon gar nicht. Tanz war für mich Folklore gewesen, Brauchtum in Trachten, das dort, wo ich herkam, gerne bei Arbeiterfestspielen gezeigt wurde, oder eben klassisches Ballett: zarte Tutus, die an ebenso zarten Frauentaillen wippen, athletisch-geschmeidige Männer in Strumpfhosen, ästhetisch, artistisch, schön anzuschauen und zumeist mit feierlich-grandioser Musik verbunden.

Doch was ich bei *Skoronel* sah, genauer erlebte, konnte so womöglich nur dem choreographisch-literarischen Doppeltalent Judith Kuckart, ihrem Dramaturgen Jörg Aufenanger und ihrem Ensemble gelingen, das die Tanz-und-Text-Abenteuer der beiden bedingungslos aber gleichberechtigt unterstützte, hart arbeitete und nicht zuletzt auch bereit war, existenzielle Risiken einzugehen. Seit dem ersten Kontakt zu Judith und *Skoronel* ergab das Wort Theater, verbunden mit dem Wort Tanz, in meinem Kopf einen anderen, tatsächlich *eigen-artigen* Sinn. Nicht verbal, viel mehr durch ihre Bewegungen erzählten mir diese Tänzerinnen und Tänzer ergreifend existenzielle und ja, auch komische Geschichten. Das also, dachte ich, ist *Körpersprache!*

Wenn ich die Augen schließe, sehe ich bis heute Bilder von diesen Proben und Aufführungen: *Ophelia kann sein*, *Vincent fressen ihn die Raben*, *Noli me tangere*. Besonders deutlich habe ich *Ophelia kann sein* und die darin buchstäblich *auftauchende* Szene in Erinnerung, eine starke Metapher fürs Ins-Wasser-Gehen, diese angeblich so weibliche Art, sich das Leben zu nehmen. Der Pas de deux war ein Pas de Frosch! Statt der üblichen Schläppchen trug die eine der beiden Tänzerinnen Spitzenschuhe und die zweite hatte grüne Schwimmflossen an den Füßen. Als sie, beschwert von den monströsen Flossen, Sprünge (es waren eher Hopser) über den Holzboden riskierte, kam das ganze hilflose Elend dessen, was ich mir unter Shakespeares Ophelia vorgestellt hatte, unerwartet, ja überwältigend pur zum Ausdruck. Die Frau tanzte nicht *trotz* der Flossen, sondern *mit* den Flossen, die ihre dennoch unverkennbare Grazie grotesk entstellten. Aber dass sie tanzte, konnten selbst diese unförmigen Gummilatschen nicht verhindern. Die Komik, die sich daraus ergab, Wasser gleich Leichtigkeit, Leichtigkeit gleich Tanz, froschfüßige Tänzerin am Boden gleich Beschwernis, Beschwernis gleich Liebeskummer, Liebeskummer gleich Todessehnsucht, war von bitterer Ironie, gepaart mit widerständiger Energie. All die konzentriert in minimalen Tanzfiguren dargestellten Emotionen machten Ophelias Tragik so offensichtlich, dass ich, und sicher nicht nur ich, nahe dran war, Tränen zu lachen, allerdings keine Lachtränen. Komik ist ja immer die Rückseite der Tragik und umgekehrt; doch in derart physischer Klarheit wie bei diesem Pas de Frosch hatte ich das nie zuvor gespürt.

Viele Stunden suchte ich, bis ich jenen Text wiederfand, den ich während einer Probe zu *Vincent fressen ihn die Raben* in ein Heft notiert hatte, schnell, kaum lesbar, da ich ja gleichzeitig das Geschehen auf der Bühne verfolgen musste. Zuhause schieb ich das wüste Gekritzel dann ab und gab ihm einen Titel: *Wenn Bilder Bilder jagen, ist das Tanz?!*

Nun habe ich das ‚subjektive Protokoll' noch einmal angeschaut und ergänzt und beschlossen, es in diesem Judith Kuckart-Arbeitsbuch zu veröffentlichen, auch weil darin das vor vielen Jahren Gesehene so unmittelbar *festgehalten* ist.

In einem Moment der Stille, der mir unwirklich lang vorkommt, liegen auf dem Fußboden konvex gewölbte Gebilde herum, völlig reglos, wie Kartoffeln, vergessen auf abgeerntetem Feld, die letzten von den ersten, den Frühkartoffeln: Herbstanfang ... Oder sind das nur vier Häuflein welken

Kartoffelkrauts, zusammengeschoben zum Verbrennen? (Kartoffelfeuer) Oder vielleicht Tote – Tiere (es sollen keine Menschen sein, nicht schon wieder), noch nicht abgedeckt (in der gleichnamigen Anstalt), dafür aber zu, mit schweren, dunklen Stoffen: „Die Zeit deckt den Mantel darüber / Vergangen, vergessen, vorbei." (Tucholsky)
Die Undefinierbaren rühren sich nicht und keinen.

Auf einem alten, jedoch nicht antiken, rohhölzernen oder abgebeizten Küchenstuhl, genauer auf dessen Kante, sitzt ein Mann mit zusammengekniffenen Pobacken, so, als lugten Nägel aus der Sitzfläche. Oder hat das Möbel gar keine Sitzfläche? Oder wollte der Mann sich erst nicht setzen und ist jederzeit bereit, sich zu erheben? (Über wen?) Der Oberkörper des Mannes ist nackt. Nackter Nacken, Schultergürtel, Kreuz, eine rhombische Einheit. Ich starre die Form an, die dieses Kreuz insgesamt ergibt: Ein auf der Spitze stehendes Dreieck, breite Schultern, schmale Lenden, das Rückgrat, das die Muskelstränge teilt, der Länge nach furcht. (Kartoffelacker, frisch gepflügt?) Fast obszön, so fast nackt, denke ich – und dann: Wie ein rothaariger Bär nach der wievielten(?), diesmal aber schlecht verwundenen Räude/Staupe, gereizt, einsam, angegriffen, mehr aus seinem Inneren als von außen, zu schwach für seine noch immer große Kraft, vorgealterter Tanzbär, vom Steißbein aufwärts panzersteif, Tendenz Gürteltier, Schultergürteltier, wenig, wenig rötlich-fahles Fell, aber jedes einzelne Haar dick, eben wie die Borsten eines Gürteltiers. Da, wo die meiste Kraft ist, sitzt, sichtbar unsichtbar, auch die ebenso starke Angst; die will ihn reiten, er sie abwerfen: Das ist Vincent.

Der fast kahle Vincent auf kahlem Feld mit den zwei, drei von zerlumptem Stoff verhüllten, auch jetzt noch reglosen, unförmigen Gebilden. (Liegengebliebene Kartoffeln? Tote Stoppelkatzen, im Sack zu kaufen?) Er sitzt, die Po-Muskeln anspannend, noch immer auf dem möglicherweise sitzlosen Proletenstuhl, dem die Farbe fehlt, und schält mit der blanken Klinge eines abgenutzten Küchen- oder Taschenmessers eine Kartoffel aus ihrer Haut. Unter Vincents Stuhl liegt auch so etwas Kartoffelsackartiges, das ihn wohl belästigt oder auch nur stört. Vincent schnellt hoch, die gehäutete Kartoffel fällt, kollert über den Fußboden. Er tritt nach ihr, kurz, wie nach einem Ball, und lässt sie dann liegen. Die Unglückshäufchen in seiner Nähe beginnen, sich zu regen, wie aus einer Paralyse erwachend, wie wechselwarme Wesen (Eidechsen, Frösche?), gekitzelt von

Sonnenstrahlen. Köpfe, Beine, Arme kriechen aus den Löchern in dem sie bedeckenden groben Gewebe, wie die Gliedmaßen von Schildkröten aus ihren diversen Panzern. Ist der Frieden vorbei?

Die Häufchen, Maulwurfshügel, Kartoffeln oder Katzen in Kartoffelsäcken, – oder Schildkröten, deren Körperteile sich hervorwagen, entpuppen sich allmählich als Frauen, die bei- und übereinander gelegen hatten. Vincent ergreift eine nach der anderen und wirft auch diese, ob sie widerstreben oder nicht, auf einen Haufen, hin zu der weggeschossenen und dann liegengeblieben Kartoffel. Die Frauen hocken um die Kartoffel herum, wie frierende Äffchen um einen Leuchtkäfer. Sie sind im Bann der Kartoffel, die sie aber erst einmal nur anstarren. Als sei die Kartoffel gekocht und zu heiß, um sie gleich zu vertilgen, oder als sei sie bissig, oder als könne sie plötzlich Beinchen bekommen und abhauen, lauern ihre zu kreisenden Krallen geformten Finger wie Raub- oder Aasvögel über dieser einen, einzigen, kleinen Kartoffel; eine der Pfoten packt sie diebesschnell, um sie dann ganz fest- und den anderen hinzuhalten. Die magische Knolle bannt die gierig-furchtsamen Blicke der Frauen, die offenbar nicht nach ihr zu greifen wagen. Es ist, szenisch dargestellt und geringfügig verschärft, Vincent van Goghs Gemälde *Die Kartoffelesser*.

Die Frau, die anfangs in ihren Lumpen unter Vincents Stuhl hockte, verlässt die Gruppe, tänzelt Vincent entgegen, eine Kippe im Mund, ihren Mantel öffnend, als habe sie sonst nichts am Leibe. Vincent missversteht die Provokation, hält sie wohl für eine Aufforderung zur Liebe. Er steckt seinen Arm in einen ihrer Mantelärmel; etwas anderes *steht* ihm wohl gerade nicht zur Verfügung. So tanzt er mit ihr und um sie herum, Arm in Ärmel, wüst. Als sie endlich niedersinken will, was sonst(?), hilft er ihr, legt sie ab, behutsam, aber nicht mehr interessiert, wie etwas Kostbares, das man nicht gebrauchen kann. Doch sogleich packt Vincent die Frau wieder, ergreift die Zipfel ihres Mantels. Er wirbelt sie im Kreis herum, als sei er ein großes Kind, das mit einem kleineren Kind Mühle spielt, Windmühle oder Flieger. Dann lässt er sie erneut fallen, jetzt wie eine Beute, die ein Irrtum war. Oder wirft er sie fort, wie ein Mann eine Frau? Sie segelt noch ein Stück über Dielenbretter und bleibt liegen. Weiß Vincent, was er will? Er geht in die Knie, beißt die Fortgeschleuderte zart in ihre bloßen Zehen, beugt sich ganz und gar über sie, als wollte er sich an sie schmiegen, sie umarmen. Doch er lässt es bleiben, dreht sich weg, erhebt sich, steht da, als wäre er ganz allein auf der Bühne und der Welt. Die Frau robbt zu den anderen, mittlerweile reglos an einer Wand lehnenden Frauen, schiebt sich rücklings hoch, bis sie baumgerade steht, nein, stocksteif, wie tiefgekühlt an einen Haken gehängt.

Vincent tanzt allein, um sich schlagend, als müsse er etwas abwehren, dann wieder wie eine Krähe im Winter, von den Flügeln abschüttelnd den Schnee.

Rechts von ihm, auf dem Boden, eine Versammlung gruslig-komischer Gestalten. Fünf Kretins, verblödete und verrückte Frauen, elend. Eine hat Flöhe, eine andere wohl eher Läuse; von irgend sowas befallen sind sie alle. Eine, ein verirrtes, verwirrtes Schaf, ratlos, dösig, träumend oder halluzinierend, lächelt und lächelt nicht. Ihr äußerst einfältiges Lächeln geht an und aus wie eine Glühlampe mit Wackelkontakt, nur gleichmäßiger; der milchig-hell flackernde Schein eines Leuchtturmlichts bei dichtem Nebel. Und sie isst ihre Hände: Autokannibalin und auch des Schwachsinns magerer Raub. Daneben eine mit einem Kirchenkerzenstummel; bis runter zu den schmutzigen Füßen fällt ihr das rötlich-grobe Zeug, das sie umhüllt, ein Etwas, eine Kreuzung aus dem Nachgewand einer dahinwelkenden Beamtenwitwe und dem Hemd jener Hexe von Goya, die auf dem Deichselwagen zum Richtplatz gekarrt wird. Das Kirchenkerzenfragment klemmt im Stoff des einst vielleicht kardinalroten Lumpenhemds, zwischen langen, dürren Schenkeln, knapp oberhalb der runden, wie verrutschte Brüste den Stoff beulenden Knie. Die Frau betet, bekreuzigt sich, glotzt mal gelangweilt, mal erstaunt den Kerzenrest zwischen ihren Beinen an, weiß wohl weder woher sie ihn hat noch ob er schon immer bei ihr war, faltet wieder die Hände, bekreuzigt sich, glotzt: mechanischer Defektzustand einer religiösen Manie? Die mit den Läusen ist melancholisch, die mit den Flöhen depressiv. Die fünfte Frau mimt nun einen Mann, womöglich einen Postboten, einen unwürdigen Hermes, doch der ist sich seiner doppelten Bürde durchaus bewusst, ein Taschendieb mit Dienstmütze, die Nabelschnur zu Bruder Theo, den Farben, dem Geld und der Kunst. Für Vincent ein großer Gott; schließlich weiß er nie genau, ob dieses Freundchen ihm wirklich alle Briefe von Theo bringt, wie viele Geldsendungen er unterschlägt, welche Farben für sich behält, etwa um seine Laube anzustreichen. Der diebische Post- und/oder Götterbote, wie eine Spinne, zieht feine Fäden zwischen Vincent, den Kretins und der sechsten Frau, einer

Asiatin, und Vincent zerreißt die Fäden. Weil er es so will oder versehentlich?

Freund Hermes ist mal bei den Kretins, mal steht er eben der Asiatin und gelegentlich auch Vincent bei. Doch der gehört niemandem als sich selbst. Noch hat er die Macht.

Die Asiatin nimmt ihr Gewand in den Mund, dann den Hut, den sie Hermes vom Kopf gerissen hat. Sie dreht sich, putzig-artig wie ein dressierter Pudel. Aber sie ist kein Hündchen; sie ist das schlimme Kind, präpubertär für alle Zeit, mutwillig, listig, zart und zäh. Sie fordert Vincent heraus, nur um ihn zurückzuweisen, Scheinneckereien, die Schmerz zufügen, mal ihm, mal ihr. Wie ein Kätzchen schmiegt sie sich in Vincents Armbeuge – und beißt dann zu! Etwas früher als restlos raffiniert wäre, doch so, dass Vincent es nicht bemerken konnte, glimmt die Lust am Verletzen in ihren Augen, jäh und hell, wie wenn jemand im Dunkeln an einer brennenden Kippe zieht. Es ist die Erotik der absichtlich unerwachsenen gebliebenen Frau, Infantilosex, intelligent und gefährlich.

Und was sucht Vincent? Kontakt?

Die Frau, die unter dem Stuhl hockte, die verlauste Melancholikerin, nähert sich Vincent, tanzt, gestikuliert, wortlos und erregt, provoziert ihn, wie schon einmal, doch nun bis an die Grenze zur Angst. (Vor dem Mann?) Vincent tanzt mit dem Stuhl, die Verlauste allein.

Die irren und/oder bis zur Blödheit abgestumpften Frauen machen auf Gruppe, verbünden sich, in ‚Tateinheit‘ mit dem diebischen Boten, gegen Vincent. Oder doch nicht? Sie verarschen ihn; aus den Hand- und Pusteküssen, die sie Vincent schicken, werden pantomimische Zungenküsse; sie sabbern, schlürfen, spucken. Vincent kniet nieder, fürchtet sich, wendet sich ab, scheint sich so einsam zu fühlen, dass er die furiose Truppe nicht ignorieren kann. Zeigt er den Frauen seine Rückseite, bespeien sie ihn, wendet er sich ihnen zu, schauen sie innehaltend auf ihn runter. Vincent fuchtelt mit seinen muskulösen Armen vor den Furien herum, er malt in die Luft, dirigiert, ist – mit Konzentration und Pinsel, mit Taktstock oder Peitsche – der Dompteur einer gemischten Raubtiergruppe, bis die sich gezähmt zu einem Zug formiert. Zug von Sträflingen? Flüchtlingen? Trauerzug? So, im Gänsemarsch, bieten die eben noch Spottlustigen einen schaurig-erhabenen Anblick; sie wanken sterbensmüde, auf schier endloser Wanderschaft einem fernen Ziel entgegen. Gulag oder Paradies? Vincent schreitet den Zug ab, eine seiner Schultern streift Gestalt um Gestalt – und erlöst sie so alle, nur weiß er nicht wovon.

Derart entzaubert erneuert sich die Bande. Die Depressive nagt demonstrativ an der Kartoffel. Vincent stopft sich seine geballte Faust in den Mund. Vor Hunger? Um nicht zu schreien? Er zieht einen Lappen aus der Hosentasche, wickelt ihn um sein linkes Ohrläppchen, reißt sich das ganze Ohr ab, mit einem Ruck und weiterhin in seine Faust beißend. Das Ohr in dem Lappen, um den sich die Faust schließt, die eben noch in seinem Mund war, tritt Vincent vor die Frauenbande. Einer nach der anderen bietet er den Lappen mit dem Ohr darin an, doch keine will so etwas geschenkt haben. Die Asiatin, das schlimme Kind, schaut nicht mal hin, nicht auf die Faust, nicht auf die Wunde. Vincent, der nichts sonst mehr ist, nichts als eine einzige große, blutende Wunde, allein, am Ende – befreit von dem, womit nur er die bösen Stimmen vernahm, Stimmen, die ihm immer wieder gesagt hatten: Hör auf zu hören. Reiß es ab, das kranke Ohr! Nun trägt er einen Kopfverband und vermisst die Stimmen – und sein linkes Ohr, das so seltsam war – und aussah wie ein weibliches Organ. Sein rechtes Ohr wird er behalten, denn auf dem war er schon immer taub.

Die Probe ist vorbei, doch weiter geht das Stück; *Vincent fressen ihn die Raben.*

Bettina Wagner-Bergelt

Spuren

Dass man sich im Leben immer zweimal treffe, gilt gemeinhin als Drohung. Bei Judith Kuckart und mir empfinde ich es als Glück. Wir trafen uns zum ersten Mal sehr jung in unseren Leben, beide etwas über 20, und es ging, vielleicht nicht gleich zu Beginn, aber dann bald, wenn ich es recht erinnere, um einen Mann. Einen, den ich liebte und den sie wollte? Oder den sie liebte und ich wollte oder er mich? Oder sie? Ich weiß es nicht mehr, außer, dass wir das Durcheinander kultiviert lösten. Und wir befreundeten uns. Das war möglich, weil wir beide Frauen mögen. Wir waren schon damals keine kompetitiven Tussis, wie meine Tochter später diese Art Frauen zu bezeichnen pflegte. Um diese Frauen zu charakterisieren, legten sie und ihre Kinderfreundin, beide aufgebrezelt mit meinen alten Kleidern aus der Kleiderkiste, eine hochnäsige Miene auf und spreizten beim Kaffeetrinken den kleinen Finger ab. Und lachten sich kaputt. Dabei führten sie neunmalkluge Reden über Fummel und Make-up. Ich denke, sie werden so zwischen sechs und acht Jahren gewesen sein. Solche Frauen waren wir nicht. Wir kommen beide aus Westfalen, sie aus dem Bergischen Land an der Grenze zum Ruhrpott, ich aus Ostwestfalen. Wir hatten also ähnliche Wurzeln und eine gemeinsame Sprache. Schulbrote waren Leberwurstbrote. Wir sagten Gaten statt Garten und wussten, was 'ne Buxe ist. Oder ein Klümpken. Wir hatten in unserer Kindheit beide gelernt, was Protestantismus anrichten kann, wie er Lust und Liebe und Leidenschaft der Erwachsenen vernichtete. Noch heute bekomme ich Atemnot, wenn ich die Schottergärten in Ostwestfalen-Lippe sehe, die so ordentlich sind, dass alles Leben auf der Stelle erstickt. Wie trocken Pflichtgefühl schmeckt. Wie es jede Lebensfreude erstickt.

Judith und ich, wir interessierten uns füreinander, neugierig und ein bisschen beobachtend. Vorsichtig jedenfalls. Judith hatte Ballett und Tanz an der Folkwangschule in Essen studiert. Das fand ich bewunderungswürdig, und ich war wahrscheinlich neidisch darauf, wenn sie auf dem Dach unserer WG-Altbauwohnung im Kölner Agnesviertel eine perfekte Arabeske machte. Sie hatte schon damals Lust am Schreiben und verfasste einen sehr

frühen Text über mich. Nein, natürlich nicht über mich, sondern über eine, die ihren Berg getragener Kleider über einen großen Ohrensessel wirft und dann ein buntes Tuch darüber deckt, anstatt die Kleider in den Schrank zu hängen. Unordnung. Und: ein Tuch darüber decken.
    Liebe. Menschen. Tanzen. Schreiben. Damit sind die wesentlichen Berührungspunkte unser beider Leben und die wichtigsten Themen, um die unsere inzwischen sechzigjährigen Biographien kreisen, auch schon beschrieben. Soweit ich das für sie sagen kann. Schreiben, Liebe. Menschen. Tanzen … Lesen sicherlich. Vielleicht würde Judith noch eine andere Reihenfolge wählen, wenn es eine nach Wichtigkeit sortierte Liste wäre.

    Wir wollten weg, aber nicht zu weit, erst einmal nur weg aus dem Dorf, der Kleinstadt, in die nächste Großstadt. Köln also. Wir waren frauenbewegt und auf dem Wege, uns zu emanzipieren. Wir versuchten selbstbewusst zu sein, mutig, einzigartig, besonders, nachdenklich, geheimnisvoll. Auch schön und verführerisch. Judith mit ihren schwarzen wilden Haaren. Am schönsten in einem roten langen schwingenden Rock. Ich habe das Bild noch im Kopf. Manchmal lieh sie ihn mir aus. In der Runde der philosophierenden Mitschüler die einzigen Mädchen, schon in der Schule. Wir wollten nicht angepasst, wir wollten anders sein als die anderen. Das war anstrengend. Judiths Eltern, ihr Vater, erinnere ich mich, wollte genau das nicht. Sie sollte sein wie alle. Er sagte immer das Falsche, fand sie. Bis zuletzt. Meine Eltern waren weit weg und ehrgeizig für mich. Vielleicht manchmal überrascht über meine Interessen, manchmal stolz. Wir lebten also zuerst in Köln, in einer WG mit lauter Kommilitonen. Wir amüsierten uns, hatten Spaß, tranken, rauchten – waren politisch interessiert. Später gingen wir beide nach Berlin. Berlin galt vielen jungen Leuten als der Weg hinaus, obwohl es eine eingeschlossene Stadt war. Auch uns. Ich ging früh, sie später. Und so haben sich unsere Wege getrennt. Und getrennt sollten sie bleiben für die nächsten 35 Jahre.

    Dank Internet verlor ich Judith nie aus den Augen. Aus der Ferne verfolgte ich hin und wieder ihren Weg seit unserer Begegnung in Köln. Ich wurde Dramaturgin, Kuratorin, Ballettdirektorin. Mutter. Sie Choreographin und Tänzerin, Regisseurin. Autorin, Dichterin. Sie gründete das *TanzTheater Skoronel*, wurde erfolgreich auf der Bühne, auch als Dramatikerin. Ich sah keine einzige Vorstellung. Warum, weiß ich nicht. Es hat sich nicht ergeben. Seltsam heute. Und schade. Sie war früh Pina Bausch in Wuppertal begegnet. Nein, sie hat sie gezielt aufgesucht. Sich sechzehnjährig älter gemacht, um vortanzen zu dürfen. Pina hat es gemerkt, wahrscheinlich ihr mildes verständnisinniges Lächeln aufgesetzt. Und ihr freundlich geraten, in ein paar Jahren wiederzukommen. Hat Judith das getan? Ich glaube nicht. Sie hat mir davon erzählt, denn die Begegnung muss wichtig für sie gewesen sein. Die berühmte Choreographin. Ein Vorbild sicherlich auch für ihr späteres eigenes Schaffen. Jetzt leite ich das *Tanztheater Wuppertal* und Pina Bausch ist mein Thema rund um die Uhr. Wir sprechen oft über Pinas Arbeit, über Judiths Beziehung zum Tanz. Tanztheater als eine Art physischer, dreidimensionaler Literatur. Stücke, die man lesen muss. Entschlüsseln in ihrer Komplexität, ihrer Gleichzeitigkeit, den Verweisen, Vervielfältigungen, Anspielungen und Motiven.

Judiths Geburtsort ist gleich nebendran. Schwelm, mit dem Kreis zusammen dem nördlich ausgebreiteten Ruhrgebiet zugeordnet, südwärts in die landschaftlich geprägten Hochflächen des Bergisch-Sauerländischen Gebirges übergehend, wie Wikipedia weiß. Wo sie herkommt, sind die Menschen freundlich. Da wollen wir demnächst zusammen hin, denn dort leben und arbeiten – sie konnte es kaum glauben – inzwischen wieder Choreographen und Choreographinnen.

Judith schrieb. Das Erste, was ich von ihr las, war diese wunderbar einfühlsame Arbeit über Else Lasker-Schüler, für die sie sich früh interessierte. Auch die Westfälin, Elberfelderin. *Im Spiegel der Bäche finde ich mein Bild nicht mehr.* Ein schöner Titel und ein spannender Essay, der in jedem Satz die Nähe der Autorin zur großen Dichterin spüren ließ, ihre Bewunderung für sie, ihre Liebe zu deren Sätzen.

Sie schrieb ihren ersten Roman, den ich verpasste. Auch den zweiten, den dritten. Ich stieg erst wieder ein bei der Verleihung des Annette von Droste-Hülshoff-Preises 2012. Dann las ich alles, was sie geschrieben hatte. *Der Bibliothekar. Autorenwitwe. Kaiserstraße. Wünsche.* Ich googelte Judith manchmal, wenn ich Menschen meiner Vergangenheit auf der Spur war. Was macht eigentlich …? *Dass man durch Belgien muss auf dem Weg zum Glück* war dann unsere erste Begegnung nach mehr als 30 Jahren. Und wie das kam? In Berlin hatten wir einen Menschen, der uns beide kennt. Sie ist eng mit ihm befreundet, ich treffe ihn oft, weil er der Mann einer Freundin ist. Eines Tages fragt mich dieser, sag mal, du kennst doch Judith Kuckart? Ja. Ich auch. Wir sind Freunde, schon lange. Und dann die üblichen Fragen. Nein, echt? Was macht sie, wo ist sie? Lange Erzählungen. Ein Update nach so langer Zeit. Ihr könnt euch ja mal treffen. Ja, das könnten wir. Wieder vergeht Zeit. Dann gibt es in München, wo ich im Wesentlichen die letzten 30 Jahre verbracht habe, eine Lesung von ihr bei meinem ehemaligen Kollegen Reinhard Wittmann im Literaturhaus. Zusammen mit Bibiana Beglau, die ich aus dem Residenztheater kenne, liest die Dichterin aus ihrem neuen Roman. Ich sehe sie dort sitzen, die wilden Haare jetzt im Nacken zusammengesteckt. Ungeschminkt, ernsthaft, blitzende Augen und ein interessierter, fragender Blick auf ihre Zuhörer. *Dass man durch Belgien muss auf dem Weg zum Glück.* Ja, Umwege sind inbegriffen. Am Ende der Lesung reihe ich mich in die Schlange derer ein, die ein Autogramm in das Buch geschrieben haben wollen. Glaube ich jedenfalls. Wir schauen uns lächelnd an, gehen im Anschluss an die Autogrammstunde noch etwas trinken und fragen uns gegenseitig aus. Ein langer schöner Abend.

Es folgen Gespräche, viele Emails, viele verpasste Treffen in Wuppertal, obwohl sie dann Dortmunder Stadtschreiberin ist, wieder gleich nebenan. Aber sie schreibt diesmal nicht, sie schickt mir am Ende einen sehr ungewöhnlichen, sehr langsamen Film mit einfühlsamen Porträts von Menschen, die sie aufgestöbert und mit ihrem ernsthaften, insistierenden Interesse zum Erzählen gebracht haben mag. Es folgen intensive Begegnungen in ihrer Wohnung in Berlin. Gespräche, die an Ernsthaftigkeit gewinnen, an Intimität. Da war etwas, da ist immer noch etwas, das sich jetzt langsam an die Oberfläche kämpft. Wir sind beide so viel älter geworden. Zwei ganze Leben liegen zwischen Köln und jetzt und so viele Beinahe-Begegnungen. Und so viele Themen, die in unser beider Leben eine wichtige Rolle spielen. Literatur. Für mich als Lesende, für sie als Schreibende. Auch Tanz ist noch immer ihr Thema. Einige der schönsten Texte, die ich erinnere, sind Briefe aus Südafrika, die sie mir schickt. Sie leitet dort einen Community Tanzworkshop in einem Armenviertel. Eine Begegnung, wie sie fremder nicht sein kann. Sie ist mutig und geht auch dort auf die Menschen zu, geht vorsichtig mit ihnen um, bezwingt die Angst. Dann ihre Pläne, die alte Besetzung von *TanzTheater Skoronel* noch einmal zusammenzuführen. Sie nimmt es in die Hand. Erhält Förderung. Dann kommt Corona.

Spurensuche. Das ist auch eines ihrer wichtigen Themen. Spuren im eigenen Leben, in dem der anderen. Wo komme ich her. Ein Heimat-Projekt in Schwelm, wo ich herkomme, sind die Menschen freundlich. Wirklich? Auch da ist Bibiana Beglau dabei. Und Musiker und Sänger und viele Spezialisten des Alltags, die ihre Lebensgeschichten erzählen und vor allem: sie miteinander austauschen. Westfalen, Deutsche, Schwelmer und Migranten, Sinti, Roma, die es nach Schwelm verschlagen hat. Judith führt sie alle zusammen. Gespräche, Texte, Musik, Essen, Trinken. So unterschiedlich sind die Erfahrungen nicht, aber vielfältig. Tolstoj hat nicht recht. Nicht nur glückliche, auch unglückliche Erfahrungen ähneln einander. Flucht ist Flucht. Außenseiter ist Außenseiter. Und einfach gemocht wird man nirgendwo. So ein Heimat-Projekt schlage ich ihr für Wuppertal vor. Wir wollen es zusammen machen. Irgendwann. Demnächst.

Lenas Liebe, sagt der Berliner Freund, ist eines ihrer frühen und eines ihrer besten. Judith hat es mir geschenkt, als ich im März bei ihr in Berlin war, und ja, ich las es in einem Rutsch auf der Rückfahrt nach Wuppertal. Auch das ein Buch über eine, die die Suche nach Heimat, nach Wurzeln, nach dem Verbindenden aufnimmt. Als ich an jenem kalten Tag in ihrer Wohnung in Berlin ankomme, fragt Judith mich, ob wir einen Spaziergang im Grunewald machen wollen, da gerade ein Handwerker da sei. Ja, sage ich, gern. Aber ich bin nächtens von Wuppertal aufgebrochen und habe einen Bärenhunger. Dann mach ich dir erstmal ein Leberwurstbrot.

Die Autorinnen und Autoren

Bibiana Beglau, Schauspielerin; lebt in Berlin.

Marcel Beyer, Schriftsteller; lebt in Dresden.

Johanna Canaris, Dr., Wissenschaftliche Mitarbeiterin im Bereich Neuere deutsche Literaturwissenschaft an der *Universität Paderborn*; lebt in Münster.

Didi Danquart, Prof., Regisseur, Drehbuchautor und Filmproduzent sowie Professor für Spielfilmregie an der *Kunsthochschule für Medien Köln*; lebt in Berlin.

Norbert Otto Eke, Prof. Dr., Professor für Neuere deutsche Literaturwissenschaft und Literaturtheorie an der *Universität Paderborn*; lebt in Paderborn.

Stefan Elit, PD Dr., Privatdozent und Akademischer Oberrat für Neuere deutsche Literaturwissenschaft an der *Universität Paderborn*; lebt in Münster.

Libby Farr, Tänzerin und Dozentin für Tanz; lebt in Berlin.

Max Christian Graeff, Künstler, Publizist und Lektor; lebt in Wuppertal.

Norbert Hackbarth, Richter am *Oberlandesgericht Hamm*; lebt in Dortmund.

Michael Hagner, Prof. Dr., Professor für Wissenschaftsforschung an der *ETH Zürich*; lebt in Zürich.

Jochen Heckmann, freischaffender Künstler und Künstlerischer Leiter der *Höheren Fachschule für zeitgenössischen und urbanen Bühnentanz Zürich*; lebt in Langweid am Lech und in Zürich.

Jan Hein, Chefdramaturg der *Ruhrfestspiele*; lebt in Karlsruhe.

Hannes Krauss, Prof. h.c. (Chabarowski) Dr., Akademischer Rat i.R. für Neuere deutsche Literaturwissenschaft an der *Universität Duisburg-Essen*; lebt in Essen.

Katja Lange-Müller, Schriftstellerin; lebt in Berlin.

Rita Morrien, Prof. Dr., apl. Professorin und Oberstudienrätin i.H. für Neuere deutsche Literaturwissenschaft an der *Universität Paderborn*; lebt in Münster.

Vera Mütherig, Dr., Wissenschaftliche Mitarbeiterin im Bereich Neuere deutsche Literaturwissenschaft an der *Universität Münster*; lebt in Meschede.

Johannes Odenthal, Dr., Programmdirektor an der *Akademie der Künste Berlin*; lebt in Berlin.

Friederike Roth, Dr., Schriftstellerin und langjährige Hörspieldramaturgin beim *Süddeutschen Rundfunk/Südwestfunk*; lebt in Stuttgart.

Klaus Schenk, Prof. Dr., Professor für Neuere deutsche Literaturwissenschaft an der *TU Dortmund*; lebt in Dortmund.

Elke Schmitter, Schriftstellerin und Mitglied der Kulturredaktion des *Spiegel*; lebt in Berlin.

Peter Stamm, Schriftsteller; lebt in Winterthur.

Merula Steinhardt-Unseld, Intendantin des *Theater Paderborn Westfälische Kammerspiele* i.R.; lebt in Hamburg.

Eva Stubenrauch, Dr., Wissenschaftliche Mitarbeiterin im Programmbereich Theoriegeschichte am *Leibniz-Zentrum für Literatur- und Kulturforschung* in Berlin; lebt in Bonn.

Bettina Wagner-Bergelt, Intendantin und künstlerische Geschäftsführerin des *Tanztheater Wuppertal Pina Bausch*; lebt in Wuppertal und München.

Referenzbibliographie Judith Kuckart

Werke

1. Fiktionale Prosa (in deutschsprachiger Erstveröffentlichung)

Wahl der Waffen. Roman. Frankfurt/Main: S. Fischer 1990.

Die schöne Frau. Roman. Frankfurt/Main: S. Fischer 1994.

Der Bibliothekar. Roman. Frankfurt/Main: Gatza bei Eichborn 1998. Durchgesehene und geringfügig korrigierte Neuausgabe Köln: DuMont 2004.

Sätze mit Datum. Notizen. Rom: Villa Massimo 1998.

Das vierzigste Jahr, in: Reinhard Baumgart, Thomas Tebbe (Hg.): Einsam sind alle Brücken. Autoren schreiben über Ingeborg Bachmann. München: Piper 2001, S. 43–53.

Nadine aus Rostock, in: Jörg Bong, Oliver Vogel (Hg.): Verwünschungen: Frankfurt/Main: S. Fischer 2001, S. 44–49.

Lenas Liebe. Roman. Köln: DuMont 2002.

Lieber Lord Chandos, in: Roland Spahr, Hubert Spiegel, Oliver Vogel (Hg.): Lieber Lord Chandos. Antworten auf einen Brief. Frankfurt/Main: S. Fischer 2002, S. 215–217.

Die Autorenwitwe. Erzählungen. Köln: DuMont 2003.

Kaiserstraße. Roman. Köln: DuMont 2006.

Hundetagebuch, in: Rufus Beck (Hg.): Geschichten für uns Kinder. Berlin: Rowohlt 2006, S. 103–112.

Wer dreimal die gleiche Bar betritt, hat ein Zuhause im Stehen. Zürich: Ringier Kunstverlag 2006.

Was habe ich eigentlich?, in: Klara Obermüller (Hg.): Es schneit in meinem Kopf. Erzählungen über Alzheimer und Demenz. Zürich: Nagel & Kimche 2006, S. 97–124.

Die Verdächtige. Roman. Köln: DuMont 2008.

Kaiserstraße, in: Andreas Pflitsch, Manuel Gogos (Hg.): 1968. Kurzer Sommer – lange Wirkung. Ein literarisches Lesebuch. München: dtv 2008, S. 160–165.

Nachrichten aus L.A., in: Manfred Papst, Thomas Sprecher (Hg.): Vom weltläufigen Erzählen. Die Vorträge des Kongresses in Zürich 2006 [zum 50-Jahr-Jubiläum des Thomas-Mann-Archivs der ETH Zürich und der Thomas-Mann-Gesellschaft Zürich]. Frankfurt/Main: Klostermann 2008, S. 137–152.

Bitte find' mich, ich bin schon fast zwanzig, in: Daniela Keiser (Hg.): Ar & Or. Zürich: Edition Fink 2012, S. 31–34.

Hauptsache Nylonkittel, in: Literaturbüro NRW (Hg.): Museumsschreiber 10: Theatermuseum. Judith Kuckart. Düsseldorf: XIM Virgines 2011, S. 5–37.

Wünsche. Roman. Köln: DuMont 2013.

Mädchen mit rotem Barett – 15 Fiktionen, in: Elke Schmitter, Hanns Zischler (Hg.): Galerie der Namenlosen. Berlin: Alpheus Verlag 2013, S. 7–10.

Das glaubt dir doch kein Mensch! Zürich: Weissgrund 2015.

Dass man durch Belgien muss auf dem Weg zum Glück. Roman. Köln: DuMont 2015.

Kinder, die Angst haben erhalten ihr Geld zurück. Zürich: Weissgrund 2015.

Sie können jetzt meine Oma anrufen. Zürich: Weissgrund 2015.

Straße in O., in: Jutta Sauer (Hg.): Menschen und Masken. Literarische Begegnungen mit dem Maler Felix Nussbaum. Springe: zu Klampen! 2016, S. 48–53.

Kein Sturm, nur Wetter. Roman. Köln: DuMont 2019.

Dann fahr doch mal weg, Maria Malkovich!, in: Hanna Hesse (Hg.): Ansichtskarten. 25 Geschichten über das Reisen. Mit Illustrationen von Jörg Hülsmann. München: Knesebeck 2021, S. 20–34.

2. Hör-Features, -Filme und -Stücke (wenn nicht anders angegeben: Text: J.K.)

[Feature] Her mit dem schönen Leben. Über Wladimir Majakowski. Regie: Judith Kuckart. Sendung: Rias Berlin, 1995.

[Hörspiel] Melancholie 1 oder die zwei Schwestern. Nach dem gleichnamigen Theaterstück. Regie: Barbara Plensat. Sendung: SFB/ORB, 1998.

[Hörspiel] Sätze mit Datum. Nach dem gleichnamigen römischen Tagebuch. Regie: Hans Gerd Krogmann. Sendung: SWR 2, 2000.

[Feature] Judith Kuckart, Susanne Feldmann: VEB Sehnsucht. Inge Müller (1925–1966) – Schriftstellerin in der DDR. Regie: Carola Preuß. Sendung: SWR 2, 2002.

[Feature] Boule et Cie. Simenons Dienstmädchen. Regie: Carola Preuß. Sendung: SWR 2, 2002.

[Hörspiel] Krimisommer mit Kommissar Maigret. Funkeinrichtung und Regie für neun Kriminalromane von Georges Simenon: Judith Kuckart, Susanne Feldmann. Sendung bzw. CD-Publikation: SFB-ORB/MDR/SWR 2/steinbach sprechende bücher 2003.

[Feature] Judith Kuckart, Susanne Feldmann: Aber ach sein Bart war blau. Der Blaubart-Stoff von Charles Perrault bis Max Frisch und darüber hinaus. Regie: Ulrich Lampen. Sendung: SWR 2, 2004.

[Feature] Judith Kuckart, Susanne Feldmann: Das vierzigste Jahr. Regie: Alexander Schuhmacher. Sendung: SWR 2, 2005.

[Feature] Judith Kuckart, Uwe Kolbe: Die Tür geht auf – ost-westliche Liebespaare. Regie: Judith Kuckart. Sendung: SWR 2, 2006.

[Feature] Postkarten aus der Zukunft. Thomas Mann empfängt und antwortet aus Pacific Palisades. Regie: Judith Kuckart. Sendung: SWR 2, 2007.

[Hörspiel] Stimmen Unterwegs, oder: Wer dreimal die gleiche Bar betritt hat ein Zuhause im Stehen. Regie: Ulrich Lampen. Sendung: SWR 2, 2008.

[Feature] Ist das Meer gewaltiger, wenn man es hört oder wenn man es sieht? Regie: Judith Kuckart. Sendung: SWR 2, 2013.

[Feature] Ich schwitze nie. Über Sportcenter. Regie: Judith Kuckart. Sendung: SWR 2, 2014.

[Hörspiel] „du bist nicht ich". Eine Montage aus Originaltexten von Annette von Droste-Hülshoff und Judith Kuckart. Regie: Judith Kuckart. Sendung: SWR 2, 2015.

[Hörspiel] Dorfschönheit. Regie: Annette Kurth. Sendung: WDR, 2015.

[Feature] Mutter, lügen die Förster? Nach *Die Judenbuche* von Annette von Droste-Hülshoff. Regie: Judith Kuckart. Sendung: SWR 2, 2017.

[Feature] Das gesprungene Wort. Von der Probebühne zum Schreibtisch. Regie: Judith Kuckart. Sendung: SWR 2, 2018.

[Feature] Da drüben ist nur noch der Garten von Johannes R. Becher, um den sich auch keiner mehr kümmert. Regie: Judith Kuckart. Sendung: SWR 2, 2019.

[Kunstinstallation mit Hör-Features] Was man von hier aus hören kann. Installation von Judith Kuckart und Lili Anschütz. 1.9.-1.10.2019, Park Gut Rödinghausen, Menden/Unna.

[Hörspiel] Jagd auf Tilla Fuchs. Frei nach Motiven der Novelle *Lady into Fox* von David Garnett und Gedichten von Annette von Droste-Hülshoff. Regie: Ulrich Lampen. Sendung: SWR 2, 2020.

3. Filme

Bittere Kirschen. Spielfilm. Drehbuch: Didi Danquart, Stephan Weiland. Regie: Didi Danquart. Deutschland 2011.

Hörde Mon Amour. Hörfilm. Drehbuch und Regie: Judith Kuckart. Deutschland 2020, in: https://www.literaturhaus-dortmund.de/hoerde-mon-amour/ [23.03.2021].

4. Tanzproduktionen (ohne Angabe: Stück(text): Judith Kuckart)

Kassandra. Geschichte eines kleinen Krieges. Text: Christa Wolf. Uraufführung 1984, Ballhaus Naunynstraße, Berlin.

Ophelia kann sein. Uraufführung 1986, Café de la danse, Paris.

Esperanza Hotel. Uraufführung 1987, Theater zum Westlichen Stadthirschen, Berlin.

Mathilde. Luft, Luft, mir erstickt das Herz. Uraufführung 1988, Theater am Halleschen Ufer, Berlin.

Charlotte Corday, Mörderin Marie. Uraufführung 1989, Deutsche Oper am Rhein, Duisburg.

Vincent fressen ihn die Raben. Uraufführung 1989, Martin Gropius-Bau, Berlin.

Noli me tangere. Uraufführung 1990, Theater am Halleschen Ufer, Berlin.

Das Lächeln der Ophelia. Uraufführung 1991, Hebbel-Theater, Berlin.

Agrippina. Text: Daniel Caspar von Lohenstein. Uraufführung 1991, Theater am Halleschen Ufer, Berlin.

Don Juan oder ein Mann zu Staub. Text: André Obey. Uraufführung 1992, Hebbel-Theater, Berlin.

Homme fatal. Uraufführung 1993, Tacheles, Berlin.

In der Einsamkeit der Baumwollfelder. Text: Bernard Marie Koltès. Uraufführung 1994, Akademie der Künste am Pariser Platz, Berlin.

Polar. Text: Giacomo Leopardi. Uraufführung 1994, Botschaft der Italienischen Republik, Berlin.

Last Minute, Fräulein Dagny. Uraufführung 1995, Freie Kammerspiele Magdeburg.

Der Else-Club. Uraufführung 1995, Schauspielhaus Wuppertal.

Melancholie 1 oder die zwei Schwestern. Uraufführung 1996, Berliner Ensemble.

Die Judith von Shimoda. Text: Bertolt Brecht. Uraufführung 1997, Berliner Ensemble und Teatro Vascello, Rom.

Den Hund habe ich Tanz genannt. Uraufführung 2018, Johannesburg/ Südafrika, Projektleitung: Judith Kuckart.

Die Erde ist gewaltig schön, doch sicher ist sie nicht. [bei Redaktionsschluss dieses Bandes angesetzt:] Uraufführung September 2021, Wartburg Wiesbaden, im Rahmen der Wiesbadener Literaturtage und in Kooperation mit dem Hessischen Staatsballett, Wiesbaden, Text: Judith Kuckart und Ensemble.

5. Theaterproduktionen *(wenn nicht anders angegeben: Text und Regie: Judith Kuckart)*

Blaubart wartet. Ein Stück für sechs Zimmer fünf Frauen und einen Opernsänger. Uraufführung 2002, im Rahmen der Berliner Festspiele im Hotel Bogota, Berlin.

Die Vormieterin. Theaterstück von vier Schauspielerinnen. Uraufführung 2008, Westfälische Kammerspiele, Paderborn.

Lothar I. Theaterstück von Schauspielern für Shakespeare-Darsteller. Text: Tobias Dürr, Peter Lüchinger, Svea Meiken Petersen, Erik Roßbander, Markus Seuss und Judith Kuckart. Uraufführung 2009, Bremer Shakespeare Company, Bremen.

Hunger nach Sinn. Fünf Szenen nach Alexander Kluge, Bearbeitung: Kevin Rittberger. Uraufführung 2009, Westfälische Kammerspiele, Paderborn.

Carmen – Ein deutsches Musical. Buch und Songtexte: Judith Kuckart. Uraufführung 2010, Stiftsruine Bad Hersfeld.

Paradiesvögel. Werkstattaufführung 2011, im Rahmen der Langen Nacht der Autoren, Berlin.

Dorfschönheit. Theaterstück nach der gleichnamigen Erzählung von Judith Kuckart. Uraufführung 2011, Theater Paderborn.

Eurydike trennt sich. Nach der Erzählung *Die Kinder bleiben hier* von Alice Munro. Uraufführung 2013, Bremer Shakespeare Company, Bremen.

Und wann kommen die Elefanten? Theaterprojekt von Judith Kuckart, Mathias Greffrath und dem Ensemble der Bremer Shakespeare Company, Uraufführung 2015, Bremer Shakespeare Company, Bremen.

Mutter, lügen die Förster? Nach *Die Judenbuche* von Annette von Droste-Hülshoff. Komposition: Annalisa Derossi. Uraufführung 2016, Burg Hülshoff.

Rot ist wie ein Holzkästchen sich anfühlt. Uraufführung 2016, im Rahmen der Literaturtage München, Münchner Kammerspiele.

Heimaten. Erzähltheater von Judith Kuckart und zwölf Heimatexperten aus Syrien, Sibirien, Angola und Willebadessen. Uraufführung 2017, Willebadessen.

Jagd auf Tilla Fuchs. Komposition/Musik: Annalisa Derossi. Uraufführung 2019, Schloss Wendlinghausen, Dörentrup.

Da wo ich herkomme, sind die Menschen freundlich. Erzähltheater von Judith Kuckart für alle, die Heimatexperten sind oder es noch werden wollen. Uraufführung 2019, Schwelm.

6. *Veröffentlichungen von Tanztheater- und Theater-Texten*

Charlotte Corday, Mörderin Marie, in: Judith Kuckart, Jörg Aufenanger: Eine Tanzwut. Das Tanztheater Skoronel. Dokumentation. Frankfurt/Main: S. Fischer 1989, S. 61–125.

Vincent fressen ihn die Raben, in: Judith Kuckart, Jörg Aufenanger: Eine Tanzwut. Das Tanztheater Skoronel. Dokumentation. Frankfurt/Main: S. Fischer 1989, S. 13–58.

XXL Queen Size, in: Antje Rávic Strubel et al. (Hg.): Zeitzonen. Literatur in Deutschland. Wien: edition selene 2004, S. 232–236.

Heimaten. Detmold: Wege [durch das Land.] Edition 2017.

Märchenhochzeit – Kurzer Monolog für ein Mädchen, in: Else Buschheuer (Hg.): Hochzeitstanz, Reinbek b. Hamburg: Rowohlt 2018, S. 65–70.

7. Nicht-fiktionale bzw. dokumentarische Veröffentlichungen (ohne Zeitungsbeiträge)

Im Spiegel der Bäche finde ich mein Bild nicht mehr. Gratwanderung einer anderen Ästhetik der Dichterin Else Lasker-Schüler. Frankfurt/Main: S. Fischer 1985.

Judith Kuckart, Jörg Aufenanger: Else Lasker-Schüler, in: Karl Corino (Hg.): Genie und Geld. Vom Auskommen deutscher Schriftsteller. Nördlingen: Greno 1987, S. 387–398.

„Ich streife heimatlos durch bleiche Zeiten". Über Else Lasker-Schüler, in: Neue Rundschau 96 (1985), H. 1, S. 102–109.

Judith Kuckart, Jörg Aufenanger: Eine Tanzwut. Das TanzTheater Skoronel. Dokumentation. Frankfurt/Main: S. Fischer 1989 (darin: Judith Kuckarts Stücktexte *Charlotte Corday, Mörderin Marie* und *Vincent fressen ihn die Raben*).

Alltagstheater. Die Maske verrät mehr als das eigentliche Gesicht, in: Michael Schmid-Ospach (Hg.): Mein Herz – Niemandem. Ein Else-Lasker-Schüler-Almanach, Wuppertal: Hammer 1993, S. 99–104.

85/87/99 – 14 Jahre DDR, in: Andrea Köhler (Hg.): Kleines Glossar des Verschwindens. Von Autokino bis Zwischengas. Lauter Nachrufe. München: Beck 2003, S. 108f.

Heimat ist da, wo man sagen kann: Die Frau da drüben, die trug als Kind mal eine Zahnspange, in: Margarete-Schrader-Preis für Literatur der Universität Paderborn 2006. Judith Kuckart. Paderborn: Univ. Paderborn 2006, S. 17–35.

Probebühne Schreibtisch. Wie man vom Theater zum Schreiben kommt und welche Rolle das Theater beim Schreiben weiterhin spielt, in: Vom Vorteil des Stolperns. Paderborn: Univ. Paderborn 2007, S. 4–47.

Nasenring oder Ehering?, in: Hans Gerd Koch (Hg.): Sturm und Drang. Junge Autoren blicken auf eine Epoche. Düsseldorf: Patmos 2009, S. 32–35 (zu Goethes *Zum Shakespeares-Tag*).

Das vierzigste Jahr, in: Florian Höllerer, Tim Schneider (Hg.): Zur Zeit. Göttingen: Wallstein 2010, S. 11–23.

Pina Bauschs DDR-Tournee 1987, in: Ulli Blobel, Ulrich Steinmetzger (Hg.): Berlin/Berlin. Kunststücke aus Ost und West. Berlin: Jazzwerkstatt 2014, S. 56–61.

Ich habe nicht verstanden. Essay über Istanbul, in: Akzente 62 (2015), Heft 3: Herta Müller, Jo Lendle (Hg.): Es gibt Wörter, die machen mit einem, was sie wollen, S. 60–68.

Ist das so?, in: Jakob Köllhofer (Hg.): Wissenschaft – die neue Religion? Literarische Erkundungen. Heidelberg: Mattes 2016, S. 49–66.

Nachwort, in: Georges Simenon: Der Mörder. Roman. Aus dem Französischen von Lothar Baier. Mit einem Nachwort von Judith Kuckart. Hamburg: Hoffmann und Campe 2019, S. 181–187.

Wissenschaftliche Veröffentlichungen zum Werk

Allkemper, Alo: Judith Kuckart. „Vom Vorteil des Stolperns", in: Ders., Norbert Otto Eke, Hartmut Steinecke (Hg.): Poetologisch-poetische Interventionen. Gegenwartsliteratur schreiben. München: Fink 2012, S. 357–370.

Bräunert, Svea: Ghostly sisters. Feminist legacies in second-generation perspectives on West German terrorism: Judith Kuckart's *Wahl der Waffen* (1990) and *Kaiserstraße* (2006), in: Laurel Cohen-Pfister, Susanne Vees-Gulani (Hg.): Generational shifts in contemporary German culture. Rochester, NY: Camden House 2010, S. 161–183.

Čertenko, Oleksandr: „Seine [...] Slipper [...] passen nicht auf den Asphalt von O." Die Rekolonisierung Polens und die deutsche Vergangenheitsbewältigung in Judith Kuckarts *Lenas Liebe*, in: Małgorzata Dubrowska, Anna Rutka (Hg.): „Reise in die Tiefe der Zeit und des Traums". (Re-)Lektüren des ostmitteleuropäischen Raumes aus österreichischer, deutscher, polnischer und ukrainischer Sicht. Lublin: Wydawnictwo KUL 2015, S. 175–190.

Domínguez Macías, Leopoldo: De la memoria histórica a la individual y colectiva. El balance del siglo XX, in: Manuel Maldonado Alemán (Hg.): El discurso de la memoria en la narrativa alemana a partir de 1990. Madrid: Ed. Sintesis 2013, S. 439–476.

Eke, Norbert Otto: „Aber die Liebe? Aber der Tod?" Judith Kuckarts Prosa, in: Literatur in Westfalen 9 (2008), S. 381–389.

Elit, Stefan: „Aber das Immergleiche kann auch das Schönste sein"? Laudatio auf Judith Kuckart anlässlich der Verleihung des *Annette-von-Droste-Hülshoff-Preises* 2012, in: Literatur in Westfalen 13 (2014), S. 509–515.

Freese, Peter, i.A. des Rektorats der Univ. Paderborn (Hg.): Margarete-Schrader-Preis für Literatur der Universität Paderborn 2006: Judith Kuckart. Paderborn: Univ. Paderborn 2006.

Glasenapp, Nicolai: Lebt man in Vergessenheit? Zum Konnex von Sterben, Tod und Demenz in der deutschsprachigen Gegenwartsliteratur, in: Franz-Josef Deiters et al. (Hg.): Altern. Freiburg i.Br.: Rombach 2015, S. 147–165.

Halverson, Rachel J.: Mothers, memories, and mnemonics: Hanna Johansen's *Lena* and Judith Kuckart's *Lenas Liebe*, in: Laurel Cohen-Pfister, Dagmar Wienroeder-Skinner (Hg.): Victims and perpetrators: 1933–1945. (Re)Presenting the Past in Post-Unification Culture. Berlin, New York: de Gruyter 2006, S. 72–87.

Harbers, Henk: „Wer erzählt, hat eine Frage". Die Verbindung von Liebe und Auschwitz in Judith Kuckarts Roman ‚Lenas Liebe', in: Literatur für Leser 29 (2006), H. 2, S. 81–97.

Krauss, Hannes: Laudatio anlässlich der Verleihung des *Literaturpreises Ruhr* an Judith Kuckart (17. November 2009), in: Literatur in Westfalen 12 (2012), S. 443–445.

Kretzschmar, Dirk: Alzheimertexte der deutschen Gegenwartsliteratur, in: Rudolf Freiburg, Dirk Kretzschmar (Hg.): Alter(n) in Literatur und Kultur der Gegenwart. Würzburg: Königshausen & Neumann 2012, S. 117–145.

Mörchen, Helmut: Spurensuche. Anmerkungen zur Verarbeitung von NS-Vergangenheit in zwei deutschen Romanen der neunziger Jahre. Judith Kuckart *Die schöne Frau* und Jens Sparschuh, *Der Schneemensch*, in: Zs. für Literaturwissenschaft und Linguistik 110 (1998): Birgit Schlieben-Lange (Hg.): Alterität, S. 160–172.

Morrien, Rita: „Mutter lügen die Förster?" Judith Kuckarts dramatische Adaption der Judenbuche als Versuch über den Umgang mit Alteritäten, in: Droste-Jahrbuch 12 (2017/2018), S. 239–253.

Ostheimer, Michael: „Monumentale Verhältnislosigkeit". Traumatische Aspekte im neuen deutschen Familienroman, in: Judith Klinger, Gerhard

Wolf (Hg.): Gedächtnis und kultureller Wandel. Erinnerndes Schreiben – Perspektiven und Kontroversen. Berlin, New York: de Gruyter 2009, S. 149–166.

Plath, Jörg: Judith Kuckart – Essay, in: Munzinger Online/Kritisches Lexikon zur deutschsprachigen Gegenwartsliteratur, http://www.munzinger.de/document/16000000659 [23.3.2021].

Wieczorek, John P.: From Wallerfang to Auschwitz. Aspects of the novels of Judith Kuckart, in: Holger Briel, Carol Fehringer (Hg.): Field studies. German Language, Media and Culture. Oxford [u.a.]: Lang 2005, S. 291–308.

Wieczorek, John P.: Johannes Bobrowski und Judith Kuckarts *Lenas Liebe*, in: Dietmar Albrecht et al. (Hg.): Unverschmerzt. Johannes Bobrowski – Leben und Werk. München: Meidenbauer 2004, S. 377–388.

Wieczorek, John P.: Lebensentwurf und Gegenentwurf: Monika Maron und Judith Kuckart, in: Elke Gilson (Hg.): Monika Maron in perspective. ‚Dialogische' Einblicke in zeitgeschichtliche, intertextuelle und rezeptionsbezogene Aspekte ihres Werkes. Amsterdam [u.a.]: Rodopi 2002, 205–224.

Zobeley, Tanja: Der entfesselte Skorpion. *Der Bibliothekar* von Judith Kuckart, in: Christina Kalkuhl, Wilhelm Solms (Hg.): Lustfallen. Erotisches Schreiben von Frauen. Bielefeld: Aisthesis 2003, S. 111–115.

Literarisches Leben heute

Herausgegeben von Kai Bremer, Christian Dawidowski und Olav Krämer

Literarisches Leben heute setzt sich wissenschaftlich mit gegenwärtig publizierenden Autoren auseinander. Zudem sucht die Reihe den Dialog mit diesen Autoren, indem sie in einem überschaubaren Umfang Texte zu einzelnen Persönlichkeiten, Institutionen oder Phänomenen des Literarischen Lebens publiziert. Dabei bemüht sich die Reihe, die Vielfalt der Gegenwartsliteratur exemplarisch zu dokumentieren, indem sie z.B. auch Kinder- und Jugendliteratur und populäre literarische Formate berücksichtigt. Die Reihe ist nicht auf gängige wissenschaftliche Publikationsformate festgelegt, sondern versammelt ebenso auch Interviews mit Schriftstellern und Essays von künstlerischen Wegbegleitern und anderen Persönlichkeiten des Literarischen Lebens.

Band 1 Kai Bremer (Hrsg.): „Ich gründe eine Akademie für Selbstachtung." Moritz-Rinke-Arbeitsbuch. 2010.

Band 2 Stefan Elit (Hrsg.): „... notwendig und schön zu wissen, auf welchem Boden man geht". Arbeitsbuch Uwe Kolbe. 2012.

Band 3 Norman Ächtler / Monika Rox-Helmer (Hrsg.): Zwischen Schweigen und Schreiben. Interdisziplinäre Perspektiven auf zeitgeschichtliche Jugendromane von Kirsten Boie und Gina Mayer. 2013.

Band 4 Thomas Klupp: Literarische Schreibratgeber. Eine typologisierend-vergleichende Untersuchung. 2015.

Band 5 Billy Badger: Bas Böttcher. Text, Bild und Kommunikation. 2015.

Band 6 Kai Bremer / Melanie Grumt Suárez (Hrsg.): Arbeitsbuch John von Düffel. Stimmen geben – Stimmen erzählen. 2017.

Band 7 Anett Krause / Arnd Beise (Hrsg.): Sibylle Berg. Romane. Dramen. Kolumnen und Reportagen. 2017.

Band 8 Anke Christensen: Jugenddramen von Lutz Hübner und Sarah Nemitz – ‚Form follows function'. 2021.

Band 9 Johanna Canaris / Stefan Elit (Hrsg.): Arbeitsbuch Judith Kuckart. Erzählen – Theater – Tanz. 2022.

www.peterlang.de

Printed by
CPI books GmbH, Leck